निराला संचयन

निराला संचयन

सूर्यकान्त त्रिपाठी 'निराला'

सम्पादक
विवेक निराला

राजकमल प्रकाशन

ISBN : 978-93-88183-39-0

मूल्य : ₹695

पहला संस्करण : 2018

प्रकाशक : राजकमल प्रकाशन प्रा. लि.
1-बी, नेताजी सुभाष मार्ग, दरियागंज
नई दिल्ली-110 002

शाखाएँ : अशोक राजपथ, साइंस कॉलेज के सामने, पटना-800 006
पहली मंजिल, दरबारी बिल्डिंग, महात्मा गांधी मार्ग, इलाहाबाद-211 001
36 ए, शेक्सपियर सरणी, कोलकाता-700 017

वेबसाइट:www.rajkamalprakashan.com
ई-मेल:info@rajkamalprakashan.com

मुद्रक : बी.के. ऑफसेट
नवीन शाहदरा, दिल्ली-110 032

NIRALA SANCHAYAN
by Suryakant Tripathi 'Nirala'
Edited by Vivek Nirala

भूमिका

निराला को अपने समय में 'महाप्राण' कहा गया था और यह एकदम सही भी था क्योंकि उस पूरे दौर में एक कवि अपने समय के कई अल्पप्राण प्रतिमानों को चुनौती देकर अपना महाप्राणत्व सिद्ध कर रहा था। अपने युग में कई तरह की आलोचनाओं और प्रत्यालोचनाओं को झेलते हुए इस कवि ने पहली बार 'मनुष्य की मुक्ति की तरह कविता की मुक्ति' की अवधारणा प्रस्तुत की थी। शायद इसीलिए छायावाद के बाद के सभी काव्यान्दोलनों ने निराला को याद किया।

1896 में बंगाल के मेदिनीपुर जिले की महिषादल रियासत में श्री रामसहाय तिवारी के घर जन्मे सुर्ज कुमार ने स्वयं को 'सूर्यकान्त' के रूप में निर्मित किया। अवध क्षेत्र के उन्नाव जनपद के गढ़ाकोला गाँव के मूल निवासी निराला जी को आचार्य नन्ददुलारे वाजपेयी ने हिन्दी के आधुनिक कवियों में 'शताब्दी का कवि' कहा था। परवर्ती समय में इक्कीसवीं सदी के आगमन के साथ यह सिद्ध और सहज स्वीकार्य भी हो गया। निराला का कवि-व्यक्तित्व छायावाद की अपनी सीमाओं का अतिक्रमण करके हिन्दी की परवर्ती कविता की भूमिका तैयार करता है। यह एक ऐसे कवि की दुनिया है जिसमें कविता से मान्यताएँ बन सकती हैं, मान्यताओं से कविता नहीं। भावना और बुद्धि की समन्वित उपस्थिति तथा रचना-प्रक्रिया में उनकी एकतानता ही वह आधार है जिससे निराला की कविता दीर्घजीवी भी होती है और कालजयी भी।

प्रख्यात आलोचक नामवर सिंह कहते हैं–"निराला हिन्दी के उन कवियों में से हैं जिनमें हिन्दी की पूर्व परम्परा तो बोलती ही है, समूची परम्परा बोलती है। उनकी कविता में समूची हिन्दी की परम्परा की गूँज तो सुनाई पड़ेगी ही, उसमें उर्दू परम्परा भी मिलेगी, संस्कृत परम्परा मिलेगी। जैसा इलियट ने कहा था कि एक बड़ा कवि अपनी हड्डी और मज्जा में पूरी परम्परा को वर्जिल और होमर से लेकर लिखता है। उसी तरह निराला हैं। हिन्दी कविता से आगे निकलकर भारतीय कविता की परम्पराओं की गूँज–इधर उर्दू की, संस्कृत की परम्पराओं की गूँज और रवीन्द्रनाथ हैं–सबकी गूँज निराला की कविता में है। वे उसको लेकर कविता बनाते हैं जो ठेठ अपना है, लेकिन परम्परा के सर्वोत्तम सार को प्राप्त करने की भी चेष्टा करते हैं।"

निराला का कवि-विकास एकरैखिक या सपाट नहीं है, उसमें कई घुमाव हैं, उसके कई स्तर हैं। निराला के विकास के बारे में आचार्य नन्ददुलारे वाजपेयी ने कहा था कि– "यदि सामयिक हिन्दी में कोई ऐसा विषय है, जो अन्य विषयों की अपेक्षा अधिक क्लिष्ट

और दुरूह समझा जा सके तो वह कवि श्री सूर्यकान्त त्रिपाठी 'निराला' का काव्य विकास है।'' एक ही समय में भिन्न प्रकार की कविताओं के साथ कवि अपने पाठकों और आलोचकों के समक्ष चुनौती देता खड़ा हो जाता है। एक ही दौर में अलग भावबोध, अलग कंटेंट और फॉर्म निराला की संश्लिष्ट काव्य-संवेदना का पता तो देते ही हैं। रामविलास जी के अनुसार–उनके पूरे काव्य-काल को तीन भागों में विभक्त किया जा सकता है। पहला 1920 से लेकर 1938 तक का पूर्ववर्ती काल छायावादी है। दूसरा, 1939 से 1949 तक का मध्यवर्तीकाल यथार्थवादी है। फिर 1950 से 1961 तक का परवर्तीकाल जिसमें प्रायः गीत ही रचे गए। निराला छायावाद के दौर में भी यथार्थवादी कविताएँ और प्रगतिवाद के दौर में भी छायावादी गीत रच सकते हैं। उनके गीत यथार्थ को प्रस्तुत करती कविता में और कविताएँ मधुरतम गीतों में परिणत हो सकती हैं। अशोक वाजपेयी ने कहीं कहा है, महाकवि की विशेषता ही होती है बड़ी रेंज का कवि होना। निराला इसीलिए महाकवि हैं क्योंकि एक तरफ तो उनमें क्लैसिकी परम्परा के दर्शन होते हैं वहीं दूसरी ओर एकदम अपने आसपास के परिवेश के और जनधर्मिता की कविता के। निराला इसीलिए दूसरे छायावादी कवियों से अलग हैं क्योंकि उनका विद्रोह महज भावनात्मक उफान नहीं है, बल्कि वह तो जीवन और सामाजिक सम्बन्धों की बेहतर समझ और उससे बनी मानसिक चेतना से उत्पन्न है। छायावाद के दौर और दायरे में रहकर भी कवि छायावाद का अतिक्रमण करता है, कविता की नई जमीन तलाशता है, बिना घोषणा किए नई राहों का अन्वेषण करता है, आगे आने वालों को राह दिखाता है और खुद इन सबसे गुजरकर नई-नई उपलब्धियाँ हासिल करता है।

कवि अरुण कमल कहते हैं–''निराला में सब कुछ उदात्त है। वे उन थोड़े से कवियों में हैं, जहाँ सब कुछ उदात्त है–गद्य भी, पद्य भी। निराला शायद पद्य का व्यवहार नहीं करते, जो मैं कह रहा हूँ। 'पद्य' की जगह 'कविता' क्योंकि 'पद्य' के तो विरोध में थे वो। निराला ने कविता की मुक्ति की, विचारों की मुक्ति की बात की। निराला मनुष्य की मुक्ति के सबसे बड़े प्रहरियों में से एक हैं। उनका सम्पूर्ण लेखन मनुष्य की मुक्ति का लेखन है।'' निराला में मुक्ति की एकल याचना नहीं है बल्कि सामूहिक चेतना है। निराला का साहित्य न साहित्यिक कट्टरता या धार्मिक कट्टरता के समक्ष घुटने टेकता है और न साम्राज्यवाद के। वे तुलसीदास को काव्य-नायक बनाकर भी अपनी सांस्कृतिक अवधारणाओं को मध्ययुगीन नहीं बनाते अपितु दलित-चिन्ता आदि आधुनिक विमर्शों का प्रक्षेपण करते हैं। निराला की अपनी सांस्कृतिक अवधारणाएँ हैं जो निश्चय ही नवजागरण के दौर से निर्मित होती हैं। अतीत की पुनर्व्याख्या नवजागरण के दौर की विशेषता थी। भारतीय मेधा औपनिवेशिक सत्ता द्वारा हमारे इतिहास और संस्कृति के सम्बन्ध में प्रचारित झूठ के प्रतिकार में जुट गई थी क्योंकि इस हीनताबोध से मुक्त हुए बिना न तो अपने तिक्त वर्तमान से टकराया जा सकता था और न अपने भविष्य के मधुर स्वप्न बुने जा सकते थे। ऐसे में जहाँ कुछ लोग अतीत में जाकर वापस अपने वर्तमान में लौटे वहीं कुछ उस अतीत की छलना में फँसकर रह गए। उन्नीसवीं सदी के नवजागरण और उससे उपजी राष्ट्रवादी राजनीति की यह सीमा थी कि उसने सिर्फ औपनिवेशिक सत्ता और उसके

सांस्कृतिक वर्चस्व से संघर्ष किया, जबकि साहित्य इससे आगे बढ़ गया और यह निराला और उन जैसे थोड़े से साहित्यकारों ने सम्भव किया। यही कारण है कि राष्ट्रीय आन्दोलन के विचार में और उसके भावबोध में जातीयता और साम्प्रदायिकता के सवाल सामाजिक सवाल तो बने किन्तु राजनीतिक सवालों में रूपान्तरित नहीं हो सके। नवजागरण के साथ निराला के अपने समय की भी यह सीमा तो थी ही। इस दौर में निराला की अवधारणाएँ अतीतोन्मुखी नजर आती हैं। लेकिन, अतीत का वह कौन सा रूप है जो बाद में उनके आकर्षण का केन्द्र बनता है—यह भी देखा जाना आवश्यक है। शायद उनको आकर्षित करती है अतीत की वह जनोन्मुखी चेतना, जिसके चलते वे कहते हैं—

वाल्मीकि ने पहले वेदों की लीक छोड़ी
छन्दों में गीत रचे, मंत्रों को छोड़ कर
मानव को मान दिया,
धरती की प्यारी लड़की सीता के गाने गाये।

कृष्ण ने जमीं पकड़ी
इन्द्र की पूजा की जगह
गोवर्धन को पुजाया
मानवों को, गायों और बैलों को मान दिया।

हल को बलदेव ने हथियार बनाया,
कन्धे पर डाले फिरे
खेती हरी-भरी हुई। (चर्खा चला)

निराला अपनी इन अवधारणाओं में पुराकथाओं की पुनर्रचना करते हैं। उनके राम, श्यामा और तुलसीदास अपने समय के साथ-साथ बीसवीं शती की औपनिवेशिक चुनौतियों का भी सामना कर रहे थे और रूपान्तरित भी हो रहे थे। 'राम की शक्ति-पूजा' के राम सिर्फ पौराणिक नहीं हैं। प्रो. शंभुनाथ के शब्दों में कहें तो—"पुराकथा निराला के लिए गीली मिट्टी की तरह है जिससे वह अतीत को नहीं अपने समय की सोच को आकार दे रहे थे।" निराला का अतीत कोई 'रिजिड पास्ट' नहीं है। नवजागरणकाल के उस पूरे दौर में निराला का इतिहासबोध भिन्न था। वे खुद अतीत के गान पर प्रश्न करते हैं—

कठिन शृंखला बजा-बजाकर
गाता हूँ अतीत के गान
मुझ भूले पर उस अतीत का
क्या ऐसा ही होगा ध्यान। (आदान-प्रदान)

इसी प्रकार एक अन्य कविता में कहते हैं—

अपने अतीत का ध्यान
करता मैं गाता था गाने भूले अम्रियमाण!

एकाएक क्षोभ का अन्तर में होते संचार
उठी व्यथित उँगली से कातर एक तीव्र झंकार,
विकल वीणा के टूटे तार! (सन्तप्त)

उपरोक्त दोनों कविताओं का रचनाकाल 1924 है। निराला में अपने अतीत से मुक्त होने की छटपटाहट आगे भी चलती रहती है क्योंकि वे नवता के आग्रही हैं। 1930 में प्रकाशित 'कल्पना के कानन की रानी!' शीर्षक कविता में उनकी अभ्यर्थना है–

कल्पना के कानन की रानी!
आओ, आओ मृदु-पद, मेरे
मानस की कुसुमित वाणी!
मेरे प्राणों के प्याले को भर दो,
प्रिये, दृगों के मद से मादक कर दो
मेरी अखिल पुरातन-प्रियता हर दो
मुझको एक अमर वर दो
मैंने जिसकी हठ ठानी।

1931 में निराला का नवता-आग्रही कवि-मन सिर्फ अपने लिए ही नहीं वरन् समस्त भारतीय काव्य-संसार के लिए माँग करता है–

नव गति, नव लय, ताल-छन्द नव,
नवल कंठ, नव जलद-मन्द्र रव,
नव नभ के नव विहग-वृन्द को
नव पर, नव स्वर दे! (वर दे, वीणावादिनि वर दे!)

इसी के साथ निराला अपने प्रतिमान निर्मित करते हैं–स्वयं अपने लिए भी तथा औरों के लिए भी। अखिल पुरातनप्रियता के समापन की कामना करते हुए आत्मालोचन करते हैं, अपना बार-बार परीक्षण करते हैं। बिलकुल रचना-प्रक्रिया के उस हिस्से की तरह जिसमें कवि-लेखक बार-बार अपनी ही कविताओं में काट-छाँट करता है। निराला में आत्म-मुग्धता नहीं आने पाती और अपने को अपनी ही बनाई कसौटी पर परखते हुए अपनी बची-खुची पुरातनप्रियता को नष्ट करना चाहते हैं। वह पुनः याचना करते हैं–''जला दे जीर्ण-शीर्ण प्राचीन/क्या करूँगा तन जीवन हीन।'' और इस तरह वह जीवनहीन प्राचीनता से मुक्ति पा लेते हैं, फिर वह प्राचीनता चाहे समाज की हो या साहित्य की। यहीं निराला मुक्तिबोध से पूर्व हमें आत्मसंघर्ष के एक बड़े कवि की तरह मिलते हैं–मुक्तिबोध के पूर्वज।

निराला की इस पुरातनप्रियता और मध्यकालीन-बोध के आरोप के क्रम में 'राम की शक्ति-पूजा' को उद्धृत किया जाता है। निराला ने 'राम की शक्ति-पूजा' में राम को अवतार या दिव्य शक्तियों से लैस न मानकर वे साधारण मानव के रूप में खड़ा करते हैं तथा शक्ति की मौलिक कल्पना के द्वारा शक्ति अर्जन करने को कहते हैं। यह निराला की मुक्ति-चेतना का ही परिणाम था। यह निराला की पुरातनप्रियता या मध्यकालीन-बोध नहीं है, यह परम्परा में रहकर परम्परा से विद्रोह है। इस कविता में राम इन्दीवर के स्थान पर

अपनी आँख समर्पित करने का निर्णय लेते हैं। यह आँख सिर्फ कमल का विकल्प नहीं है बल्कि यह आत्मोत्सर्ग है और पूरे मामले को राम की अपनी नजरों से देखे जाने की कामना है। वह शक्ति जो अन्याय के साथ खड़ी है उसे एक तरह की चुनौती है कि इस अपराजेय समर को मेरी नजरों से देखो और फिर तय करो कि किस ओर हो तुम? आज का स्त्री-दलित-आदिवासी आन्दोलन यही माँग तो करता है कि हमें हमारी नजर से देखा जाए। और तब जाकर यह सवाल पूछा जा सकता है कि 'पार्टनर तुम्हारी पॉलिटिक्स क्या है?' अब पाठक स्वयं तय करें कि शक्तिपूजा के कवि-निराला का यह मध्यकालीन-बोध है अथवा आधुनिक दृष्टि?

निराला का मन एक उदार हिन्दू का मन है। गालिब की कविता में भी इस्लाम का महत्त्व, उसकी परम्पराएँ और उसके मिथकों का प्रयोग है मगर क्या मात्र इसी आधार पर उन्हें मुसलमान कवि कहा जा सकता है? अनास्था के कवि तो कबीर भी नहीं हैं। इनके बिना क्या भारतीय साहित्य परम्परा को समझा जा सकता है? और फिर विश्व-साहित्य में तो यह भी उदाहरण मौजूद है कि अपनी सामन्ती, प्रतिक्रियावादी विचारधारा और ईसाइयत को मानने के बाद भी टॉल्सटॉय का साहित्य 'रूसी साहित्य का दर्पण' है तथा राजतंत्र के प्रति अपनी आस्थाओं के बाद भी बाल्जाक को कार्ल मार्क्स 'यथार्थ की गहरी समझ के लिए बेजोड़' कहते हैं।

जहाँ तक वेदान्त की बात है, बंगाल में जन्म के साथ निराला के वेदान्ती संस्कार हैं। उन पर विवेकानन्द का गहरा प्रभाव है। यह देखना भी दिलचस्प होगा कि क्या विवेकानन्द के प्रभाव से सचमुच निराला पुनरुत्थानवादी हो जाते हैं? दरअसल, उपनिवेशवाद और उसके द्वारा पोषित सामन्तवाद तथा उसके रूढ़ सांस्कृतिक मूल्यों का विरोध करते हुए विवेकानन्द ने अपनी एक ऐतिहासिक भूमिका निभाई थी। शंकर का वह अद्वैत जो अपरिवर्तनशील शाश्वत और अमूर्त था उसके उलट उन्होंने कहा कि "गति अथवा परिवर्तन ही जीवन का गीत है।" शंकर के विपरीत वे बुद्ध की प्रशंसा करते हैं। उनके चिन्तन में भौतिकवाद के तत्त्व भी उपस्थित हैं और वे किसी वैयक्तिक ईश्वर द्वारा संसार के सृजन का मजाक उड़ाते हैं। उनके धार्मिक दृष्टिकोण के केन्द्र में मनुष्य हैं इसीलिए विज्ञान की सत्ता व उसकी सामाजिक भूमिका को तथा आधुनिक सभ्यता के मूल्यों को भी सहज स्वीकार करते थे। यह सही है कि वर्णाश्रम धर्म को उन्होंने खारिज नहीं किया लेकिन सवर्णों की उत्पीड़क सत्ता को स्वीकृति भी उन्होंने कहीं और कभी नहीं दी। गुलामी को अपनी नियति मान लेने वाली आस्तिकता की अपेक्षा नास्तिकता उन्हें स्वीकार्य थी। आगे बढ़कर वे खुद को समाजवादी भी घोषित कर देते हैं। 10 जून, 1898 को मुहम्मद सरफराज हुसेन को लिखे अपने एक पत्र में वे कहते हैं–"इसलिए हमें दृढ़ विश्वास है कि वेदान्त के सिद्धान्त कितने ही उदार और विलक्षण क्यों न हों, परन्तु व्यावहारिक इस्लाम की सहायता के बिना मनुष्य जाति के महान जनसमूह के लिए वे मूल्यहीन हैं।...मैं अपने मानस चक्षु से भावी भारत की उस पूर्णावस्था को देखता हूँ जिसका इस विप्लव और संघर्ष से तेजस्वी और अजेय रूप में वेदान्ती बुद्धि और इस्लामी शरीर के साथ उत्थान होगा।" इसीलिए एक जगह निराला कहते हैं–"इस देश की मनुष्यता का निर्माण और हिन्दू-मुस्लिम प्रश्न का

हल होना एक अर्थ रखते हैं।'' बार-बार 'कल्चरल इंटरैक्शन' पर जोर देते हुए वे पूछते हैं–''देश में कितने मुसलमानों की विदुषी कुमारियाँ हिन्दुओं के घर आईं और कितनी हिन्दुओं की मुसलमानों के घर गईं?'' उनके उपनिवेशवाद-विरोध में भी अन्ध-राष्ट्रवाद नहीं है। 'कुकुरमुत्ता' में वे व्यक्त करते हैं–

एक खासा हिन्दू-मुस्लिम खानदान
एक ही रस्सी से किस्मत की बँधा
काटता था जिन्दगी गिरता-सधा।

हिन्दू मिथकों का उपयोग उस दौर की हिन्दी कविता की एक प्रवृत्ति थी। जिन्हें राष्ट्रकवि कहा गया वे मैथिलीशरण गुप्त महाकाव्य 'साकेत' रच रहे थे और दिनकर 'उर्वशी'। निराला भी यह करते हैं, परन्तु भिन्न दृष्टि से। 'राम की शक्ति-पूजा' के राम और 'तुलसीदास' के तुलसी को निराला अपना समकालीन बना देते हैं। निराला के 'तुलसीदास' में आज की दलित-चिन्ता भी है और विदेशी आक्रमण से जातीय संस्कृति के 'शीतलच्छाय' हो जाने की चिन्ता भी। अपने 'साहित्य और जनता' शीर्षक लेख में निराला लिखते हैं– ''हमें अच्छी तरह मालूम है, हमारे निन्यानबे फीसदी साहित्यिकों को और सौ फीसदी जनता को भगवान श्रीरामचन्द्र पर, उनके जन्म-कर्मादि पर पूरा-पूरा विश्वास है। अतः आज यदि राम के विरोध में कोई प्रासंगिक बात भी कही जाए तो जनता उसे सुनने को तैयार नहीं। साहित्यिकों में केवल सुनने का धैर्य है, मत बदलने की शक्ति नहीं। यह अवश्य ही युगों की संचित साहित्य-शक्ति का ही दौर्बल्य है।'' एक रचनाकार के रूप में वे हकीकत को समझकर यह कह रहे हैं कि अभी 'मत बदलने' की शक्ति नहीं। निराला जिसे सौ फीसदी जनता कह रहे हैं वह इस हिन्दू समाज के बारे में ही। एक पारम्परिक हिन्दूवादी मन तो ऐसा सोच भी नहीं सकता। अभी बहुत समय नहीं बीता जब मक़बूल फिदा हुसैन की सरस्वती की पेंटिंग को जलाने, उनके विरोध की घटनाएँ इसी समाज में हुईं और हुसैन को यह देश तक छोड़ना पड़ा। आज भी मुहम्मद साहब का एक 'कार्टून' अन्तर्राष्ट्रीय दुर्घटना बन जाता है। इसके बावजूद निराला अपने राम की, सरस्वती की पुनर्रचना कर पाते हैं। साकेत में मैथिलीशरण जी सवाल उठाते हैं 'राम तुम ईश्वर नहीं हो क्या?' वहीं निराला के राम निरे मनुष्य हैं, निराला के औपनिवेशिक समय के मनुष्य की तरह संशय से भरे हुए। पौराणिक राम को क्या सचमुच 'शक्ति की मौलिक कल्पना' करनी पड़ी होगी? क्या दशरथ-सुत राम निराला की मौलिकता के बिना सिर्फ तुलसी के समन्वयवाद के सहारे 'पुरुषोत्तम नवीन' हो सकते थे? फिर निराला को क्यों कहना पड़ा कि–''बिना संहार के सर्जन असम्भव है/समन्वय झूठ है।'' क्या बिना निराला की मौलिकता के महज वेदान्ती संस्कारों के सहारे शक्ति-पूजा का 'दिग्विजय-अर्थ-प्रतिपल समर्थ बढ़ता समक्ष'–हनुमान 'बिल्लेसुर बकरिहा' में 'थूथन लिए खड़ा सिर्फ एक पत्थर' हो सकता था? महावीर के मुँह पर पड़ता डंडा बिल्लेसुर का है या निराला का? प्रो. राजेन्द्र कुमार के शब्दों में कहें तो निराला की कविता मिथक से समकालीनता के द्वन्द्व की कविता है।

निराला का आगमन हिन्दी कविता में एक क्रान्तिकारी घटना है। इसीलिए रामविलास शर्मा उन्हें 'क्रान्ति का कवि' कहते हैं और बच्चन सिंह उन्हें 'क्रान्तिकारी कवि'। उनकी

क्रान्ति हर तरह के बन्धन से मुक्ति का विराट लक्ष्य लिए हुए थी। उनकी क्रान्ति का एक सिरा जनता की सामाजिक अवस्था में आमूलचूल परिवर्तन से जुड़ता है। सामाजिक क्रान्ति की उनकी भावधारा का स्रोत दलितों और उत्पीड़ितों के प्रति गम्भीर मानवीय करुणा है। दलित-शोषित-उत्पीड़न, सामान्य जन के संस्पर्श की एक शक्तिशाली उद्‌घोषणा उनकी काव्यात्मक उपलब्धि है–

मैंने 'मैं'–शैली अपनाई
देखा दुखी एक निज भाई
दुःख की छाया पड़ी हृदय में मेरे
झट उमड़ वेदना आई।

ये वही भाई है जो दलित और उत्पीड़ित है और जिसकी हिमायत हर साहित्यकार का फर्ज है। निराला ने अपनी प्रतिबद्धता, पक्षधरता, अपनी निष्ठा और अपने सरोकारों को असंदिग्ध रूप से प्रमाणित किया। अपने इन्हीं सरोकारों के साथ वे मार्क्सवाद तक जाते हैं। दलितों से जल्द-जल्द पैर बढ़ाकर अपने बराबर खड़े होने तथा अँधेरे का ताला खोलने का आह्वान करने वाले कवि को विश्वास है कि अँधेरे का ताला वे ही खोलेंगे जो सदियों से अँधेरे में हैं। क्या इसे हिन्दी में 'दलित विमर्श' की पहली कविता कहा जा सकता है–

जल्द-जल्द पैर बढ़ाओ, आओ, आओ।
आज अमीरों की हवेली
किसानों की होगी पाठशाला
धोबी, पासी, चमार, तेली
खोलेंगे अँधेरे का ताला,
एक पाठ पढ़ेंगे, टाट बिछाओ।
यहाँ जहाँ सेठ जी बैठे थे
बनिये की आँख दिखाते हुए,
उनके ऐंठाये ऐंठे थे
धोखे पर धोखा खाते हुए
बैंक किसानों का खुलवाओ।
सारी सम्पत्ति देश की हो,
सारी आपत्ति देश की बने,
जनता जातीय वेश की हो,
वाद से विवाद यह ठने,
काँटा काँटे से कढ़ाओ।

उनके निधन के बाद से अब तक बहुत कुछ बदला है। दलितों को अपने 'अँधेरे का ताला' खोलने की एक कुंजी मिली है। लेकिन 'बैंक किसानों का' कहाँ है? अवध के एक किसान कवि का स्मरण करते हुए देश में किसानों की आत्महत्याएँ हमारी चेतना पर प्रहार करती हैं।

निराला ने जब अपने लेखन का आरम्भ किया था तभी अवध क्षेत्र में बाबा रामचन्द्र के नेतृत्व में 1921 में जमींदारों के खिलाफ किसानों का आन्दोलन हुआ था। इसके बाद चौरी-चौरा कांड हुआ था जिसमें किसानों ने थाना फूँक दिया था। यह किसानों का बड़ा आन्दोलन था जिससे निराला के किसान मन ने जरूर प्रेरणा पाई थी। किसान संस्कारों वाले कवि ने अपने गाँव में किसान-जमींदार संघर्ष में किसानों की पक्षधरता की थी। अपने इन्हीं अनुभवों की आँच में सीझी कविताओं के साथ हमें हमारे किसान कवि के दर्शन होते हैं। 1924 में ही 'बादल राग' में किसान और विप्लवी वीर के सम्बन्ध में उन्होंने लिखा था–

जीर्ण बाहु, है शीर्ण शरीर,
तुझे बुलाता कृषक अधीर
ऐ विप्लव के वीर!

निराला अपनी 'वीणावादिनि' को भी तब ऐसी 'देवी सरस्वती' में परिणत कर देते हैं जो ऋतुओं की देवी हैं। ग्राम्य जीवन और भारतीय किसान पर ऋतुओं के प्रभाव की यह कविता कला की देवी-सरस्वती के परम्परित रूप को विस्तार देकर सृजन की देवी के रूप में चित्रित करती है। सरस्वती का सम्बन्ध वसन्त ऋतु से है और वसन्त नवता की नव-सर्जना की ऋतु है। भारतीय किसान का सम्पूर्ण जीवन इन ऋतुओं से ही संचालित होता है। निराला किसान को एक बड़ा सर्जक मानते हैं जो अपने श्रम और समर्पण से सृष्टि के लिए अन्न का सृजन करता है इसलिए सरस्वती को कवि ग्रामीण-जीवन की देवी के रूप में रूपान्तरित कर देता है। इस कविता पर नामवर जी कहते हैं–'' 'नए पत्ते' की एक लम्बी कविता 'देवी सरस्वती' जो अपने प्रकृति-चित्र में पंत जी की ग्राम्या से अधिक यथार्थ तथा सांस्कृतिक परम्परा की गरिमा में बेजोड़ है, प्रायः निराला के भक्तों तथा सामान्य पाठकों से भी अनदेखी गुजर गई। जिस तरह छायावादी युग में पंत जी के उच्छ्वास, आँसू वगैरह की-सी विशेषताओं को समेटते हुए उसी शैली में 'यमुना के प्रति' शीर्षक लम्बी कविता लिखकर निराला ने चुनौती दी, उसी तरह प्रगतिशील युग में उनकी 'देवी सरस्वती' ने पंत जी की ग्राम्या के बिखरे प्रयत्नों को एक ही वृहद् प्रयत्न से ललकार दिया।'' निराला की यह कविता किसानों से गहरी आत्मीयता के बगैर सम्भव नहीं थी। उन्होंने किसानों को केन्द्र में रखकर जो कविताएँ लिखीं उन कविताओं की हिन्दी में प्रायः बहुत चर्चा नहीं होती जबकि वे कविताएँ बेहद महत्त्वपूर्ण हैं और प्रगतिशील कविता के दौर में उनका विकास नागार्जुन, त्रिलोचन और केदारनाथ अग्रवाल के काव्य-संसार में देखा जा सकता है किन्तु जैसा डॉ. नन्दकिशोर नवल कहते हैं–''केदारनाथ अग्रवाल और त्रिलोचन ने उस भूमि पर कविताएँ लिखी हैं, लेकिन उनके किसानों में निराला के किसानों वाला तेज नहीं है।'' निराला की ऐसी ही तमाम कविताएँ मसलन 'कुत्ता भौंकने लगा', 'झींगुर डटकर बोला', 'डिप्टी साहब आए' तथा 'महगू महगा रहा' जैसी कविताएँ तत्कालीन किसान-जीवन, निराला की प्रगतिशील चेतना और हिन्दी कविता की एक बड़ी उपलब्धि की तरह हैं।

वे एक ऐसी जातीय संस्कृति के पक्षधर हैं जो साम्राज्यवाद-विरोधी है। उनके लिए

पूरी वर्ण-व्यवस्था 'दग्ध-मरुस्थल' है, सुजल नहीं। यह एक ऐसी विष-बेलि है जिसमें विष ही फल हैं, और इसमें सिर्फ दलित ही नहीं स्त्रियाँ भी पिसती हैं। 'तोड़ती पत्थर' में पहली बार निराला वह झंकार सुनते हैं जो हिन्दी कविता में ही शायद पहली बार सुनी गई थी। यहीं वे अपना वर्गान्तरण करते हैं और 'वह तोड़ती पत्थर' वाक्य से शुरू होकर यह कविता 'मैं तोड़ती पत्थर' पर समाप्त होती है जो यह संकेत करती है कि दलित-स्त्री के प्रति सहानुभूति से उपजी एक बात कवि की स्वानुभूति तक पहुँच चुकी है। निराला की 'स्फटिक शिला' कविता रामराज्य के मिथक और यूटोपिया और दलित के अन्तर्विरोधों पर टिप्पणी करती है–

कुटिया से निकली
काली एक नारी गाली देती, खाती ढिकली
देख कर चबूतरा
जैसे कोई अप्सरा
नाचने लगी हो गालियों से भाव बतलाकर
दोनों हाथ फैलाकर।
मैंने देखा, बड़ा मैला
मन उसका समाज से
चोट खाई हुई वह राम जी के राज से
शूद्रों को मिला नहीं
जिनसे कुछ भी कहीं।

दलित प्रसंग में राम जी का उल्लेख करके निराला एक ओर प्राचीन सामन्ती आदर्शवाद वहीं दूसरी ओर आधुनिक गांधीवादी रामराज्य पर करारी चोट करते हैं। उन्होंने लिखा था–''प्राचीन शीर्णता ने नवीन भारत की शक्ति को मृत्यु की तरह घेर रखा है। घर की छोटी-सी सीमा में बँधी हुई स्त्रियाँ आज अपने अधिकार, अपना गौरव, देश तथा समाज के प्रति अपना कर्तव्य, सब कुछ भूली हुई हैं।'' एक दूसरे लेख में वे कहते हैं–''महिलाओं की स्वतंत्रता ही उनके जीवन की सब दिशाओं का विकास करेगी। हमें सिर्फ उनकी स्वतंत्रता का स्वरूप बतलाना है, और यह भी सत्य है कि पुरुषों के निरादर करने पर भी स्त्री-शक्ति का विकास रुक नहीं सकता, न वह अब तक कहीं रुका है।'' इस प्रकार एक बड़ा कवि दलित-मुक्ति और स्त्री-मुक्ति के साथ मनुष्य मात्र की मुक्ति का सवाल उठाता है और इसे कविता की मुक्ति तक ले जाता है।

निराला की कविता मनुष्य के सम्पूर्ण जीवन-व्यापार की कविता भी है जिसमें जीवन का सम्पूर्ण संगीत है। निराला विरुद्धों से टकराते हुए, तनावों से जूझते हुए अपने अपराजेय मन को साधकर जब सामने आते हैं तो उनके साथ उनकी कविता अन्यतम सिद्धि बनकर हमारे सामने आती है। लगता है स्वतंत्रता के साथ विभाजन और साम्प्रदायिकता का जो भयंकर रूप अपने समय में निराला ने देखा था और इसकी सच्चाइयों से सिहरकर शायद वे भक्ति-गीतों के उस शिल्प की ओर मुड़ गए थे जो अकबर के शासनकाल की सच्चाई बयान करने के लिए तुलसीदास ने चुना था। निराला के ये विनय-गीत 'आत्म-चीत्कार'

की शक्ल में सामूहिक 'जन-चीत्कार' की अभिव्यक्ति हैं। इन गीतों के बारे में श्री दूधनाथ सिंह कहते हैं–"दरअसल निराला की ये प्रार्थनाएँ मध्यकालीन भक्तिपदों से अलग हैं। उनका वैविध्य देवताओं का नहीं अन्तर्वस्तुओं का है।" यही फर्क इन कविताओं को आधुनिक बनाता है क्योंकि वे ट्रैजिक हैं, साधनापरक नहीं। वे आधुनिक मनुष्य के अन्तरमन को बेधती हुई दुःखगाथाएँ हैं, जिनके पीछे कोई निर्वाण नहीं, कोई मोक्ष नहीं।

1946 में 'नए पत्ते' के प्रकाशन के बाद निराला मौन हो जाते हैं। अप्रैल, 1946 के बाद उनकी कविता 31 जुलाई, 1949 को मिलती है। जबकि भारतीय इतिहास का यह अत्यन्त महत्त्वपूर्ण दौर है। भारत की स्वतंत्रता और विभाजन-कत्लेआम इसी समय हुए। लेखन ही निराला की आजीविका का साधन था फिर भी वे इस दौरान कुछ नहीं लिख पाते। जबकि, बाद में अपनी मृत्यु तक वे अनवरत रचना करते रहे। क्या यह स्तब्धता उनके मोहभंग का परिणाम थी? निराला का मौन हिन्दी साहित्य की एक ऐसी दुर्घटना है जो विश्लेषण की माँग करती है। बहरहाल, लम्बे मौन के बाद प्रकट हुए निराला सामने आते हैं तो जैसे थके-हारे, टूटे हुए। अपने पहले ही गीत में वे लिखते हैं–

हार गया जीवन-रण,
छोड़ गए साथी-जन,
एकाकी, नैश-क्षण,
कंटक-पथ, विगत पाथ।

अपने जीवन में पराजयबोध उन्हें पहले भी कई बार हुआ था। निराला पहले भी लिख चुके थे–"हो गया व्यर्थ जीवन,/मैं रण में गया हार।" यह व्यर्थताबोध और अकेलापन उनके जैसे दूसरी आजादी के स्वप्नदर्शी का अकेलापन था। यह हार इसीलिए हुई क्योंकि ठगे गए। जैसे लूट ही इस समाज का नियम हो। निराला ने लिखा–

चोट खाकर राह चलते
होश के भी होश छूटे,
हाथ जो पाथेय थे ठग-
ठाकुरों ने रात लूटे,
कंठ रुकता जा रहा है,
आ रहा है काल देखो।
भर गया है जहर से,
संसार जैसे हार खाकर,
देखते हैं लोग, लोगों को
सही परिचय न पाकर।

स्वाधीन भारत की जो स्थितियाँ रहीं उसने निराला के बोध में नई-नई छवियाँ भरीं। इस दौर में हिंस्र पशुओं का बिम्ब निरन्तर उनकी चेतना में रहता है। इन भयानक हिंस्र पशुओं के रूप में वही 'ठग-ठाकुर' हैं जिन्होंने मनुष्य को बैल-घोड़ा बना दिया है। स्वाधीन भारत में नेहरू का युग स्वर्ण-युग माना जाता है, लेकिन निराला के लिए यह नरक-यात्रा का युग है। इस दौर की उनकी कविताओं में बार-बार अंध कारा और बन्दीगृह की आवृत्ति

होती है। यह वैसे ही अपने समय के सच की अभिव्यक्ति थी जैसे अपने समय के स्वर्ण-युग अकबर के शासन-काल का एक सच तुलसीदास अपनी विनय-पत्रिका में व्यक्त कर रहे थे। प्रख्यात आलोचक नामवर सिंह कहते हैं–"ये कविताएँ केवल भक्ति नहीं हैं, प्रार्थना नहीं हैं। बल्कि रूप में, ढाँचे में, शब्दावली में यह भक्ति और आध्यात्मिकता हैं लेकिन, तह में जो अन्तर्वस्तु है, वह ईश्वरविहीन नई कविता है क्योंकि उस समय बहुत लोग ईश्वर को सलीबों पर देख रहे थे।...निराला के भक्तिगीत एक भारतीय ढाँचे में भारतीय मानस में उत्पन्न होने वाली उस आधुनिकता की, उस आधुनिकबोध की, उस आधुनिक कविता की सृष्टि कर रहे थे।" 1947 में जो आजादी मिली उसे देखने का एक नजरिया निराला की इन कविताओं में मिलता है। इसीलिए निराला का यह मानना भी अब सन्देह से परे है कि उनका कोई समकालीन नहीं है।

'पत्रोत्कंठित जीवन का विष बुझा हुआ है'–यह निराला के जीवन की आखिरी कविता है। निराला की इस अन्तिम कविता में कोई भक्ति-भाव नहीं, उसकी प्रभु, नाथ और विश्वाधार वाली शब्दावली भी नहीं। जहाँ पहले 'अभी न होगा मेरा अन्त' का प्रचंड आत्मविश्वास था वहीं अब 'लीला का संवरण समय फूलों का जैसे' का स्वीकार है। एक-एक कर ऋतुएँ बीत चुकी हैं। शरों की कठिन सेज पर पड़ा भीष्म ताक रहा है। पूर्व में ही जिसने 'मृत्यु की है रेख नीली' को देख लिया था वही सूर्यकान्त अब जैसे अपने सूर्य के उत्तरायण की प्रतीक्षा कर रहा है। गहन अन्धकार में भी जीवन के प्रति अदम्य लालसा की यह कविता समाप्त होती है–'पुनः सबेरा एक और फेरा हो जी का।' धार्मिक परम्परा में आवागमन–जन्म और मृत्यु के बन्धन से मुक्ति ही तो मोक्ष है, लेकिन कवि को यह स्वीकार नहीं। उसे सुबह के साथ फिर जन्म लेना है। उसे तो आना है, फिर इसी दुनिया में बार-बार।

2

निराला रचना को 'युद्ध कौशल' कहते थे और गद्य को 'जीवन-संग्राम की भाषा'। अपने कथा-साहित्य में वे जीवन-संग्राम को अंकित करते चलते हैं। 'अप्सरा', 'अलका', 'निरुपमा', 'प्रभावती', 'कुल्लीभाट', 'बिल्लेसुर बकरिहा', 'चोटी की पकड़' और 'काले कारनामे' उनके पूर्ण और 'चमेली' तथा 'इन्दुलेखा'–दो अपूर्ण उपन्यास मिलते हैं। उन्होंने अपने निजी जीवनानुभवों को प्रायः अपने कथा-साहित्य में व्यक्त किया है। 'अलका' और 'कुल्लीभाट' उपन्यासों और 'देवी' तथा 'चतुरी चमार' आदि कहानियों में तो लेखक के निजी जीवन प्रसंगों को आसानी से पहचाना जा सकता है।

निराला के कथा-साहित्य पर कम ही बात होती है। उनके कथा-साहित्य के इस उपेक्षा भाव के बारे में आचार्य नलिन विलोचन शर्मा कहते हैं–"निराला जी हिन्दी साहित्य-संसार में कवि, समालोचक और निबन्ध लेखक की हैसियत से सुविख्यात थे और जब उनकी 'अप्सरा' प्रकाशित हुई, तो चाहिए था कि उसकी उचित रीत्या समीक्षा होती, लेकिन वैसा हुआ नहीं। यदि निराला जी जैसा ख्यातनामा कवि यूरोपीय देशों में होता और वह उपन्यास भी लिखने लग जाता, तो उसकी समालोचनाओं का कहीं ठिकाना नहीं रह जाता, धूम

मच जाती।'' हालाँकि, निराला कथा-साहित्य के क्षेत्र में जिस आत्मविश्वास के साथ आए थे, उसे उन्होंने इन शब्दों में व्यक्त किया है–''अभी मैंने केवल बीस प्रतिशत निराला रखा है, तब यह दशा है कि साहित्य के बड़े-बड़े सेठ औंधे होने लगे। इसमें अस्सी प्रतिशत सरासर 'बाजार' है। यदि सेन्ट परसेन्ट निराला रख दूँ तो शत कोटि कैंडिल पावर से ज्ञात नहीं कितना अधिक प्रकाश फैल जाए और देखने वालों की आँखें चौंधिया जाएँ।'' अपने कथा-साहित्य में भी वे उतने ही विद्रोही हैं जितना कविता में। निराला ने अपनी मुक्ति-चेतना के साथ जैसे कविता को मुक्त किया वैसे ही कथा को भी। अंग्रेजी 'नॉवेल' का जो फॉर्म हिन्दी उपन्यासों में अपनाया जा रहा था उसमें भी वे तोड़-फोड़ कर देते हैं। वे गद्य की दूसरी विधाओं मसलन संस्मरण, रेखाचित्र, जीवनी, आत्मकथा और कहानी–इन सबके तत्त्वों को मिलाकर एक ऐसा संतृप्त विलयन तैयार कर देते हैं जिससे पारम्परिक ढाँचा टूट जाता है और आगे के प्रयोगशील कथाकारों के लिए 'विधाओं में तोड़-फोड़' का मार्ग प्रशस्त होता है। अरुण कमल के सहारे कहें तो–''निराला निपट गद्य लिखते हैं। हेमिंग्वे के बारे में कहा जाता है कि वे जो गद्य लिखते हैं वो 'प्रोज इन प्रोज' है, वह गद्य में भी गद्य है। माने गद्य इससे ज्यादा गद्य हो ही नहीं सकता और ऐसा गद्य होना प्रशंसा की बात है। ऐसा गद्य लिखना जो सारे झोलों से बिलकुल अलग हो, बिलकुल साफ। ऐसा गद्य लिखना बहुत कठिन है। निराला का गद्य ऐसा ही है।''

'अप्सरा' निराला का पहला उपन्यास है। 1931 में प्रकाशित इस उपन्यास तक प्रेमचन्द उपन्यासों के क्षेत्र में प्रतिष्ठित हो चुके थे। 'वेश्या-समाज' की समस्या नवजागरणकालीन समाज और प्रारम्भिक हिन्दी उपन्यासों की मुख्य समस्या रही है। संवेदनशील रचनाकार स्त्री-मुक्ति के प्रसंगों के प्रति अपनी निष्ठाएँ जताने लगे थे। प्रेमचन्द 1918 में ही अपने उपन्यास 'सेवा सदन' में इस समस्या को उठा चुके थे, किन्तु निराला आगे बढ़कर वेश्या-पुत्री कनक का विवाह कुलीन राजकुमार से करा देते हैं जो तत्कालीन समाज के लिए क्रान्तिकारी कदम था। उपन्यास की नायिका कनक का एक कथन स्वाधीन स्त्री चेतना का उदाहरण देता है, जब उसकी माँ कहती हैं कि 'सुहागिनें अपने पति का नाम नहीं लिया करतीं' तो वह कहती है–''पर मैं लिया करूँगी। मैं कोई घूँघट काढ़ने वाली सुहागिन तो हूँ नहीं। कुछ पैदायशी स्वतंत्र हक मैं अपने साथ रखूँगी।'' उपन्यास में तारा का कथन–''आदमी आदमी है, और ऊँचे शास्त्रों के अनुसार सब लोग एक ही परमात्मा से हुए हैं।''–कबीर के 'एक नूर ते सब उपजाना' का ही गद्यानुवाद प्रतीत होता है। निराला की भाषा में यहाँ छायावादी झलक है जिससे उनका अगला उपन्यास 'अलका' थोड़ा मुक्त होता है। इस उपन्यास में उपनिवेशवाद और देशी सामन्तवाद बनाम किसान चेतना है। कांग्रेस नेतृत्व का वर्गीय हित जमींदारों और पूँजीपतियों से जुड़ा होने के कारण किस तरह किसानों-मजदूरों के विद्रोहों को उभरने का अवसर नहीं देता–इस तल्ख सच्चाई का भी स्पष्ट उल्लेख यहाँ मिलता है। किसानों के प्रति उनकी चिन्ता कविताओं में भी कई जगह आती है। वे 'बादल राग' कविता में किसानों द्वारा 'विप्लव के वीर' को पुकारते हैं तो इस उपन्यास में विजय उर्फ प्रभाकर किसानों को संगठित करता है। इस प्रकार निराला अंग्रेजी राज, ताल्लुकेदार, जमींदार आदि के शोषण, उत्पीड़न और पाशविक अत्याचारों के चित्रण के साथ-साथ शिक्षा

एवं संगठन के द्वारा किसानों और दलितों की मुक्ति-चेतना और उनके संघर्षों का इस उपन्यास में वर्णन करते हैं।

'निरुपमा' के कुमार पर भी निराला के अपने व्यक्तित्व और आदर्शों का ही प्रतिबिम्बन है। उन्हीं की तरह बंगाल में जन्मा, बांग्ला भाषा-भाषी, कान्यकुब्ज ब्राह्मण। कलकत्ता विश्वविद्यालय से ग्रेजुएट और लन्दन से डी.लिट्. की डिग्री निराला की अपनी काल्पनिक इच्छापूर्ति है। योग्यता को नकारकर विश्वविद्यालयों में 'अपनों' का चयन हमारे आज का भी सच है। सर्वथा योग्य होने के बावजूद बेरोजगारी से हारकर वह बूट पॉलिश करना स्वीकार करता है। हम आज चपरासी के 'कुछ' पदों के लिए हजारों-लाखों उच्च-शिक्षित युवकों को आवेदन करते देखते हैं। 1936 में प्रकाशित 'निरुपमा' के कुमार को 2016 में यानी कि अस्सी वर्षों बाद भी देखा जा सकता है। कमल जब उससे इस 'बूट पॉलिश' का कारण जानने के लिए पूछती है कि "तो आपने यह कैसे स्वाँग रच रक्खा है?" तो कुमार कहता है–"यह स्वाँग नहीं, यह मेरे साथ भारत का सच्चा रूप है।" कान्यकुब्ज ब्राह्मण के इस रोजगार में भविष्य का भारत छिपा है और निराला की श्रम में निष्ठा की मूल्यदृष्टि भी। इस उपन्यास में लेखक अपने समय के गाँव का भी चित्रण करता है जो आर्थिक और वैचारिक रूप से बेहद पिछड़ा है, जहाँ रूढ़ियाँ संस्कारों के नाम पर ढोई जा रही हैं। छायावादी दृष्टि–'अहा! ग्राम्य जीवन भी क्या है' का स्पष्ट नकार और नए प्रगतिशील युग की आहटें इसमें साफ सुनाई देती हैं। यथार्थ-चित्रण की दृष्टि से यह 'अलका' से आगे बढ़ा हुआ उपन्यास है और यह आश्वस्ति भी देता है कि इसके बाद ही निराला 'कुल्ली भाट' एवं 'बिल्लेसुर बकरिहा' की रचना कर सकते थे।

इस उपन्यास के बारे में गोपाल राय का कथन महत्त्वपूर्ण है–"निराला ने अवध क्षेत्र के ग्रामीण ब्राह्मणों की इस श्रेष्ठताग्रन्थि-जन्य क्रूर और कमीनी मानसिकता का बहुत ही प्रभावशाली अंकन 'निरुपमा' में किया है। ये ब्राह्मण यों तो बड़े गरीब हैं, हल जोतते हैं, जमींदार की बेगार करते हैं, शिक्षा की दृष्टि से बेहद पिछड़े हुए हैं पर ज्यों ही गाँव का कोई युवक पढ़-लिखकर जातिगत पुरानी रूढ़ियों को तोड़ने की कोशिश करता है, वे भेड़िये की तरह खूँखार हो उठते हैं और उसके सारे परिवार को अवज्ञा, अपमान और बहिष्कार की आग में डाल देते हैं। असह्य ग्रामीण यथार्थ का इतना मर्मबेधी चित्रण हिन्दी के और किसी उपन्यासकार ने नहीं किया है, प्रेमचन्द ने भी नहीं। यह निराला की यथार्थवादी प्रगतिशील सामाजिक दृष्टि का परिचायक है।" निराला ने खुद अपने जीवन में 'ब्राह्मण समाज में ज्यों अछूत' के कटु यथार्थ की अनुभूति की थी। उन्हें ब्राह्मणों के रूढ़िवादी विचारों और दलित व पिछड़ी जातियों से उनके क्रूर-अमानवीय व्यवहारों का अनुभव था। विद्रोही के प्रति इन ब्राह्मणों द्वारा सामाजिक बहिष्कार एवं तमाम तरह की यातनाओं के हथकंडे उन्हें मालूम थे। यह सब उनके उस जातिगत श्रेष्ठता के भाव का क्रूर स्थापन-षड्यंत्र था जिसे तभी टूट जाना चाहिए था। अपनी सारी योग्यता के बावजूद 'जीविकोपार्जन में अक्षम' निराला फिर कुमार के रूप में ही हमारे सामने आ खड़े होते हैं जैसे कह रहे हों–"बाहर मैं कर दिया गया हूँ/भीतर पर, भर दिया गया हूँ।" आभ्यन्तरीकरण का ऐसा ठोस और निर्दोष होना ही कबीर या निराला जैसों को 'सुन्न शिखर पर दियना बारने' की अनुमति देता है।

'बिल्लेसुर बकरिहा' उनकी एक महत्त्वपूर्ण कथाकृति है। इसमें निराला की रचनाशीलता में गजब का निखार दिखाई देता है। इसमें भी वही अवध का गाँव है। बिल्लेसुर दरिद्र ब्राह्मण हैं और आजीविका के लिए बकरियाँ पालते हैं। निराला के शब्दों में–'किसी भी वैज्ञानिक से बढ़कर नास्तिक।' वह "दुःख का मुँह देखते-देखते उसकी डरावनी सूरत को बार-बार चुनौती दे चुके थे। कभी हार नहीं खाई।" जमींदार से लेकर पासियों तक सब बिल्लेसुर को सताते हैं। 'गाँव में जितने आदमी थे, अपना कोई नहीं, जैसे दुश्मनों के गढ़ में रहना हो।' निराला इसमें दिखाते हैं कि अवध का एक साधारण किसान साधनहीन होने पर भी किस तरह अपने हिस्से की जीवन की लड़ाई लड़ता है। यही भारतीय किसान की अपराजेय शक्ति है। इसके द्वितीय संस्करण की भूमिका में निराला इस उपन्यास के शिल्प पर टिप्पणी करते हैं–"बिल्लेसुर बकरिहा प्रगतिशील साहित्य का नमूना है।...बहिरंग चित्रण पर ही अंग चित्रण सूचित है जो प्रगतिशील साहित्य का प्रथम चरण है। कला ऐसी है जैसे तीन छोटी-बड़ी कहानियाँ एक जोड़ के साथ रख दी गई हैं। अन्त समाप्त होकर भी लटका हुआ है जिससे पाठकों को एक धक्का-सा लगता है, पर दिल को ताकत पहुँचती है।" 'अप्सरा' से राहत मिल सकती है, किन्तु 'बिल्लेसुर बकरिहा' से ताकत मिलती है।

बिल्लेसुर का अपने गाँव लौटकर बकरी पालना–एक किसान के चरवाहा बन जाने की बेबसी है और वह स्वीकार भी करता है–"जब जरूरत पर ब्राह्मणों को हल की मूठ पकड़नी पड़ी है, जूते की दुकान खोलनी पड़ी है तब बकरी पालना कौन बुरा काम है?" उनके भगवान महावीर उनके बकरे की रक्षा न कर पाए और गाँव वालों ने उसे मारकर खा लिया तो बिल्लेसुर की नजरों में महावीर गरीबों के मददगार कैसे हो सकते थे? निराला ने उनके लिए लिखा है–"हमारे सुकरात के जबान न थी, पर इसकी फिलॉसफी लचर न थी; सिर्फ कोई सुनता न था।" महावीर भी उन्हीं शोषण करने वालों के साथ हैं। वही– 'अन्याय जिधर है, उधर शक्ति'। शायद इसीलिए रामविलास जी बिल्लेसुर बकरिहा को राम की शक्ति-पूजा का विकल्प कहते हैं। बिल्लेसुर महावीर के मुँह पर प्रहार कर शोषक और उसके सहयोगी वर्ग पर ही मानो प्रहार करते हैं। परम्परा और आधुनिकता के द्वन्द्व का जैसा साक्ष्य निराला प्रस्तुत करते हैं वह उनके समकालीनों में दुर्लभ ही है।

निराला की कहानियाँ भी हिन्दी की परम्परागत कहानियों के रूप और संगठन को अतिक्रमित करती हैं। उनकी कहानियों का एक अलग तरह का शिल्प और उनका मिजाज बिलकुल अनूठा है। कुल मिलाकर निराला ने पच्चीस कहानियों की रचना की है। अपनी कई कहानियों में भी निराला मौजूद हैं। निराला एक संस्मरण या हल्के-फुल्के जीवन प्रसंगों को कहानी में रूपान्तरित कर देते हैं। उनकी कई कहानियों में पारम्परिक रूढ़ियों को तोड़ने का उत्साह है और स्वच्छन्द प्रेम की आकांक्षा है। लगता है निराला अपनी कविता में जिस तरह रूढ़ियों को छिन्न-भिन्न कर रहे थे, जिस तरह 'प्रगल्भ प्रेम' की अभिव्यक्ति कर रहे थे उनके पात्र विशेष रूप से नायिकाएँ कथा-साहित्य में वही कर रहे थे।

ज्योतिर्मयी विधवा होने पर भी स्वयं को स्वच्छन्द प्रेम के योग्य पाती है। अपनी 'विधवा' कविता में निराला दलित भारत की विधवा का चित्र खींचकर अपनी संवेदनशीलता प्रकट

कर चुके हैं और यहाँ उसके अधिकारों के प्रति सचेष्ट। कहानी के आरम्भ में ही ज्योतिर्मयी कहती है–"चूँकि आप ही लोगों ने, आप ही के बनाए हुए शास्त्रों ने, जो हमारे प्रतिकूल हैं, हमें जबरन गुलाम बना रखा है, कोई चारा भी तो नहीं–कैसी बात है।" पतिव्रता पत्नी के तमाम तपस्या के बाद परलोक में मिलने की धारणा का मजाक उड़ाते हुए ज्योतिर्मयी एक सवाल खड़ा करती है–"अच्छा बताइए तो, यदि पहले ब्याही स्त्री इसी तरह स्वर्ग में अपने पूज्यपाद पतिदेवता की प्रतीक्षा करती हो और पतिदेव क्रमशः दूसरी, तीसरी, चौथी पत्नियों को मारकर स्वर्ग भेजते रहे, तो खुद मरकर किसके पास पहुँचेंगे?" ऐसे सवाल से हतप्रभ विजय कहता है–"मैं इतना ही कहता हूँ आपके विचार समाज के तिनके के लिए आग है।" इस पर वह जवाब देती है–"लेकिन मेरे भी हृदय के मोम के पुतले को गलाकर बहा देने, मुझसे जुदा कर देने के लिए समाज आग है, साथ-साथ यह भी कहिए।...मैं बारह साल की थी, ससुराल नहीं गई, जानती भी नहीं पति कैसे थे और विधवा हो गई।" निराला लिखते हैं–"बड़ी-बड़ी आँखों की तेज निगाह युवक की तरफ युवती ने फेरकर कहा।" निराला के साहित्य में यह तेज निगाह ही एक स्त्री की मुक्ति के लिए प्रयत्न करती है। निराला के कथा-साहित्य में स्त्रियाँ महत्त्वपूर्ण स्थान प्राप्त करती हैं–अप्सरा, अलका, निरुपमा, प्रभावती, जैसे पूरे और चमेली तथा इन्दुलेखा जैसे अधूरे उपन्यासों के अलावा ज्योतिर्मयी, श्यामा, हिरनी, सुकुल की बीवी और गजानन्द शास्त्रिणी जैसी कहानियों के नाम भी उनकी नायिकाओं पर ही रखे गए हैं।

उनकी अधिकांश कहानियों की मूल समस्या शोषण है। 'राजा साहब को ठेंगा दिखाया' में क्षयिष्णु सामन्तवाद का चित्र है जो गरीबों का खून चूसकर अपने वैभव के साधन जुटाता है वहीं राज्य की विशालाक्षी देवी का पुजारी है जो तीन रुपया मासिक पर नियुक्त है वो भी उसे बीस माह से नहीं मिलता। पाँच सदस्यों वाला परिवार भुखमरी का शिकार है। उसकी दरख्वास्त सुनी नहीं जाती और मार-पीट कर नौकरी भी छीन ली जाती है। कहानी के आरम्भ में ही निराला बता देते हैं–"यह लिखा हुआ, उद्धृत नहीं, देखा हुआ है।" एक छोटी सी घटना को लेकर निराला सामन्ती व्यवस्था के क्रूर और दमनकारी अत्याचार चित्रण करते हैं। इस व्यवस्था में अगर कोई पेट के लिए भी फरियाद करता है तो उसे कुचल दिया जाता है। 'चोटी की पकड़' उपन्यास में निराला इसी सामन्तवाद की 'असली सूरत' दिखाते हैं–"इनकी असली सूरत कुछ और है। यह स्वर्ग दिखता हुआ दृश्य नरक है। ये राजे-महाराजे राक्षस। ये देवी-देवता पत्थर के, काठ के, मिट्टी के।"

'देवी' और 'चतुरी चमार' में निराला एक कथानक लेकर चलने वाली तथा समस्या का समाधान प्रस्तुत करने वाली कहानियों का शिल्प तज देते हैं। इनमें परिवेश और पात्र ज्यों के ज्यों उठाकर रख दिए गए हैं। दोनों कहानियों का रचनाकाल एक है और दोनों की शैली भी लगभग एक है। दोनों कहानियों में लेखक स्वयं उपस्थित है। 'देवी' में लेखक अपने साहित्यिक संघर्षों का विचार करता रहता है तभी उसकी दृष्टि एक स्त्री पर पड़ती है जिसके पास एक-डेढ़ साल का बच्चा है। उसके बारे में लेखक को पता चलता है कि वह एक गूँगी और पागल स्त्री है। होटल का जो जूठन निकलता है वही खाकर गुजारा करती है। निराला को उसे देखकर महाशक्ति की याद आती है। इसीलिए वह पगली नायिका

दलित भारतीय जनता का प्रतिबिम्ब बन जाती है और उसका बच्चा देश का भविष्य। 'चतुरी चमार' कहानी में चतुरी जमींदार और उच्च वर्ण के शोषण का शिकार है। निराला उसे कचहरी के माध्यम से कानूनी लड़ाई के लिए तैयार करते हैं। निराला उसके बेटे को पढ़ाने का निर्णय लेते हैं। इस कहानी में दलित समस्या का कोई काल्पनिक समाधान नहीं प्रस्तुत किया गया है। निराला चतुरी की लड़ाई के बहाने दलितों की लड़ाई को अपना समर्थन देते हैं। उसकी अगली पीढ़ी अपने जाल को काटकर अपनी मुक्ति के रास्ते पर आगे बढ़ सके इसलिए लेखक चतुरी के बेटे अर्जुन को पढ़ाने का निर्णय लेता है। उनका मकान साधारण जनों का अड्डा बल्कि House of commons हो गया। इस कहानी में निराला कहते हैं–"चमार दबेंगे, ब्राह्मण दबाएँगे। दवा है, दोनों की जड़ें मार दी जाएँ।" निराला यही प्रयत्न करते हैं। अपने जीवन और साहित्य–दोनों में।

'दो दाने' निराला की विलक्षण कहानी है। यह 1942 के स्वाधीनता आन्दोलन, 1943 के अकाल और दूसरे विश्वयुद्ध के दौर में बंगाल का चित्र खड़ा करते हैं। अकाल और द्वितीय विश्वयुद्ध में देशी व्यापारी-वर्ग परिस्थितियों का लाभ उठाकर लूट और विकसित होते मध्य-वर्ग की पाखंडपूर्ण नैतिकता का पर्दाफाश करती इस कथा में भविष्य में मिलने वाली स्वाधीनता और पूँजीवाद की भी तसवीर हमारे सामने आ जाती है। निराला की कहानियों का अनुभव बहुरूपात्मक है। वे अपने सामाजिक सरोकारों के साथ कहानियों में भी आते हैं और भिन्न आयामों से नये सामाजिक यथार्थ को प्रस्तुत करते हैं। जीवन को बेहतर बनाने की छोटी-छोटी लड़ाइयाँ लड़ रहे लोगों के साथ निराला अपनी पूरी शक्ति के साथ खड़े हैं।

निराला आलोचना को 'साहित्य का ज्ञानकांड' कहते हैं। 'समन्वय', 'मतवाला', 'सुधा' और 'माधुरी' के सम्पादकीय विभाग में रहते हुए पत्रकार के रूप में उनकी टिप्पणियाँ उनके चिन्तन, उनकी बहस और उनकी समझ का पता देती हैं। वे संस्कृति से लगातार बहस करते हैं और साहित्य में अपने निष्कर्षों के साथ सामने आते हैं। अपने एक लेख 'मुसलमान और हिन्दू कवियों में विचार-साम्य' में विभिन्न उदाहरणों से सिद्ध करते हैं कि साहित्य की भूमि में हिन्दू और मुसलमान–दोनों जातियाँ एक ही बात कहती हैं। साहित्य की भूमि पर कोई वैषम्य नहीं, उनमें कोई टकराहट नहीं। वे साहित्य में खुद को न समझे जाने से आहत होकर बार-बार बहस करते हैं अपने समकालीनों को सामने रखकर परिप्रेक्ष्य सही करते दिखते हैं और कभी स्वयं अपनी कविताओं के लिए 'मेरे गीत और कला' शीर्षक लेख लिखकर आत्म-स्थापन की उस परम्परा का आरम्भ करते हैं जिसका विस्तार बाद में हिन्दी-जगत में दिखाई पड़ता है। साहित्य और भाषा के प्रश्न पर गांधी, नेहरू और पुरुषोत्तमदास टंडन से भिड़ने वाले निराला अपनी प्रतिबद्धताएँ स्पष्ट कर देते हैं।

'बाहरी स्वाधीनता और स्त्रियाँ' में उनका कथन–'स्त्रियों का शव लेकर विजयी होना असम्भव है', वह बीज वाक्य है जिसके सहारे निराला के स्त्री सम्बन्धी विचारों को समझा जा सकता है। अपने इसी लेख में वे लिखते हैं–"हम लोग स्वयं जिस तरह गुलाम हैं, उसी तरह अपनी स्त्रियों को भी गुलाम बना रखा है, बल्कि उन्हें दासों की दासियाँ कर रखा है। इस महादैन्य से उन्हें शीघ्र मुक्ति देनी चाहिए। तभी हमारी दासता की बेड़ियाँ कट सकती

हैं। जो जीवन बाहरी स्वतंत्रता नहीं प्राप्त कर सकता, वह मुक्ति जैसी सार्वभौमिक स्वतंत्रता कब प्राप्त कर सकता है।'' निराला स्त्री स्वाधीनता के सवाल को राष्ट्रीय स्वाधीनता के सवाल से वैसे ही जोड़ते हैं जैसे दलितों की मुक्ति को। निराला सवर्णों और दलितों में 'रोटी और बेटी' के सम्बन्ध का प्रबल समर्थन करते हुए कहते हैं–''खानपान, विवाहादि सम्बन्ध के लिए भी घबराने वाली कोई बात नहीं। विवाह तो वास्तव में शरीर से पहले मन से सम्बन्ध रखता है, पुरुष और प्रकृति का मेल दो मनों के भीतर से होना चाहिए। आजकल ब्राह्मणेतर समाजों में ऐसे मनुष्यों की कमी नहीं, जो विद्या और बुद्धि में ब्राह्मणों के बराबर हैं। फिर ब्राह्मणों की कन्याओं का उनके साथ और उनकी कुमारियों का ब्राह्मणों के साथ मानसिक मेल तथा विवाह असंगत या अस्वाभाविक कदापि नहीं।'' साहित्य से विचार और विचार से साहित्य के धरातल पर निराला लगातार संघर्ष कर रहे थे और 'साहित्य की समतल भूमि' पर खड़े होकर दलितों-स्त्रियों को देख रहे थे।

अपने जीवन काल (वसन्त पंचमी 1896–15 अक्टूबर, 1961 तक) निराला ने अपने समय में साहित्य और साहित्य के माध्यम से समाज में जो हस्तक्षेप किया था उसका दायरा बड़ा विस्तृत था। अपने इसी हस्तक्षेप के कारण वे परवर्ती कवियों के लिए प्रेरणास्रोत रहे हैं। शमशेर जैसे कवि के लिए वे 'सघन तम की आँख' ही हैं। एक ओर निराला के अग्रज कवि मैथिलीशरण गुप्त से लेकर अब के प्रमुख कवि बोधिसत्व तक उन्हें केन्द्रित कर अथवा उन्हें स्मरण करते हुए कविताएँ लिखते हैं और ऐसी कविताएँ शताधिक हैं, वहीं दूसरी ओर, अज्ञेय से लेकर अरुण कमल और राजेश जोशी तक कवियों की गद्य-टिप्पणियाँ और निराला-केन्द्रित आलेख पुनः-पुनः स्मरण का संकेत देते हैं। आशय स्पष्ट है कि निराला के न रहने के बाद उन्हें हिन्दी कविता बार-बार याद करती है, हिन्दी समाज याद करता है। यही निराला की उपस्थिति भी है। समकालीन कविता अपने पितामह के रूप में निराला को देखती और उनसे प्रेरणा ग्रहण करती है। कबीर-निराला-मुक्तिबोध की वंश-परम्परा में ही समकालीन कवि हैं। यह देखने योग्य है कि अपने समय में एक बड़ा रचनाकार कैसे अपना इस तरह विस्तार करता है कि उसकी अवस्थिति उसके कीर्तिशेष होने के उपरान्त भी निरन्तर उसकी उपस्थिति का बोध कराती है।

निर्मल वर्मा कहते हैं–''प्रासंगिक कलाकृति वह नहीं होती है, जिसमें हर समय और स्थान में जीवित लोगों के लिए शाश्वत उत्तर या सत्य होते हैं, बल्कि वह जो हर युग में बने-बनाए सत्यों और उत्तरों के पैटर्न को बिगाड़ देती है, भंग कर देती है, हर विश्वास को शंकालु बना देती है ताकि हम एक बार अपने समय के द्वन्द्वों, शंकाओं और पीड़ाओं का नया अर्थ खोज सकें।'' निराला के बाद हर काव्यान्दोलन उनसे अपने को जोड़कर देखता है और निराला के न रहने के बाद आज का आन्दोलन और आज का साहित्य निराला से ही सवाल करता है। आज के सवालों के लिए पूरे दौर में निराला से ही हमारी अपेक्षा सिद्ध करती है कि आज के सवाल उस पूरे समय में उन्हीं से किए भी जा सकते हैं। 'राम की शक्ति-पूजा' का 'घन अन्धकार' और मुक्तिबोध के 'अँधेरे में' तथा समकालीन अँधेरे में निराला बार-बार याद आते हैं। निराला की 'देवी' की पागल स्त्री और रघुवीर सहाय की 'पागल औरत' या राजेश जोशी की कविता पंक्ति–'जो इस पागलपन में शरीक

नहीं होंगे मारे जाएँगे' या नीलेश रघुवंशी की कविता 'पागल समय' में समकालीनता ही दिखाई दे जाती है। समकालीन कविता में निराला के 'जीन्स' मौजूद हैं।

हर पीढ़ी अपने महाकवि को 'डिस्कवर' करती है इसलिए हर पीढ़ी का अपना चयन होता है। निराला के समय में ही उनकी कविताओं का एक चयन 'अपरा' नाम से उन्हीं की पीढ़ी की कवयित्री महादेवी जी ने सम्पादित-प्रकाशित किया था। बाद में लम्बे समय तक निराला के संग-साथ रहे रामविलास शर्मा ने 'रागविराग' नामक कविता-संकलन तैयार किया। इसके बाद निराला-रचनावली के सम्पादक नन्दकिशोर नवल ने भी कविताओं का एक चयन—'अन्त अनन्त' प्रकाशित कराया। उन्हीं के समकालीन कवि-कथाकार रमेशचन्द्र शाह ने संचयिता : निराला सम्पादित की। सम्पादन की चौथी पीढ़ी में यह संचयन है। हमारी पीढ़ी का चयन और हमारे अपने निराला की खोज। निराला के रचना-सागर में बार-बार डूबने और उतराने तथा कभी सीपी, कभी मोती हाथ में लाने के इस उपक्रम में शामिल साथियों के प्रति आभार। मगर, इस सिलसिले में मेरे चाचाजी और निराला-साहित्य के स्वत्वाधिकारी डॉ. अमरेश त्रिपाठी और मित्र सूर्यनारायण के प्रति कृतज्ञता अपरिहार्य है। राजकमल प्रकाशन समूह के श्री अशोक महेश्वरी को इस संचयन के सुरुचिपूर्ण प्रकाशन के लिए धन्यवाद।

वसन्त पंचमी, 2016

—विवेक निराला

अनुक्रम

काव्य

कथा-साहित्य

उपन्यास

कहानियाँ

निबन्ध/लेख/टिप्पणियाँ

काव्य

अध्यात्म-फल

जब कड़ी मारें पड़ीं, दिल हिल गया,
पर न कर चूँ भी, कभी पाया यहाँ,
मुक्ति की तब युक्ति से मिल खिल गया,
भाव, जिसका चाव है छाया यहाँ।

खेत में पड़ भाव की जड़ गड़ गई,
धीर ने दुख-नीर से सींचा सदा,
सफलता की थी लता आशामयी,
झूलते थे फूल—भावी सम्पदा!

दीन का तो हीन ही यह वक्त है,
रंग करता भंग जो सुख-संग का
भेद से कर छेद पीता रक्त है
राज के सुख-साज-सौरभ-अंग का।

काल की ही चाल से मुरझा गए
फूल, हूलें शूल जो दुख मूल में
एक ही फल, किन्तु हम बल पा गए,
प्राण है वह, त्राण सिन्धु अकूल में।

मिष्ट है, पर इष्ट उनका है नहीं
शिष्ट पर न अभीष्ट जिनका नेक है,
स्वाद का अपवाद कर भरते मही,
पर सरस वह नीति-रस का एक है।

जुही की कली

विजन-वन-वल्लरी पर
सोती थी सुहाग-भरी–स्नेह-स्वप्न-मग्न–
अमल-कोमल-तनु तरुणी–जुही की कली,
दृग बन्द किए, शिथिल–पत्रांक में,
वासन्ती निशा थी;
विरह-विधुर-प्रिया-संग छोड़
किसी दूर देश में था पवन
जिसे कहते हैं मलयानिल।
आई माद बिछुड़न से मिलन की वह मधुर बात,
आई याद चाँदनी की धुली हुई आधी रात,
आई याद कान्ता की कम्पित कमनीय गात,
फिर क्या? पवन
उपवन-सर-सरित गहन-गिरि-कानन
कुंज-लता-पुंजों को पार कर
पहुँचा जहाँ उसने की केलि
कली खिली साथ।
सोती थी,
जाने कहो कैसे प्रिय-आगमन वह?
नायक ने चूमे कपोल,
डोल उठी वल्लरी की लड़ी जैसे हिंडोल।
इस पर भी जागी नहीं,
चूक-क्षमा माँगी नहीं,
निद्रालस वंकिम विशाल नेत्र मूंद रही–
किंवा मतवाली थी यौवन की मदिरा पिए,
कौन कहे?
निर्दय उस नायक ने
निपट निठुराई की
कि झोंकों की झड़ियों से
सुन्दर सुकुमार देह सारी झकझोर डाली,
मसल दिए गोरे कपोल गोल;
चौंक पड़ी युवती–
चकित चितवन निज चारों ओर फेर,
हेर प्यारे को सेज-पास,
नम्रमुख हँसी–खिली,
खेल रंग, प्यारे संग।

अधिवास

कहाँ–
मेरा अधिवास कहाँ?

क्या कहा?–रुकती है गति जहाँ?
भला इस गति का शेष
सम्भव है क्या,
करुण स्वर का जब तक मुझमें रहता है आवेश?

मैंने 'मैं'–शैली अपनाई,
देखा दुखी एक निज़ भाई।
दुख की छाया पड़ी हृदय में मेरे,
झट उमड़ वेदना आई।

उसके निकट गया मैं धाय,
लगाया उसे गले से हाय!
फँसा माया में हूँ निरुपाय,
कहो, कैसे फिर गति रुक जाए?

उसकी अश्रु-भरी आँखों पर मेरे करुणांचल का स्पर्श
करता मेरी प्रगति अनन्त, किन्तु तो भी मैं नहीं विमर्ष;

छूटता है यद्यपि अधिवास,
किन्तु फिर भी न मुझे कुछ त्रास।

तुम और मैं

तुम तुंग-हिमालय-शृंग
और मैं चंचल-गति सुर-सरिता।
तुम विमल हृदय उच्छ्वास
और मैं कांत-कामिनी-कविता।
तुम प्रेम और मैं शान्ति,
तुम सुरा-पान-घन अन्धकार,
मैं हूँ मतवाली भ्रान्ति।
तुम दिनकर के खर किरण-जाल,
मैं सरसिज की मुस्कान,

तुम वर्षों के बीते वियोग,
मैं हूँ पिछली पहचान।
तुम योग और मैं सिद्धि,
तुम हो रागानुग के निश्छल तप,
मैं शुचिता सरल समृद्धि,
तुम मृदु मानस के भाव
और मैं मनोरंजिनी भाषा,
तुम नन्दन-वन-घन विटप
और मैं सुख -शीतल-तल शाखा।
तुम प्राण और मैं काया,
तुम शुद्ध सच्चिदानन्द ब्रह्म
मैं मनोमोहिनी माया।
तुम प्रेममयी के कण्ठहार,
मैं वेणी काल-नागिनी,
तुम कर-पल्लव-झंकृत सितार,
मैं व्याकुल विरह-रागिनी।
तुम पथ हो, मैं हूँ रेणु,
तुम हो राधा के मनमोहन,
मैं उन अधरों की वेणु।
तुम पथिक दूर के श्रान्त
और मैं बाट-जोहती आशा,
तुम भवसागर दुस्तर
पार जाने की मैं अभिलाषा।
तुम नभ हो, मैं नीलिमा,
तुम शरत-काल के बाल-इन्दु
मैं हूँ निशीथ-मधुरिमा।
तुम गन्ध-कुसुम-कोमल पराग,
मैं मृदुगति मलय-समीर,
तुम स्वेच्छाचारी मुक्त पुरुष,
मैं प्रकृति, प्रेम-जंजीर।
तुम शिव हो, मैं हूँ शक्ति,
तुम रघुकुल-गौरव रामचन्द्र,
मैं सीता अचला भक्ति।
तुम आशा के मधुमास,
और मैं पिक-कल-कूजन तान,

तुम मदन-पंच-शर-हस्त
और मैं हूँ मुग्धा अनजान!
तुम अम्बर, मैं दिग्वसना,
तुम चित्रकार, घन-पटल-श्याम,
मैं तड़ित् तूलिका रचना।
तुम रण-ताण्डव-उन्माद नृत्य
मैं मुखर मधुर नूपुर-ध्वनि,
तुम नाद-वेद ओंकार-सार,
मैं कवि-शृंगार शिरोमणि।
तुम यश हो, मैं हूँ प्राप्ति,
तुम कुन्द-इन्दु-अरविन्द-शुभ्र
तो मैं हूँ निर्मल व्याप्ति।

विधवा

वह इष्टदेवता के मन्दिर की पूजा-सी
वह दीप-शिखा-सी शान्त, भाव में लीन,
वह क्रूर काल-तांडव की स्मृति-रेखा-सी
वह टूटे तरु की छुटी लता-सी दीन—
दलित भारत की ही विधवा है।

षड्-ऋतुओं का शृंगार,
कुसुमित कानन में नीरव-पद-सञ्चार,
अमर कल्पना में स्वच्छन्द विहार—
व्यथा की भूली हुई कथा है,
उसका एक स्वप्न अथवा है।

उसके मधु-सुहाग का दर्पण,
जिसमें देखा था उसने
बस एक बार बिम्बित अपना जीवन-धन,
अबल हाथों का एक सहारा—
लक्ष्य जीवन का प्यारा—वह ध्रुवतारा—
दूर हुआ वह बहा रहा है
उस अनन्त पथ से करुणा की धारा।

हैं करुणा-रस से पुलकित इसकी आँखें,
देखा, तो भीगीं मन-मधुकर की पाँखें;
मृदु रसावेश में निकला जो गुञ्जार
यह और न था कुछ, था बस हाहाकार!

उस करुणा की सरिता के मलिन पुलिन पर,
लघु टूटी हुई कुटी का मौन बढ़ाकर
अति छिन्न हुए भीगे अञ्चल में मन को–
दुख-रुखे सूखे अधर-त्रस्त चितवन को
वह दुनिया की नजरों से दूर बचाकर,
रोती है अस्फुट स्वर में;
दुख सुनता है आकाश धीर–
निश्चल समीर,
सरिता की वे लहरें भी ठहर-ठहरकर।

कौन उसको धीरज दे सके?
दुःख का भार कौन ले सके?

यह दुःख वह जिसका नहीं कुछ छोर है,
दैव अत्याचार कैसा घोर और कठोर है!
क्या कभी पोंछे किसी ने अश्रु-जल?
या किया करते रहे सबको विकल?
ओस-कण-सा पल्लवों से झर गया
जो अश्रु, भारत का उसी से सर गया।

भिक्षुक

वह आता–
दो टूक कलेजे के करता पछताता
पथ पर आता।

पेट-पीठ दोनों मिलकर हैं एक,
चल रहा लकुटिया टेक,
मुट्ठी-भर दाने को–भूख मिटाने को

मुँह फटी पुरानी झोली का फैलाता–
दो टूक कलेजे के करता पछताता पथ पर आता।

साथ दो बच्चे भी हैं सदा हाथ फैलाए,
बाएँ से वे मलते हुए पेट को चलते,
और दाहिना दया-दृष्टि पाने की ओर बढ़ाए।
भूख से सूख ओंठ जब जाते
दाता–भाग्य-विधाता से क्या पाते?–
घूँट आँसुओं के पीकर रह जाते।
चाट रहे जूठी पत्तल वे सभी सड़क पर खड़े हुए,
और झपट लेने को उनसे कुत्ते भी हैं अड़े हुए।

सन्ध्या-सुन्दरी

दिवसावसान का समय
मेघमय आसमान से उतर रही है
वह सन्ध्या-सुन्दरी परी-सी
धीरे-धीरे-धीरे,
तिमिरांचल में चंचलता का नहीं कहीं आभास,
मधुर-मधुर हैं दोनों उसके अधर,
किन्तु गम्भीर–नहीं है उनमें हास-विलास।

हँसता है तो केवल तारा एक
गुँथा हुआ उन घुँघराले काले बालों से,
हृदय-राज्य की रानी का वह करता है अभिषेक।

अलसता की-सी लता
किन्तु कोमलता की वह कली,
सखी नीरवता के कन्धे पर डाले बाँह,
छाँह-सी अम्बर-पथ से चली।

नहीं बजती उसके हाथों में कोई वीणा,
नहीं होता कोई अनुराग-राग-आलाप,
नूपुरों में भी रुन-झुन रुन-झुन रुन-झुन नहीं,
सिर्फ एक अव्यक्त शब्द-सा "चुप-चुप-चुप"

है गूँज रहा सब कहीं–
व्योममंडल में–जगती-तल में–
सोती शान्त सरोवर पर उस अमर कमलिनी-दल में–
सौन्दर्य-गर्विता-सरिता के अति विस्तृत वक्षःस्थल में–
धीर वीर गम्भीर शिखर पर हिमगिरि-अटल-अचल में–
उत्ताल-तरंगाघात-प्रलय-घन-गर्जन-जलधि-प्रबल में–
क्षिति में–जल में–नभ में–अनिल-अनल में–
सिर्फ एक अव्यक्त शब्द-सा ''चुप-चुप-चुप''
है गूँज रहा सब कहीं–
और क्या है? कुछ नहीं।

मदिरा की वह नदी बहाती आती,
थके हुए जीवों को वह सस्नेह
प्याला वह एक पिलाती,
सुलाती उन्हें अंक पर अपने,
दिखलाती फिर विस्मृति के वह कितने मीठे सपने।

अर्द्धरात्रि की निश्चलता में हो जाती वह लीन,
कवि का बढ़ जाता अनुराग,
विरहाकुल कमनीय कंठ से,
आप निकल पड़ता तब एक विहाग।

आवाहन

एक बार बस और नाच तू श्यामा!

सामान सभी तैयार,
कितने ही हैं असुर, चाहिए कितने तुझको हार?
कर-मेखला मुंड-मालाओं से बन मन-अभिरामा–
एक बार बस और नाच तू श्यामा!

भैरवी! भेरी तेरी झंझा
तभी बजेगी मृत्यु लड़ाएगी जब तुझसे पंजा;
लेगी खड्ग और तू खप्पर,

उसमें रुधिर भरूँगा मा
मैं अपनी अञ्जली भर-भर;
उँगली के पोरों में दिन गिनता ही जाऊँ क्या मा–
एक बार बस और नाच तू श्यामा!

अट्टहास-उल्लास नृत्य का होगा जब आनन्द
विश्व की इस वीणा के टूटेंगे सब तार,
बन्द जो जाएँगे ये सारे कोमल छन्द,
सिन्धु-राग का होगा तब आपाल–

उताल-तरंग-भंग कह देंगे
मा, मृदंग के सुस्वर क्रिया-कलाप;
और देखूँगा देते ताल
कर-तल-पल्लव-दल से निर्जन बन के सभी तमाल;
निर्झर के झर-झर स्वर में तू सरिगम मुझे सुना मा–
एक बार बस और नाच तू श्यामा!

प्रगल्भ प्रेम

आज नहीं है मुझे और कुछ चाह
अर्धविकव इस हृदय-कमल में आ तू
प्रिये, छोड़ कर बन्धनमय छंदों की छोटी राह!
गजगामिनि, वह पथ तेरा संकीर्ण,
                    कण्टकाकीर्ण,
कैसे होगी उससे पार!
काँटों में अंचल के तेरे तार निकल जायेंगे
और उलझ जाएगा तेरा हार
मैंने अभी अभी पहनाया
किन्तु नजर-भर देख न पाया–कैसा सुन्दर आया।
मेरे जीवन की तू प्रिये, साधना,
प्रस्तरमय जग में निर्झर बन
                    उतरी रसाराधना!
मेरे कुंज-कुटीर-द्वार पर आ तू
धीरे-धीरे कोमल चरण बढ़ाकर,
ज्योत्स्नाकुल सुमनों की सुरा पिला तू

प्याला शुभ्र करों का रख अधरों पर!
बहे हृदय में मेरे, प्रिय, नूतन आनन्द प्रवाह,
सकल चेतना मेरी होये लुप्त
और जग जाये पहली चाह!
लखूँ तुझे ही चकित चतुर्दिक,
अपनापन मैं भूलूँ।
पड़ा पालने पर मैं सुख से लता-अंक के झूलूँ।
केवल अन्तस्तल में मेरे सुख की स्मृति की अनुपम
धारा एक बहेगी,
मुझे देखती तू कितनी अस्फुट बातें मन-ही-मन
सोचेगी, न कहेगी!
एक लहर आ मेरे उर में मधुर कराघातों से
देगी खोल हृदय का तेरा चिरपरिचित वह द्वार,
कोमल चरण बढ़ा अपने सिंहासन पर बैठेगी,
फिर अपनी उर की वीणा के उतरे ढीले तार
कोमल-कली उँगलियों से कर सज्जित,
प्रिये, बजाएगी, होंगी सुर ललनाएँ भी लज्जित!
इमन-रागिनी की वह मधुर तरंग
मीठी थपकी मार करेगी मेरी निद्रा भंग;
जागूँगा जब, सम में समा जायगी तेरी तान,
व्याकुल होंगे प्राण,
सुप्त स्वरों के छाये सन्नाटे में
गूँजेगा यह भाव,
मौन छोड़ता हुआ हृदय पर विरह-व्यथित प्रभाव–
'क्या जाने वह कैसी थी आनन्द-सुरा
अधरों तक आकर
बिना मिटाये प्यास गई जो सूख जलाकर अन्तर!'

ध्वनि

अभी न होगा मेरा अन्त।
अभी-अभी ही तो आया है
मेरे वन में मृदुल वसन्त–
अभी न होगा मेरा अन्त।

हरे-हरे ये पात,
डालियाँ, कलियाँ कोमल गात।
मैं ही अपना स्वप्न-मृदुल-कर
फेरूँगा निद्रित कलियों पर
जगा एक प्रत्यूष मनोहर।

पुष्प-पुष्प से तन्द्रालस लालसा खींच लूँगा मैं,
अपने नव-जीवन का अमृत सहर्ष सींच दूँगा मैं,

द्वार दिखा दूँगा फिर उनको
हैं मेरे वे जहाँ अनन्त–
अभी न होगा मेरा अन्त।

मेरे जीवन का यह है जब प्रथम चरण,
इसमें कहाँ मृत्यु
है जीवन ही जीवन।
अभी पड़ा है आगे सारा यौवन;
स्वर्ण-किरण-कल्लोलों पर बहता रे यह बालक-मन;

मेरे ही अविकसित राग से
विकसित होगा बन्धु दिगन्त–
अभी न होगा मेरा अन्त।

बादल-राग

[1]

झूम-झूम मृदु गरज-गरज घन घोर!
राग-अमर! अम्बर में भर निज रोर!

झर झर झर निर्झर-गिरि-सर में,
घर, मरु, तरु-मर्मर, सागर में,
सरित–तड़ित-गति–चकित पवन में
मन में, विजन-गहन-कानन में,
आनन-आनन में, रव-घोर-कठोर–
राग-अमर! अम्बर में भर निज रोर!

अरे वर्ष के हर्ष!
बरस तू, बरस-बरस रसधार!
पार ले चल तू मुझको,
बहा, दिखा मुझको भी निज
गर्जन-गौरव-संसार!
उथल-पुथल कर हृदय–
मचा हलचल–
चल रे चल,–
मेरे पागल बादल!
धँसता दलदल,
हँसता है नद खल्-खल्
बहता, कहता कुलकुल कलकल कलकल।
देख-देख नाचता हृदय
बहने को महाविकल – बेकल,
इस मरोर से – इसी शोर से–
सघन घोर गुरु गहन रोर से
मुझे–गगन का दिखा सघन वह छोर!
राग-अमर! अम्बर में भर निज रोर!

[2]

ऐ निर्बन्ध!
अन्ध-तम-अगम-अनर्गल–बादल!
ऐ स्वच्छन्द!
मन्द-चंचल-समीर-रथ पर उच्छृंखल!
ऐ उद्दाम!
अपार कामनाओं के प्राण!
बाधारहित विराट!
ऐ विप्लव के प्लावन!
सावन-घोर गगन के
ऐ सम्राट!
ऐ अटूट पर छूट टूट पड़नेवाले–उन्माद!
विश्व-विभव को लूट-लूट लड़नेवाले–अपवाद!
श्री बिखेर, मुख-फेर कली के निष्ठुर पीड़न!
छिन्न-भिन्न कर पत्र-पुष्प-पादप-वन-उपवन,
वज्र-घोष से ऐ प्रचंड!

आतंक जमानेवाले!
कम्पित जंगम–नीड़-विहंगम,
ऐ न व्यथा पानेवाले!
भय के मायामय आँगन पर
गरजो विप्लव के नव जलधर!

[3]

सिन्धु के अश्रु!
धरा के खिन्न दिवस के दाह!
विदाई के अनिमेष नयन!
मौन उर में चिन्हित कर चाह
छोड़ अपना परिचित संसार–
सुरभि का कारागार,
चले जाते हो सेवा-पथ पर,
तरु के सुमन!
सफल करके
मरीचिमाली का चारु चयन।
स्वर्ग के अभिलाषी हे वीर,
सव्यसाची-से तुम अध्ययन-अधीर
अपना मुक्त विहार,
छाया में दुख के अन्तःपुर का उद्घाटित द्वार
छोड़ बन्धुओं के उत्सुक नयनों का सच्चा प्यार,
जाते हो तुम अपने पथ पर,
स्मृति के गृह में रखकर
अपनी सुधि के सज्जित तार।
पूर्ण-मनोरथ! आए–
तुम आए;
रथ का घर्घर-नाद
तुम्हारे आने का संवाद।
ऐ त्रिलोक-जित्! इन्द्र-धनुर्धर!
सुरबालाओं के सुख-स्वागत!
विजय! विश्व में नवजीवन भर,
उतरो अपने रथ से भारत!
उस अरण्य में बैठी प्रिया अधीर,
कितने पूजित दिन अब तक हैं व्यर्थ,

मौन कुटीर।
आज भेंट होगी–
हाँ, होगी, निस्सन्देह,
आज सदा-सुख-छाया होगा कानन-गेह
आज अनिश्चित पूरा होगा श्रमित प्रवास,
आज मिटेगी व्याकुल श्यामा के अधरों की प्यास।

[4]

उमड़ सृष्टि के अन्तहीन अम्बर से,
घर से क्रीड़ारत बालक-से,
ऐ अनन्त के चंचल शिशु सुकुमार!
स्तब्ध गगन को करते हो तुम पार।
अन्धकार–घन अन्धकार ही
क्रीड़ा का आगार।
चौक चमक छिप जाती विद्युत
तडिद्दाम अभिराम,
तुम्हारे कुंजित केशों में
अधीर विक्षुब्ध ताल पर
एक इमन का-सा अति मुग्ध विराम।
वर्ण रश्मियों-से कितने ही
छा जाते हैं मुख पर–
जग के अन्तस्थल से उमड़
नयन-पलकों पर छाए सुख पर;
रंग अपार
किरण-तूलिकाओं से अंकित
इन्द्रधनुष के सप्तक, तार;–
व्योम और जगती के राग उदार
मध्यदेश में, गुडाकेश!
गाते हो वारम्वार।
मुक्त! तुम्हारे मुक्त कंठ में
स्वरारोह, अवरोह, विघात,
मधुर मन्द्र, उठ पुनः-पुनः ध्वनि
छा लेती है गगन, श्याम कानन,
सुरभित उद्यान,
झर-झर-रव भूधर का मधुर प्रपात।

वधिर विश्व के कानों में
भरते हो अपना राग,
मुक्त शिशु! पुनः-पुनः एक ही राग अनुराग।

[5]

निरंजन बने नयन-अंजन!
कभी चपल गति, अस्थिर मति,
जल-कलकल तरल प्रवाह,
वह उत्थान-पतन-हत अविरत
संसृति-गत उत्साह,
कभी दुख-दाह
कभी जलनिधि-जल विपुल अथाह–
कभी क्रीड़ारत सात प्रभंजन–
बने नयन-अंजन!
कभी किरण-कर पकड़-पकड़कर
चढ़ते हो तुम मुक्त गगन पर,
झलमल ज्योति अयुत-कर-किंकर,
सीस झुकाते तुम्हें तिमिरहर–
अहे कार्य से गत कारण पर!
निराकार, हैं तीनों मिले भुवन–
बने नयन-अंजन!
आज श्याम-घन श्याम, श्याम छवि,
मुक्त-कंठ है तुम्हें देख कवि,
अहो कुसुम-कोमल कठोर-पवि!
शत-सहस्र-नक्षत्र-चन्द्र रवि संस्तुत
नयन मनोरंजन!
बने नयन-अंजन!

[6]

तिरती है समीर-सागर पर
अस्थिर सुख पर दुख की छाया–
जग के दग्ध हृदय पर
निर्दय विप्लव की प्लावित माया–
यह तेरी रण-तरी

भरी आकांक्षाओं से,
घन, भेरी-गर्जन से सजग सुप्त अंकुर
उर में पृथ्वी के, आशाओं से
नवजीवन कीं, ऊँचा कर सिर,
ताक रहे हैं, ऐ विप्लव के बादल!
फिर-फिर।
बार-बार गर्जन
वर्षण है मूसलधार,
हृदय थाम लेता संसार,
सुन-सुन घोर वज्र-हुंकार।
अशनि-पात से शायित उन्नत शत-शत वीर,
क्षत-विक्षत हत अचल-शरीर,
गगन-स्पर्शी स्पर्द्धा-धीर।
हँसते हैं छोटे पौधे लघुभार–
शस्य अपार,
हिल-हिल,
खिल-खिल,
हाथ हिलाते,
तुझे बुलाते,
विप्लव-रव से छोटे ही हैं शोभा पाते।
अट्टालिका नहीं है रे
आतंक-भवन,
सदा पंक पर ही होता
जल-विप्लव-प्लावन,
क्षुद्र प्रफुल्ल जलज से
सदा छलकता नीर,
रोग-शोक में भी हँसता है
शैशव का सुकुमार शरीर।
रूद्ध कोष है, क्षुब्ध तोष,
अंगना-अंग से लिपटे भी
आतंक-अंक पर काँप रहे हैं
धनी, वज्र-गर्जन से बादल!
त्रस्त नयन-मुख ढाँप रहे हैं।
जीर्ण बाहु, है शीर्ण शरीर,
तुझे बुलाता कृषक अधीर,

ऐ विप्लव के वीर!
चूस लिया है उसका सार,
हाड़-मात्र ही है आधार
ऐ जीवन के पारावार!

दीन

सह जाते हो
उत्पीड़न की क्रीड़ा सदा निरंकुश नग्न,
हृदय तुम्हारा दुर्बल होता भग्न,
अन्तिम आशा के कानों में
स्पन्दित हम-सबके प्राणों में
अपने उर की तप्त व्यथाएँ,
कह जाते हो
और जगत् की ओर ताककर
दुःख, हृदय का क्षोभ त्यागकर,
सह जाते हो।
कह जाते हो–
"यहाँ कभी मत आना,
उत्पीड़न का राज्य, दुःख ही दुःख
यहाँ है सदा उठाना,
क्रूर यहाँ पर कहलाता है शूर,
और हृदय का शूर सदा ही दुर्बल क्रूर;
स्वार्थ सदा रहता परार्थ से दूर,
यहाँ परार्थ वही, जो रहे
स्वार्थ से ही भरपूर;
जगत् की निद्रा, है जागरण,
और जागरण, जगत् का–इस संसृति का
अन्त–विराम–मरण।
अविराम घात-आघात,
आह! उत्पात!
यही जग-जीवन के दिन-रात।
यही मेरा, इनका, उनका, सबका स्पन्दन,
हास्य से मिला हुआ क्रन्दन।
यही मेरा, इनका, उनका, सबका जीवन,

दिवस का किरणोज्ज्वल उत्थान,
रात्रि की सुप्ति, पतन;
दिवस की कर्म-कुटिल तम-भ्रान्ति,
रात्रि का मोह, स्वप्न भी भ्रान्ति,
सदा अशान्ति!"

पतनोन्मुख

हमारा डूब रहा दिनमान!

मास-मास दिन-दिन प्रतिपल
उगल रहे हो गरल-अनल,
जलता यह जीवन असफल;
हिम-हत-पातों-सा असमय ही
झुलसा हुआ शुष्क निश्चल!

विकल डालियों से
झरने ही पर हैं पल्लव-प्राण—
हमारा डूब रहा दिनमान!

जागो फिर एक बार!-1

जागो फिर एक बार!
प्यार जगाते हुए हारे सब तारे तुम्हें
अरुण-पंख तरुण-किरण
खड़ी खोलती है द्वार—
जागो फिर एक बार!

आँखें अलियों-सी
किस मधु की गलियों में फँसीं,
बन्द कर पाँखें
पी रही हैं मधु मौन
या सोयी कमल-कोरकों में—
बन्द हो रहा गुंजार—
जागो फिर एक बार!

अस्ताचल चले रवि,
शशि-छवि विभावरी में
चित्रित हुई है देख
यामिनीगन्धा जगी,
एकटक चकोर-कोर दर्शन-प्रिय,
आशाओं भरी मौन भाषा बहुभावमयी
घेर रहा चन्द्र को चाव से;
शिशिर-भार-व्याकुल कुल
खुले फूल झुके हुए,
आया कलियों में मधुर
मद-उर यौवन-उभार–
जागो फिर एक बार!

पिउ-रव पपीहे प्रिय बोल रहे,
सेज पर विरह-विदग्धा वधू
याद कर बीती बातें, रातें मन-मिलन की
मूँद रही पलकें चारु,
नयन-जल ढल गए,
लघुतर कर व्यथा-भार–
जागो फिर एक बार!

सहृदय समीर जैसे
पोंछों प्रिय, नयन-नीर
शयन-शिथिल बाहें
भर स्वप्निल आवेश में,
आतुर उर वसन-मुक्त कर दो,
सब सुप्ति सुखोन्माद हो;
छूट-छूट अलस
फैल जाने दो पीठ पर
कल्पना से कोमल
ऋजु-कुटिल प्रसार-कामी केश-गुच्छ।
तन-मन थक जायें,
मृदु सुरभि-सी समीर में
बुद्धि-बुद्धि में हो लीन,
मन में मन, जी जी में,

एक अनुभव बहता रहे
अभय आत्माओं में,
कब से मैं रही पुकार–
जागो फिर एक बार!

उगे अरुणाचल में रवि
आयी भारती-रति कवि-कण्ठ में,
क्षण-क्षण में परिवर्तित
होते रहे प्रकृति-पट,
गया दिन, आयी रात,
गई रात, खुला दिन,
ऐसे ही संसार के बीते दिन, पक्ष, मास,
वर्ष कितने ही हजार–
जागो फिर एक बार!

जागो फिर एक बार!-2

जागो फिर एक बार!
समर में अमर कर प्राण,
गान गाये महासिन्धु-से
सिन्धु-नद-तीरवासी!
सैन्धव तुरंगों पर
चतुरंग चमू संग;
"सवा-सवा लाख पर
एक को चढ़ाऊँगा।
गोविन्द सिंह निज
नाम जब कहाऊँगा।"
किसने सुनाया यह
वीर-जन-मोहन अति
दुर्जय संग्राम राग
फाग का खेला रण
बारहों महीने में
शेरों की माँद में
आया है आज स्यार–
जागो फिर एक बार!

सत् श्री अकाल,
भाल-अनल धक-धक कर जला,
भस्म हो गया था काल–
तीनों गुण–ताप त्रय,
अभय हो गये थे तुम,
मृत्युंजय व्योमकेश के समान,
अमृत-सन्तान! तीव्र
भेदकर सप्तावरण-मरण-लोक,
शोकहारी! पहुँचे थे वहाँ
जहाँ आसन है सहस्रार–
जागो फिर एक बार!
सिंहों की गोद से
छीनता रे शिशु कौन?
मौन भी क्या रहती वह
रहते प्राण? रे अनजान!
एक मेषमाता ही
रहती है निर्निमेष–
दुर्बल वह–
छिनती सन्तान जब
जन्म पर अपने अभिशप्त
तप्त आँसू बहाती है,
किन्तु क्या,
योग्य जन जीता है,
पश्चिम की उक्ति नहीं–
गीता है, गीता है–
स्मरण करो बार-बार–
जागो फिर एक बार!

वृत्ति

देख चुका, जो-जो आए थे,
चले गए,
मेरे प्रिय सब बुरे गए, सब
भले गए!
क्षण-भर की भाषा में,

नव-नव अभिलाषा में,
उगते पल्लव-से कोमल शाखा में,
आए थे जो निष्ठुर कर से
मले गए,
मेरे प्रिय सब बुरे गए, सब
भले गए!
चिन्ताएँ, बाधाएँ,
आती ही हैं, आएँ;
अन्ध हृदय है, बन्धन निर्दय लाएँ;
मैं ही क्या, सब ही तो ऐसे
छले गए,
मेरे प्रिय सब बुरे गए, सब
भले गए!

मौन

बैठ लें कुछ देर,
आओ, एक पथ के पथिक-से
प्रिय, अन्त और अनन्त के,
तम-गहन-जीवन घेर।
मौन मधु हो जाए
भाषा मूकता की आड़ में,
मन सरलता की बाढ़ में,
जल-बिन्दु-सा बह जाए।
सरल अति स्वच्छन्द
जीवन प्रात के लघुपात से,
उत्थान-पतनाघात से
रह जाए चुप, निर्द्वन्द्व।

हताश

जीवन चिरकालिक क्रन्दन।
मेरा अन्तर वज्रकठोर,
देना जी भरसक झकझोर,
मेरे दुख की गहन अन्ध-

तम-निशि न कभी हो भोर,
क्या होगी इतनी उज्ज्वलता–
इतना वन्दन–अभिनन्दन?
हो मेरी प्रार्थना विफल,
हृदय कमल के जितने दल
मुरझायें, जीवन हो म्लान,
शून्य सृष्टि में मेरे प्राण
प्राप्त करें शून्यता सृष्टि की,
मेरा जग हो अन्तर्धान,
तब भी क्या ऐसे ही तम में
अटकेगा जर्जर स्पन्दन?

निशा के उर की खुली कली

निशा के उर की खुली कली।

भूषण-वसन सजे गोरे तन,
प्रीति-भीति काँपे पग उर-मन,
बाजे नूपुर रुन-रिन रन-झन,
लाज-विवश-सिहरी।

खड़ी सोचती नमित नयन-मुख,
रखती पग उर काँप पुलक-सुख,
हँस अपने ही आप सकुच धनि,
गति मृदु-मन्द चली।

मूँद पलक प्रिय की शय्या पर
रखते ही पग, उर धर-धर-धर
काँप उठा वन में तरु-मर्मर
चली पवन पहली।

अलि, घिर आए घन पावस के

अलि, घिरि आए घन पावस के।

लख ये काले-काले बादल,
नील सिन्धु में खुले कमल-दल,
हरित ज्योति, चपला अति चंचल,
सौरभ के, रस के–
अलि, घिर आए घन पावस के।

द्रुत समीर-कम्पित थर थर थर,
झरतीं धाराएँ झर झर झर,
जगती के प्राणों में स्मर-शर
वेध गए, कसके–
अलि, घिरि आए घन पावस के।

हरियाली ने, अलि, हर ली श्री
अखिल विश्व के नव यौवन की,
मन्द-गन्ध कुसुमों में लिख दी
लिपि जय की हँसके–
अलि, घिरि आए घन पावस के।

छोड़ गए गृह जब से प्रियतम
बीते अपलक दृश्य मनोरम,
क्या मैं हूँ ऐसी ही अक्षम,
क्यों न रहे बस के–
अलि, घिरि आए घन पावस के।

प्रिया के प्रति

[1]

एक बार भी यदि अजान के
अन्तर से उठ आ जातीं तुम,
एक बार भी प्राणों की तम–
छाया में आ कह जातीं तुम
सत्य हृदय का अपना हाल
कैसा था अतीत वह, अब यह
बीत रहा है कैसा काल।
मैं न कभी कुछ कहता,

बस, तुम्हें देखता रहता!
चकित, थकी, चितवन मेरी रह जाती
दग्ध हृदय के अगणित व्याकुल भाव
मौन दृष्टि की ही भाषा कह जाती।

[2]

तप वियोग की चिर ज्वाला से
कितना उज्ज्वल हुआ हृदय यह,
पिष्ट कठिन साधना-शिला से
कितना पावन हुआ प्रणय यह,
मौन दृष्टि सब कहती हाल,
कैसा था अतीत मेरा, अब
बीत रहा यह कैसा काल।
क्या तुम व्याकुल होतीं?
मेरे दुख पर रोतीं?
मेरे नयनों में न अश्रु प्रिय आता
मौन दृष्टि का मेरा चिर अपनाव
अपना चिर-निर्मल अन्तर दिखलाता।

कल्पना के कानन की रानी!

कल्पना के कानन की रानी!
आओ, आओ मृदु-पद, मेरे
मानस की कुसुमित वाणी!
सिहर उठें पल्लव के दल, नव अंग;
बहे सुप्त परिमल की मृदुल तरंग;
जागे जीवन की नव ज्योति अमन्द;
हिले वसन्त-समीर-स्पर्श से
वसन तुम्हारा धानी।

मार्ग मनोहर हो मेरे जीवन का;
खुल जाए पथ रूँधा कंटक-वन का;
धुल जाए मल मेरे तन का, मन का;
देख तुम्हारी मूर्ति मनोहर
रहें ताकते ज्ञानी।

मेरे प्राणों के प्याले को भर दो;
प्रिये, दृगों के मद से मादक कर दो;
मेरी अखिल पुरातन-प्रियता हर दो;
मुझको एक अमर वर दो,
मैंने जिसकी हठ ठानी।

मुझे स्नेह क्या मिल न सकेगा?

मुझे स्नेह क्या मिल न सकेगा?
स्तब्ध, दग्ध मेरे मरु का तरु
क्या करुणाकर खिल न सकेगा?

जग के दूषित बीज नष्ट कर,
पुलक-स्पन्द भर, खिला स्पष्टतर,
कृपा-समीरण बहने पर क्या,
कठिन हृदय यह हिल न सकेगा?

मेरे दुख का भार, झुक रहा,
इसीलिए प्रति चरण रुक रहा,
स्पर्श तुम्हारा मिलने पर क्या,
महाभार यह झिल न सकेगा?

नर-जीवन के स्वार्थ सकल

नर-जीवन के स्वार्थ सकल
बलि हों तेरे चरणों पर, माँ,
मेरे श्रम-संचित सब फल।

जीवन के रथ पर चढ़कर,
सदा मृत्यु-पथ पर बढ़कर,
महाकाल के खरतर शर सह
सकूँ, मुझे तू कर दृढ़तर;
जागे मेरे उर में तेरी
मूर्ति अश्रुजल-धौत विमल,

दृग-जल से पा बल, बलि कर दूँ
जननि, जन्म-श्रम-संचित फल।

बाधाएँ आएँ तन पर,
देखूँ, तुझे नयन-मन भर,
मुझे देख तू सजल दृगों से
अपलक, उर के शतदल पर;
क्लेदयुक्त अपना तन दूँगा,
मुक्त करूँगा तुझे अटल,
तेरे चरणों पर देकर बलि
सकल श्रेय–श्रम संचित फल।

वर दे, वीणावादिनि वर दे!

वर दे, वीणावादिनि वर दे!
प्रिय स्वतंत्र-रव अमृत-मंत्र नव
भारत में भर दे!

काट अन्ध-उर के बन्धन-स्तर
बहा जननि, ज्योतिर्मय निर्झर;
कलुष-भेद-तम हर प्रकाश भर
जगमग जग कर दे!

नव गति, नव लय, ताल-छन्द नव,
नवल कंठ, नव जलद-मन्द्र रव;
नव नभ के नव विहग-वृन्द को
नव पर, नव स्वर दे!

नयनों के डोरे लाल गुलाल-भरे

नयनों के डोरे लाल गुलाल-भरे, खेली होली!
जागी रात सेज प्रिय पति-सँग रति सनेह-रँग घोली,
दीपित दीप-प्रकाश, कंज-छवि मंजु-मंजु हँस खोली–
मली मुख-चुम्बन-रोली।

प्रिय-कर-कठिन-उरोज-परस कस कसक मसक गई चोली,
एक-वसन रह गई मन्द हँस अधर-दशन अनबोली–
कली-सी काँटे की तोली।

मधु-ऋतु-रात, मधुर अधरों की पी मधु सुध-बुध खो ली,
खुले अलक, मुँद गए पलक-दल, श्रम-सुख की हद हो ली–
बनी रति की छबि भोली।

बीती रात सुखद बातों में प्रात पवन प्रिय डोली,
उठी सँभाल बाल, मुख-लट, पट, दीप बुझा, हँस बोली–
रही यह एक ठठोली।

रँग गई पग-पग धन्य धरा

रँग गई पग-पग धन्य धरा,–
हुई जग जगमग मनोहरा।
वर्ण-गन्ध धर, मधु-मरन्द भर,
तरु-उर की अरुणिमा तरुणतर
खुली रूप-कलियों में पर भर
स्तर-स्तर सुपरिसरा।

गूँज उठा पिक-पावन-पंचम,
खग-कुल-कलरव मृदुल मनोरम,
सुख के भय काँपती प्रणय-क्लम
वन-श्री चारुतरा।

अमरण भर वरण-गान

अमरण भर वरण-गान
वन-वन उपवन-उपवन
जागी छबि, खुले प्राण।

वसन विमल तनु-वल्कल,
पृथु उर सुर-पल्लव-दल

उज्ज्वल दृग कलि कल, पल
निश्चल, कर रही ध्यान।

मधुप-निकर कलरव भर,
गीति-मुखर पिक प्रिय-स्वर,
स्मर-शर हर केशर झर,
मधु-पूरित गन्ध, ज्ञान।

रे, कुछ न हुआ, तो क्या?

रे, कुछ न हुआ, तो क्या?
जग धोका, तो रो क्या?

सब छाया से छाया,
नभ नीला दिखलाया,
तू घटा और बढ़ा
और गया और आया,
होता क्या, फिर हो क्या?
रे, कुछ न हुआ, तो क्या?

चलता तू, थकता तू,
रुक-रुक फिर बकता तू,
कमजोरी दुनिया हो, तो
कह क्या सकता तू?
जो धुला, उसे धो क्या?
रे, कुछ न हुआ तो क्या?

प्राण-धन को स्मरण करते

प्राण-धन को स्मरण करते
नयन झरते-नयन झरते!

स्नेह ओत-प्रोत;
सिन्धु दूर, शशिप्रभा-दृग
अश्रु ज्योत्स्ना-स्रोत।

मेघमाला सजल-नयना
सुहृद उपवन को उतरते।

दुःख-योग, धरा
विकल होती जब दिवस-वश
हीन-तापकरा,
गगन नयनों के शिशिर झर
प्रेयसी के अधर भरते।

दे, मैं करूँ वरण

दे, मैं करूँ वरण
जननि, दुखहरण पद-राग-रंजित मरण।

भीरुता के बँधे पाश सब छिन्न हों,
मार्ग के रोध विश्वास से भिन्न हों,
आज्ञा, जननि, दिवस-निशि करूँ अनुसरण।

लाँछना इंधन, हृदय-तल जले अनल,
भक्ति-नत-नयन मैं चलूँ अविरत सबल
पारकर जीवन-प्रलोभन समुपकरण।

प्राण-संघात के सिन्धु के तीर मैं
गिनता रहूँगा न कितने तरंग हैं,
धीर मैं ज्यों समीरण करूँगा तरण।

घन, गर्जन से भर दो वन

घन, गर्जन से भर दो वन
तरु-तरु पादप-पादप-तन।

अब तक गुंजन-गुंजन पर
नाचीं कलियाँ छबि-निर्भर;
भौंरों ने मधु पी-पीकर
माना, स्थिर-मधु-ऋतु कानन।

गरजो, हे मन्द्र, वज्र-स्वर;
थर्राये भूधर-भूधर,
झरझर झरझर धारा झर
पल्लव-पल्लव पर जीवन।

रूखी री यह डाल

रूखी री यह डाल, वसन वासन्ती लेगी।
देख खड़ी करती तप अपलक,
हीरक-सी समीर-माला जप,
शैल-सुता अपर्ण-अशना,
पल्लव-वसना बनेगी—
वसन वासन्ती लेगी।

हार गले पहना फूलों का,
ऋतुपति सकल सुकृत-कूलों का
स्नेह सरस भर देगा उर-सर,
स्मरहर को वरेगी।
वसन वासन्ती लेगी।

मधु-व्रत में रत वधू मधुर फल,
देगी जग को स्वाद-तोष-दल,
गरलामृत शिव आशुतोष-बल
विश्व सकल नेगी,
वसन वासन्ती लेगी।

भारति, जय, विजयकरे!

भारति, जय, विजयकरे!
कनक-शस्य-कमलधरे!

लंका पदतल शतदल
गर्जितोर्मि सागर-जल,
धोता शुचि चरण युगल
स्तव कर बहु-अर्थ-भरे।

तरु-तृण-वन-लता वसन,
अंचल में खचित सुमन,
गंगा ज्योतिर्जल - कण
धवल-धार हार गले।

मुकुट शुभ्र हिम-तुषार,
प्राण प्रणव ओंकार,
ध्वनित दिशाएँ उदार,
शतमुख-शतरव-मुखरे!

मैं रहूँगा न

मैं रहूँगा न गृह के भीतर
जीवन में रे मृत्यु के विवर।

यह गुहा, गर्त्त प्राचीन, रुद्ध
नव दिक्-प्रसार, वह किरण शुद्ध
है कहाँ यहाँ मधु-गन्ध-लुब्ध
वह वायु विमल आलिंगनकर?

करता रह-रह वह विकल प्राण
उठता जग जो बहुजन्म गान
जीवन का, खो-खो दिशा-ज्ञान
जाने बह जाता कहाँ मुखर!

दूर-दूर रे चेतन-सागर
टलमल शत-रश्मि तरंग-सुघर
पृथ्वी का लहराता सुन्दर
दुकूल सस्वर आकर्षण भर!

(प्रिय) यामिनी जागी

(प्रिय) यामिनी जागी।
अलस पंकज-दृग अरुण-मुख-
तरुण-अनुरागी।

खुले केश अशेष शोभा भर रहे
पृष्ठ-ग्रीवा-बाहु-उर पर तर रहे;
बादलों में घिर अपर दिनकर रहे,
ज्योति की तन्वी, तड़ित-
द्युति ने क्षमा माँगी।

हेर उर-पट फेर मुख के बाल,
लख चतुर्दिक चली मन्द मराल,
गेह में प्रिय-स्नेह की जय-माल,
वासना की मुक्ति, मुक्ता
त्याग में तागी।

सखि, वसन्त आया

सखि, वसन्त आया।
भरा हर्ष वन के मन,
नवोत्कर्ष छाया।

किसलय-वसना नव-वय-लतिका
मिली मधुर प्रिय-उर तरु-पतिका,
मधुप - वृन्द बन्दी—
पिक-स्वर नभ सरसाया।

लता-मुकुल-हार-गन्ध-भार भर,
बही पवन बन्द मन्द मन्दतर,
जागी नयनों में वन-
यौवन की माया।

आवृत सरसी-उर-सरसिज उठे,
केशर के केश कली के छुटे,
स्वर्ण-शस्य-अंचल
पृथ्वी का लहराया।

जला दे जीर्ण-शीर्ण प्राचीन

जला दे जीर्ण-शीर्ण प्राचीन;
क्या करूँगा तन जीवन-हीन?

माँ, तू भारत की पृथ्वी पर
उतर रूपमय माया तन धर,
देवव्रत नरवर पैदा कर,
फैला शक्ति नवीन–

फिर उनके मानस-शतदल पर
अपने चारु चरणयुग रख कर,
खिला जगत तू अपनी छवि में
दिव्य ज्योति हो लीन!

तुम्हीं गाती हो

तुम्हीं गाती हो अपना गान;
व्यर्थ मैं पाता हूँ सम्मान।

मेरा पतझड़-हरा हृदय हर
पत्रों के मर्मर के सुखकर
तुम्हीं सुनाती हो नूतन स्वर
भर देती हो प्राण।

मेरा दुख अरण्य, किसलय-दल
ज्वाल, जली काली तुम कोयल,
दैन्य-डाल पर बैठी प्रतिपल
सुना रही हो तान।

भ्रम गोधूलि, धूसरित नभ-तन,
तुम शशि, कला-किरण-दृग-चुम्बन;
ज्ञान-तन्तु तुम, जग-अजान-मन-
शव-शिव-शक्ति महान।

चाल ऐसी मत चलो!

चाल ऐसी मत चलो!
सृष्टि से ही गिर रहा जो
दृष्टि से फिर मत छलो!

कह रहा हूँ जो कथा,
बज रही उसकी व्यथा!
या चरण चलते रहेंगे
निश्शरण पर सर्वथा?
सुख मिला जिसको जिलाया
दुःख दे मत दलमलो!
बनो वासन्ती मृदुल
पत्रिका तरु की अतुल,
फिर सुरस-सञ्चारिका
सुखसारिका उसकी मुकुल;
फिर मधुर मधुदान से नव
प्राण दे-देकर फलो।

टूटें सकल बन्ध

टूटें सकल बन्ध
कलि के, दिशा-ज्ञान-गत हो बहे गन्ध।

रुद्ध जो धार रे
शिखर-निर्झर झरे,
मधुर कलरव भरे
शून्य शत-शत रन्ध्र।

रश्मि ऋजु खींच दे
चित्र शत रंग के,
वर्ण-जीवन फले,
जागे तिमिर अन्ध।

जागा दिशा-ज्ञान

जागा दिशा-ज्ञान;
उगा रवि पूर्व का गमन में, नव-यान!

खुले, जो पलक तम में हुए थे अचल,
चेतनाहत हुई दृष्टि दीखी चपल,
स्नेह से फुल्ल आई उमड़ मुसकान।

किरण-दिक्-पात, आरक्त किसलय सकल;
शक्त द्रुम, कोमल-कलि पवन-जल-स्पर्श-चल;
भाव में शत सतत बह चले पथ प्राण।

हारे हुए सकल दैन्य दलमल चले,–
जीते हुए लगे जीते हुए गले,
बन्द वह विश्व में गूँजा विजय-गान।

वर्ण-चमत्कार

वर्ण-चमत्कार;
एक-एक शब्द बँधा ध्वनिमय साकार।

पद-पद चल बही भाव-धारा,
निर्मल कल-कल में बँध गया विश्व सारा,
खुली मुक्ति बन्धन से बँधी फिर अपार–
वर्ण-चमत्कार!

शत-शत रँग खिला, मिला प्राण,
गूँजे गगनांगण में वे अगण्य गान
दिखी रूप की छबि झंकृत-कर-स्वर-तार
वर्ण-चमत्कार!

तुलसीदास

[1]

भारत के नभ के प्रभापूर्य

शीतलच्छाय सांस्कृतिक सूर्य
अस्तमित आज रे-तमस्तूर्य दिङ्मण्डलय;
उर के आसन पर शिरस्त्राण
शासन करते हैं मुसलमान;
है ऊर्मिल जल, निश्चलत्प्राण पर शतदल।

[2]

शत-शत शब्दों का सांध्य काल
यह आकुंचित भ्रू कुटिल-भाल
छाया अंबर पर जलद-जाल ज्यों दुस्तर;
आया पहले पंजाब प्रान्त,
कोशल-बिहार तदनन्त क्रांत,
क्रमशः प्रदेश सब हुए भ्रान्त, घिर-घिरकर।

[3]

मोगल-दल बल के जलद-यान,
दर्पित-पद उन्मद-नद पठान
हैं बहा रहे दिग्देशज्ञान, शर-खरतर,
छाया ऊपर घन-अन्धकार--
टूटता वज्र यह दुर्निवार,
नीचे प्लावन की प्रलय-धार, ध्वनि हर-हर।

[4]

रिपु के समक्ष जो था प्रचण्ड
आतप ज्यों तम पर करोद्दण्ड;
निश्चल अब वही बुँदेलखण्ड, आभा गत,
निःशेष सुरभि, कुरबक-समान
संलग्न वृन्त पर, चिन्त्य प्राण;
बीता उत्सव ज्यों, चिह्न म्लान; छाया श्लथ।

[5]

वीरों का गढ़, वह कालिंजर;
सिंहों के लिए आज पिंजर;
नर हैं भीतर, बाहर किन्नर-गण गाते;
पीकर ज्यों प्राणों का आसव

देखा असुरों ने दैहिक दव,
बन्धन में फँस आत्मा-बांधव दुख पाते।

[6]

लड़-लड़ जो रण बाँकुरे, समर,
हो शायित देश की पृथ्वी पर,
अक्षर, निर्जर, दुर्धर्ष, अमर, जगतारण
भारत के उर के राजपूत,
उड़ गए आज वे देवदूत,
जो रहे शेष, नृपवेश सुत-बन्दीगण।

[7]

यों मोगल-पद-तल प्रथम तूर्ण
सम्बद्ध देश-बल चूर्ण-चूर्ण;
इसलाम-कलाओं से प्रपूर्ण जन-जनपद;
संचित जीवन की क्षिप्रधार,
इसलाम-सागराभिमुखऽपार,
बहतीं नदियाँ, नद; जन-जन हार वंशवद।

[8]

अब, धौत धरा, खिल गया गगन,
उर-उर को मधुर, तापप्रशमन
बहती समीर, चिर-आलिंगन ज्यों उन्मन।
झरते हैं शशधर से क्षण-क्षण
पृथ्वी के अधरों पर निःस्वन
ज्योतिर्मय प्राणों के चुम्बन, संजीवन!

[9]

भूला दुख, अब सुख-स्वरित जाल
फैला—यह केवल-कल्प काल--
कामिनी-कुमुद-कर-कलित ताल पर चलता;
प्राणों की छवि मृदु-मन्द-स्पन्द,
लघु-गति, नियमित-पद, ललित छन्द;
होगा कोई, जो निरानन्द, कर मलता।

[10]

सोचता कहाँ रे, किधर कूल
कहता तरंग का प्रमुद फूल?
यों इस प्रवाह में देश मूल खो बहता;
छल-छल-छल कहता यद्यपि जल,
वह मंत्र मुग्ध सुनता कल-कल;
निष्क्रिय शोभा-प्रिय कूलोपल ज्यों रहता।

[11]

पड़ते हैं जो दिल्ली-पथ पर
यमुना के तट के श्रेष्ठ नगर,
वे हैं समृद्धि की दूर-प्रसर माया में;
यह एक उन्हीं में राजापुर,
है पूर्ण, कुशल, व्यवसाय-प्रचुर,
ज्योतिश्चुम्बिनी कलश-मधु-उर छाया में।

[12]

युवकों में प्रमुख रत्न-चेतन
समधीत-शास्त्र-काव्यालोचन
जो, तुलसीदास, वही ब्राह्मण-कुल-दीपक;
आयत-दृग, पुष्ट देह, गत-भय,
अपने प्रकाश में निःसंशय
प्रतिभा का मन्द-स्मित परिचय, संस्मारक;

[13]

नीली उस यमुना के तट पर
राजापुर का नागरिक मुखर
क्रीड़ितवय-विद्याध्ययनान्तर है संस्थित;
प्रियजन को जीवन चारु, चपल
जल की शोभा का-सा उत्पल,
सौरभोत्कलित अम्बर-तल, स्थल-स्थल, दिक-दिक।

[14]

एक दिन, सखागण संग, पास,

चल चित्रकूटगिरी, सहोच्छवास,
देखा पावन वन, नव प्रकाश मन आया;
वह भाषा-छिपती छवि सुन्दर
कुछ खुलती आभा में रँगकर,
वह भाव कुरल-कुहरे-सा भरकर भाया।

[15]

केवल विस्मित मन चिन्त्य नयन;
परिचित कुछ, भूला ज्यों प्रियजन–
ज्यों दूर दृष्टि की धूमिल-तन तट-रेखा,
हो मध्य तरंगाकुल सागर,
निःशब्द स्वप्नसंस्कारागर;
जल में अस्फुट छवि छायाधर, यों देखा।

[16]

तरु-तरु वीरुध्-वीरुध् तृण-तृण
जाने क्या हँसते मसृण-मसृण,
जैसे प्राणों से हुए उऋण, कुछ लखकर;
भर लेने को उर में, अथाह,
बाहों में फैलाया उछाह;
गिनते थे दिन, अब सफल-चाह पल रखकर।

[17]

कहता प्रति जड़, "जंगम-जीवन!
भूले थे अब तक बन्धु, प्रमन?
यह हताश्वास मन भार श्वास भर बहता;
तुम रहे छोड़ गृह मेरे कवि,
देखो यह धूलि-धूसरित छवि,
छाया इस पर केवल जड़ रवि खर दहता।

[18]

"हनती आँखों की ज्वाला चल,
पाषाण-खण्ड रहता जल-जल,
ऋतु सभी प्रबलतर बदल-बदलकर आते;
वर्षा में पंक-प्रवाहित सरि,

है शीर्ण-काय-कारण हिम अरि;
केवल दुख देकर उदरम्भरि जन जाते।

[19]

"फिर असुरों से होती क्षण-क्षण
स्मृति की पृथ्वी यह, दलित-चरण;
वे सुप्त भाव, गुप्ताभूषण अब हैं सब;
इस जग के मग के मुक्त-प्राण!
गाओ-विहंग! —सद्ध्वनित गान,
त्यागोज्जीवित, वह ऊर्ध्व ध्यान, धारा-स्तव।

[20]

"लो चढ़ा तार-लो चढ़ा तार,
पाषाण-खण्ड ये, करो हार,
दे स्पर्श अहल्योद्धार-सार उस जग का;
अन्यथा यहाँ क्या? अन्धकार,
बन्धुर पथ, पंकिल सरि, कगार,
झरने, झाड़ी, कंटक; विहार पशु-खग का!

[21]

"अब स्मर के शर-केशर से झर
रँगती रज-रज पृथ्वी, अम्बर;
छाया उससे प्रतिमानस-सर शोभाकर;
छिप रहे उसी से वे प्रियतम
छवि के निश्छल देवता परम;
जागरणोपम यह सुप्ति-विरम भ्रम, भ्रम भर।"

[22]

बहकर समीर ज्यों पुष्पाकुल
वन को कर जाती है व्याकुल,
हो गया चित्त कवि का त्यों तुलकर, उन्मन;
वह उस शाखा का वन-विहंग
उड़ गया मुक्त नभ निस्तरंग
छोड़ता रंग पर रंग-रंग पर जीवन।

[23]

दूर, दूरतर, दूरतम, शेष,
कर रहा पार मन नभोदेश,
सजता सुवेश, फिर-फिर सुवेश जीवन पर,
छोड़ता रंग फिर-फिर सँवार
उड़ती तरंग ऊपर अपार
संध्या ज्योति ज्यों सुविस्तार अम्बर तर।

[24]

उस मानस उर्ध्व देश में भी
ज्यों राहु-ग्रस्त आभा रवि की
देखी कवि ने छवि छाया-सी, भरती-सी--
भारत का सम्यक् देशकाल;
खिंचता जैसे तम-शेष जाल,
खींचती, बृहत् से अन्तराल करती-सी।

[25]

बँध भिन्न-भिन्न भावों के दल
क्षुद्र से क्षुद्रतर, हुए विकल;
पूजा में भी प्रतिरोध-अनल है जलता;
हो रहा भस्म अपना जीवन,
चेतना-हीन फिर भी चेतन;
अपने ही मन को यों प्रति मन है छलता।

[26]

इसने ही जैसे बार-बार
दूसरी शक्ति की की पुकार–
साकार हुआ ज्यों निराकार, जीवन में;
यह उसी शक्ति से है वलयित
चित देश-काल का सम्यक् जित,
ऋतु का प्रभाव जैसे संचित तरु-तन में!

[27]

विधि की इच्छा सर्वत्र अटल;
यह देश प्रथम ही था हत-बल;

वे टूट चुके थे ठाट सकल वर्णों के;
तृष्णोद्धत, स्पर्धागत, सगर्व
क्षत्रिय रक्षा से रहित सर्व;
द्विज चाटुकार, हत इतर वर्ग पर्णों के।

[28]

चलते-फिरते, पर निस्सहाय,
वे दीन, क्षीण कंकालकाय;
आशा-केवल जीवनोपाय उर-उर में;
रण के अश्वों से शस्य सकल
दलमल जाते ज्यों, दल के दल
शूद्रगण क्षुद्र-जीवन-सम्बल, पुर-पुर में।

[29]

वे शेष-श्वास, पशु, मूक-भाष,
पाते प्रहार अब हताश्वास;
सोचते कभी, आजन्म ग्रास द्विजगण के
होना ही उनका धर्म परम,
वे वर्णाधम, रे द्विज उत्तम,
वे चरण-चरण बस, वर्णाश्रम-रक्षण के!

[30]

रक्खा उन पर गुरु-भार, विषम
जो पहला पद, अब मद-विष-सम;
द्विज लोगों पर इस्लाम-क्षम वह छाया,
जो देशकाल को आवृत कर
फैली है सूक्ष्म मनोनभ पर,
देखी कवि ने समझा अब—वर, क्या माया।

[31]

इस छाया के भीतर हैं सब,
है बँधा हुआ सारा कलरव,
भूले सब इस तम का आसव पी-पीकर।
इसके भीतर रह देश-काल

हो सकेगा न रे मुक्त-भाल,
पहले का-सा उन्नत विशाल ज्योतिःसर।

[32]

दीनों की भी दुर्बल पुकार
कर सकती नहीं कदापि पार
पार्थिवैश्वर्य का अन्धकार पीड़ाकर,
जब तक कांक्षाओं के प्रहार
अपने साधन को बार-बार
होंगे भारत पर इस प्रकार तृष्णापर।

[33]

सोचा कवि ने, मानस-तरंग,
यह भारत-संस्कृति पर सभंग
फैली जो, लेती संग-संग, जन-गण को;
इस अनिल-वाह के पार प्रखर
किरणों का वह ज्योतिर्मय घर,
रविकुल-जीवन-चुम्बनकर मानस-धन जो।

[34]

है वही मुक्ति का सत्य रूप,
यह कूप-कूप भव–अन्ध कूप;
वह रंक, यहाँ जो हुआ भूप, निश्चय रे।
चाहिए उसे और भी और,
फिर साधारण को कहाँ ठौर?
जीवन के, जग के, यही तौर हैं जय के।

[35]

करना होगा यह तिमिर पार–
देखना सत्य का मिहिर-द्वार–
बहना जीवन के प्रखर ज्वार में निश्चय–
लड़ना विरोध से द्वन्द्व-समर,
रह सत्य-मार्ग पर स्थिर निर्भर–
जाना, भिन्न भी देह, निज घर निःसंशय।

[36]

कल्मषोत्सार कवि के दुर्दम
चेतनोर्मियों के प्राण प्रथम
वह रुद्ध द्वार का छाया-तम तरने को--
करने को ज्ञानोद्धत प्रहार–
तोड़ने को विषम वज्र-द्वार;
उमड़े भारत का भ्रम अपार हरने को।

[37]

उस क्षण, उस छाया के ऊपर,
नभ-तम की-सी तारिका सुघर;
आ पड़ी, दृष्टि में, जीवन पर, सुन्दरतम
प्रेयसी, प्राणसंगिनी, नाम
शुभ रत्नावली–सरोज-दाम
वामा, इस पथ पर हुई वाम सरितोपम।

[38]

'जाते हो कहाँ?' तुले तिर्यक्
दृग, पहनाकर ज्योतिर्मय स्रक्
प्रियतम को ज्यों, बोले सम्यक् शासन से;
फिर लिये मूँद वे पल पक्ष्मल–
इन्दीवर के-से कोश विमल;
फिर हुई अदृश्य शक्ति पुष्कल उस तन से।

[39]

उस ऊँचे नभ का, गुंजनपर,
मंजुल जीवन का मन-मधुकर,
खुलती उस दृग-छवि में बँधकर, सौरभ को
बैठा ही था सुख से क्षण-भर,
मुँद गये पलों के दल मृदुतर,
रह गया उसी उर के भीतर, अक्षम हो।

[40]

उसके अदृश्य होते ही रे,

उतरा वह मन धीरे-धीरे,
केशर-रज-कण अब हैं हीरे—पर्वतचय;
यह वही प्रकृति पर रूप अन्य;
जगमग-जगमग सब वेश वन्य;
सुरभित दिशि-दिशि, कवि हुआ धन्य, मायाशय।

[41]

यह श्री पावन, गृहिणी उदार;
गिरि-वर उरोज, सरि पयोधार;
कर वन-तरु; फैला फल निहारती देती;
सब जीवों पर है एक दृष्टि,
तृण-तृण पर उसकी सुधा-वृष्टि,
प्रेयसी, बदलती वसन सृष्टि नव लेती।

[42]

ये जिस कर के रे झंकृत स्वर
गूँजते हुए इतने सुखकर,
खुलते, खोलते प्राण के स्तर भर जाते;
व्याकुल आलिंगन को, दुस्तर,
रागिनी की लहर; गिरि-वन-सर
तरती; जो ध्वनित, भाव सुन्दर कहलाते।

[43]

यों धीरे-धीरे उतर-उतर,
आया मन निज पहली स्थिति पर;
खोले दृग, वैसी ही प्रान्तर की रेखा;
विश्राम के लिए मित्र-प्रवर
बैठे थे ज्यों, बैठे पथ पर;
वह खड़ा हुआ, त्यों ही रहकर यह देखा।

[44]

फिर पंचतीर्थ को चढ़े सकल
गिरिमाला पर, हैं प्राण चपल
सन्दर्शन को, आतुर-पद चलकर पहुँचे।

फिर कोटितीर्थ देवांगनादि
लख सार्थक-श्रम हो विगत-व्याधि
नग्न-पद चले, कंटक, उपाधि भी, न कुँचे।

[45]

आये हनुमद्धारा द्रुततर,
झरता झरना वीर पर प्रखर,
लखकर कवि रहा भाव में भरकर क्षण-भर;
फिर उतरे गिरि, चल किया पार
पथ—पयस्विनी सरि मृदुल धार;
स्नानान्त, भजन, भोजन, विहार, गिरि-पद पर।

[46]

कामदगिरि का कर परिक्रमण
आये जानकी-कुण्ड सब जन;
फिर स्फटिकशिला, अनसूया-वन सरि-उद्गम,
फिर भरतकूप, रह इस प्रकार,
कुछ दिन सब जन कर वन-विहार
लौटे निज-निज गृह हृदय धार छवि निरुपम।

[47]

प्रेयसी के अलक नील, व्योम;
दृग-पल कलंक--मुख मंजु सोम;
निःसृत प्रकाश जो, तरुण क्षोम प्रिय तन पर;
पुलकित प्रतिपल मानस-चकोर
देखता भूल दिक् उसी ओर;
कुल इच्छाओं का वही छोर जीवन-भर।

[48]

जिस शुचि प्रकाश का सौर-जगत्
रुचि-रुचि में खुला, असत् भी, सत्,
वह बँधा हुआ है एक महत् परिचय से;
अविनश्वर वही ज्ञान भीतर,

बाहर भ्रम, भ्रमरों को, भास्वर;
वह रत्नावली-सूत्रधार पर आशय से।

[49]

देखता, नवल चल दीप युगल
नयनों के, आभा के कोमल;
प्रेयसी के, प्रणय के, निस्तल विभ्रम के,
गृह की सीमा के स्वच्छभास--
भीतर के, बाहर के प्रकाश,
जीवन के, भावों के विलास, शम-दम के।

[50]

पर वही द्वन्द्व के भी कारण,
बन्ध की श्रृंखला के धारण,
निर्वाण के पथिक के वारण, करुणामय;
वे पलकों के उस पार, अर्थ
हो सका न, वे ऐसे समर्थ;
सारा विवाद हो गया व्यर्थ, जीवन-क्षय।

[51]

उस प्रियावरण प्रकाश में बँध,
सोचता, "सहज पड़ते पग सध;
शोभा को लिये ऊर्ध्व औ' अध घर बाहर,
यह विश्व, सूर्य, तारक-मण्डल,
दिन, पक्ष, मास, ऋतु, वर्ष चपल;
बँध गति-प्रकाश में बुद्ध सकल पूर्वापर।

[52]

"बन्ध के बिना, कह, कहाँ प्रगति?
गति-हीन जीव को कहाँ सुरति?
रति-रहित कहाँ सुख? केवल क्षति–केवल क्षति?
यह क्रम-विनाश; इससे चलकर
आता सत्वर मन निम्न उतर;
छूटता अन्त में चेतन स्तर, जाती मति।

[53]

"देखो प्रसून को वह उन्मुख!
रँग-रेणु-गन्ध भर व्याकुल-सुख,
देखता ज्योतिमुख; आया दुख-पीड़ा सह।
चटका कलि का अवरोध सदल,
वह शोधशक्ति, जो गन्धोच्छल,
खुल पड़ती पल-प्रकाश को, चल परिचय वह।

[54]

"जिस तरह गन्ध से बँधा फूल,
फैलता दूर तक भी, समूल;
अप्रतिम प्रिया से, त्यों दुकूल-प्रतिभा में
मैं बँधा एक शुचि आलिंगन,
आकृति में निराकार, चुम्बन;
युक्त भी मुक्त यों आजीवन, लघिमा में।"

[55]

सोचता कौन प्रतिहत-चेतन–
वे नहीं प्रिया के नयन, नयन;
वह केवल वहाँ मीन-केतन, युवती में;
अपने वश में कर पुरुष-देश
है उड़ा रहा ध्वज-मुक्तकेश;
तरुणी-तनु आलम्बन-विशेष, पृथ्वी में?

[56]

वह ऐसी जो अनुकूल युक्ति,
जीव के भाव की नहीं मुक्ति;
वह एक भुक्ति, ज्यों मिली शुक्ति से मुक्ता;
जो ज्ञानदीप्ति, वह दूर, अजर,
विश्व के प्राण के भी ऊपर;
माया वह, जो जीव से सुघर संयुक्ता।

[57]

मृत्तिका एक कर सार-ग्रहण
खुलते रहते बहुवर्ण, सुमन,

त्यों रत्नावली-हार में बँध मन चमका,
पाकर नयनों की ज्योति प्रखर,
ज्यों रविकर से श्यामल जलधर,
बहु वर्णों के भावों से भरकर दमका।

[58]

वह रत्नावली, नाम-शोभन
पति-रति में प्रतनु, अतः लोभन
अपरिचित-पुण्य अक्षय क्षोभन धन कोई;
प्रियकरालम्ब को सत्य-यष्टि;
प्रतिभा में श्रद्धा की समष्टि;
मायायन में प्रिय-शयन व्यष्टि भर सोयी;–

[59]

लखती ऊषारुण, मौन, राग,
सोते पति से वह रही जाग;
प्रेम के फाग में आग त्याग की तरुणा;
प्रिय के जड़ युग कूलों को भर
बहती ज्यों स्वर्गंगा सस्वर;
नश्वरता पर अलोक-सुघर दृक्–करुणा।

[60]

धीरे-धीर वह हुआ पार
तारा-द्युति से बँध अन्धकार;
एक दिन विदा को बन्धु द्वार पर आया;
लख रत्नावली खुली सहास;
अवरोध-रहित बढ़ गई पास;
बोला भाई, "हँसती उदास तू छाया–

[61]

"हो गई रतन, कितनी दुर्बल,
चिन्ता में बहन, गई तू गल?
माँ, बापूजी, भाभियाँ सकल पड़ोस की
हैं विकल देखने को सत्वर;

सहेलियाँ सब, ताने देकर;
कहती हैं, बेचा वर के कर, आ न सकी!

[62]

"तुझसे पीछे भेजी जाकर
आयीं वे कई बार नैहर;
पर तुझे भेजते क्यों श्रीवरजी डरते?
हम कई बार आ-आकर घर
लौटे पाकर झूठे उत्तर;
क्यों बहन, नहीं तू सम, उन पर बल करते?

[63]

"आँसुओं भरी माँ दुख के स्वर
बोलीं, रतन से कहो जाकर,
क्या नहीं मोह कुछ माता पर अब तुमको?
जामाताजी वाली ममता
माँ से तो पाती उत्तमता।
बोले बापू, योगी रमता मैं अब तो–

[64]

"कुछ ही दिन को हूँ कूल-द्रुम;
छू लूँ पद फिर कह देना तुम।
बोली भाभी, लाना कुंकुम-शोभा को;
फिर किया अनावश्यक प्रलाप,
जिसमें जैसी स्नेह की छाप!
पर अकथनीय करुणा-विलाप जो माँ को।

[65]

"हम बिना तुम्हारे आए घर,
गाँव की दृष्टि से गए उतर;
क्यों बहन, ब्याह हो जाने पर, घर पहला
केवल कहने को है नैहर?–
दे सकता नहीं स्नेह-आदर?–
पूजे पद, हम इसलिए अपर?" उर दहला

[66]

उस प्रतिमा का, आया तब खुल
मर्यादागर्भित धर्म विपुल,
धुल अश्रु-धार से हुई अतुल छवि पावन,
वह घेर-घेर निस्सीम गगन
उमड़े भावों के घन पर घन,
फैला, ढक सघन स्नेह-उपवन, वह सावन।

[67]

बोली वह, मृदु-गम्भीर-घोष,
'मैं साथ तुम्हारे, करो तोष।'
जिस पृथ्वी से निकली सदोष वह सीता,
अंक में उसी के आज लीन–
निज मर्यादा पर समासीन;
दे गई सुहृद् को स्नेह-क्षीण गत गीता।

[68]

बोला भाई, "तो चलो अभी,
अन्यथा, न होंगे सफल कभी
हम, उनके आ जाने पर, जी यह कहता।
जब लौटें वह, हम करें पार
राजापुर के ये सभी मार्ग, द्वार।"
चल दी प्रतिमा। घर अन्धकार अब बहता।

[69]

लेते सौदा जब खड़े हाट,
तुलसी के मन आया उचाट;
सोचा, अबके किस घाट उतारें इनको;
जब देखो, तब द्वार पर खड़े,
उधार लाये हम, चले बड़े!
दे दिया दान तो अड़े पड़े अब किनको?

[70]

सामग्री ले लौटे जब घर,
देखा नीलम-सोपानों पर

नभ के चढ़ती आभा सुन्दर पग धर-धर;
श्वेत, श्याम, रक्त, पराग-पीत,
अपने सुख से ज्यों सुमन भीत;
गाती यमुना नृत्य पर, गीत कल-कल स्वर।

[71]

देखा, वह नहीं प्रिया, जीवन;
नत-नयन भवन, विषण्ण आँगन;
आवरण शून्य वे बिना वरण-मधुरा के
अपहृत-श्री, सुख-स्नेह का सद्म,
निःसुरभि, हत, हेमन्त-पद्म!
नैतिक-नीरस, निष्प्रीति, छद्म ज्यों, पाते।

[72]

यह नहीं आज गृह, छाया-उर,
गीति से प्रिया की मुखर, मधुर;
गति-नृत्य, तालशिंजित-नूपुर चरणारुण;
व्यंजित नयनों का भाव सघन
भर रंजित जो करता क्षण-क्षण;
कहता कोई मन से, उन्मन, सुर रे, सुन।

[73]

वह आज हो गई दूर तान,
इसलिए मधुर वह और गान,
सुनने को व्याकुल हुए प्राण प्रियतम के;
छूटा जग का व्यवहार-ज्ञान,
पग उठे उसी मग को अजान,
कुल-मान-ध्यान श्लथ स्नेह-दान-सक्षम से।

[74]

मग में पिक-कुहरित डाल-डाल,
हैं हरित विटप सब सुमन-माल,
हिलतीं लतिकाएँ ताल-ताल पर सस्मित।
पड़ता उन पर ज्योतिः प्रपात,

हैं चमक रहे सब कनक-गात,
बहती मधु-धीर समीर ज्ञात, आलिंगित।

[75]

धूसरित बाल-दल, पुण्य-रेणु,
लख चारण-वारण-चपल धेनु,
आ गई याद उस मधुर-वेणु-वादन की;
वह यमुना-तट, वह वृन्दावन,
चपलानन्दित यह सघन गगन;
गोपी-जन-यौवन-मोहन-तन वह वन-श्री।

[76]

सुनते सुख की वंशी के सुर,
पहुँचे रत्नधर रमा के पुर;
लख सादर, उठी समाज श्वशुर-परिजन की;
बैठाला देकर मान-पान;
कुछ जन बतलाये कान-कान;
सुन बोली भाभी, यह पहचान रतन की!

[77]

जल गए व्यंग्य से सकल अंग,
चमकी चल-दृग ज्वाला-तरंग,
पर रही मौन धर अप्रसंग वह बाला;
पति की इस मति-गति से मरकर,
उर की उर में ज्यों, ताप-क्षर,
रह गई सुरभि की म्लान-अधर वर-माला।

[78]

बोली मन में होकर अक्षम,
रक्खो, मर्यादा पुरुषोत्तम!
लाज का आज भूषण, अक्लम, नारी का;
खींचता छोर, यह कौन और
पैठा उनमें जो अधम चौर?
खुलता अब अंचल, नाथ, पौर साड़ी का!

[79]

कुछ काल रहा यों स्तब्ध भवन,
ज्यों आँधी के उठने का क्षण;
प्रिय श्रीवरजी को जिवाँ शयन करने को
ले चली साथ भावज हरती
निज प्रियालाप से वश करती,
वह मधु-शीकर निर्झर झरती झरने को।

[80]

जेंए फिर चल गृह के सब जन,
फिर लौटे निज-निज कक्ष शयन;
प्रिय-नयनों में बँध प्रिया-नयन चयनोत्कल
पलकों से स्फरित, स्फुरित-राग
सुनहला भरे पहला सुहाग,
रग-रग से रँग रे रहे जाग स्वप्नोत्पल।

[81]

कवि-रुचि में घिर छलकता रुचिर,
जो, न था भाव वह छवि का स्थिर—
बहती उलटी ही आज रुधिर-धारा वह,
लख-लख प्रियतम-मुख पूर्ण-इन्दु
लहराया जो उर मधुर सिन्धु,
विपरीत, ज्वार, जल-विन्दु-विन्दु द्वारा वह।

[82]

अस्तु रे, विवश, मारुत-प्रेरित,
पर्वत-समीप आकर ज्यों स्थित
घन-नीलालका दामिनी जित ललना वह;
उन्मुक्त-गुच्छ चक्रांक-पुच्छ,
लख नर्तित कवि-शिखि-मन समुच्च
वह जीवन की समझा न तुच्छ छलना वह।

[83]

बिखरी छूटीं शफरी-अलकें,
निष्पात नयन-नीरज पलकें,

भावातुर पृथु उर की छलकें उपशमिता,
निःसम्बल केवल ध्यान-मग्न,
जागी योगिनी अरूप-लग्न,
वह खड़ी शीर्ण प्रिय-भाव-मग्न निरुपमिता।

[84]

कुछ समय अनन्तर, स्थित रहकर,
स्वर्गीयाभा वह स्वरित प्रखर
स्वर में झर-झर जीवन भरकर ज्यों बोली;
अचपल ध्वनि की चमकी चपला,
बल की महिमा बोली अबला,
जागी जल पर कमला, अमला मति डोली–

[85]

"धिक! धाये तुम यों अनाहूत,
धो दिया श्रेष्ठ कुल-धर्म धूत,
राम के नहीं, काम के सूत कहलाये!
हो बिके जहाँ तुम बिना दाम,
वह नहीं और कुछ–हाड़, चाम!
कैसी शिक्षा, कैसे विराम पर आए!"

[86]

जागा, जागा संस्कार प्रबल,
रे गया काम तत्क्षण वह जल,
देखा, वामा, वह न थी, अनल-प्रतिमा वह;
इस ओर ज्ञान, उस ओर ज्ञान,
हो गया भस्म वह प्रथम भान,
छूटा जग का जो रहा ध्यान, जड़िमा वह।

[87]

देखा, शारदा नील-वसना
हैं सम्मुख स्वयं सृष्टि-रशना,
जीवन-समीर-शुचि-निःश्वसना, वरदात्री,
वाणी वह स्वयं सुवदित स्वर

फूटीं तर अमृताक्षर-निर्झर,
यह विश्व हंस, हैं चरण सुघर जिस पर श्री।

[88]

दृष्टि से भारती से बँधकर
कवि उठता हुआ चला ऊपर;
केवल अम्बर–केवल अम्बर फिर देखा;
धूमायमान वह घूर्ण्य प्रसर
धूसर समुद्र शशि-ताराहर,
सूझता नहीं क्या ऊर्ध्व, अधर, क्षर रेखा।

[89]

चमकी तब तक तारा नवीन,
द्युति-नील-नील, जिसमें विलीन
हो गईं भारती, रूप-क्षीण महिमा अब;
आभा भी क्रमशः हुई मन्द,
निस्तब्ध व्योम–गति-रहित छन्द;
आनन्द रहा, मिट गए द्वन्द्व, बन्धन सब।

[90]

थे मुँदे नयन, ज्ञानोन्मीलित,
कलि में सौरभ ज्यों, चित में स्थित;
अपनी असीमता में अवसित प्राणाशय;
जिस कलिका में कवि रहा बन्द,
वह आज उसी में खुली मन्द,
भारती-रूप में सुरभि-छन्द निष्प्रश्रय।

[91]

जब आया फिर देहात्मबोध,
बाहर चलने का हुआ शोध,
रह निर्विरोध, गति हुई रोध-प्रतिकूला,
खोलती मृदुल दल बन्द सकल
गुदगुदा विपुल धारा अविचल
बह चली सुरभि की ज्यों उत्कल, निःशूला–

[92]

बाजीं बहती लहरें कलकल,
जागे भावाकुल शब्दोच्छल,
गूँजा जग का कानन-मण्डल, पर्वत-तल;
सूना उर ऋषियों का ऊना
सुनता स्वर, हो हर्षित, दूना,
आसुर भावों से जो भूना, था निश्चल।

[93]

"जागो, जागो, आया प्रभात,
बीती वह, बीती अन्ध रात,
झरता भर ज्योतिर्मय प्रपात पूर्वाचल;
बाँधो, बाँधो किरणें चेतन,
तेजस्वी, हे तमजिज्जीवन;
आती भारत की ज्योतिर्धन महिमाबल।

[94]

"होगा फिर से दुर्धर्ष समर
जड़ से चेतन का निशिवासर,
कवि का प्रति छवि से जीवनहर, जीवन-भर;
भारती इधर, हैं उधर सकल
जड़ जीवन के संचित कौशल;
जय, इधर ईश, हैं उधर सबल माया-कर।

[95]

"हो रहे आज जो खिन्न-खिन्न
छुट-छुटकर दल से भिन्न-भिन्न
यह अकल-कला, गह सकल छिन्न, जोड़ेगी,
रवि-कर ज्यों विन्दु-विन्दु जीवन
संचित कर करता है वर्षण,
लहरा भव-पादप, मर्षण-मन मोड़ेगी।

[96]

"देश-काल के शर से बिंधकर
यह जागा कवि अशेष-छविधर

इनका स्वर भर भारती मुखर होयेंगी;
निश्चेतन, निज तन मिला विकल,
छलका शत-शत कल्मष के छल
बहतीं जो, वे रागिनी सकल सोयेंगी।

[97]

"तम के अमार्ज्य रे तार-तार
जो, उन पर पड़ी प्रकाश-धार;
जग-वीणा के स्वर के बहार रे, जागो;
इस कर अपने कारुणिक प्राण
कर लो समक्ष देदीप्यमान–
दे गीत विश्व को रुको, दान फिर माँगो।"

[98]

क्या हुआ कहाँ, कुछ नहीं सुना,
कवि ने निज मन भाव में गुना,
साधना जगी केवल अधुना प्राणों की,
देखा सामने, मूर्ति छल-छल
नयनों में छलक रही, अचपल,
उपमिता न हुई समुच्च सकल तानों की।

[99]

जगमग जीवन का अन्त्य भाष–
"जो दिया मुझे तुमने प्रकाश,
अब रहा नहीं लेशावकाश रहने का
मेरा उससे गृह के भीतर;
देखूँगा नहीं कभी फिरकर,
लेता मैं, जो वर जीवन-भर बहने का।"

[100]

चल मन्दचरण आए बाहर,
उर में परिचित वह मूर्ति सुघर
जागी विश्वाश्रय महिमाधर, फिर देखा–
संकुचित, खोलती श्वेत पटल

बदली, कमला तिरती सुख-जल,
प्राची-दिगन्त-उर में पुष्कल रवि-रेखा।

सच है

यह सच है–
तुमने जो दिया दान दान वह,
हिन्दी के हित का अभिमान वह,
जनता का जन-ताका ज्ञान वह,
सच्चा कल्याण वह अथच है–
यह सच है!

बार-बार हार-हार मैं गया,
खोजा जो हार क्षार में नया,–
उड़ी धूल, तन सारा भर गया,
नहीं फूल, जीवन अविकच है–
यह सच है!

सरोज-स्मृति

ऊनविंश पर जो प्रथम चरण
तेरा वह जीवन-सिन्धु-तरण :
तनये, ली कर दृक्पात तरुण
जनक से जन्म की विदा अरुण!
गीते मेरी, तज रूप-नाम
वर लिया अमर शाश्वत विराम
पूरे कर शुचितर सपर्याय
जीवन के अष्टादशाध्याय,
चढ़ मृत्यु-तरणि पर तूर्ण-चरण
कह–"पितः, पूर्ण आलोक वरण
करती हूँ मैं, यह नहीं मरण,
'सरोज' का ज्योतिःशरण–तरण"–
अशब्द अधरों का, सुना, भाष,
मैं कवि हूँ, पाया है प्रकाश
मैंने कुछ अहरह रह निर्भर

ज्योतिस्तरणा के चरणों पर।
जीवित-कविते, शत-शर-जर्जर
छोड़कर पिता को पृथ्वी पर
तू गई स्वर्ग, क्या यह विचार–
"जब पिता करेंगे मार्ग पार
यह, अक्षम अति, तब मैं सक्षम,
तारूँगी कर गह दुस्तर तम?"
कहता तेरा प्रयाण सविनय,–
कोई न अन्य था भावोदय!
श्रावण-नभ का स्तब्धान्धकार
शुक्ला प्रथमा, कर गई पार!
धन्ये, मैं पिता निरर्थक था,
कुछ भी तेरे हित न कर सका!
जाना तो अर्थागमोपाय
पर रहा सदा संकुचित-काय
लखकर अनर्थ आर्थिक पथ पर
हारता रहा मैं स्वार्थ-समर।
शुचिते, पहनाकर चीनांशुक
रख सका न तुझे अतः दधिमुख।
क्षीण का न छीना कभी अन्न,
मैं लख न सका वे दृग विपन्नः
अपने आँसुओं अतः बिम्बित
देखे हैं अपने ही मुख-चित।
सोचा है नत हो बार-बार–
"यह हिन्दी का स्नेहोपहार,
यह नहीं हार मेरी, भास्वर
वह रत्नहार-लोकोत्तर वर।"
अन्यथा, जहाँ है भाव शुद्ध
साहित्य–कला-कौशल-प्रबुद्ध,
हैं दिए हुए मेरे प्रमाण
कुछ वहाँ, प्राप्ति को समाधान,–
पार्श्व में अन्य रख कुशल हस्त
गद्य में पद्य में समाभ्यस्त–
देखें वे; हँसते हुए प्रवर
जो रहे देखते सदा समर,

एक साथ जब शत घात घूर्ण
आते थे मुझ पर तुले तूर्ण,
देखता रहा मैं खड़ा अपल
वह शर-क्षेप, वह रण-कौशल।
व्यक्त हो चुका चीत्कारोत्कल
क्रुद्ध युद्ध का रुद्ध-कंठ फल।
और भी फलित होगी वह छवि,
जागे जीवन जीवन का रवि,
लेकर कर कल तूलिका कला,
देखो क्या रँग भरती विमला,
वांछित उस किस लांछित छवि पर
फेरती स्नेह की कूची भर।
अस्तु मैं उपार्जन को अक्षम
कर नहीं सका पोषण उत्तम
कुछ दिन को, जब तू रही साथ,
अपने गौरव से झुका माथ,
पुत्री भी, पिता-गेह में स्थिर,
छोड़ने के प्रथम जीर्ण अजिर।
आँसुओं सजल दृष्टि की छलक
पूरी न हुई जो रही कलक
प्राणों की प्राणों में दबकर
कहती लघु-लघु उसाँस में भर :
समझता हुआ मैं रहा देख
हटती भी पथ पर दृष्टि टेक!
तू सवा साल की जब कोमल,
पहचान रही ज्ञान में चपल,
माँ का मुख, हो चुम्बित क्षण-क्षण,
भरती जीवन में नव जीवन,
वह चरित पूर्ण कर गई चली,
तू नानी की गोद जा पली।
सब किए वहीं कौतुक-विनोद
उस घर निशि-वासर भरे मोद;
खाई भाई की मार, विकल
रोयी, उत्पल - दल - दृग-छलछल;
चुमकारा फिर उसने निहार,

फिर गंगा-तट-सैकत विहार
करने को लेकर साथ चला,
तू गहकर चली हाथ चपला;
आँसुओं धुला मुख हासोच्छल,
लखती प्रसार वह ऊर्मि-धवल।
तब भी मैं इसी तरह समस्त
कवि जीवन में व्यर्थ भी व्यस्त
लिखता अबाध गति मुक्त छन्द,
पर सम्पादकगण निरानन्द
वापस कर देते पढ़ सत्वर
रो एक-पंक्ति-दो में उत्तर।
लौटी रचना लेकर उदास
ताकता हुआ मैं दिशाकाश
बैठा प्रान्तर में दीर्घ प्रहर
व्यतीत करता था गुन-गुन कर
सम्पादक के गुण; यथाभ्यास
पास की नोंचता हुआ घास
अज्ञात फेंकता इधर-उधर
भाव की चढ़ी पूजा उन पर।
याद है, दिवस की प्रथम धूप
थी पड़ी हुई तुझ पर सुरूप,
खेलती हुई तू परी चपल,
मैं दूरस्थित प्रवास से चल
दो वर्ष बाद, होकर उत्सुक
देखने के लिए अपने मुख
था गया हुआ, बैठा बाहर
आँगन में फाटक के भीतर
मोढ़े पर, ले कुंडली हाथ
अपने जीवन की दीर्घ गाथ।
पढ़ लिखे हुए शुभ दो विवाह
हँसता था, मन में बढ़ी चाह
खंडित करने को भाग्य – अंक,
देखा भविष्य के प्रति अशंक।

इससे पहले आत्मीय स्वजन

सस्नेह कह चुके थे, जीवन
सुखमय होगा, विवाह कर लो
जो पढ़ी-लिखी हो–सुन्दर हो।
आए ऐसे अनेक परिणय,
पर विदा किया मैंने सविनय
सबको, जो अड़े प्रार्थना भर
नयनों में, पाने को उत्तर
अनुकूल, उन्हें जब कहा निडर–
"मैं हूँ मंगली", मुड़े सुनकर।
इस बार एक आया विवाह
जो किसी तरह भी हतोत्साह
होने को न था, पड़ी अड़चन,
आया मन में भर आकर्षण
उन नयनों का, सासु ने कहा–
"वे बड़े भले जन हैं, भय्या,
एन्ट्रेंस पास है लड़की वह,
बोले मुझसे, 'छब्बिस ही तो
वर की है उम्र, ठीक ही है,
लड़की भी अट्ठारह की है।'
फिर हाथ जोड़ने लगे, कहा–
'वे नहीं कर रहे ब्याह, अहा,
हैं सुधरे हुए बड़े सज्जन!
अच्छे कवि, अच्छे विद्वज्जन!
हैं बड़े नाम उनके! शिक्षित
लड़की भी रूपवती; समुचित
आपको यही होगा कि कहें
हर तरह उन्हें; वर सुखी रहें।'
आएँगे कल।" दृष्टि थी शिथिल,
आई पुतली तू खिल-खिल-खिल
हँसती, मैं हुआ पुनः चेतन
सोचता हुआ विवाह-बन्धन।
कुंडली दिखा बोला–"ए–लो"
आई तू, दिया, कहा, "खेलो!"
कर स्नान-शेष, उन्मुक्त-केश
सासुजी रहस्य - स्मित सुवेश

आईं करने को बातचीत
जो कल होनेवाली, अजीत,
संकेत किया मैंने अखिन्न
जिस ओर कुंडली छिन्न-भिन्न;
देखने लगीं वे विस्मय भर
तू बैठी संचित टुकड़ों पर।
धीरे-धीरे फिर बढ़ा चरण,
बाल्य की केलियों का प्रांगण
कर पार, कुंज-तारुण्य सुघर
आई, लावण्य-भार थर-थर
काँपा कोमलता पर सस्वर
ज्यों मालकौश नव वीणा पर :
नैश स्वप्न ज्यों तू मन्द-मन्द
फूटी ऊषा जागरण-छन्द,
काँपी भर निज आलोक-भार,
काँपा वन, काँपा दिक प्रसार।
परिचय-परिचय पर खिला सकल—
नभ, पृथ्वी, द्रुम, कलि, किसलय-दल।
क्या दृष्टि! अतल की सिक्त-धार
ज्यों भोगावती उठी अपार,
उमड़ता ऊर्ध्व को कल सलील
जल टलमल करता नील-नील,
पर बँधा देह के दिव्य बाँध,
छलकता दृगों से साध-साध।
फूटा कैसा प्रिय कंठ-स्वर
माँ की मधुरिमा व्यंजना भर
हर पिता-कंठ की दृप्त-धार
उत्कलित रागिनी की बहार!
बन जन्मसिद्ध गायिका, तन्वि,
मेरे स्वर की रागिनी वह्नि
साकार हुई दृष्टि में सुघर,
समझा मैं क्या संस्कार प्रखर।
शिक्षा के बिना बना वह स्वर
है, सुना न अब तक पृथ्वी पर!
जाना बस, पिक-बालिका प्रथम

पल अन्य नीड़ में जब सक्षम
होती उड़ने को, अपना स्वर
भर करती ध्वनित मौन प्रान्तर।
तू खिंची दृष्टि में मेरी छवि,
जागा उर में तेरा प्रिय कवि,
उन्मनन-गुंज सज हिला कुंज
तरु-पल्लव कलि-दल पुंज-पुंज
बह चली एक अज्ञात वात
चूमती केश-मृदु नवल गात,
देखती सकल निष्पलक-नयन
तू, समझा मैं तेरा जीवन।

सासु ने कहा लख एक दिवस :–
''भैया अब नहीं हमारा बस,
पालना-पोसना रहा काम,
देना 'सरोज' को धन्य-धाम,
शुचि वर के कर, कुलीन लखकर,
है काम तुम्हारा धर्मोत्तर;
अब कुछ दिन इसे साथ लेकर
अपने घर रहो, ढूँढ़कर वर
जो योग्य तुम्हारे, करो ब्याह
होंगे सहाय हम सहोत्साह।
सुनकर, गुनकर चुपचाप रहा,
कुछ भी न कहा,–न अहो, न अहा;
ले चला साथ मैं तुझे, कनक
ज्यों भिक्षुक लेकर, स्वर्ण-झनक
अपने जीवन की, प्रभा विमल
ले आया निज गृह-छाया-तल।
सोचा मन में हत वार-वार–
''ये कान्यकुब्ज - कुल - कुलांगगार;
खाकर पत्तल में करें छेद,
इनके कर कन्या, अर्थ खेद,
इस विषय-बेलि में विष ही फल,
यह दग्ध मरुस्थल–नहीं सुजल।''
फिर सोचा–''मेरे पूर्वजगण

गुजरे जिस राह, वही शोभन
होगा मुझको, यह लोक-रीति
कर दूँ पूरी, गो नहीं भीति
कुछ मुझे तोड़ते गत विचार;
पर पूर्ण रूप प्राचीन भार
ढोते मैं हूँ अक्षम; निश्चय
आएगी मुझमें नहीं विनय
उतनी जो रेखा करे पार
सौहार्द-बन्ध की, निराधार।
वे जो जमुना के-से कछार
पद फटे बिवाई के, उधार
खाए के मुख ज्यों, पिए तेल
चमरौधे जूते से सकेल
निकले, जी लेते, घोर-गन्ध,
उन चरणों को मैं यथा अन्ध,
कल घ्राण-प्राण से रहित व्यक्ति
हो पूजूँ, ऐसी नहीं शक्ति।
ऐसे शिव से गिरिजा-विवाह
करने की मुझको नहीं चाह।''

फिर आई याद–मुझे सज्जन
है मिला प्रथम ही विद्वज्जन
नवयुवक एक, सत्साहित्यिक,
कुल कान्यकुब्ज, यह नैमित्तिक
होगा कोई इंगित अदृश्य,
मेरे हित है हित यही स्पृश्य
अभिनन्दनीय। बँध गया भाव,
खुल गया हृदय का स्नेह-स्राव,
खत लिखा, बुला भेजा तत्क्षण,
युवक भी मिला प्रफुल्ल, चेतन।
बोला मैं–''मैं हूँ रिक्त-हस्त
इस समय, विवेचन में समस्त–
जो कुछ है मेरा अपना धन
पूर्वज से मिला, करूँ अर्पण
यदि महाजनों को, तो विवाह

कर सकता हूँ, पर नहीं चाह
मेरी ऐसी, दहेज देकर
मैं मूर्ख बनूँ, यह नहीं सुघर,
बारात बुलाकर मिथ्या व्यय
मैं करूँ, नहीं ऐसा सुसमय।
तुम करो ब्याह, तोड़ता नियम
मैं सामाजिक योग के प्रथम,
लग्न के; पढूँगा स्वयं मंत्र
यदि पंडितजी होंगे स्वतंत्र।
जो कुछ मेरे, वह कन्या का,
निश्चय समझो, कुल धन्या का।''
आए पंडितजी, प्रजावर्ग,
आमंत्रित साहित्यिक, ससर्ग
देखा विवाह आमूल नवल,
तुझ पर शुभ पड़ा कलश का जल।
देखती मुझे तू, हँसी मन्द,
होंठों में बिजली फँसी, स्पन्द
उर में भर झूली छबि सुन्दर,
प्रिय की अशब्द शृंगार-मुखर
तू खुली एक-उच्छ्वास-संग,
विश्वास-स्तब्ध बँध अंग-अंग,
नत नयनों से आलोक उतर
काँपा अधरों पर थर-थर-थर।
देखा मैंने, वह मूर्ति-धीति
मेरे वसन्त की प्रथम गीति–
शृंगार, रहा जो निराकार
रस कविता में उच्छ्वसित-धार
गाया स्वर्गीया - प्रिया - संग –
भरता प्राणों में राग-रंग,
रति-रूप प्राप्त कर रहा वही,
आकाश बदलकर बना मही।

हो गया ब्याह, आत्मीय स्वजन
कोई थे नहीं, न आमंत्रण
था भेजा गया, विवाह-राग

भर रहा न घर निशि-दिवस जाग;
प्रिय मौन एक संगीत भरा
नव जीवन के स्वर पर उतरा।
माँ की कुल शिक्षा मैंने दी,
पुष्प-सेज तेरी स्वयं रची,
सोचा मन में–"वह शकुन्तला,
पर पाठ अन्य यह, अन्य कला।"
कुछ दिन रह गृह तू फिर समोद,
बैठी नानी की स्नेह-गोद।
मामा-मामी का रहा प्यार,
भर जलद धरा को ज्यों अपार;
वे ही सुख-दुख में रहे न्यस्त,
तेरे हित सदा समस्त, व्यस्त;
वह लता वहीं की, जहाँ कली
तू खिली, स्नेह से हिली, पली,
अन्त भी उसी गोद में शरण
ली, मूँदे दृग वर महामरण!
मुझ भाग्यहीन की तू सम्बल
युग वर्ष बाद जब हुई विकल,
दुख ही जीवन की कथा रही,
क्या कहूँ आज, जो नहीं कही!
हो इसी कर्म पर वज्रपात
यदि धर्म, रहे नत सदा माथ
इस पथ पर, मेरे कार्य सकल
हों भ्रष्ट शीत के-से शतदल!
कन्ये, गत कर्मों का अर्पण
कर, करता मैं तेरा तर्पण!

राम की शक्ति-पूजा

रवि हुआ अस्त : ज्योति के पत्र पर लिखा अमर
रह गया राम-रावण का अपराजेय समर
आज का, तीक्ष्ण - शर - विधृत - क्षिप्र - कर, वेग - प्रखर,
शतशेलसम्वरणशील, नीलनभ - गर्ज्जित - स्वर
प्रतिपल - परिवर्तित - ब्यूह – भेद - कौशल - समूह, –

राक्षस - विरुद्ध प्रत्यूह – क्रुद्ध - कपि - विषम - हूह,
विच्छुरितवहिन - राजीवनयन - हत - लक्ष्य - बाण,
लोहितलोचन – रावण - मदमोचन - महीयान,
राघव - लाघव – रावण - वारण – गत - युग्म - प्रहर,
उद्धत - लंकापति - मर्दिन - कपि - दल - बल - बिस्तर,
अनिमेष - राम – विश्वजिद्दिव्य - शर - भंग - भाव,–
विद्धांग – बद्ध - कोदंड - मुष्टि – खर - रुधिर - स्राव,
रावण - प्रहार - दुर्वार - विकल - वानर दल - बल,–
मूर्च्छित - सुग्रीवांगद - भीषण - गवाक्ष - गय - नल,–
वारित - सौमित्र - भल्लपति – अगणित - मल्ल - रोध,
गर्ज्जित - प्रलयाब्धि - क्षुब्ध - हनुमत् - केवल-प्रबोध,
उद्गीरित - वहिन - भीम - पर्वत - कपि - चतुः प्रहर –
जानकी - भीरु - उर – आशाभर – रावण - सम्वर।

लौटे युग - दल। राक्षस - पदतल पृथ्वी टलमल,
बिंध महोल्लास से बार-बार आकाश विकल।
बानर-वाहिनी खिन्न, लख निज - पति - चरण - चिह्न
चल रही शिविर की ओर स्थविर - दल ज्यों विभिन्न;
प्रशमित है वातावरण; नमित - मुख सान्ध्य कमल
लक्ष्मण चिन्ता - पल, पीछे वानर - वीर सकल;
रघुनायक आगे अवनी पर नवनीत - चरण,
श्लथ धनु-गुण है, कटिबन्ध स्रस्त – तूणीर - धरण,
दृढ़ जटा-मुकुट हो विपर्यस्त प्रतिलट से खुल
फैला पृष्ठ पर, बाहुओं पर, वक्ष पर, विपुल
उतरा ज्यों दुर्गम पर्वत पर नैशान्धकार,
चमकतीं दूर ताराएँ ज्यों हो कहीं पार।

आए सब शिविर, सानु पर पर्वत के, मन्थर,
सुग्रीव, विभीषण, जाम्बवान आदिक वानर,
सेनापति दल - विशेष के, अंगद, हनूमान
नल, नील, गवाक्ष, प्रात के रण का समाधान
करने के लिए, फेर वानर - दल आश्रय - स्थल।
बैठे रघु-कुल-मणि श्वेत शिला पर; निर्मल जल
ले आए कर - पद - क्षालनार्थ पटु हनूमान;

अन्य वीर सर के गए तीर सन्ध्या - विधाम –
वन्दना ईश की करने को, लौटे सत्वर,
सब घेर राम को बैठे आज्ञा को तत्पर;
पीछे लक्ष्मण, सामने विभीषण, भल्लधीर,
सुग्रीव, प्रान्त पर पाद-पद्म के, महावीर;
यूथपति अन्य जो, यथास्थान, हो निर्निमेष
देखते राम का जित - सरोज - मुख - श्याम - देश।

है अमानिशा; उगलता गगन घन अन्धकार;
खो रहा दिशा का ज्ञान; स्तब्ध है पवन-चार;
अप्रतिहत गरज रहा पीछे अम्बुधि विशाल;
भूधर ज्यों ध्यान - मग्न; केवल जलती मशाल।
स्थिर राघवेन्द्र को हिला रहा फिर - फिर संशय,
रह - रह उठता जग जीवन में रावण - जय - भय;
जो नहीं हुआ आज तक हृदय रिपु-दम्य – श्रान्त, –
एक भी, अयुत - लक्ष में रहा जो दुराक्रान्त,
कल लड़ने को हो रहा विकल वह बार - बार,
असमर्थ मानता मन उद्यत हो हार - हार;
ऐसे क्षण अन्धकार घन में जैसे विद्युत
जागी पृथ्वी - तनया - कुमारिका - छवि, अच्युत
देखते हुए निष्पलक, याद आया उपवन
विदेह का, – प्रथम स्नेह का लतान्तराल मिलन
नयनों का – नयनों से गोपन – प्रिय सम्भाषण, –
पलकों का नव पलकों पर प्रथमोत्थान - पतन, –
काँपते हुए किसलय, – झरते पराग – समुदय, –
गाते खग - नव - जीवन - परिचय – तरु मलय - वलय, –
ज्योतिःप्रपात स्वर्गीय, – ज्ञात छवि प्रथम स्वीय, –
जानकी - नयन - कमनीय प्रथम कम्पन तुरीय।
सिहरा तन, क्षण-भर भूला मन, लहरा समस्त,
हर धनुर्भंग को पुनर्वार ज्यों उठा हस्त,
फूटी स्मिति सीता-ध्यान-लीन राम के अधर,
फिर विश्व-विजय-भावना हृदय में आई भर,
वे आए याद दिव्य शर अगणित मंत्रपूत, –
फड़का पर नभ को उड़े शकल ज्यों देवदूत,
देखते राम, जल रहे शलभ ज्यों रजनीचर,

ताड़का, सुबाहु, विराध, शिरस्त्रय, दूषण, खर;
फिर देखी भीमा मूर्ति आज रण देखी जो
आच्छादित किए हुए सम्मुख समग्र नभ को,
ज्योतिर्मय अस्त्र सकल बुझ-बुझकर हुए क्षीण,
पा महानिलय उस तन में क्षण में हुए लीन;
लख शंकाकुल हो गए अतुल-बल शेष-शयन, –
खिंचे गए दृगों में सीता के राममय नयन;
फिर सुना – हँस रहा अट्टहास रावण खलखल,
भावित नयनों से सजल गिरे दो मुक्ता-दल।

बैठे मारुति देखते राम - चरणारविन्द –
युग 'अस्ति - नास्ति' के एक - रूप, गुण - गण - अनिन्द्य;
साधना - मध्य भी साम्य – वाम - कर दक्षिण - पद,
दक्षिण - कर - तल पर वाम चरण, कपिवर गद्गद
पा सत्य, सच्चिदानन्दरूप, विश्राम - धाम,
जपते सभक्ति अजपा विभक्त हो राम - नाम।
युग चरणों पर आ पड़े अस्तु वे अश्रु युगल,
देखा कपि ने, चमके नभ में ज्यों तारादल; –
ये नहीं चरण राम के, बने श्यामा के शुभ, –
सोहत मध्य में हीरक युग या दो कौस्तुभ;
टूटा वह तार ध्यान का, स्थिर मन हुआ विकल,
सन्दिग्ध भाव की उठी दृष्टि, देखा अविकल
बैठे वे वही कमल - लोचन, पर सजल नयन,
व्याकुल - व्याकुल कुछ चिर - प्रफुल्ल मुख, निश्चेतन।
''ये अश्रु राम के'' आते ही मन में विचार,
उद्वेल हो उठा शक्ति - खेल - सागर अपार,
हो श्वसित पवन - उनचास, पिता - पक्ष से तुमुल
एकत्र वक्ष पर बहा वाष्प को उड़ा अतुल,
शत घूर्णावर्त, तरंग-भंग उठते पहाड़,
जल राशि-राशि जल पर चढ़ता खाता पछाड़,
तोड़ता बन्ध – प्रतिसन्ध धरा, हो स्फीत - वक्ष
दिग्विजय-अर्थ प्रतिपल समर्थ बढ़ता समक्ष।
शत - वायु - वेग - बल, डुबा अतल में देश - भाव,
जलराशि विपुल मथ मिला अनिल में महाराव
वज्रांग तेजघन बना पवन को, महाकाश

पहुँचा, एकादशरुद्र क्षुब्ध कर अट्टहास।
रावण - महिमा श्यामा विभावरी अन्धकार,
यह रुद्र राम - पूजन - प्रताप तेजःप्रसार;
उस ओर शक्ति शिव की जो दशस्कन्ध - पूजित,
इस ओर रुद्र - वन्दन जो रघुनन्दन - कूजित;
करने को ग्रस्त समस्त व्योम कपि बढ़ा अटल,
लख महानाश शिव अचल हुए क्षण-भर चंचल,
श्यामा के पदतल भारधरण हर मन्द्रस्वर
बोले – "सम्बरो देवि, निज तेज, नहीं वानर
यह, – नहीं हुआ शृंगार - युग्म - गत, महावीर,
अर्चना राम की मूर्तिमान अक्षय-शरीर,
चिर - ब्रह्मचर्य - रत, ये एकादश रुद्र धन्य,
मर्यादा - पुरुषोत्तम के सर्वोत्तम, अनन्य,
लीलासहचर, दिव्यभावधर, इन पर प्रहार
करने पर होगी देवि, तुम्हारी विषम हार;
विद्या का ले आश्रय इस मन को दो प्रबोध,
झुक जाएगा कपि, निश्चय होगा दूर रोध।"

कह हुए मौन शिव; पवन-तनय में भर विस्मय
सहसा नभ में अंजना-रूप का हुआ उदय;
बोली माता – "तुमने रवि को जब लिया निगल
तब नहीं बोध था तुम्हें, रहे बालक केवल;
यह वही भाव कर रहा तुम्हें व्याकुल रह-रह,
यह लज्जा की है बात कि माँ रहती सह-सह;
यह महाकाश, है जहाँ वास शिव का निर्मल –
पूजते जिन्हें श्रीराम, उसे ग्रसने को चल
क्या नहीं कर रहे तुम अनर्थ? – सोचो मन में;
क्या दी आज्ञा ऐसी कुछ श्रीरघुनन्दन ने?
तुम सेवक हो, छोड़कर धर्म कर रहे कार्य –
क्या असम्भाव्य हो यह राघव के लिए धार्य?"
कपि हुए नम्र, क्षण में माताछवि हुई लीन,
उतरे धीरे-धीरे, गह प्रभु-पद हुए दीन।

राम का विषण्णानन देखते हुए कुछ क्षण,
"हे सखा", विभीषण बोले, "आज प्रसन्न वदन

वह नहीं, देखकर जिसे समग्र वीर वानर –
भल्लूक विगत-श्रम हो पाते जीवन-निर्जर;
रघुवीर, तीर सब वही तूण में हैं रक्षित,
है वही वक्ष, रण-कुशल हस्त, बल वही अमित;
हैं वही सुमित्रानन्दन मेघनाद - जित - रण,
हैं वही भल्लपति, वानरेन्द्र सुग्रीव प्रमन,
तारा - कुमार भी वही महाबल श्वेत धीर,
अप्रतिभट वही, एक – अर्बुद - सम, महावीर,
है वही दक्ष सेना-नायक, है वही समर,
फिर कैसे असमय हुआ उदय यह भाव-प्रहर?
रघुकुल गौरव, लघु हुए जा रहे तुम इस क्षण,
तुम फेर रहे हो पीठ हो रहा जब जय रण!
कितना श्रम हुआ व्यर्थ! आया जब मिलन - समय,
तुम खींच रहे हो हस्त जानकी से निर्दय!
रावण, रावण, लम्पट, खल, कल्मष - गताचार,
जिसने हित कहते किया मुझे पाद-प्रहार,
बैठा वैभव में देगा दुख सीता को फिर, –
कहता रण की जय-कथा पारिषद - दल से घिर; –
सुनता वसन्त में उपवन में कल-कूजित पिक
मैं बना किन्तु लंकापति, धिक्, राघव, धिक् - धिक्!''
सब सभा रही निस्तब्ध : राम के स्तिमित नयन
छोड़ते हुए, शीतल प्रकाश देखते विमन,
जैसे ओजस्वी शब्दों का जो था प्रभाव
उससे न इन्हें कुछ चाव, न हो कोई दुराव;
ज्यों हों वे शब्द मात्र, – मैत्री की समनुरक्ति,
पर जहाँ गहन भाव के ग्रहण की नहीं शक्ति।
कुछ क्षण तक रहकर मौन सहज निज कोमल स्वर
बोले रघुमणि – ''मित्रवर, विजय होगी न समर;
यही नहीं रहा नर-वानर का राक्षस से रण,
उतरीं पा महाशक्ति रावण से आमंत्रण;
अन्याय जिधर, हैं उधर शक्ति!'' कहते छल-छल
हो गए नयन, कुछ बूँद पुनः ढलके दृगजल,
रुक गया कंठ, चमका लक्ष्मण-तेजः प्रचंड,
धँस गया धरा में कपि गह युग पद मसक दंड,
स्थिर जाम्बवान, – समझते हुए ज्यों सकल भाव,

व्याकुल सुग्रीव, – हुआ उर में ज्यों विषम घाव,
निश्चित-सा करते हुए विभीषण कार्य-क्रम,
मौन में रहा यों स्पन्दित वातावरण विषम।

निज सहज रूप में संयत हो जानकी-प्राण
बोले – "आया न समझ में यह दैवी विधान;
रावण, अधर्मरत भी, अपना, मैं हुआ अपर –
यह रहा शक्ति का खेल समर, शंकर, शंकर!
करता मैं योजित बार - बार शर - निकर निशित
हो सकती जिनसे यह संसृति सम्पूर्ण विजित,
जो तेजःपुंज, सृष्टि की रक्षा का विचार
है जिनमें निहित पतनघातक संस्कृति अपार –
शत - शुद्धि - बोध – सूक्ष्मातिसूक्ष्म मन का विवेक,
जिनमें है क्षात्रधर्म का धृत पूर्णाभिषेक,
जो हुए प्रजापतियों से संयम से रक्षित,
वे शर हो गए आज रण में श्रीहत, खंडित!
देखा, हैं महाशक्ति रावण को लिये अंक,
लाँछन को ले जैसे शशांक नभ में अशंक
हत मंत्रपूत शर संवृत करतीं बार-बार,
निष्फल होते लक्ष्य पर क्षिप्र वार पर वार!
विचलित लख कपिदल, क्रुद्ध युद्ध को मैं ज्यों-ज्यों,
झक-झक झलकती वह्नि वामा के दृग त्यों-त्यों;
पश्चात् देखने लगीं मुझे, बँध गये हस्त,
फिर खिंचा न धनु, मुक्त ज्यों बँधा मैं हुआ त्रस्त!"
कह हुए भानुकुलभूषण वहाँ मौन क्षण-भर,
बोले विश्वस्त कंठ से जाम्बवान – "रघुवर,
विचलित होने का नहीं देखता मैं कारण,
हे पुरुष-सिंह, तुम भी यह शक्ति करो धारण,
आराधन का दृढ़ आराधन से दो उत्तर,
तुम वरो विजय संयत प्राणों से प्राणों पर;
रावण अशुद्ध होकर भी यदि कर सका त्रस्त
तो निश्चय तुम हो सिद्ध करोगे उसे ध्वस्त;
शक्ति की करो मौलिक कल्पना, करो पूजन,
छोड़ दो समर जब तक न सिद्धि हो, रघुनन्दन!
तब तक लक्ष्मण हैं महावाहिनी के नायक

मध्य भाग में, अंगद दक्षिण - श्वेत सहायक,
मैं भल्ल-सैन्य; हैं वाम पार्श्व में हनूमान,
नल, नील और छोटे कपिगण – उनके प्रधान;
सुग्रीव, विभीषण, अन्य यूथपति यथासमय
आएँगे रक्षाहेतु जहाँ भी होगा भय!''
खिल गई सभा। ''उत्तम निश्चय यह, भल्लनाथ!''
कह दिया वृद्ध को मान राम ने झुका माथ।
हो गए ध्यान में लीन पुनः करते विचार,
देखते सकल – तन पुलकित होता बार-बार।
कुछ समय अनन्तर इन्दीवर निन्दित लोचन
खुल गए, रहा निष्पलक भाव में मज्जित मन।
बोले आवेग - रहित स्वर से विश्वास - स्थित –
''मातः, दशभुजा, विश्व-ज्योतिः, मैं हूँ आश्रित;
हो विद्ध शक्ति से है खल महिषासुर मर्दित,
जनरंजन - चरण - कमल - तल, धन्य सिंह गर्ज्जित!
यह, यह मेरा प्रतीक, मातः, समझा इंगित;
मैं सिंह, इसी भाव से करूँगा अभिनन्दित।''
कुछ समय स्तब्ध हो रहे राम छवि में निमग्न,
फिर खोले पलक कमल - ज्योतिर्दल ध्यान-लग्न;
हैं देख रहे मंत्री, सेनापति, वीरासन
बैठे उमड़ते हुए, राघव का स्मित आनन।
बोले भावस्थ चन्द्र - मुख - निन्दित रामचन्द्र,
प्राणों में पावन कम्पन भर, स्वर मेघमन्द्र –
''देखो, बन्धुवर सामने स्थित जो यह भूधर
शोभित शत - हरित - गुल्म - तृण से श्यामल सुन्दर,
पार्वती कल्पना हैं इसकी, मकरन्द-विन्दु;
गरजता चरण-प्रान्त पर सिंह वह, नहीं सिन्धु;
दशदिक - समस्त हैं हस्त, और देखो ऊपर,
अम्बर में हुए दिगम्बर अर्चित शशि - शेखर;
लख महाभाव - मंगल पदतल धँस रहा गर्व –
मानव के मन का असुर मन्द, हो रहा खर्व।''
फिर मधुर दृष्टि से प्रिय कपि को खींचते हुए
बोले प्रियतर स्वर से अन्तर सींचते हुए –
''चाहिए हमें एक सौ आठ, कपि, इन्दीवर,
कम - से - कम, अधिक और हों, अधिक और सुन्दर,

जाओ देवीदह, उषःकाल होते सत्वर,
तोड़ो, लाओ वे कमल, लौटकर लड़ो समर।"
अवगत हो जाम्बवान से पथ, दूरत्व, स्थान,
प्रभु - पद - रज सिर धर चले हर्ष भर हनूमान।
राघव ने विदा किया सबको जानकर समय,
सब चले सदय राम की सोचते हुए विजय।

निशि हुई विगत : नभ के ललाट पर प्रथम किरण
फूटी, रघुनन्दन के दृग महिमा - ज्योति - हिरण;
है नहीं शरासन आज हस्त – तूणीर स्कन्ध,
वह नहीं सोहता निविड़ - जटा - दृढ़ मुकुट - बन्ध;
सुन पड़ता सिंहनाद, – रण - कोलाहल अपार,
उमड़ता नहीं मन, स्तब्ध सुधी हैं ध्यान धार;
पूजोपरान्त जपते दुर्गा, दशभुजा नाम,
मन करते हुए मनन नामों के गुणग्राम;
बीता वह दिवस, हुआ मन स्थिर इष्ट के चरण,
गहन से गहनतर होने लगा समाराधन।
क्रम-क्रम से हुए पार राघव के पंच दिवस,
चक्र से चक्र मन चढ़ता गया ऊर्ध्व निरलस;
कर-जप पूरा कर एक चढ़ाते इन्दीवर,
निज पुरश्चरण इस भाँति रहे हैं पूरा कर।
चढ़ षष्ठ दिवस आज्ञा पर हुआ समाहित मन,
प्रति जप से खिंच - खिंच होने लगा महाकर्षण;
संचित त्रिकुटी पर ध्यान द्विदल देवी - पद पर,
जप के स्वर लगा काँपने थर - थर - थर अम्बर;
दो दिन निष्पन्द एक आसन पर रहे राम,
अर्पित करते इन्दीवर, जपते हुए नाम;
आठवाँ दिवस, मन ध्यान-युक्त चढ़ता ऊपर
कर गया अतिक्रम ब्रह्मा - हरि - शंकर का स्तर,
हो गया विजित ब्रह्मांड पूर्ण, देवता स्तब्ध,
हो गए दग्ध जीवन के तप के समारब्ध,
रह गया एक इन्दीवर, मन देखता – पार
प्रायः करने को हुआ दुर्ग जो सहस्रार,
द्विप्रहर रात्रि, साकार हुईं दुर्गा छिपकर,
हँस उठा ले गईं पूजा का प्रिय इन्दीवर।

यह अन्तिम जप, ध्यान में देखते चरण युगल
राम ने बढ़ाया कर लेने को नील कमल;
कुछ लगा न हाथ, हुआ सहसा स्थिर मन चंचल
ध्यान की भूमि से उतरे, खोले पलक विमल,
देखा, वह रिक्त स्थान, यह जप का पूर्ण समय
आसन छोड़ना असिद्धि, भर गए नयनद्वय : –
''धिक् जीवन को जो पाता ही आया विरोध,
धिक् साधन, जिसके लिए सदा ही किया शोध!
जानकी! हाय, उद्धार प्रिया का न हो सका।''
वह एक और मन रहा राम का जो न थका;
जो नहीं जानता दैन्य, नहीं जानता विनय
कर गया भेद वह मायावरण प्राप्त कर जय,
बुद्धि के दुर्ग पहुँचा विद्युत – गति, हतचेतन
राम में जगी स्मृति, हुए सजग पा भाव प्रमन।
''यह है उपाय'' कह उठे राम ज्यों मन्द्रित घन –
''कहती थीं माता मुझे सदा राजीवनयन!
दो नील कमल हैं शेष अभी, यह पुरश्चरण
पूरा करता हूँ देकर मातः एक नयन।''
कहकर देखा तूणीर ब्रह्मशर रहा झलक,
ले लिया हस्त, लक-लक करता वह महाफलक;
ले अस्त्र वाम कर, दक्षिण कर दक्षिण लोचन
ले अर्पित करने को उद्यत हो गए सुमन।
जिस क्षण बँध गया बेधने को दृग दृढ़ निश्चय,
काँपा ब्रह्मांड, हुआ देवी का त्वरित उदय : –

''साधु, साधु, साधक धीर, धर्म-धन धन्य राम!''
कह लिया भगवती ने राघव का हस्त थाम।
देखा राम ने – सामने श्री दुर्गा, भास्वर
वाम पद असुर - स्कन्ध पर, रहा दक्षिण हरि पर;
ज्योतिर्मय रूप, हस्त दश विविध - अस्त्र - सज्जित,
मन्द स्मित मुख, लख हुई विश्व की श्री लज्जित,
हैं दक्षिण में लक्ष्मी, सरस्वती वाम भाग,
दक्षिण गणेश, कार्तिक बाएँ रण-रंग राग,
मस्तक पर शंकर। पदपद्मों पर श्रद्धाभर
श्री राघव हुए प्रणत मन्दस्वर वन्दन कर।

"होगी जय, होगी जय, हे पुरुषोत्तम नवीन!"
कह महाशक्ति राम के बदन में हुईं लीन।

तोड़ती पत्थर

वह तोड़ती पत्थर;
देखा उसे मैंने इलाहाबाद के पथ पर–
वह तोड़ती पत्थर।

कोई न छायादार
पेड़ वह जिसके तले बैठी हुई स्वीकार;
श्याम तन, भर बँधा यौवन,
नत नयन, प्रिय-कर्म-रत मन,
गुरु हथौड़ा हाथ,
करती बार-बार प्रहार : –
सामने तरु-मालिका अट्टालिका, प्राकार।

चढ़ रही थी धूप;
गर्मियों के दिन
दिवा का तमतमाता रूप;
उठी झुलसाती हुई लू,
रुई ज्यों जलती हुई भू,
गर्द चिनगीं छा गईं,
प्रायः हुई दुपहर : –
वह तोड़ती पत्थर।

देखते देखा मुझे तो एक बार
उस भवन की ओर देखा, छिन्नतार;
देखकर कोई नहीं,
देखा मुझे उस दृष्टि से
जो मार खा रोई नहीं,
सजा सहज सितार,

सुनी मैंने वह नहीं जो थी सुनी झंकार
एक क्षण के बाद वह काँपी सुघर,

ढुलक माथे से गिरे सीकर,
लीन होते कर्म में फिर ज्यों कहा–
'मैं तोड़ती पत्थर।'

वन-बेला

वर्ष का प्रथम
पृथ्वी के उठे उरोज मंजु पर्वत निरुपम
किसलयों बँधे,
पिक-भ्रमर-गुंज भर मुखर प्राण रच रहे सधे
प्रणय के गान,
सुनकर सहसा,
प्रखर से प्रखरतर हुआ तपन-यौवन सहसा;
ऊर्जित, भास्वर
पुलकित शत शत व्याकुल कर भर
चूमता रसा को बार बार चुम्बित दिनकर
क्षोभ से, लोभ से, ममता से,
उत्कंठा से, प्रणय के नयन की समता से,
सर्वस्व दान
देकर, लेकर सर्वस्व प्रिया का सुक्रत मान।
दाब में ग्रीष्म,
भीष्म से भीष्म बढ़ रहा ताप,
प्रस्वेद कम्प,
ज्यों ज्यों युग उर में और चाप–
और सुख-झम्प :
निश्वास सघन
पृथ्वी की–बहती लूः निर्जीवन
जड़-चेतन।

यह सान्ध्य समय,
प्रलय का दृश्य भरता अम्बर,
पीताभ, अग्निमय, ज्यों दुर्जय,
निर्धूम, निरभ्र, दिगन्त - प्रसर,
कर भस्मीभूत समस्त विश्व को एक शेष,
उड़ रही धूल, नीचे अदृश्य हो रहा देश।

मैं मन्द-गमन,
धर्माक्त, विरक्त, पार्श्व-दर्शन से खींच नयन,
चल रहा नदी-तट को करता मन में विचार–
हो गया व्यर्थ जीवन,
मैं रण में गया हार!
सोचा न कभी–
अपने भविष्य की रचना पर चल रहे सभी!
–इस तरह बहुत कुछ।
आया निज इच्छित स्थल पर
बैठा एकान्त देख कर
मर्माहत स्वर भर!

फिर लगा सोचने यथासूत्र–''मैं भी होता
यदि राजपुत्र–मैं क्यों न सदा कलंक ढोता,
ये होते–जितने विद्याधर–मेरे अनुचर,
मेरे प्रसाद के लिए विनत-सिर उद्यत-कर;
मैं देता कुछ, रख अधिक, किन्तु जितने पेपर,
सम्मिलित कंठ से गाते मेरी कीर्ति अमर,
जीवन-चरित्र
लिख अग्रलेख अथवा, छापते विशाल चित्र।
इतना भी नहीं, लक्षपति का भी यदि कुमार
होता मैं, शिक्षा पाता अरब-समुद्र-पार,
देश की नीति के मेरे पिता परम पण्डित
एकाधिकार रखते भी धन पर, अविचल-चित्त
होते उग्रतर साम्यवादी, करते प्रचार,
चुनती जनता राष्ट्रपति उन्हें ही सुनिर्धार,
पैसे में दस राष्ट्रीय गीत रचकर उन पर
कुछ लोग बेचते गा-गा गर्दभ-मर्दन-स्वर,
हिन्दी-सम्मेलन भी न कभी पीछे को पग
रखता कि अटल साहित्य कहीं यह हो डगमग,
मैं पाता खबर तार से त्वरित समुद्र-पार,
लार्ड के लाड़लों को देता दावत–विहार;
इस तरह खर्च केवल सहस्र षट मास-मास
पूरा कर आता लौट योग्य निज पिता पास।
वायुयान से, भारत पर रखता चरण-कमल,

पत्रों के प्रतिनिधि-दल में मच जाती हलचल,
दौड़ते सभी, कैमरा हाथ, कहते सत्वर
निज अभिप्राय, मैं सभ्य मान जाता झुक कर,
होता फिर खड़ा इधर को मुख कर कभी उधर,
बीसियों भाव की दृष्टि सतत नीचे ऊपर;
फिर देता दृढ़ संदेश देश को मर्मान्तिक,
भाषा के बिना न रहती अन्य गंध प्रान्तिक,
जितने रूस के भाव, मैं कह जाता अस्थिर,
समझते विचक्षण ही जब वे छपते फिर-फिर,
फिर पिता संग
जनता की सेवा का व्रत मैं लेता अभंग;
करता प्रचार
मंच पर खड़ा हो, साम्यवाद इतना उदार।

तप तप मस्तक
हो गया सान्ध्य-नभ का रक्ताभ दिगन्त-फलक;
खोली आँखें आतुरता से, देखा अमन्द
प्रेयसी के अलक से आई ज्यों स्निग्ध गन्ध,
'आया हूँ मैं तो यहाँ अकेला, रहा बैठ',
सोचा सत्वर,
देखा फिर कर, घिर कर हँसती उपवन-बेला
जीवन में भर :
यह ताप, त्रास
मस्तक पर लेकर उठी अतल की अतुल साँस,
ज्यों सिद्धि परम
भेदकर कर्म जीवन के दुस्तर क्लेश, सुषम
आयी ऊपर,
जैसे पार कर क्षीर सागर
अप्सरा सुघर
सिक्त-तन-केश शत लहरों पर
काँपती विश्व के चकित दृश्य के दर्शन-शर।

बोला मैं—'बेला, नहीं ध्यान
लोगों का जहाँ, खिली हो बन कर वन्य गान!
जब ताप प्रखर,

लघु प्याले में अतल की सुशीतलता ज्यों भर
तुम करा रही हो यह सुगन्ध की सुरा पान!'

लाज से नम्र हो उठा, चला मैं और पास
सहसा बह चली सान्ध्य बेला की सुबातास,
झुक-झुक, तन-तन, फिर झूम-झूम, हँस-हँस, झकोर,
चिर-परिचित चितवन डाल, सहज मुखड़ा मरोर,
भर मुहुर्मुहर, तन-गन्ध विमल बोली बेला--
'मैं देती हूँ सर्वस्व, छुओ मत, अवहेला
की अपनी स्थिति की जो तुमने, अपवित्र स्पर्श
हो गया तुम्हारा, रुको, दूर से करो दर्श।'

मैं रुका वहीं,
वह शिखा नवल
आलोक स्निग्ध भर दिखा गयी पथ जो उज्ज्वल;
मैंने स्तुति की–'हे वन्य वह्नि की तन्वि-नवल!
कविता में कहाँ खुले ऐसे दल दुग्ध-धवल?–
यह अपल स्नेह–
विश्व के प्रणयि-प्रणयिनियों-कर
हार-उर गेह?–
गति सहज मन्द
यह कहाँ-कहाँ वामालक चुम्बित पुलक गन्ध!'
'केवल आपा खोया, खेला
इस जीवन में',
कह सिहरी तन में वन बेला!
'कू-ऊ कू-ऊ' बोली कोयल, अन्तिम सुख-स्वर,
'पी कहाँ' पपीहा-प्रिय मधुर विष गई छहर,
उर बढ़ा आयु
पल्लव-पल्लव को हिला हरित बह गयी वायु,
लहरों में कम्प और लेकर उत्सुक सरिता
तैरी, देखतीं तमश्चरिता,
छबि बेला की नभ की ताराएँ निरुपमिता,
शत-नयन-दृष्टि
विस्मय में भर कर रही विविध-आलोक-सृष्टि।

भाव में हरा मैं, देख मन्द हँस दी बेला,
बोली अस्फुट स्वर से—'यह जीवन का मेला।
चमकता सुघर बाहरी वस्तुओं को लेकर,
त्यों-त्यों आत्मा की निधि पावन, बनती पत्थर।
बिकती जो कौड़ी मोल
यहाँ होगी कोई इस निर्जन में,
खोजो, यदि हो समतोल
वहाँ कोई, विश्व के नगर-धन में।
है वहाँ मान,
इसलिए बड़ा है एक, शेष छोटे अजान;
पर ज्ञान जहाँ,
देखना—बड़े-छोटे; असमान, समान वहाँ—
सब सुहृद्वर्ग
उनकी आँखों की आभा से दिग्देश स्वर्ग।'

बोला मैं—'यही सत्य, सुन्दर!
नाचतीं वृन्त पर तुम, ऊपर
होता जब उपल-प्रहार-प्रखर!
अपनी कविता
तुम रहो एक मेरे उर में
अपनी छबि में शुचि संचरिता।'

फिर उषःकाल
मैं गया टहलता हुआ, बेल की झुका डाल
तोड़ता फूल कोई ब्राह्मण,
'जाती हूँ मैं,' बोली बेला,
'जीवन प्रिय के चरणों में करने को अर्पण' :—
देखती रही;
निस्वन, प्रभात की वायु बही।

हिन्दी के सुमनों के प्रति पत्र

मैं जीर्ण-साज बहु छिद्र आज,
तुम सुदल सुरंग सुवास सुमन
मैं हूँ केवल पदतल-आसन,

तुम सहज विराजे महाराज।

ईर्ष्या कुछ नहीं मुझे, यद्यपि
मैं ही वसन्त का अग्रदूत,
ब्राह्मण-समाज में ज्यों अछूत
मैं रहा आज यदि पार्श्वच्छवि।

तुम मध्य भाग के, महाभाग!–
तरु के उर के गौरव प्रशस्त।
मैं पढ़ा जा चुका पत्र, न्यस्त
तुम अलि के नव रस–रंगराग।

देखो, पर, क्या पाते तुम 'फल'
देगा जो भिन्न स्वाद रस भर,
कर पार तुम्हारा भी अन्तर
निकलेगा जो तरु का सम्बल।

फल सर्वश्रेष्ठ नायाब चीज
या तुम बाँधकर रँगा धागा;
फल के भी उर का, कटु, त्यागा,
मेरा आलोचक एक बीज।

उक्ति

कुछ न हुआ, न हो।
मुझे विश्व का सुख, श्री, यदि केवल
पास तुम रहो!
मेरे नभ के बादल यदि न कटे–
चन्द्र रह गया ढका,
तिमिर-रात को तिरकर यदि न अटे
लेश गगन-भास का,
रहेंगे अधर हँसते, पथ पर, तुम
हाथ यदि गहो।

बहु-रस साहित्य विपुल यदि न पढ़ा–
मन्द सबों ने कहा,

मेरा काव्यानुमान यदि न बढ़ा–
ज्ञान, जहाँ का रहा,
रहे, समझ है मुझमें पूरी, तुम
कथा यदि कहो।

मुक्ति

तोड़ो, तोड़ो, तोड़ो कारा
पत्थर, की, निकलो फिर,
गंगा-जल-धारा!
गृह-गृह की पार्वती!
पुनः सत्य-सुन्दर-शिव को सँवारती
उर-उर की बनो आरती!–
भ्रान्तों की निश्चल ध्रुवतारा।
तोड़ो, तोड़ो, तोड़ो कारा!

वे किसान की नई बहू की आँखें

नहीं जानतीं जो अपने को खिली हुई–
विश्व-विभव से मिली हुई,–
नहीं जानतीं सम्राज्ञी अपने को,–
नहीं कर सकीं सत्य कभी सपने को,
वे किसान की नई बहू की आँखें
ज्यों हरीतिमा में बैठे दो विहग बन्द कर पाँखें;
वे केवल निर्जन के दिशाकाश की,
प्रियतम के प्राणों के पास-हास की,
भीरु पकड़ जाने को हैं दुनिया के कर से–
बढ़े क्यों न वह पुलकित हो कैसे भी वर से।

और और छबि

और और छबि रे यह!
नूतन भी कवि, रे यह

और और छबि!

समझ तो सही
जब भी यह नहीं गगन
वह मही नहीं,
बादल वह नहीं जहाँ
छिपा हुआ पवि, रे यह
और और छबि!

यह है यहाँ,
जैसा देखा पहले होता अथवा सुना;
किन्तु नहीं पहले की
यहाँ कहीं हवि, रे यह
और और छबि!

गीत

जैसे हम हैं वैसे ही रहें,
लिये हाथ एक दूसरे का
अतिशय सुख के सागर में बहें।

मुदें पलक, केवल देखें उर में,–
सुनें सब कथा परिमल-सुर में,
वे चाहें, कहें वे, कहें।

वहाँ एक दृष्टि से अशेष प्रणय
देख रहा है जग को निर्भय,
दोनों उसकी दृढ़ लहरें सहें।

प्रेम-संगीत

बम्हन का लड़का
मैं उसको प्यार करता हूँ।

जात की कहारिन वह,
मेरे घर की है पनहारिन वह,
आती है होते तड़का,
उसके पीछे मैं मरता हूँ।
कोयल-सी काली, अरे,
चाल नहीं उसकी मतवाली,
ब्याह नहीं हुआ, तभी भड़का,
दिल मेरा, मैं आहें भरता हूँ।
रोज आकर जगाती है सबको,
मैं ही समझता हूँ इस ढब को,
ले जाती है मटका बड़का,
मैं देख-देखकर धीरज धरता हूँ।

रानी और कानी

माँ उसको कहती है रानी
आदर से, जैसा है नाम;
लेकिन उसका उल्टा रूप,
चेचक के दाग, काली, नक-चिप्टी,
गंजा-सर, एक आँख कानी।
रानी अब हो गई सयानी,
बीनती है, काँड़ती है, कूटती है, पीसती है,
डालियों के सीले अपने रूखे हाथों मीसती है,
घर बुहारती है, करकट फेंकती है,
और घड़ों भरती है पानी;
फिर भी माँ का दिल बैठा रहा,
एक चोर घर में पैठा रहा,
सोचती रहती है दिन-रात
कानी की शादी की बात,
मन मसोसकर वह रहती है
जब पड़ोस की कोई कहती है—
"औरत की जात रानी,
ब्याह भला कैसे हो
कानी जो है वह!"
सुनकर कानी का दिल हिल गया,

काँपे कुल अंग,
दाईं आँख से
आँसू भी बह चले माँ के दुख से,
लेकिन वह बाईं आँख कानी
ज्यों-की-त्यों रह गई रखती निगरानी।

दलित जन पर करो करुणा

दलित जन पर करो करुणा।
दीनता पर उतर आए
प्रभु, तुम्हारी शक्ति अरुणा।
हरे तन-मन प्रीति पावन,
मधुर हो मुख मनोभावन,
सहज चितवन पर तरंगित
हो तुम्हारी किरण तरुणा।
देख वैभव न हो नत सिर,
समुद्धत मन सदा हो स्थिर,
पार कर जीवन निरन्तर
रहे बहती भक्ति-वरुणा।

बापू के प्रति

बापू, तुम मुर्गी खाते यदि,
तो क्या भजते होते तुमको
ऐरे-गैरे नत्थू - खैरे–?–
सर के बल खड़े हुए होते
हिन्दी के इतने लेखक-कवि,
बापू, तुम मुर्गी खाते यदि?

बापू, तुम मुर्गी खाते यदि,
तो लोकमान्य से क्या तुमने
लोहा भी कभी लिया होता?–
दक्खिन में हिन्दी चलवाकर
लिखते हिन्दुस्तानी की छवि,
बापू, तुम मुर्गी खाते यदि?

बापू, तुम मुर्गी खाते यदि,
तो क्या अवतार हुए होते
कुल-के-कुल कायथ-बनियों के?
दुनिया के सबसे बड़े पुरुष
आदम-भेड़ों के होते भी!
बापू, तुम मुर्गी खाते यदि?

बापू, तुम मुर्गी खाते यदि,
तो क्या पटेल, राजन, टंडन,
गोपालाचारी भी भजते?–
भजता होता तुमको मैं औ'
मेरी प्यारी अल्लारक्खी,
बापू, तुम मुर्गी खाते यदि!

भगवान् बुद्ध के प्रति

आज सभ्यता के वैज्ञानिक जड़ विकास पर
गर्वित विश्व नष्ट होने की ओर अग्रसर
स्पष्ट दिख रहा; सुख के लिए खिलौने जैसे
बने हुए वैज्ञानिक साधन; केवल पैसे
आज लक्ष्य में हैं मानव के; स्थल-जल-अम्बर
रेल-तार-बिजली-जहाज नभयानों से भर
दर्प कर रहे हैं मानव, वर्ग से वर्गगण,
भिड़े राष्ट्र से राष्ट्र, स्वार्थ से स्वार्थ विचक्षण।
हँसते हैं जड़वादग्रस्त, प्रेत ज्यों परस्पर,
विकृत-नयन मुख, कहते हुए, अतीत भयंकर
था मानव के लिए, पतित था वहाँ विश्वमन,
अपटु अशिक्षित वन्य हमारे रहे बन्धुगण;
नहीं वहाँ था कहीं आज का मुक्त प्राण यह,
तर्कसिद्ध है, स्वप्न एक है विनिर्वाण यह।
वहाँ बिना कुछ कहे, सत्य-वाणी के मन्दिर,
जैसे उतरे थे तुम, उतर रहे हो फिर फिर
मानव के मन में,–जैसे जीवन में निश्चित
विमुख भोग से, राजकुँवर, त्याग कर सर्वस्थित
एकमात्र सत्य के लिए, रूढ़ि से विमुख, रत

कठिन तपस्या में, पहुँचे लक्ष्य को, तथागत!
फूटी ज्योति विश्व में, मानव हुए सम्मिलित,
धीरे-धीरे हुए विरोधी भाव तिरोहित;
भिन्न रूप से भिन्न-भिन्न धर्मों में संचित;
हुए भाव, मानव न रहे करुणा से वंचित;
फूटे शत-शत उत्स सहज मानवता-जल के
यहाँ वहाँ पृथ्वी के सब देशों में छलके;
छल के, बल के पंकिल भौतिक रूप अदर्शित
हुए तुम्हीं से, हुई तुम्हीं से ज्योति प्रदर्शित।

मास्को डायेलाग्स

मेरे नए मित्र हैं श्रीयुत गिडवानीजी,
बहुत बड़े सोश्यलिस्ट,
'मास्को डायेलाग्स' लेकर आए हैं मिलने।
मुस्कराकर कहा, "यह मास्को डायेलाग्स है,
सुभाष बाबू ने इसे जेल में मँगाया था।
भेंट किया था मुझको जब थे पहाड़ पर।
'35 तक, मुश्किल से पिछड़े इस मुल्क में
दो प्रतियाँ आई थीं।"
फिर कहा, "वक्त नहीं मिलता है,
बड़े भाई साहब का बँगला बन रहा है,
देखभाल करता हूँ।"
फिर कहा, "मेरे समाज में बड़े-बड़े आदमी हैं,
एक-से हैं एक मूर्ख;
उनको फँसाना है,
ऐसे कोई साला एक धेला नहीं देने का।
उपन्यास लिखा है,
जरा देख दीजिए।
अगर कहीं छप जाए
तो प्रभाव पड़ जाए उल्लू के पट्ठों पर;
मनमाना रुपया फिर ले लूँ इन लोगों से;
नए किसी बँगले में एक प्रेस खोल दूँ;
आप भी वहाँ चलें,
चैन की बंसी बजे।"

देखा उपन्यास मैंने,
श्रीगणेश में मिला–
''पुण्य असनेहमयी स्यामा मुझे प्रेम है।''
इसको फिर रख दिया, देखा 'मास्को डायेलाग्स',
देखा गिडवानी को।

गर्म पकौड़ी

गर्म पकौड़ी–
ऐ गर्म पकौड़ी!
        तेल की भुनी,
        नमक-मिर्च की मिली,
        ऐ गर्म पकौड़ी!
मेरी जीभ जल गई,
सिसकियाँ निकल रहीं,
लार की बूँदें कितनी टपकीं,
पर दाढ़ तले तुझे दबा ही रक्खा मैंने
कंजूस ने ज्यों कौड़ी।
        पहले तूने मुझको खींचा
        दिल लेकर फिर कपड़े-सा फींचा,
        अरी, तेरे लिए छोड़ी
        बम्हन की पकायी
        मैंने घी की कचौड़ी।

मैं अकेला

मैं अकेला;
देखता हूँ, आ रही
    मेरे दिवस की सान्ध्य बेला।

    पके आधे बाल मेरे,
    हुए निष्प्रभ गाल मेरे,
    चाल मेरी मन्द होती आ रही,
            हट रहा मेला।

जानता हूँ, नदी-झरने,
जो मुझे थे पार करने,
कर चुका हूँ, हँस रहा यह देख,
कोई नहीं भेला*।

श्रद्धांजलि

(आचार्य शुक्लजी के प्रति)

अमा निशा थी समालोचना के अम्बर पर
उदित हुए जब तुम हिन्दी के दिव्य कलाधर।
दीप्ति-द्वितीया हुई लीन खिलने से पहले
किन्तु निशाचर सन्ध्या के अन्तर में दहले।
स्पष्ट तृतीया, खिंची दृष्टि लोगों की सहसा,
छिड़ी सिद्ध साहित्यिक से तुमसे जब वचसा।
मुक्त चतुर्थी, समालोचना वधू ब्याहकर
लाए तुम, पञ्चमी काव्यवाणी अपने घर।
षष्ठी, छः ऐश्वर्या प्रदर्शित कोष प्राण में;
शिक्षण की सप्तमी, महार्णव सप्त ज्ञान में।
दिए अष्टमी आठों वसु टीकाओं में भर,
नवमी शान्ति ग्रहों की, दशमी विजित दिगम्बर।
एकादशी रुद्रता, रामा कला द्वादशी,
त्रयोदशी-प्रदोष-गत चतुर्दशी-रत्न शशी।

कुकुरमुत्ता

[1]

एक थे नव्वाब,
फारस से मँगाए थे गुलाब।
बड़ी बाड़ी में लगाए
देशी पौधे भी उगाए
रखे माली, कई नौकर
गजनवी का बाग़ मनहर
लग रहा था।
एक सपना जग रहा था

* भेला—पुराने ढंग की नाव।

साँस पर तहजीब की,
गोद पर तरतीब की।
क्यारियाँ सुन्दर बनी
चमन में फैली घनी।
फूलों के पौधे वहाँ
लग रहे थे खुशनुमा।
बेला, गुलशब्बो, चमेली, कामिनी,
जुही, नरगिस, रातरानी, कमलिनी,
चम्पा, गुलमेंहदी, गुलखैरू, गुलअब्बास,
गेंदा, गुलदाऊदी, निवाड़ी, गन्धराज,
और कितने फूल, फव्वारे कई,
रंग अनेकों—सुर्ख, धानी, चम्पई,
आसमानी, सब्ज, फिरोजी सफेद,
जर्द, बादामी, बसन्त, सभी भेद।
फलों के भी पेड़ थे,
आम, लीची, सन्तरे और फालसे।
चटकती कलियाँ, निकलती मृदुल गन्ध,
लगे लगकर हवा चलती मन्द-मन्द,
चहकती बुलबुल, मचलती टहनियाँ,
बाग चिड़ियों का बना था आशियाँ।
साफ राहें, सरो दोनों ओर,
दूर तक फैले हुए कुल छोर,
बीच में आरामगाह
दे रही थी बड़प्पन की थाह।
कहीं झरने, कहीं छोटी-सी पहाड़ी,
कहीं सुथरा चमन, नकली कहीं झाड़ी।

आया मौसिम, खिला फारस का गुलाब,
बाग पर उसका पड़ा था रोब-ओ-दाब;
वहीं गन्दे में उगा देता हुआ बुत्ता
पहाड़ी से उठे-सर ऐंठकर बोला कुकुरमुत्ता—
"अब, सुन बे, गुलाब,
भूल मत जो पायी खुशबु, रंग-ओ-आब,
खून चूसा खाद का तूने अशिष्ट,
डाल पर इतरा रहा है केपीटलिस्ट!

कितनों को तूने बनाया है गुलाम,
माली कर रक्खा, सहाया जाड़ा-घाम,
हाथ जिसके तू लगा,
पैर सर रखकर वो पीछे को भागा
औरत की जानिब मैदान यह छोड़कर,
तबेले को टट्टू जैसे तोड़कर,
शाहों, राजों, अमीरों का रहा प्यारा
तभी साधारणों से तू रहा न्यारा।
वरना क्या तेरी हस्ती है, पोच तू
काँटों ही से भरा है यह सोच तू
कली जो चटकी अभी
सूखकर काँटा हुई होती कभी।
रोज पड़ता रहा पानी,
तू हरामी खानदानी।
चाहिए तुझको सदा मेहरुन्निसा
जो निकाले इत्र, रू, ऐसी दिशा
बहाकर ले चले लोगों को, नहीं कोई किनारा
जहाँ अपना नहीं कोई भी सहारा
ख्वाब में डूबा चमकता हो सितारा
पेट में डँड पेले हों चूहे, जबाँ पर लफ्ज प्यारा।

देख मुझको, मैं बढ़ा
डेढ़ बालिश्त और ऊँचे पर चढ़ा
और अपने से उगा मैं
बिना दाने का चुगा मैं
कलम मेरा नहीं लगता
मेरा जीवन आप जगता
तू है नकली, मैं हूँ मौलिक
तू है बकरा, मैं हूँ कौलिक
तू रँगा और मैं धुला
पानी मैं, तू बुलबुला
तूने दुनिया को बिगाड़ा
मैंने गिरते से उभाड़ा
तूने रोटी छीन ली जनखा बनाकर
एक की दीं तीन मैंने गुन सुनाकर।

काम मुझ ही से सधा है
शेर भी मुझसे गधा है
चीन में मेरी नकल, छाता बना
छत्र भारत का वही, कैसा तना
सब जगह तू देख ले
आज का फिर रूप पैराशूट ले।
विष्णु का मैं ही सुदर्शनचक्र हूँ।
काम दुनिया में पड़ा ज्यों, वक्र हूँ।
उलट दे, मैं ही जसोदा की मथानी
और भी लम्बी कहानी–
सामने ला, कर मुझे बेंड़ा
देख कैंड़ा
तीर से खींचा धनुष मैं राम का।
काम का–
पड़ा कन्धे पर हूँ हल बलराम का।
सुबह का सूरज हूँ मैं ही
चाँद मैं ही शाम का।
कलजुगी मैं ढाल
नाव का मैं तला नीचे और ऊपर पाल।
मैं ही डाँड़ी से लगा पल्ला
सारी दुनिया तोलती गल्ला
मुझसे मूछें, मुझसे कल्ला
मेरे उल्लू, मेरे लल्ला
कहे रुपया या अधन्ना
हो बनारस या न्यवन्ना
रूप मेरा, मैं चमकता
गोला मेरा ही बमकता।
लगाता हूँ पार मैं ही
डुबाता मझधार मैं ही।
डब्बे का मैं ही नमूना
पान मैं ही, मैं ही चूना।

मैं कुकुरमुत्ता हूँ,
पर बेन्जाइन (Bengoin) वैसे
बने दर्शनशास्त्र जैसे।

ओमफलस (Omphalos) और ब्रह्मावर्त
वैसे ही दुनिया के गोले और पर्त
जैसे सिकुड़न और साड़ी,
ज्यों सफाई और माड़ी।
कास्मोपालिटन् और मेट्रोपालिटन्
जैसे फ्रायड और लीटन।
फेलसी और फलसफा
जरूरत और हो रफा।
सरसता में फ्राड्
केपिटल् में जैसे लेनिनग्राड।
सच समझ जैसे रकीब
लेखकों में लण्ठ जैसे खुशनसीब

मैं डबल जब, बना डमरू
इकबगल, तब बना वीणा।
मन्द होकर कभी निकला
कभी बनकर ध्वनि क्षीणा।
मैं पुरुष और मैं ही अबला।
मैं मृदंग और मैं ही तबला।
चुन्ने खां के हाथ का मैं ही सितार
दिगम्बर का तानपूरा, हसीना का सुरबहार।
मैं ही लायर, लिरिक मुझसे ही बने
संस्कृत, फारसी, अरबी, ग्रीक, लैटिन के जने
मंत्र, गजलें, गीत, मुझसे ही हुए शैदा
जीते हैं, फिर मरते हैं, फिर होते हैं पैदा।
वायलिन मुझसे बजा
बेन्जो मुझसे सजा।
घण्टा, घण्टी, ढोल, डफ, घड़ियाल,
शंख, तुरही, मजीरे, करताल,
कारनेट्, क्लेरीअनेट्, ड्रम, फ्लूट, गीटर,
बजानेवाले हसन खां, बुद्धू, पीटर,
मानते हैं सब मुझे ये बाएँ से,
जानते हैं दाएँ से।

ताताधिन्ना चलती है जितनी तरह
देख, सब में लगी है मेरी गिरह।

नाच में यह मेरा ही जीवन खुला
पैरों से मैं ही तुला।
कत्थक हो या कथकली या बालडान्स्,
क्लियोपेट्रा, कमल-भौंरा, कोई रोमान्स
बहेलिया हो, मोर हो, मणिपुरी, गरबा,
पैर, माझा, हाथ, गरदन, भौंहें मटका
नाच अफ्रीकन हो या यूरोपीयन,
सब में मेरी ही गढ़न।
किसी भी तरह का हावभाव,
मेरा ही रहता है सबमें ताव।
मैंने बदले पैंतरे,
जहाँ भी शासक लड़े।
पर हैं प्रोलेटेरियन झगड़े जहाँ,
मियाँ-बीबी के, क्या कहना है वहाँ।
नाचता है सूदखोर जहाँ कहीं ब्याज डुचता,
नाच मेरा क्लाईमेक्स को पहुँचता।

नहीं मेरे हाड़, काँटे, काठ या,
नहीं मेरा बदन आठोगाँठ का।
रस-ही-रस मैं हो रहा
सफेदी का जहन्नम रोकर रहा।
दुनिया में सबने मुझी से रस चुराया,
रस में मैं डूबा-उतराया।
मुझी में गोते लगाये वाल्मीकि-व्यास ने
मुझी से पोथे निकाले भास-कालिदास ने।
टुकुर-टुकुर देखा किये मेरे ही किनारे खड़े
हाफिज-रवीन्द्र जैसे विश्वकवि बड़े-बड़े।
कहीं का रोड़ा, कहीं का पत्थर
टी.एस. एलीयट ने जैसे दे मारा
पढ़नेवाले ने भी जिगर पर रखकर
हाथ, कहाँ, 'लिख दिया जहाँ सारा'।
ज्यादा देखने को आँख दबाकर
शाम को किसी ने जैसे देखा तारा।
जैसे प्रोग्रेसीव का कलम लेते ही
रोका नहीं रुकता जोश का पारा।

यहीं से यह कुल हुआ
जैसे अम्मा से बुआ।
मेरी सूरत के नमूने पीरामीड्
मेरा चेला था यूक्लीड्।
रामेश्वर, मीनाक्षी, भुवनेश्वर,
जगन्नाथ, जितने मन्दिर सुन्दर
मैं ही सबका जनक
जेवर जैसे कनक।
हो कुतुबमीनार,
ताज, आगरा या फोर्ट चुनार,
विक्टोरिया मेमोरियल, कलकत्ता,
मस्जिद, बगदाद, जुम्मा, अलबत्ता
सेन्ट पीटर्स गिरजा हो या घण्टाघर,
गुम्बदों में, गढ़न में मेरी मुहर।
एरियन हो, पर्शियन या गाथिक आर्च
पड़ती है मेरी ही टार्च।
पहले के हों, बीच के या आज के
चेहरे से पिद्दी के हों या बाज के।
चीन के फारस के या जापान के
अमरिका के, रूस के, इटली के, इंगलिस्तान के।
ईंट के, पत्थर के हों या लकड़ी के
कहीं की भी मकड़ी के।
बुने जाले जैसे मकाँ कुल मेरे
छत्ते के हैं घेरे।

सर सभी का फाँसनेवाला हूँ ट्रेप
टर्की टोपी, दुपलिया या किश्ती-केप।
और जितने, लगा जिनमें स्ट्रा या मेट,
देख, मेरी नक्ल है अँगरेजी हेट।
घूमता हूँ सर चढ़ा,
तू नहीं, मैं ही बड़ा।"

[2]

बाग के बाहर पड़े थे झोपड़े
दूर से जो दिख रहे थे अधगड़े।

जगह गन्दी, रुका, सड़ता हुआ पानी
मोरियों में; जिन्दगी की लन्तरानी—
बिलबिलाते कीड़े, बिखरी हड्डियाँ
सेलरों की, परों की थीं गड्डियाँ
कहीं मुर्गी, कहीं अण्डे,
धूप खाते हुए कण्डे।
हवा बदबू से मिली
हर तरह की बासीली पड़ी गयीं।
रहते थे नव्वाब के खादिम
अफ्रीका के आदमी आदिम—
खानसामाँ, बावर्ची और चोबदार;
सिपाही, साईस, भिश्ती, घुड़सवार,
तामजानवाले कुछ देशी कहार,
नाई, धोबी, तेली, तम्बोली, कुम्हार,
फीलवान, ऊँटवान, गाड़ीवान
एक खासा हिन्दू-मुस्लिम खानदान।
एक ही रस्सी से किस्मत की बँधा
काटता था जिन्दगी गिरता-सधा।
बच्चे, बुड्ढे, औरतें और नौजवान
रहते थे उस बस्ती में, कुछ बागबान
पेट के मारे वहाँ पर आ बसे,
साथ उनके रहे, रोये और हँसे।

एक मालिन
बीबी मोना माली की थी बँगालिन;
लड़की उसकी, नाम गोली
वह नव्वाबजादी की थी हमजोली।
नाम था नव्वाबजादी का बहार
नजरों में सारा जहाँ फर्माबरदार।
सारंगी जैसी चढ़ी
पोएट्री में बोलती थी
प्रोज में बिल्कुल अड़ी।
गोली की माँ बँगालिन, बहुत शिष्ट
पोयट्री की स्पेशलिस्ट।
बातों जैसे मजती थी

सारंगी वह बजती थी।
सुनकर राग, सरगम तान
खिलती थी बहार की जान।
गोली की माँ सोचती थी–
गुर मिला,
बिना पकड़े खिंचे कान
देखादेखी बोली में
माँ की अदा सीखी नन्ही गोली ने।
इसलिए बहार वहाँ बारहोमास
डटी रही गोली की माँ के
कभी गोली के पास।
सुबहो-शाम दोनों वक्त जाती थी
खुशामद से तनतनाई आती थी।
गोली डाँडी पर पासंगवाली कौड़ी
स्टीमबोट की डोंगी, फिरती दौड़ी।
पर कहेंगे–
'साथ-ही-साथ वहाँ दोनों रहती थीं
अपनी-अपनी कहती थीं।
दोनों के दिल मिले थे
तारे खुले-खिले थे।
हाथ पकड़े घूमती थीं
खिलखिलाती झूमती थीं।
इक पर इक करती थीं चोट
हँसकर होतीं लोटपोट।
सात का दोनों का सिन
खुशी से कटते थे दिन।'
महल में भी गोली जाया करती थी
जैसे यहाँ बहार आया करती थी।

एक दिन हँसकर बहार यह बोली–
"चलो, बाग घूम आयें हम, गोली।"
दोनों चली, जैसे धूप, और छाँह
गोली के गले पड़ी बहार की बाँह।
साथ टेरियर और एक नौकरानी।
सामने कुछ औरतें भरती थीं पानी

सिटपिटायी जैसे अड़गड़े में देखा मर्द को
बाबू ने देखा हो उठती गर्द को।
निकल जाने पर बहार के, बोली
पहली दूसरी से, "देखो, वह गोली
मोना बंगाली की लड़की।
भैंस भड़की,
ऐसी उसकी माँ की सूरत
मगर है नव्वाब की आँखों में मूरत।
रोज जाती है महल को, जगे भाग
आँख का जब उतरा पानी, लगे आग,
रोज ढोया आ रहा है माल-असबाब
बन रहे हैं गहने-जेवर
पकता है कलिया-कबाब।"
झटके से सिर-काँख पर फिर लिये घड़े
चली ठनकाती कड़े।
बाग में आयी बहार
चम्पे की लम्बी कतार
देखती बढ़ती गई
फूल पर अड़ती गई।
मौलसिरी की छाँह में
कुछ देर बैठी बेंच पर
फिर निगाह डाली एक रेंज पर
देखा फिर कुछ उड़ रही थीं तितलियाँ
डालों पर, कितनी चहकती थीं चिड़ियाँ।
भौरें गूँजते, हुए मतवाले-से
उड़ गया इक मकड़ी के फँसकर बड़े-से जाले से।
फिर निगाह उठायी आसमान की ओर
देखती रही कि कितनी दूर तक छोर।
देखा, उठ रही थी धूप–
पड़ती फुनगियों पर, चमचमाया रूप।
पेड़ जैसे शाह इक-से-इक बड़े
ताज पहने, हैं खड़े।
आया माली, हाथ गुलदस्ते लिये
गुलबहार को दिए।
गोली को इक गुलदस्ता

सूँघकर हँसकर बहार ने दिया।
जरा बैठकर उठी, तिरछी गली
होती कुंज को चली!
देखी फारांसीसी लिली
और गुलबकावली।
फिर गुलाबजामुन का बाग छोड़ा
तूतों के पेड़ों से बाएँ मुँह मोड़ा।
एक बगल की झाड़ी
बढ़ी जिधर थी बड़ी गुलाबबाड़ी।
देखा, खिल रहे थे बड़े-बड़े फूल
लहराया जी का सागर अकूल।
दुम हिलाता भागा टेरियर कुत्ता
जैसे दौड़ी गोली चिल्लाती हुई 'कुकुरमुत्ता'।
सकपकायी, बहार देखने लगी
जैसे कुकुरमुत्ते के प्रेम से भरी गोली दगी।
भूल गई, उसका था गुलाब पर जो कुछ भी प्यार
सिर्फ वह गोली को देखती रही निगाह की धार।
टूटी गोली जैसे बिल्ली देखकर अपना शिकार
तोड़कर कुकुरमुत्तों को होती थी उनके निसार।
बहुत उगे थे तब तक
उसने कुल अपने आँचल में
तोड़कर रखे अब तक।
घूमी प्यार से
मुसकराती देखकर बोली बहार से–
"देखो जी भरकर गुलाब
हम खाएँगे कुकुरमुत्ते का कबाब।"
कुकुरमुत्ते की कहानी
सुनी उससे, जीभ में बहार की आया पानी।
पूछा, "क्या इसका कबाब
होगा ऐसा भी लजीज?
जितनी भाजियाँ दुनिया में
इसके सामने नाचीज?"
गोली बोली–"जैसी खुशबू
इसका वैसा ही सवाद,
खाते खाते हर एक को

आ जाती है बिहिश्त की याद
सच समझ लो, इसका कलिया
तेल का भूना कबाब,
भाजियों में वैसा
जैसा आदमियों में नव्वाब।''

''नहीं ऐसा कहते री मालिन की
छोकड़ी बंगालिन की!''
डाँटा नौकरानी ने–
चढ़ी-आँख कानी ने।
लेकिन यह, कुछ एक घूँट लार के
जा चुके थे पेट में तब तक बहार के।
''नहीं नहीं, अगर इसको कुछ कहा''
पलटकर बहार ने उसे डाँटा–
''कुकुरमुत्ते का कबाब खाना है,
इसके साथ यहाँ जाना है।''
''बता, गोली'' पूछा उसने,
''कुकुरमुत्ते का कबाब
वैसी खुशबू देता है
जैसी कि देता है गुलाब!''
गोली ने बनाया मुँह
बायें घूमकर फिर एक छोटी-सी निकाली ''उँह!''
कहा, "बकरा हो या दुम्बा
मुर्ग या कोई परिन्दा
इसके सामने सब छूः
सबसे बढ़कर इसकी खुशबू।
भरता है गुलाब पानी
इसके आगे मरती है इन सबकी नानी।''
चाव से गोली चली
बहार उसके पीछे हो ली,
उसके पीछे टेरियर, फिर नौकरानी
पोंछती जो आँख कानी।

चली गोली आगे जैसे डिक्टेटर
बहार उसके पीछे जैसे भुक्खड़ फालोवर।

उसके पीछे दुम हिलाता टेरियर–
आधुनिक पोयेट (Poet)
पीछे बाँदी बचत की सोचती
केपीटलिस्ट क्वेट।
झोंपड़ी में जल्दी चलकर गोली आई
जोर से 'माँ' चिल्लाई।
माँ ने दरवाजा खोला,
आँखों से सबको तोला।
भीतर आ डलिये में रक्खे
गोली ने वे कुकुरमुत्ते।
देखकर माँ खिल गयी।
निधि जैसे मिल गयी।
कहा गोली ने, "अम्मा,
कलिया-कबाब जल्द बना।
पकाना मसालेदार
अच्छा, खाएँगी बहार।
पतली-पतली चपातियाँ
उनके लिए सेंक लेना।"
जला ज्यों ही उधर चूल्हा,
खेलने लगीं दोनों दुल्हन-दूल्हा।
कोठरी में अलग चलकर
बाँदी की कानी को छलकर।
टेरियर था बराती
आज का गोली का साथ।
हो गयी शादी कि फिर दुल्हन-बहार से।
दूल्हा-गोली बातें करने लगी प्यार से।
इस तरह कुछ वक्त बीता, खाना तैयार
हो गया, खाने चलीं गोली और बहार।
कैसे कहें भाव जो माँ की आँखों से बरसे
थाली लगायी बड़े समादर से।
खाते ही बहार ने यह फरमाया,
"ऐसा खाना आज तक नहीं खाया।"
शौक से लेकर सवाद
खाती रहीं दोनों
कुकुरमुत्ते का कलिया-कबाब।

बाँदी को भी थोड़ा-सा
गोली की माँ ने कबाब परोसा।
अच्छा लगा, थोड़ा-सा कलिया भी
बाद को ला दिया,
हाथ धुलाकर देकर पान उसको बिदा किया।

कुकुरमुत्ते की कहानी
सुनी जब बहार से
नव्वाब के मुँह में आया पानी।
बाँदी से की पूछताछ,
उनको हो गया विश्वास।
माली को बुला भेजा,
कहा, "कुकुरमुत्ता चलकर ले आ तू ताजा-ताजा।"
माली ने कहा, "हुजूर,
कुकुरमुत्ता अब नहीं रहा है, अर्ज हो मंजूर,
रहे हैं अब सिर्फ गुलाब।"
गुस्सा आया, काँपने लगे नव्वाब।
बोले, "चल, गुलाब जहाँ थे, उगा,
सबके साथ हम भी चाहते हैं अब कुकुरमुत्ता।"
बोला माली, "फरमाएँ मआफ खता,
कुकुरमुत्ता अब उगाया नहीं उगता।"

नूपुर के सुर मन्द रहे

नूपुर के सुर मन्द रहे,
जब न चरण स्वच्छन्द रहे।
उतरी नभ से निर्मल राका,
पहले जब तुमने हँस ताका
बहुविध प्राणों को झंकृत कर
बजे छन्द जो बन्द रहे।
नयनों के ही साथ फिरे वे
मेरे घेरे नहीं घिरे वे,
तुमसे चल तुममें ही पहुँचे
जितने रस आनन्द रहे।

बादल छाए

बादल छाए,
ये मेरे अपने सपने

आँखों से निकले, मँडलाए।

बूँदें जितनी
चुनी अधखिली कलियाँ उतनी;
बूँदों की लड़ियों के इतने
हार तुम्हें मैंने पहनाए!

गरजे सावन के घन घिर घिर,
नाचे मोर बनों में फिर फिर
जितनी बार
चढ़े मेरे भी तार

छन्द से तरह तरह तिर,

तुम्हें सुनाने को मैंने भी
नहीं कहीं कम गाने गाए।

अज्ञता

मन के तिनके
नहीं जले अब तक भी जिनके,
देखा नहीं उन्होंने अब तक कोना-कोना
अपने जीवन का, दुनिया की चाँदी सोना,
लाल, जवाहर, हीरे, मोती
छिपे हुए हैं अब तक उनसे, अब तक सोती
जगती भी आकांक्षा उनकी,
अब तक धुन की
नहीं उठी लौ,
उनके आसमान की अब तक नहीं फटी पौ,
नहीं दिखा
उनके जीवन की पुस्तक में है कहाँ क्या लिखा,

मिले तार
उनके औरों से नहीं, नहीं बजती बहार।

स्फटिक-शिला

स्फटिक-शिला जाना था।
रामलाल से कहा।
उमड़ पड़े रामलाल।
बोले, "कुछ रुकिए, फिलहाल
गाड़ी तैयार नहीं;
यार, कहीं
ठोकर खा जाइएगा।
कौन कहे, सही हाथ-पैर लौट आइएगा।
कई नाले पड़ते हैं।
चढ़ते हैं, उतरते हैं।
नौजवाँ, देहाती, पहलवाँ
थकते हैं;
तन्दुरुस्त छकते हैं।
गाड़ी से चलेंगे।
दर्द कहीं बढ़ा तो मलेंगे
पैर।
आदमी भी साथ हैं।" "खैर",
मैंने कहा, "चलने की कही,
और देखें हैं पैर।
अपना भी होगा यों गैर?"
        गाड़ी आई,
        खय्याम की जैसी हो रुबाई।
        आधी रात को चढ़े
        चित्रकूट को बढ़े।
        मिला किला पेशवों का करवी में
        लिखा हुआ जैसे कुछ अरबी में
        रात को ऐसा दिखा
        किस्मत में जैसे कुछ हो लिखा।
        पयस्विनी नदी पड़ी
        जैसे लाज से गड़ी।

पानी थोड़ा-थोड़ा-सा।
गड़ा जैसे रोड़ा-सा
मेरे मन में। पूछा
रामलाल से, "जो कुछ भी दिखता है, छूँछा,
ऐसा ही भरा है?"
"जीता है कौन, कौन मरा है,
मुझको मालूम नहीं,
लेकिन यह है सही–
स्फटिक-शिला में नदी
बहुत काफी गहरी है
और बहुत चौड़ी भी
हालाँकि जगह वह यहाँ से बहुत ऊँची है,
मगर वहाँ रहते हैं,"–
रामलाल ने कहा। (ऐसा ही करते हैं।)
बैल थे दो, साँवलिया
और धौला। धौला गरियार था।
बाएँ जुता। अक्सर चलती-चलती
गाड़ी मुड़ जाती थी बुरी तरह बाएँ को।
पूँछ ऐंठकर धौले को फिर-फिर दाएँ को
हाँकता था रामलाल का भाई
ता-ता-ता-ता करता। शहनाई
सुनकर मैं हँसता था।
ढाल से उतरकर वह बैल वहाँ धँसता था
इसी समय दलदल में
बाएँ मुड़ा।
पानी की कलकल में
रामलाल डूबे हुए।
यानी बहुत ऊबे हुए
बैल डालकर जुआ
भग खड़ा हुआ।
बच्चे को बड़े आदमी-जैसा
देखता था साँवलिया
जुआ डालकर वहीं खड़ा।
धौले की ओर को चुमकारता बढ़ा
रामलाल का भाई। कड़े हाथ

पकड़ ली धौले की ऐंठी नाथ।
जुए को फिर मोड़कर,
उतरे हुए लोगों की मदद से छोड़कर
राह पर,
बैलों को फिर जोता।
चला धौला अपनी ही पुरानी चाल फिर रोता।
नदी को पारकर
गाड़ी आई राह पर।
स्यारों की जोड़ी मिली।
कहीं कोई झाड़ी खिली
रही होगी, खुशबू से
जान पड़ा। लोग बैठे जैसे चूसे
दमड़ी के आम हों,

गीले फिर भी, जैसे हों मास सावन या भादों।
राम-राम जपते थे,
काम से यों तपते थे।
मिलीं और गाड़ियाँ
करवी को जाती हुई, छोटी-छोटी झाड़ियाँ।
पौ फटी।
रात कटी।

धूहों से धूएँ के
वहाँ के पहाड़ दिखे।
रामलाल ने कहा,
"भरतकूप वह, अहा!
गुप्त गोदावरी वहाँ, उस पहाड़ के उधर,
वह देखो, श्रीकामदगिरि सुन्दर;
सावन में जब देखा
मोरों की बादलों से और नीली रही रेखा,
हरे उस पहाड़ पर।
पयस्विनी अरररररर
बहती चली जाती है,
त्रेता की बात जैसे कहती चली जाती है।
बड़े-बड़े हरे पेड़
करते हैं जैसे छेड़
पावस-समीर से

लहराते धीर जैसे।
वह है हनुमानद्वारा, पञ्चकोसी का पहाड़,
वह वहाँ है देवांगणा, यहाँ से पड़ती है आड़
स्फटिक-शिला को, आश्रम
अत्रि-अनसूया का और है भी मनोरम।
स्वच्छ मन्दाकिनी नदी झरनों से यहीं निकली,
पहाड़ों के बीच पड़ी
बादलों में जैसे बिजली।
फूट रहे हैं सस्वर
नए स्रोत, झरने नए, गिरियों को फोड़कर।''
आगे बढ़े।
फले आम बड़े-बड़े झुके हुए देख पड़े
गौदों में या इकले।
आदमी वहाँ से कुछ चले हुए आ निकले।
गाड़ियाँ भी जाती थीं,
        बैठी हुई देवियाँ इठलाती थीं।
सीतापुर पास आया।
एक जगह पेड़ की आ पड़ी घनी-घनी छाया।
अक्कासी आती हुई देखकर
रामलाल बोले एक डंडे से टेककर,
''सर को झुका लीजिएगा,
जरा ध्यान दीजिएगा,
जगह ऊँची-खाली है,
कुछ आगे नाली है।''
सीतापुर पारकर पयस्विनी फिर उतरी
गाड़ी पकड़े गली
नए गाँव को चली।
ऊँचा चढ़ती हुई, कहीं पर अड़ती हुई,
हवेली की बगल से
आगे बढ़ी गाड़ी वह। लिये हुए कुछ फल से
एक दल यात्रियों का जाता हुआ देख पड़ा।
छोड़कर उसको आगे बढ़ा फिर हमारा लढ़ा।
राह के किनारे खुदरो दरख्त से बँधा हुआ
कच्चा चबूतरा मिला,
कुछ राह घेरे हुए। पत्थर एक रक्खा था

महादेव की जगह पर। भाव मगर पक्का था।–
दखल जैसे जमाना चाहता था कोई अपना,
सत्य को जो बनाए हुए था वहाँ कल्पना,
बाएँ कुछ ही दूरी पर थी छोटी एक कुटिया,
छोटा-सा बबूल वह उसकी थी लकुटिया।
धौले ने न जाने कैसे यहाँ ऐसा मारा जोर,
दाएँ गई गाड़ी, बाएँ मुड़ी जैसे, एक कोर
कटी चबूतरे की कि कुटिया से निकली
काली एक नारी गाली देती, खाती ढिकली
देखकर चबूतरा।
जैसे कोई अप्सरा
नाचने लगी हो गलियों से भाव बतलाकर
दोनों हाथ फैलाकर।
मैंने देखा, बड़ा मैला
मन उसका समाज से,
चोट खाई हुई वह रामजी के राज से,
शूद्रों को मिली नहीं
जिनसे कुछ भी कहीं।
ढाँढ़स बँधाया मैंने मीठे-मीठे शब्द कहकर,
देखती रही वह आँसुओं की आँखों रह-रहकर।
कुछ दूर बढ़े और रुकने का ठौर था,
गाड़ी खड़ी हुई, अन्त जहाँ, एक पौर था।
द्वार पर चलकर
रामलाल ने पुकारा। तरुणी निकलकर
गाड़ी देखी। बँधी हुई गाय के छू लिये खुर
देखा फिर स्नेहभरी चितवन से जैसे सुर-
वधू हो; फिर चली गई भीतर को धीरे से,
भेजा लड़की को, बोल बोली जो हीरे-जैसे–
"चालपाई दाली है,
बैथ जाव, काली है।"
बैठे कुछ देर हम लड़की व एकटक
देखती रही हमको छोड़कर बकझक।
बैलों को बाँधकर चारापानी करके
स्फटिक-शिला को कुछ तेज चाल हम चले
नए गाँव की तरफ से। देखा वह प्रमोद-वन

दूसरे किनारे से। हनुमद्धारा को देखकर
खिल गया हमारा मन।
वन था पहाड़ पर,
कहा कि दहाड़कर
शेर जब टूटता है,
तब काँप उठता है
जंगल, वे सभी पेड़
जैसे काँपते हों भेंड़।
यह बघेलखंड है,
बड़ा ही प्रचंड है,
बाघ यहाँ का। कहा,
आगे वह जानकी ही कुंड अब दिख रहा।
हमने नदी पार की,
एक पनचक्की मिली।
अर्जुन के बड़े-बड़े
पेड़ खड़े थे अकड़े।
बन्दर वहाँ के सब
जैसे बिना-कलरव
कोई हो गृहवास
निष्प्रभ तथा उदास।
घने पेड़, छाया-तल।
स्वच्छ और शीतल जल।
यह है जानकीकुंड।
मछलियों के झुंड-झुंड।
कोई नहीं मारता है।
चारा खिला-खिलाकर सिधारता है।
बड़ी-बड़ी शिलाओं से टकराता हुआ जल
करता है अविराम कलकल-कलकल।
किनारे-किनारे बने साधुओं के वरवास
जो कि हैं अनन्य-दास
सीता-रामचन्द्र के
रहते अतन्द्र-से।
रम्य यह स्थल देखते हुए किनारे से
चले हम हारे जैसे
ऊपर-ऊपर। एक अच्छा आम का बगीचा मिला,

छोटे-छोटे जंगली पेड़ों से वन वह रहा खिला।
वहाँ रामलाल ने दिखाया फिर पहाड़ वह
जहाँ बैठा था जयन्त दबा। "काढ़कर वह
कौन तीर मारा राम ने जो पहुँचा वहाँ?
मुझे झूठ जान पड़ता है, कहता यहाँ।
साधुओं से डर के मारे मैंने नहीं पूछा।
मुझे जान पड़ता है भरा हुआ सब छूँछा।"
रामलाल ने कहा।
मैंने रामलाल को जवाब छोटा-सा दिया।
"होगा जैसा भी किया,"
देखने लगा मैं कहकर उस वन को।
भूल जाता है मन को
देखता हुआ पथिक।
चित्त हुआ समाहित।
ऊँची-नीची. गलियों की झाड़ियों में लगा तिन–
सूखा मटमैला दाग।–बाढ़ के याद आए दिन।
साँप बड़े जहरीले; टीलों पर रहते हैं,
बिच्छू, लकड़बग्घे, रीछ, चींते यहाँ कहते हैं;
पेड़ों पर बिचखोपड़।
चिरौंजी, बहेड़ा, हड़
और पेड़, बड़े-बड़े
जंगल-के-जंगल खड़े।
बड़े बाघ और दूर रहते हैं,
पानी पीने रात को आते हैं, लोग कहते हैं,
या शिकार के लिए,
या कि भूले-भटके।
चले कुछ और हम,
मन्दाकिनी देख पड़ी भरी हुई मनोरम।
सचमुच ही यहाँ पानी नीचे से बहुत भरा,
देखकर जी हुआ हरा।
जैसे एक झील हो,
काला-काला स्वच्छ जल बहता सलील हो।
सघन द्रुमों की छाँह
शाखों से बढ़ाए बाँह।
पानी के बीच उठे पत्थरों पर उगी झाड़ियाँ,

बैठी हुई सारस ही की जातिवाली चिड़ियाँ।
ऊँची-ऊँची उधर हैं पहाड़ियाँ।
किनारे पर वैसे ही आवाज और गुफाएँ बनीं,
एक झाड़ी देखी घनी।
यात्री नहाते हुए।
इक्के-दुक्के लोग वहाँ आते और जाते हुए।
एक बाबा ने कहा, "भौंरादहार है,
आराम यहाँ कीजिएगा?"
खड़ा हुआ स्फटिक-शिला मैं देखता ही रहा।
आँख पड़ी युवती पर
आई थी जो नहाकर
गीली धोती सटी हुई भरी देह में, सुघर
उठे पुष्ट स्तन, दुष्ट मन को मरोड़कर,
आयत दृगों का मुख खुला हुआ छोड़कर।
बदन कहीं से नहीं काँपता।
कुछ भी संकोच नहीं ढाँपता।
वर्तुल उठे हुए उरोजों पर अड़ी थी निगाह
चोंच जैसे जयन्त की, नहीं जैसे कोई चाह
देखने की मुझे और,
कैसे भरे दिव्य स्तन हैं, ये कितने कठोर।
मेरा तन काँप उठा, याद आई जानकी।
कहा, तुम राम की,
कैसे दिए हैं दर्शन!

गहन है यह अन्ध कारा

गहन है यह अन्ध कारा;
स्वार्थ के अवगुंठनों से
हुआ है लुंठन हमारा।

खड़ी है दीवार जड़ की घेरकर,
बोलते हैं लोग ज्यों मुँह फेरकर,
इस गगन में नहीं दिनकर,
नहीं शशधर, नहीं तारा।

कल्पना का ही अपार समुद्र यह,
गरजता है घेरकर तनु, रुद्र यह,
कुछ नहीं आता समझ में,
कहाँ है श्यामल किनारा।

प्रिय, मुझे वह चेतना दो देह की,
याद जिससे रहे वंचित गेह की
खोजता-फिरता, न पाता हुआ,
मेरा हृदय हारा।

सन्त कवि रविदास जी के प्रति

ज्ञान के आकर मुनीश्वर थे परम
धर्म के ध्वज, हुए उनमें अन्यतम,
पूज्य अग्रज भक्त कवियों के, प्रखर
कल्पना की किरण नीरज पर सुघर
पड़ी ज्यों अँगड़ाइयाँ ले कर खड़ी
हो गई कविता कि आई शुभ घड़ी
जाति की, देखा सभी ने मींच कर
दृग, तुम्हें श्रद्धा-सलिल से सींच कर।
रानियाँ अवरोध की घेरी हुईं।
वाणियाँ ज्यों बनीं जब चेरी हुईं।
छुआ पारस भी नहीं तुमने, रहे
कर्म के अभ्यास में, अविरत बहे
ज्ञान-गंगा में, समुज्जवल चर्मकार,
चरण छू कर कर रहा मैं नमस्कार।

स्नेह-निर्झर बह गया है

स्नेह-निर्झर बह गया है।
रेत ज्यों तन रह गया है।

आम की यह डाल जो सूखी दिखी,
कह रही है–''अब यहाँ पिक या शिखी
नहीं आते, पंक्ति मैं वह हूँ लिखी

नहीं जिसका अर्थ–
जीवन दह गया है।"
"दिए हैं मैंने जगत् को फूल-फल,
किया है अपनी प्रभा से चकित-चल;
पर अनश्वर था सकल पल्लवित पल–
ठाट जीवन का वही
जो ढह गया है।"
अब नहीं आती पुलिन पर प्रियतमा,
श्याम तृण पर बैठने को, निरुपमा।
बह रही है हृदय पर केवल अमा;
मैं अलक्षित हूँ, यही
कवि कह गया है।

मरण को जिसने वरा है

मरण को जिसने वरा है
उसी ने जीवन भरा है।
परा भी उसकी, उसी के
अंक सत्य यशोधरा है।
सुकृत के जल से विसिंचित
कल्प-किंचित विश्व-उपवन,
उसी की निस्तन्द्र चितवन
चयन करने को हरा है।
गिरिपताक उपत्यका पर
हरित तृण से घिरी तन्वी
जो खड़ी है वह उसी की
पुष्पभरणा अप्सरा है।
जब हुआ वंचित जगत् में
स्नेह से, आमर्ष के क्षण,
स्पर्श देती है किरण जो,
उसी की कोमलकरा है।

यह है बाजार

यह है बाजार
सौदा करते हैं सब यार।

धूप बहुत तेज थी, फिर भी जाना था,
दुखिये को सुखिया के लिए तेल लाना था,
बनिये से गुड़ का रुपया पिछला पाना था,
चलने को हुआ जैसे बड़ा समझदार।

सुखिया बोली अपनी सास को सुनाकर यों,
"मास के पैसे शायद अब तक भी बाकी हों,
अच्छा है अगर करें पूरी धेली ज्यों-त्यों,
टूटा रुपया खर्च होते लगेगी न बार।"

दुखिया बोला मन में, "ठहर अरी सास की,
मास खिलाता हूँ मैं तुझे, अभी रास की
चोरी है याद मुझे, बात कौन घास की
बैठाली क्या जाने ब्याही का प्यार?"

मगर निकलकर घर से तेज कदम बढ़ा चला,
पिछली बातों का अगली बातों ने घोंटा गला,
दुखिया ने सोचा, "इसके पीछे बिना पड़े भला,
बैठा ले दूसरा तो सिंह से हूँ स्यार।"

चूँकि यहाँ दाना है

चूँकि यहाँ दाना है
इसीलिए दीन है, दीवाना है।
लोग हैं, महफिल है,
नग्मे हैं, साज है, दिलदार है और दिल है,
शम्मा है, परवाना है,
चूँकि यहाँ दाना है।
आँख है, लगी हुई;
जान है, जीवट भी है भगी हुई,

दोनों आँखोंवाला है, काना है,
चूँकि यहाँ दाना है।
अम्मा है, बप्पा है,
झापड़ है और गोलगप्पा है,
नौजवान मामा है और बुड्ढा नाना है,
चूँकि यहाँ दाना है।

साथ न होना

साथ न होना। गाँठ खुलेगी, छूटेगा उर का सोना।
आँख पर चढ़े, कि लड़े, फिर लड़े;
जीवन के हुए और कोस कड़े;

प्राणों से हुआ हाथ धोना। साथ न होना।
गाँठ पड़ेगी, बरछी की तरह गड़ेगी;
मुरझाकर कली झड़ेगी।

पाना ही होगा खोना। साथ न होना।
हाथ बचा जा, कटने से माथ बचा जा,
अपने को सदा लचा जा;
सोच न कर मिला अगर कोना। साथ न होना।

काले-काले बादल छाए

काले-काले बादल छाए, न आए वीर जवाहरलाल।
कैसे-कैसे नाग मँडलाए, न आए वीर जवाहरलाल,

बिजली फन के मन की कौंधी, कर दी सीधी खोपड़ी औंधी,
सर पर सरसर करते धाए, न आए वीर जवाहरलाल।

पुरवाई की हैं फुफकारें, छन-छन ये बिस की बौछारें,
हम हैं जैसे गुफा में समाए, न आए वीर जवाहरलाल।

महगाई की बाढ़ बढ़ आई, गाँठ की छूटी गाढ़ी कमाई,
भूखे-नंगे खड़े शरमाए, न आए वीर जवाहरलाल।

कैसे हम बच पाएँ निहत्थे, बहते गए हमारे जत्थे,
राह देखते हैं भरमाए, न आए वीर जवाहरलाल।

किनारा वह हमसे किए जा रहे हैं

किनारा वह हमसे किए जा रहे हैं।
दिखाने को दर्शन दिए जा रहे हैं।

जुड़े थे सुहागिन के मोती के दाने।
वही सूत तोड़े लिए जा रहे हैं।

छिपी चोट की बात पूछी तो बोले।
निराशा के डोरे सिए जा रहे हैं।

जमाने की रफ्तार में कैसा तूफ़ाँ,
मरे जा रहे हैं, जिए जा रहे हैं।

खुला भेद, विजयी कहाए हुए जो,
लहू दूसरे का पिए जा रहे हैं।

स्वर के सुमेरु से झरझरकर

स्वर के सुमेरु से झरझरकर
आए हैं शब्दों के शीकर।

कर फैलाए थी डाल-डाल
मञ्जरित हो गई लता-माल,
वन-जीवन में फैला सुकाल,
बढ़ता जाता है तरु-मर्मर।

कानों में बतलायी चम्पा,
कमलों से खिली हुई पम्पा,
तट पर कामिनी कनक-कम्पा।
भरती है रँगी हुई गागर।

कलरव के गीत सरल शतशत
कहते हैं जिस नद में अविरत,
नाद की उसी वीणा से हत
होकर झंकृत हो जीवन-वर

बन्दीगृह वरण किया

बन्दीगृह वरण किया; जनता के हृदय जिया।

बर्हिजगत के निर्मम हरने के लिए नियम
साधन कितना उत्तम किया, जला दिया दिया।

उसका निर्मल प्रकाश करता है तिमिरनाश,
नारी-नर ने सहास ज्योतिर्मय अमृत पिया।

गीत से ध्वनित अन्तर, फैला फेनिल कल स्वर,
सत्य का तरंग-मुखर रहा सुघर वही जिया।

प्राणों में परम स्पन्द, भाषा में सुषम छन्द,
भरा चरण-गमन-मन्द जीवन विष-विषम-लिया।

बाहर मैं कर दिया गया हूँ

बाहर मैं कर दिया गया हूँ। भीतर, पर, भर दिया गया हूँ।

ऊपर वह बर्फ गली है, नीचे यह नदी चली है;
सख्त तने के ऊपर नर्म कली है;
इसी तरह हर दिया गया हूँ। बाहर मैं कर दिया गया हूँ।

आँखों पर पानी है लाज का, राग बजा अलग-अलग साज का;
भेद खुला सविता के किरण-ब्याज का;
तभी सहज वर दिया गया हूँ। बाहर मैं कर दिया गया हूँ।

भीतर, बाहर; बाहर भीतर; देखा जब से, हुआ अनश्वर;
माया का साधन यह सस्वर;
ऐसे ही घर दिया गया हूँ। बाहर मैं कर दिया गया हूँ।

जल्द-जल्द पैर बढ़ाओ

जल्द-जल्द पैर बढ़ाओ, आओ, आओ!

आज अमीरों की हवेली
किसानों की होगी पाठशाला,
धोबी, पासी, चमार, तेली
खोलेंगे अँधेरे का ताला,
एक पाठ पढ़ेंगे, टाट बिछाओ।

यहाँ जहाँ सेठ जी बैठे थे
बनिए की आँख दिखाते हुए,
उनके ऐंठाए ऐंठे थे
धोखे पर धोखा खाते हुए,
बैंक किसानों का खुलाओ।

सारी सम्पत्ति देश की हो,
सारी आपत्ति देश की बने,
जनता जातीय वेश की हो,
वाद से विवाद यह ठने,
काँटा काँटे से कढ़ाओ।

राजे ने अपनी रखवाली की

राजे ने अपनी रखवाली की;
किला बनाकर रहा;
बड़ी-बड़ी फौजें रखीं।
चापलूस कितने सामन्त आए।
मतलब की लकड़ी पकड़े हुए।
कितने ब्राह्मण आए
पोथियों में जनता को बाँधे हुए।
कवियों ने उसकी बहादुरी के गीत गाए,
लेखकों ने लेख लिखे,
ऐतिहासिकों ने इतिहासों के पन्ने भरे,
नाट्यकलाकारों ने कितने नाटक रचे,
रंगमंच पर खेले।

जनता पर जादू चला राजे के समाज का।
लोक-नारियों के लिए रानियाँ आदर्श हुईं।
धर्म का बढ़ावा रहा धोखे से भरा हुआ।
लोहा बजा धर्म पर, सभ्यता के नाम पर।
खून की नदी बही।
आँख-कान मूदकर जनता ने डुबकियाँ लीं।
आँख खुली—राजे ने अपनी रखवाली की।

दगा की

चेहरा पीला पड़ा।
रीढ़ झुकी। हाथ जोड़े।
आँख का अँधेरा बढ़ा।
सैकड़ों सदियाँ गुजरीं।
बड़े-बड़े ऋषि आए, मुनि आए, कवि आए,
तरह-तरह की वाणी जनता को दे गए।
किसी ने कहा कि एक तीन हैं,
किसी ने कहा कि तीन तीन हैं।
किसी ने नसें टोईं, किसी ने कमल देखे।
किसी ने विहार किया, किसी ने अँगूठे चूमे।
लोगों ने कहा कि धन्य हो गए।
मगर खँजड़ी न गई।
मृदंग तबला हुआ,
वीणा सुर-बहार हुई।
आज पियानो के गीत सुनते हैं।
पौ फटी।
किरनों का जाल फैला।
दिशाओं के होंठ रँगे
दिन में, वेश्याएँ जैसे रात में।
दगा की इस सभ्यता ने दगा की।

तारे गिनते रहे

राज-चेतना की राह रोककर
लोग खड़े हुए, कामयाब हुए।

दुश्मनों के पैर न जमने दिये।
आपस में मिले रहे, जबाँदराजी न की।
लोक की, समाज की लाज रखी,
बढ़े चले।
राज में बेकारों की आखिरी साँसें रहीं।
जमींदार चाँद-जैसे कर के लिए लगे रहे
देश के आकाश पर,
कपड़े की जमीं पर।
दूसरे प्रकाश के लिए जैसे चोला पाया।
मेह जैसे तने रहे,
टपके भी, बरसे भी।
बालों के नीचे पड़ी जनता बलतोड़ हुई।
माल के दलाल ये वैश्य हुए देश के।
सागर भरा हुआ,
लहरों से बहले रहे;
बानिज की राह खोई।
किरनें समन्दर पर कैसी पड़ती दिखीं!
लहरों के झूले झूले,
कितना विहार किया कानूनी पानी पर;
बँधे भी खुले रहे।
रात आकाश के तारे गिनते रहे!

झींगुर डटकर बोला

गांधीवादी आए,
कांग्रेसमैन टेढ़े के;
देर तक, गांधीवाद क्या है, समझाते रहे।
देश की भक्ति से,
निर्विरोध शक्ति से,
राज अपना होगा;
जमींदार, साहूकार अपने कहलाएँगे
शासन की सत्ता हिल जाएगी;
हिन्दू और मुसलमान
वैरभाव भूलकर जल्द गले लगेंगे,
जितने उत्पात हैं,

नौकरों के लिए हुए;
जब तक इनका कोई
एक आदमी भी होगा,
चूल नहीं बैठने की।

इस प्रकार जब बघार चलती थी,
जमींदार का गोड़इत
दोनाली लिये हुए
एक खेत फासले से
गोली चलाने लगा।
भीड़ भगने लगी।
कांस्टेब्ल खड़ा हुआ ललकारता रहा।
झींगुर ने कहा,
"चूँकि हम किसान-सभा के,
भाई जी के मददगार
जमींदार ने गोली चलवाई
पुलिस के हुक्म की तामीली को।
ऐसा यह पेच है।"

महगू महगा रहा

आजकल पंडितजी देश में बिराजते हैं।
माताजी को स्वीट्जरलैंड के अस्पताल,
तपेदिक के इलाज के लिए छोड़ा है।
बड़े भारी नेता हैं।
कुइरीपुर गाँव में व्याख्यान देने को
आए हैं मोटर पर
लंडन के ग्रैज्युएट,
एम.ए. और बैरिस्टर,
बड़े बाप के बेटे,
बीसियों भी पर्तों के अन्दर, खुले हुए।
एक-एक पर्त बड़े-बड़े विलायती लोग।
देश की भी बड़ी-बड़ी थातियाँ लिये हुए।
राजों के बाजू पकड़, बाप की वकालत से;
कुर्सी रखनेवाले अनुल्लंघ्य विद्या से

देशी जनों के बीच;
लेंड़ी जमींदारों को आँखों तले रक्खे हुए;
मिलों के मुनाफे खानेवालों के अभिन्न मित्र;
देश के किसानों, मजदूरों के भी अपने सगे
विलायती राष्ट्र से समझौते के लिए।
गले का चढ़ाव बोर्झुआजी का नहीं गया।
धाक, रूस के बल से ढीली भी, जमी हुई;
आँख पर वही पानी;
स्वर पर वही सँवार।
गाँव के अधिक जन कुली या किसान हैं;
कुछ पुराने परजे जैसे धोबी, तेली, बढ़ई,
नाई, लोहार, बारी, तरकिहार, चुड़िहार,
बेहना, कुम्हार, डोम, कूइरी, पासी, चमार,
गंगापुत्र, पुरोहित, महाब्राह्मण, चौकीदार;
कामकाज, दीवाली-जैसे परबों के दिन
मनों ले जानेवाले पिछली परिपाटी से;
हुए, मरे, ब्याह में दीवाला लाते हुए,
जमींदार के वाहन।
बाकी परदेश में कौड़ियों के नौकर हैं
महाजनों के दुबैल,
स्वत्व बेचकर विदेशी माल बेचनेवाले;
शहरों के सभासद।
ऐसे ही प्रकार के प्राकार से घिरे
लोगों में भाषण है।
जब भी अफीम, भाँग, गाँजा, चरस, चण्डू, चाय,
देशी और विलायती तरह-तरह की शराब
चलती है मुल्क में,
फिर भी आजादी की हाँक का नक्शा बड़ा;
लोगों पर चढ़ता है।
विपत्तियाँ कई हैं घूस और डंडे की;
उनसे बचने के लिए
रास्ता निकाला है, सभाओं में आते हैं
गाँवों के लोग कुल।
एक-एक आ गए।
पंडितजी कांग्रेस के चुनाव पर बोले :

आजादी लेते हैं, एक साल और है;
आततायियों से देश पिस-पिसकर मिट गया;
हमको बढ़ जाना है;
चैन नहीं लेना है जब तक विजयी न हों।
जनता मंत्रमुग्ध हुई।
जमींदार भी बोले जेल हो—आनेवाले,
कांग्रेस उम्मीदवार। सभा विसर्जित हुई।
महगू सुनता रहा।
कम्पू को लादता है लकड़ी, कोयल, चपड़ा।
लुकुआ ने महगू से पूछा, ''क्यों हो महगू, कुछ
अपनी तो राय दो?
आजकल, कहते हैं, ये भी अपने नहीं?''
''महगू ने कहा, हाँ, कम्पू में किरिया के
गोली जो लगी थी,
उसका कारण पंडितजी का शागिर्द है;
रामदास को कांग्रेस मैन बनानेवाला,
जो मिल का मालिक है।
यहाँ भी वह जमींदार, बाजू से लगा ही है।
कहते हैं, इनके रुपए से ये चलते हैं,
कभी-कभी लाखों पर हाथ साफ करते हैं।''
लुकुआ घबरा गया। ''भला फिर हम कहाँ जाएँ?''
महगू ने प्रश्न किया।
महगू ने कहा, ''एक उड़ी खबर सुनी है,
हमारे अपने हैं यहाँ बहुत छिपे हुए लोग,
मगर चूँकि अभी ढीला-पोली है देश में,
अखबार व्यापारियों की ही सम्पत्ति हैं,
राजनीति कड़ी से भी कड़ी चल रही है,
वे सब जन मौन हैं, इन्हें देखते हुए;
जब ये कुछ उठेंगे,
और बड़े त्याग के निमित्त कमर बाँधेंगे,
आएँगे वे जन भी देश के धरातल पर,
अभी अखबार उनके नाम नहीं छापते।
ऐसा ही पहरा है।''
''तो फिर कैसा होगा?'' लुकुआ ने प्रश्न किया।
''जैसा तू लुकुआ है, वैसा ही होना है,

बड़े-बड़े आदमी धन-मान छोड़ेंगे,
तभी देश मुक्त है,
कवि जी ने पढ़ा था, जब तुम बदले नहीं;
अपने मन में कहा मैंने, मैं महगू हूँ,
पैरों की धरती आकाश को भी चली जाए,
मैं कभी न बदलूँगा, इतना महगा हूँगा।''

शिशिर की शर्वरी

शिविर की शर्वरी,
हिंस्र पशुओं भरी।

ऐसी दशा विश्व की विमल लोचनों
देखी, जगा त्रास, हृदय संकोचनों
काँपा कि नाची निराशा दिगम्बरी।

मातः, किरण हाथ प्रातः बढ़ाया
कि भय के हृदय से पकड़कर छुड़ाया,
चपलता पर मिली अपल थल की तरी।

आशा-आशा मरे

आशा-आशा मरे
लोग देश के हरे!

देख पड़ा है जहाँ,
सभी झूठ है वहाँ,
भूख-प्यास सत्य,
होंठ सूख रहे हैं अरे!

आस कहाँ से बँधे?
साँस कहाँ से सधे?
एक-एक दास,
मनस्काम कहाँ से सरे?

रूप-नाम हैं नहीं,
कौन काम तो सही?
मही-गगन एक,
कौन पैर तो यहाँ धरे?

खेलूँगी कभी न होली

खेलूँगी कभी न होली
उससे जो नहीं हमजोली।

यह आँख नहीं कुछ बोली,
यह हुई श्याम की तोली,
ऐसी भी रही ठिठोली।
गाढ़े-रेशम की चोली–

अपने से अपनी धो लो,
अपना घूँघट तुम खोलो,
अपनी ही बातें बोलो,
मैं बसी परायी टोली।

जिनसे होगा कुछ नाता,
उनसे रह लेगा माथा,
उनसे हैं जोड़ू-जाँता,
मैं मोल दूसरे मोली।

बाँधो न नाव इस ठाँव, बन्धु

बाँधो न नाव इस ठाँव, बन्धु!
पूछेगा सारा गाँव, बन्धु!

यह घाट वही जिस पर हँसकर,
वह कभी नहाती थी धँसकर,
आँखें रह जाती थीं फँसकर,
कँपते थे दोनों पाँव, बन्धु!

वह हँसी बहुत कुछ कहती थी,
फिर भी अपने में रहती थी,
सबकी सुनती थी, सहती थी,
देती थी सबके दाँव, बन्धु!

निविड़ विपिन, पथ अराल

निविड़ विपिन, पथ अराल;
भरे हिंस्र जन्तु-व्याल।

मारे कर अन्धकार,
बढ़ता है अनिर्वार,
द्रुम-वितान, नहीं पार,
कैसा है जटिल जाल।

नहीं कहीं सुजलाशय,
सुस्थल गृह, देवालय,
जगता है केवल भय,
केवल छाया विशाल।

अन्धकार के दृढ़ कर
बँधा जा रहा जर्जर,
तन उन्मीलन निःस्वर,
मन्द्र-चरण मरण-ताल।

गीत गाने दो मुझे

गीत गाने दो मुझे तो,
वेदना को रोकने को।

चोट खाकर राह चलते
होश के भी होश छूटे,
हाथ जो पाथेय थे, ठग-
ठाकुरों ने रात लूटे,

कंठ रुकता जा रहा है,
आ रहा है काल देखो।

भर गया है जहर से
संसार जैसे हार खाकर,
देखते हैं लोग लोगों को
सही परिचय न पाकर,
बुझ गई है लौ पृथा की,
जल उठो फिर सींचने को।

माँ, अपने आलोक निखारो

माँ, अपने आलोक निखारो,
नर को नरक-त्रास से वारो।

विपुल दिशावधि शून्य वर्गजन,
व्याधि-शयन जर्जर मानवमन,
ज्ञान-गगन से निर्जर जीवन
करुणाकरो उतारो, तारो।

पल्लव में रस, सुरभि सुमन में,
फल में दल, कलरव उपवन में,
लाओ चारु-चयन चितवन में,
स्वर्ग धरा के कर तुम धारो।

मरा हूँ हजार मरण

मरा हूँ हजार मरण
पाई तब चरण-शरण।

फैला जो तिमिर-जाल
कट-कटकर रहा काल,
आँसुओं के अंशुमाल,
पड़े अमित सिताभरण।

जल-कलकल-नाद बढ़ा,
अन्तर्हित हर्ष कढ़ा,
विश्व उसी को उमड़ा,
हुए चारु-करण सरण।

दुखता रहता है अब जीवन

दुखता रहता है अब जीवन;
पतझड़ का जैसा वन-उपवन।

झर-झरकर जितने पत्र नवल
कर गए रिक्त तनु का तरुदल,
हैं चिह्न शेष केवल सम्बल,
जिनसे लहराया था कानन।

डालियाँ बहुत-सी सूख गईं,
उनकी न पात्रता हुई नई,
आधे से ज्यादा घटा विटप
बीज को चला है ज्यों क्षण-क्षण।

यह वायु बसन्ती आई है
कोयल कुछ क्षण कुछ गायी है,
स्वर में क्या भरी बुढ़ाई है,
दोनों ढलते जाते उन्मन।

सुख का दिन डूबे, डूब जाए

सुख का दिन डूबे, डूब जाए।
तुमसे न सहज मन ऊब जाए।

खुल जाए न मिली गाँठ मन की,
लुट जाए न उठी राशि धन की,
धुल जाए न आन शुभानन की,
सारा जग रूठे रूठ जाए।

उलटी गति सीधी हो न भले,
प्रति जन की दाल गले न गले,
टाले न बान यह कभी टले,
यह जान जाए तो खूब जाए।

ऊँट-बैल का साथ हुआ है

ऊँट-बैल का साथ हुआ है;
कुत्ता पकड़े हुए जुआ है।

यह संसार सभी बदला है;
फिर भी नीर वही गँदला है,
जिससे सिंचकर ठंढा हो तन,
उस चित-जल का नहीं सुआ है।

रूखा होकर ठिठुर गया है।
जीवन लकड़ी का लड़का है।
खोले कोंपल, फले फूलकर
तरु-तल वैसा नहीं कुआँ है।

मानव जहाँ बैल-घोड़ा है

मानव जहाँ बैल-घोड़ा है,
कैसा तन-मन का जोड़ा है?

किस साधन का स्वाँग रचा यह,
किस बाधा की बनी त्वचा यह,
देख रहा है विज्ञ आधुनिक
वन्य भाव का यह कोड़ा है।

इस पर से विश्वास उठ गया,
विद्या से जब मैल छुट गया,
पक-पककर ऐसा फूटा है,
जैसा सावन का फोड़ा है।

जय तुम्हारी भी देख ली

जय तुम्हारी भी देख ली
रूप की गुण की, रसीली।

वृद्ध हूँ मैं, ऋद्धि की क्या,
साधना की, सिद्धि की क्या,

खिल चुका है फूल मेरा,
पखड़ियाँ हो चलीं ढीली।

चढ़ी थी जो आँख मेरी,
बज रही थी जहाँ भेरी।

वहाँ सिकुड़न पड़ चुकी है।
जीर्ण है वह आज तीली।

आग सारी फुक चुकी है,
रागिनी वह रुक चुकी है,

स्मरण में है आज जीवन,
मृत्यु की है रेख नीली।

पत्रोत्कंठित जीवन का विष बुझा हुआ है

पत्रोत्कंठित जीवन का विष बुझा हुआ है
आशा का प्रदीप जलता है हृदय-कुंज में,
अन्धकार पथ एक रश्मि से सूझा हुआ है
दिंगनिर्णय ध्रुव से जैसे नक्षत्र-पुंज में।
लीला का सम्वरण-समय फूलों का जैसे
फलों फले या झरे अफल, पातों के ऊपर
सिद्ध योगियों जैसे या साधारण मानव,
ताक रहा है भीष्म शरों की कठिन सेज पर।
स्निग्ध हो चुका है निदाघ, वर्षा भी कर्षित,
कल शारद कल्य की, हैम लोमों आच्छादित,

शिशिर भिद्य, बौरा वसन्त आमों आमोदित;
बीत चुका है दिक्चुम्बित चतुरंग, काव्य, गति,
यतिवाला, ध्वनि, अलंकार, रस, राग बन्ध के
वाद्य-छन्द के रणित गणित छुट चुके हाथ से–
क्रीड़ाएँ व्रीणां में परिणत। मल्ल भल्ल की
मारें मूर्छित हुईं। निशाने चूक गए हैं।
झूल चुकी है खाल-ढाल की तरह तनी थी।
पुनः सबेरा एक और फेरा है जी का।

कथा-साहित्य

बिल्लेसुर बकरिहा

एक

'बिल्लेसुर'—नाम का शुद्ध रूप बड़े पते से मालूम हुआ—'बिल्लेश्वर' है। पुरवा डिवीजन में, जहाँ का नाम है, लोकमत बिल्लेसुर शब्द की ओर है। कारण, पुरवा में उक्त नाम के प्रतिष्ठित शिव हैं। अन्यत्र यह नाम न मिलेगा, इसलिए भाषातत्त्व की दृष्टि से गौरवपूर्ण है। 'बकरिहा' जहाँ का शब्द है, वहाँ 'बोकरिहा' कहते हैं। वहाँ 'बकरी' को 'बोकरी' कहते हैं। मैंने इसका हिन्दुस्तानी रूप निकाला है। 'हा' का प्रयोग हनन के अर्थ में नहीं, पालन के अर्थ में है।

बिल्लेसुर जाति के ब्राह्मण, 'तरी' के सुकुल हैं, खेमेवाले के पुत्र खैयाम की तरह किसी बकरीवाले के पुत्र बकरिहा नहीं। लेकिन तरी के सुकुल को संसार पार करने की तरी नहीं मिली तब बकरी पालने का कारोबार किया। गाँववाले उक्त पदवी से अभिहित करने लगे।

हिन्दी भाषा-साहित्य में रस का अकाल है, पर हिन्दी बोलनेवालों में नहीं। उनके जीवन में रस की गंगा-जमुना बहती हैं। बीसवीं सदी-साहित्य की धारा उनके पुराने जीवन में मिलती है। उदाहरण के लिए अकेला बिल्लेसुर का घराना काफी है। बिल्लेसुर चार भाई आधुनिक साहित्य के चारों चरण पूरे कर देते हैं।

बिल्लेसुर के पिता का नाम मुक्ताप्रसाद था। क्यों इतना शुद्ध नाम था, मालूम नहीं। उनके पिता पण्डित नहीं थे। मुक्ताप्रसाद के चार लड़के हुए—मन्नी, ललई, बिल्लेसुर और दुलारे। नाम उन्होंने स्वयं रखे, पर ये शुद्ध नाम हैं। उनके पुकारने के नाम गुणानुसार और-और हैं। मन्नी पैदा होकर साल-भर के हुए, पिता ने बच्चे को गर्दन उठाए बैठा झपकता देखा तो 'गपुआ' कहकर पुकारना शुरू किया, आदर में 'गप्पू'। दूसरे लड़के ललई की गोराई रोयों में निखर आई थी, आँखें भी कंजलोचन, स्वभाव में बदले-बदले, पिता ने नाम रखा 'भर्रा', आदर में 'भूरू'। बिल्लेसुर के नाम में ही गुण था। पिता 'बिलुआ', आदर में 'बिल्लू' कहने लगे। दुलारे अपना ईश्वर के यहाँ से खतना कराकर आए थे, पिता को नामकरण में आसानी हुई, 'कटुआ' कहकर पुकारने लगे, आदर में 'कट्टू'।

अभाग्यवश पुत्रों का विकास देखने से पहले मुक्ताप्रसाद संसार-बन्धन से मुक्त हो गए। उनकी पत्नी देख-रेख करती रहीं। पर वे भी, पीसकर, चौका-टहल कर, कंडे

पाथकर, ढोर छोड़कर, रोटी पकाकर, छोटे-से बाग के आम-महुए बीनकर, लड़कों को किसानी के काम में लगाकर ईश्वर के यहाँ चली गईं। उनके न रहने पर चारों भाइयों की एक राय नहीं रही। विवाद काम में विघ्न पैदा करता है। फलतः चार भाइयों की दो टोलियाँ हुईं। मन्नी और बिल्लेसुर एक तरफ हुए, ललई और दुलारे दूसरी तरफ, जैसे– सनातनधर्मी और आर्यसमाजी। कुछ दिन इसी तरह चला। फिर इनमें भी शाखें फूटीं, जैसे, वैष्णव और शाक्त–वैदिक और वितंडावादी। फिर सबकी अपनी डफली और अपना राग रहा।

सनातन धर्मानुसार मन्नी दुखी हुए कि तरी के सुकुल होने के कारण कोई लड़की नहीं ब्याह रहा। पर विवाह आवश्यक है–इस लोक के लिए भी और परलोक के लिए भी। माता-पिता गुजर गए हैं, पानी तो उन्हें मिल जाता है, पर माताजी को बड़ियाँ नहीं मिलतीं। बिना गृहिणी के घर में भूत डेरा डालते हैं। विचार के अनुसार मन्नी बातचीत करते और जहाँ कहीं अनाथ की लड़की देखते थे, डोरे डालते थे। एक जगह लासा लग गया। कहना न होगा, ऐसे विवाह की बातचीत में अत्युक्ति ही प्रधान होती है, अर्थात् झूठ ही अधिक यानी एक पैसे की हैसियत एक लाख की बताई जाती है। मन्नी के विवाह में ऐसा ही हुआ। लड़की ने माँ का दूध छोड़ा ही था, माँ बेबा थी। कहा गया–रुपये दो-तीन सौ लेकर क्या करोगी जबकि लड़की को अभी दस साल पालना-पोसना है–वहीं चलकर रहो, घी-दूध खाओ और रानी की तरह रहकर लड़की की परवरिश करो। बात माँ के दिल में बैठ गई। मन्नी तब तीस साल के थे। पर चूँकि नाटे कद के थे, इसलिए अट्ठारह-उन्नीस की उम्र बतलाई गई। मूँछों की वैसी बला न थी। बात खप गई।

मन्नी के खेतों के पास एक झाड़ी है। कहते हैं, वहाँ देवता झाड़खण्डेश्वर रहते हैं। एक दिन शाम को मन्नी धूपदीप, अक्षत-चन्दन, फूल-फल-जल लेकर गए और उकड़ूँ बैठकर उनकी पूजा करते न जाने क्या-क्या कहते रहे। फिर लौटकर प्रसाद पाकर लेटे और पहर रात रहते पुरवा की तरफ चल दिए। एक हफ्ते बाद, बैंगनी साफा बाँधे, एक बेवा और उसकी लड़की को लेकर लौटे। रास्ते में जमींदार का खलिहान लगा था, दिखाकर कहा–सब अपनी ही रब्बी है। सासुजी ने मुश्किल से आनन्दातिरेक को रोका। कुछ बढ़े। गाँव के बागात देख पड़े। मन्नी ने हाथ उठाकर बताया–वहाँ से वहाँ तक सब अपनी ही बागें हैं। सासुजी को सन्देह न रहा कि मन्नी मालदार आदमी है। घर टूटा था। भाइयों से जुदा होकर एक खँडहर में रह रहे थे। लेकिन वाग्देवी प्रचंड थीं, खँडहर को भी खिला दिया। पहुँचने से पहले रास्ते में जमींदार की हवेली दिखाकर बोले–हमारा असली मकान यह है। लेकिन यहाँ भाई लोग हैं, आपको एकान्त में ले चलते हैं। वहाँ आराम रहेगा, यहाँ आपकी इज्जत न होगी, फिर उसी को हवेली बना लेंगे। सासु ने श्रद्धापूर्वक कहा–हाँ भैया, ठीक है, बाहरी आदमियों में रहना अच्छा नहीं। मन्नी खँडहर में ले गए। इस दिन पसेरी भर दूध ले आए। सासुजी लज्जित होकर बोलीं–ऐ, इतना दूध कौन पिएगा? मन्नी ने गम्भीरता से उत्तर दिया–औटने पर थोड़ा

रह जाएगा, तीन आदमी हैं, ज्यादा नहीं। फिर अभी कुछ दूध-चीनी शरबत के तौर पर पिएँगे। सासु ने आराम की साँस ली। मन्नी भंग छानते थे। ठाकुरद्वारे में एक गोला पीसकर तैयार किया और चुपचाप ले आए। दूध में शक्कर मिलाकर गोला घोल दिया। भंग में बादाम की मात्रा काफी थी, सासुजी को अमृत का स्वाद आया, एक साँस में पी गईं। मन्नी ने थोड़ी-सी अपनी भावी पत्नी को पिलाई, फिर खुद पी। सासुजी हाथ-पैर धोकर बैठीं, मन्नी पूड़ी निकालने लगे। जब तक नशा चढ़े-चढ़े तब तक काम कर लिया। पूड़ी-तरकारी, दूध-शकर, मिठाई-खटाई बड़ी तत्परता से सासुजी को परोसा। सासुजी को मालूम दिया, मन्नी बड़ी तपस्या के फल मिले। खूब खाया। मन्नी ने पलँग बिछा दिया था, माँ-बेटी लेटीं। मन्नी भोजन करके ईश्वर-स्मरण करने लगे। आधी रात को जोर से गला झाड़ा, पर सासुजी बेखबर रहीं। फिर दरवाजे पर हाथ दे-दे मारा, पर उन्होंने करवट भी न ली। मन्नी समझ गए कि सुबह से पहले आँखें न खोलेंगी। बस, अपनी भावी पत्नी को गले लगाया और भगवान बुद्ध की तरह घर त्यागकर चल दिए। पत्नी गले लगी सोती रही। सुबह होते-होते मन्नी ने सात कोस का फासला तय किया। जहाँ पहुँचे, वहाँ रिश्तेदारी थी। लोग सध गए। सासुजी ने सवेरे हल्ला मचाया। बात खुली। पर चिड़िया उड़ चुकी थी। वे रो-पीटकर शाप देती हुई कि तू मर जा—तेरी चारपाई गंगाजी जाए, घर चली गईं। मन्नी शुभ दिन देखकर चुपचाप विवाह कर पत्नी को साथ लेकर परदेश चले गए। पत्नी की दस-बारह साल सेवा की। अब धर्म की रक्षा करते हुए, उसे बीस साल की अकेली, उसकी माँ की गोद में जैसे एक कन्या छोड़कर स्वर्ग सिधार गए हैं। मन्नी कट्टर सनातनधर्मी थे।

ललई का दूसरा हाल है। पहले ये भी कलकत्ता-बम्बई की खाक छानते फिरे, अन्त में रतलाम में आकर डेरा जमाया। यहाँ एक आदमी से दोस्ती हो गई। कहते हैं, ये गुजराती ब्राह्मण थे। ईश्वर की इच्छा, कुछ दिनों में दोस्त ने सदा के लिए आँखें मूँदीं। लाचार, दोस्त के घर का कुल भार ललई ने उठाया। दोस्त का एक परिवार था—पत्नी, दो बेटे, बड़े बेटे की स्त्री। इन सबसे ललई का वही रिश्ता हुआ जो इनके दोस्त का था। इस परिवार में कुछ माल भी था, इसलिए ललई ने परदेश रहने से देश रहना आवश्यक समझा। चूँकि अपने धर्म-कर्म में दृढ़ थे इसलिए लोक-निन्दा और यशःकथा को एक-सा समझते थे। अस्तु, इन सबको गाँव ले आए। एक साथ पत्नी, दो-दो पुत्र और पुत्रवधू को देखकर लोग एकटक रह गए। इतना बड़ा चमत्कार उन्होंने कभी नहीं देखा था। कहीं सुना भी नहीं था। गाँववालों की दृष्टि ललई पहले ही समझ चुके थे, जानते थे—जिस पर पड़ती है, उसका जल्द निस्तार नहीं होता, इसलिए निस्तार की आशा छोड़कर ही आए थे। गाँववालों ने ललई का पान-पानी बन्द किया। ललई ने सोचा, एक खर्च बचा। गाँववाले भी समझे, इसने बेवकूफ बनाया, माल ले आया है जिसका कुछ भी खर्च न कराया गया। ललई निर्विकार चित्त से अपने रास्ते आते-जाते रहे। मौके की ताक में थे। इसी समय आन्दोलन चला। ललई देश के उद्धार में लगे। बड़ा लड़का गुजरात में कहीं नौकर था, खर्चा भेजता रहा। गाँववाले प्रभाव में आ गए। ललई की

लाली के आगे उनका असहयोग न टिका। अब मिलने की बातें कर रहे हैं। ललई राजनीतिक सुधारक सामाजिक आदमी हैं।

बिल्लेसुर का हाल आगे लिखा जाएगा। इनमें बिल और ईश्वर दोनों के भाव साथ-साथ रहे।

दुलारे आर्यसमाजी थे। बस्तीदीन सुकुल पचास साल की उम्र में एक बेवा ले आए थे। लाने के साल ही भर में उनकी मृत्यु हो गई। दुलारे ने उस बेवा को समझाया, पति के रहते भी तीन साल या तीन महीने खबर न लेने पर पत्नी को दूसरा पति चुनने का अधिकार है। फिर जब बस्तीदीन नहीं रहे तब तीसरे पति के निर्वाचन की उन्हें पूरी स्वतंत्रता है, और दुलारे उनकी सब तरह सेवा करने को तैयार हैं। स्त्री को एक अवलम्ब चाहिए। वह राजी हो गई। लेकिन दुलारे भी साल-भर के अन्दर संसार छोड़कर परलोक सिधार गए। पत्नी को हमल रह गया था, बच्चा हुआ। अब वह नारद की तरह ललई के दरवाजे बैठा खेला करता है। माँ नहीं रही।

दो

मन्नी मार्ग दिखा गए थे, बिल्लेसुर पीछे-पीछे चले। गाँव में सुना था, बंगाल का पैसा टिकता है, बम्बई का नहीं, इसलिए बंगाल की तरफ देखा। पास के गाँवों के कुछ लोग बर्दवान के महाराज के यहाँ थे सिपाही, अर्दली, जमादार। बिल्लेसुर ने साँस रोककर निश्चय किया, बर्दवान चलेंगे। लेकिन खर्च न था। पर प्रगतिशील को कौन रोकता है? यद्यपि उस समय बोल्शेविज्म का कुछ ही लोगों ने नाम सुना था, बिल्लेसुर को आज भी नहीं मालूम, फिर भी आइडिया अपने-आप बिल्लेसुर के मस्तिष्क में आ गई। वे उसी फटेहाल कानपुर गए। बिना टिकट कटाए कलकत्तेवाली गाड़ी पर बैठ गए। इलाहाबाद पहुँचते- पहुँचते चेकर ने कान पकड़कर गाड़ी से उतार दिया। बिल्लेसुर हिन्दुस्तान की जलवायु के अनुसार सविनय कानून-भंग कर रहे थे, कुछ बोले नहीं, चुपचाप उतर आए। लेकिन सिद्धान्त नहीं छोड़ा। प्लेटफार्म पर चलते-फिरते समझते-बूझते रहे। जब पूरब जानेवाली दूसरी गाड़ी आई, बैठ गए। मोगलसराय तक फिर उतारे गए। लेकिन, दो-तीन दिन में, चढ़ते-उतरते, बर्दवान पहुँच गए।

पं. सत्तीदीन सुकुल महाराज बर्दवान के यहाँ जमादार थे। यद्यपि बंगालियों को 'सत्तीदीन' शब्द के उच्चारण में अड़चन थी, वे 'सत्यदीन' या 'सतीदीन' कहते थे, फिर भी 'सत्तीदीन' की उन्नति में वे कोई बाधा नहीं पहुँचा सके। अपनी अपार मूर्खता के कारण सत्तीदीन महाराज के खजांची हो गए–आधे। आधे इसलिए कि ताली सत्तीदीन के पास रहती थी, खाता एक दूसरे बाबू लिखते थे। सत्तीदीन इसे अपने एकान्त विश्वासी होने का कारण समझते थे। दूसरे हिन्दुस्तानियों पर भी इस मर्यादा का प्रभाव पड़ा। बिल्लेसुर समझ-बूझकर इनकी शरण में गए। सत्तीदीन सस्त्रीक रहते थे। दो-तीन

गायें पाल रखी थीं। स्त्री 'शिखरिदशना' थीं, यानी सामने के दो दाँत आवश्यकता से अधिक बड़े थे। होंठों से कोशिश करने पर भी न बन्द होते थे। पैकू के सुकुल। कनवजियापन में बिल्लेसुर से बहुत बड़े। फलतः बिल्लेसुर को यहाँ सब तरह अपनी रक्षा देख पड़ी।

बिल्लेसुर सत्तीदीन के यहाँ रहने लगे। ऐसी हालत में गरीब की तहजीब जैसी, दबे पाँव, पेट खलाए, रीढ़ झुकाए, आँखें नीची किए आते-जाते रहे। उठते जोबन में सत्तीदीन की स्त्री को एक सुहलानेवाला मिला। दो-तीन दिन तक भोजन न खला। एक दिन औरतवाले कोठे जी गया। नक्की सुरों में बोलीं, "मैं कहती हूँ, बिल्लेसुर, तुम तो आ ही गए हो और अभी हो ही, इस चरवाहे को विदा क्यों न कर दूँ? हराम का पैसा खाता है। कोई काम है? घास खड़ी है, दो बोझ काट लानी है; नहीं, पैर की बँधी मूँठें हैं–यहाँ-वहाँ का जैसा धान का पैरा नहीं–बड़ा-बड़ा कतर देना है और थोड़ी-सी सानी कर देनी है, देश में जैसे डण्डा लिये यहाँ ढोरों के पीछे नहीं पड़ा रहना पड़ता, लम्बी-लम्बी रस्सियाँ, तीन गायें हैं, घास खड़ी है, बस ले गए और खूँटा गाड़कर बाँध दिया, गायें चरती रहीं, शाम को बाबू की तरह टहलते हुए गए और ले आए, दूध दुह लिया, रात को मच्छड़ लगते हैं, गीले पैर का धुआँ दे दिया। कहने में तो देर भी लगी," कहकर सत्तीदीन की स्त्री ने कनपटी घुमाई और दोनों होंठ सटाने शुरू किए।

बिल्लेसुर चौकन्ने। ढोर चराने के लिए समन्दर पार नहीं किया। यह काम गाँव में भी था। लेकिन परदेश है। अपना कोई नहीं। दूसरे के सहारे पार लगना है। सोचा, तब तक कर लें। नौकरी न लगी तो घर का रास्ता नापेंगे।

बिल्लेसुर को जवाब देते देर हुई। सत्तीदीन की स्त्री ने कनपटी घुमाई कि बिल्लेसुर बोले, "कौन बड़ा काम है! काम के लिए ही तो आया हूँ सात सौ कोस–देस सात सौ कोस तो होगा?"

बिल्लेसुर के निश्चय पर जमकर सत्तीदीन की स्त्री ने कहा, "ज्यादा होगा।" कानपुर से बर्दवान की दूरी। सोचकर बोलीं, "जमादार आएँगे तो पूछूँगी, उनकी किताब में सब लिखा है।"

बिल्लेसुर खामोश रहे। मन में किस्मत को भला-बुरा कहते रहे।

शाम को जमादार आए। भोजन तैयार था। स्त्री ने पैर धुला दिए। जमादार पाटे पर बैठे। स्त्री दिन को मक्खियाँ उड़ाती हैं, रात को सामने बैठी रहती हैं। जमादार भोजन करने लगे। स्त्री ने कहा, "जमादार, बिल्लेसुर कहते हैं, अपना देस यहाँ से सात सौ कोस है, मैं कहती हूँ, और होगा। तुम्हारी किताब में तो सबकुछ लिखा है?"

सत्तीदीन को एक डायरी मिली थी। डायरी भी वही बाबू लिखता था। लिखने के विषय के अलावा और क्या-क्या उसमें लिखा है, सत्तीदीन उस बाबू से कभी-कभी पढ़ाकर समझते थे। सत्तीदीन ने सोचा, महाराज ने ऊँचा पद तो दिया ही है, संसार को भी उनकी मुट्ठी में बेर की तरह डाल दिया है। कई रोज वह किताब घर ले आए थे, और वहाँ जो कुछ सुना था, जितना याद था, जबानी स्त्री को सुनाया था।

बायें हाथ से मूँछों पर ताव देते हुए मुँह का नेवाला निगलकर सत्तीदीन ने कहा, "सात सौ कोस इलाहाबाद तक पूरा हो जाता है।" उनकी स्त्री चमकती आँखों से बिल्लेसुर को देखने लगीं।

बिल्लेसुर हार मानकर बोले, "जब किताब में लिखा है तो यही ठीक होगा।"

पति को प्रसन्न देखकर पत्नी ने अर्जी पेश की, जिस तरह पहले बड़े आदमियों का मिजाज परखा जाता था, फिर बात कही जाती थी। बिल्लेसुर गर्जमन्द की बावली निगाह से देखते रहे। सत्तीदीन ने उसमें एक सुधार की जगह निकाली, कहा, "बिल्लेसुर अपने आदमी हैं, इसमें शक नहीं, लेकिन इसमें भी शक नहीं कि उस छोकड़े से ज्यादा खाएँगे। हम तनख्वाह न देंगे। दोनों वक्त खा लें। तनख्वाह की जगह हम तहसील के जमादार से कह देंगे, वे इन्हें गुमाश्तों के नाम तहसील की चिट्ठियाँ देते रहें, ये चार-पाँच घंटे में लगा आएँगे, इन्हें चार-पाँच रुपए महीने मिल जाया करेंगे, हमारा काम भी करते रहेंगे।"

सत्तीदीन की स्त्री ने किए उपकार की निगाह से बिल्लेसुर को देखा। बिल्लेसुर खुराक और चार-पाँच का महीना सोचकर अपने धनत्व को दबा रहे थे, इतने से आगे बहुत कुछ करेंगे। सोचते हुए उन्होंने सत्तीदीन की स्त्री से हामी की आँख मिलाई।

जमादार गम्भीर भाव से उठकर हाथ-मुँह धोने लगे।

तीन

बिल्लेसुर जीवन-संग्राम में उतरे। पहले गायों के काम की बहुत-सी बातें न कही गई थीं, वे सामने आईं। गोबर उठाना, जगह साफ करना, मूत पर राख छोड़ना, कंडे पाथना, कभी-कभी गायों को नहलाना आदि भीतरी बहुत-सी बातें थीं। दरअसल फुर्सत न मिलती थी। पर बिना चिट्ठी लगाए पूरा न पड़ता था। पास-पास की चिट्ठियाँ मिलती थीं, जैसा सत्तीदीन कह गए थे। एक चिट्ठी के तीन आने मिलते थे। कुछ दिनों में बिल्लेसुर को मालूम हुआ, दूर की चिट्ठी में दूना मिलता है। उन्होंने हाथ बढ़ाया। तहसील के जमादार ने कहा—न तुम नौकर हो, न किसी की एवज पर हो, फिर सत्तीदीन ने मना किया है, दूर की चिट्ठी हम न देंगे। बिल्लेसुर पैरों पड़े, कहा—नौकर तो आप ही करेंगे; तब तक दूरवाली चिट्ठी भी दें, मैं बारह कोस छह घंटे में जाऊँगा-आऊँगा। जमादार चिट्ठी देने लगे।

चिट्ठी लगाना सत्तीदीन की स्त्री को अखरता था। बिल्लेसुर लौटकर सदा चढ़ी त्योरियाँ देखते थे। गोकि काम में कसर न रहती थी। दस बजे तक कुल काम कर जाते थे। लौटकर गायों को खोल लाते थे और रात नौ बजे तक उनके पीछे लगे रहते थे। फिर भी सत्तीदीन की स्त्री की शिकन न मिटती थी। दूसरा नौकर भी न रखा, क्योंकि बिल्लेसुर सस्ते थे। बातें कभी-कभी सुनाती थीं जो कानों को प्यारी न थीं, और उनसे पेट की आँतें निकलने को होती थीं। बिल्लेसुर बरदाश्त करते थे। गरमी के दिनों में

दस-बारह बजे तक घर का कुछ काम करते थे, फिर चिट्ठी लगाते हुए देर हुई सोचकर धूप में नंगे सिर, बिना छाता, दौड़ते हुए रास्ता पार करते थे। लौटते थे हाँफते हुए, मुँह का थूक सूखा हुआ, होंठ सिमटे हुए, पसीने-पसीने, दिल धड़कता हुआ, यहाँ का बाकी काम करने के लिए। पहुँचकर जमीन पर जरा बैठते थे कि सत्तीदीन की स्त्री पूछती थीं—कितना कमा लाए बिल्लेसुर? जबान छुरी-सी पैनी, मतलब हलाल करता हुआ। बिल्लेसुर उस गरमी में बनावटी नरमी लाते हुए, खीस निपोड़कर जवाब देते हुए, जरा सुस्ताकर गायों के पीछे तरह-तरह के काम में दौड़ते हुए।

उन दिनों कइयों से बिल्लेसुर कह चुके—मर्द से औरत होना अच्छा। कोई नहीं समझा। बिल्लेसुर सूखे होंठों की हार खाई हँसी हँसकर रह गए।

गाँव में भी बिल्लेसुर की बरदाश्त करने की आदत पड़ी थी। कभी कुछ बोले नहीं। अपनी जिन्दगी की किताब पढ़ते गए। किसी भी वैज्ञानिक से बढ़कर नास्तिक।

बिल्लेसुर दूसरे का अविश्वास करते-करते एक खास शक्ल के बन गए थे। पर अपना बल न छोड़ा था, जैसे अकेले तैराक हों। सत्तीदीन की स्त्री को न मालूम होने दिया कि दूर की कौड़ी लाते हैं। बारह कोस की दौड़ छः कोस की रही। दुनिया को खुश करने की नस टोए पा चुके थे। दम साधे, दबाते हुए कई महीने खे गए। एक दिन जमादार को खुश देखकर बोले, ''बाबा, अब नौकरी लगा देते!''

उन्होंने कहा, ''अच्छा, कल नाप देना।''

बिल्लेसुर मन्नी के भाई थे, पाँच फीट से कुछ ही ऊपर! जानते थे, ऊँचाई घटेगी। तरकीब निकाली। चमरौधा जूता था डेढ़ इंच से कुछ ज्यादा ऊँचे तले का। उसमें रूई की गद्दी लगाई। पहनकर खड़े हुए तो जैसे ईंटों पर खड़े हों। लेकिन झेंपे नहीं, न डरे, जैसे फर्ज अदा कर रहे हों, गए। कचहरी में लट्ठ लाकर लगाया गया। बिल्लेसुर ने आँख उठाई कि देखें, पूरे हो गए। नापनेवाले ने कहा—डेढ़ इंच घटा।

बिल्लेसुर ने जमादार को उड़ी निगाह से देखा। साथ आरजू-मिन्नत। जमादार मुस्कुराए। कहा, ''बिल्लेसुर, तुम नौकर नहीं हो सकते, लेकिन कोई-न-कोई सिपाही छुट्टी पर रहता है, जगह तुम्हें मिलती रहेगी, बिना तनख्वाह की छुट्टीवाले की तनख्वाह भी।''

बिल्लेसुर तरक्की की सोचकर मुस्कुराए।

एक साल बीत गया।

चार

सत्तीदीन की स्त्री को आए कई साल हो गए, उन्होंने जगन्नाथजी के दर्शन नहीं किए। पैसा पास था। एक दिन जमादार से बोलीं, ''जमादार, पैसा तो पास है, लेकिन लड़का-बच्चा कोई नहीं। हमारे-तुम्हारे बाद पैसा अकारथ जाएगा। इतने दिन आए हुए, अभी जगन्नाथजी के दर्शन नहीं हुए। अब के सोचती हूँ, बाबा के दर्शन करूँ और कहूँ,

बाबा, मेरी गोद भर दो तो तुम्हारे चरणों पर लोटकर तुम्हारी एक सौ एक रुपए की शिरनी चढ़ाऊँ। मेरा जी कहता है, बाबा मेरी मनोकामना पूरी करेंगे। देश-देश के लोग जाते हैं, मुँहमाँगा वरदान उन्हें मिलता है, भगवान ही हैं—अरे हाँ—जो कर, थोड़ा। फिर न जाने क्या सोचकर सत्तीदीन की स्त्री फूट-फूटकर रोने लगीं, फिर अपने हाथ आँसू पोंछकर हिचकियाँ लेती हुई बोलीं, "मुझे सब सुख है। जैसा अच्छा वर मिला, वैसा अच्छा घर। धन है, मान है, गहने हैं, कपड़े हैं, दूध से भरी हूँ, लेकिन ऊँ-हूँ-हूँ..." फिर रोदन, यानी पूत नहीं।

सत्तीदीन ने छाती से लगाकर कहा, "अभी तुम्हारी कोई उमर हो गई है? पहली होती तो एक बात होती। वे तो बेचारी चक्की पीसती हुई चली गईं। पाँच साल हुए, तुम्हें ब्याहकर लाया हूँ। अब तुम्हारी उम्र बीस साल की होगी?"

सिसकियाँ लेते हुए स्त्री ने कहा, "उन्नीसवाँ चल रहा है।" हालाँकि उनकी उम्र पच्चीस साल से ऊपर थी।

"फिर?" सत्तीदीन ने कहा, "इतनी उतावली क्यों होती हो? मैं भी अभी बुड्ढा नहीं। लड़के-बच्चे जब आते हैं, अपने-आप आते हैं।"

"ऐसा न कहो," स्त्री ने कहा, "कहो, जगन्नाथजी की कृपा से आते हैं।"

सत्तीदीन गम्भीर हो गए। बोले, "जगन्नाथजी की कृपा सब तरफ है। ऊँचा ओहदा मिला है, यह भी जगन्नाथजी की कृपा है, और उनके दर्शन हम रोज करते हैं मन में। रही बात उनकी पुरी में जाने की, सो चले चलेंगे, दस दिन की छुट्टी ले लेंगे। यह कौन बड़ी बात है?"

स्त्री को ढाँढ़स बँधा। इसी समय बिल्लेसुर आए। जमादार ने पूछा, "बिल्लेसुर, जगन्नाथजी चलोगे?"

बिल्लेसुर खरचा नहीं लगाना चाहते थे। सत्तीदीन समझ गए। लेकिन बिल्लेसुर के पास होगा भी कितना, सोचकर कहा, "अच्छा, अपनी छुट्टी मंजूर करा लेना दस दिन की, अगले इतवार को चलेंगे।" सत्तीदीन को साथ एक नौकर चाहिए था।

बिल्लेसुर जब दूसरे की एवज में काम करने लगे, तब कचहरी की लगातार हाजिरी जरूरी हो गई। सत्तीदीन को गायों के काम के लिए दूसरा नौकर रखना पड़ा। बाहर का बहुत-सा काम बिल्लेसुर कर देते थे, यों वे अब अलग रहते थे, अलग पकाते-खाते थे।

फोकट में जगन्नाथजी के दर्शन होंगे, बिल्लेसुर के आनन्द का आरपार न रहा। उन्होंने छुट्टी मंजूर करा ली। अगले इतवार के दिन सत्तीदीन के सामान के रक्षक के रूप में जगन्नाथजी के दर्शनों के लिए सत्तीदीन और उनकी स्त्री के साथ रवाना हुए।

जिस तरह सत्तीदीन की स्त्री का विश्वास था कि जगन्नाथजी की कृपा की दृष्टि पड़ते ही वे गर्भिणी हो जाएँगी, उसी तरह बिल्लेसुर का विश्वास था कि सत्तीदीन की इच्छामात्र से उनकी नौकरी स्थायी हो जाएगी, चाहे डेढ़ इंच की जगह बालिश्त-भर छोटे पड़ें।

अपने विश्वास को फलीभूत करने का उपाय बिल्लेसुर रास्ते में सोचते गए।

पुरी पहुँचकर बहुत खुश हुए। ऐसा दृश्य कानपुर से बर्दवान तक न देखा था। समन्दर का किनारा—बालू के ढूह—देखकर बहुत खुश हुए, समुद्र देखकर जामे से बाहर हो गए। जगन्नाथजी की स्मृति में बहुत-से घोंघे समुद्र के किनारे से चुनकर रख लिए, कुछ छोटे-छोटे शंख-से।

मार्कण्डेय, वटकृष्ण, चन्दनतालाब आदि प्रसिद्ध जगहें देखते फिरे। मन्दिर के अहाते में और छोटे-छोटे मन्दिर हैं। एक-एक देखते फिरे। एकादशी को एक जगह उलटा टँगी देखकर हँसे। सत्तीदीन ने कहा, ''बाबा के प्रताप से यहाँ एकादशी उलटा टाँग दी गई हैं। यहाँ कोई एकादशी का व्रत नहीं कर सकता।'' बिल्लेसुर ने उन्हें भी हाथ जोड़कर प्रणाम किया। फिर सब लोग कलयुग की मूर्ति देखने गए। कलियुग अपनी बीवी को कन्धे पर बैठाए बाप को पैदल चला रहा है। सत्तीदीन की स्त्री गौर से देखती रहीं। कई रोज बड़े आनन्द से कटे। भुवनेश्वर चलने की तैयारी हुई।

जगन्नाथजी में जूठा नहीं होता, या दूसरे की जूठन खाना प्रचलित है। इधर के लोग, जिन्हें चौके की कैद माननी पड़ती है, वहाँ खुलकर एक दूसरे की जूठन खाते हैं। कोई बुरा नहीं मानता। बिल्लेसुर ने जमादार और जमादारिन की पत्तलों में अपने जूठे हाथ से भात उठाकर डाल दिया। वे कुछ न बोले, बल्कि खाते हुए हँसते रहे।

दो दिन बीत जाने पर की बात है, जमादार नहा चुके थे, बिल्लेसुर भी नहाकर आए। आकर सीधे जमादार के पास गए और उनके पैर पकड़कर पेट के बल लेट गए। ''क्या है बिल्लेसुर?—क्या है बिल्लेसुर?'' जमादार शंका की दृष्टि से देखते हुए पूछने लगे।

बिल्लेसुर ने करुण स्वर से कहा, ''कुछ नहीं, बाबा, मेरा भवसागर से उद्धार करो।''

''भवसागर से उद्धार हम कैसे करें, बिल्लेसुर? क्या हो गया है?'' सत्तीदीन विचलित हो गए।

पैर पकड़े हुए ही बिल्लेसुर ने कहा, ''बाबा, मुझे गुरुमंत्र दो!''

''अरे, गुरु यहाँ एक-से-एक बड़े हैं, छोड़ो पाँव। उनमें जिससे चाहो, मंत्र ले लो।'' सत्तीदीन ने पैर छुड़ाने को किया।

''मेरी निगाह में तुमसे बड़ा कोई नहीं। तुम मुझ पर दया करो।'' पैर पकड़े हुए बिल्लेसुर ने पैर पर माथा रख दिया।

''मुझे तो कोई गुरुमंत्र आता ही नहीं। सिर्फ गायत्री आती है।'' विकल होकर सत्तीदीन ने कहा।

''बाबा, गायत्री से बड़ा गुरुमंत्र और कोई नहीं। मैं यही मंत्र लूँगा।''

''अरे, गायत्री तो जनेऊ होते वक्त तुम सुन चुके हो।''

''मैं भूल गया हूँ। तुम्हारे पैर छूकर कहता हूँ। कल मैंने सपना देखा है कि बाबा जगन्नाथजी कहते हैं...लेकिन कहूँगा तो सपना फलियाएगा नहीं।''

स्वप्न की बात से सत्तीदीन की स्त्री रोमांचित हुईं। बिल्लेसुर बाजी मार ले गया; सोचा। पुकारकर कहा, "बिल्लेसुर, पैर छोड़ दो। तुम्हें बाबा का सपना हुआ है, तो मैं कहती हूँ, जमादार गुरुमंत्र देंगे। यहाँ आओ, अकेले में मुझसे बताओ कि क्या सपना देखा।"

बात पाकर बिल्लेसुर ने पैर छोड़ दिए। सत्तीदीन की स्त्री कोठरी की तरफ बढ़ीं। बिल्लेसुर साथ-साथ गए। वहाँ जाकर कहा, "मैं सोता था, सोता था, देखा—भस्म से एक आग जल उठी, उसमें तीन मुँहवाला एक आदमी बैठा था, उसने कहा—'बिल्लेसुर, तू गरीब ब्राह्मण है, सताया हुआ है, लेकिन घबड़ा मत, तू जिसके साथ आया है, उनकी सेवा कर, उनसे यहीं गुरुमंत्र ले ले, तू दूधों-पूतों फलेगा।' फिर देखता हूँ तो कहीं कुछ नहीं।"

सत्तीदीन की स्त्री ने निश्चय किया, फल उलटा हुआ। वह सपना दरअसल उन्हें होना था। कोई खता न हो गई हो। हर सोमवार बाबा के नाम घी की बत्ती देने का संकल्प किया, फिर सत्तीदीन से मंत्र दे देने के लिए कहा। सत्तीदीन ने कंठी, माला, मिठाई, अँगोछा आदि बाजार से खरीद लाने के लिए बिल्लेसुर से कहा। बिल्लेसुर गए, क्षण-भर में खरीद लाए। सत्तीदीन ने गायत्री मंत्र से पुनर्वार बिल्लेसुर को दीक्षित किया।

बिल्लेसुर की श्रद्धालु आँखों का प्रभाव सत्तीदीन की स्त्री पर पड़ा। जगन्नाथ-दर्शन बिल्लेसुर के मुकाबले उनका फीका रहा, सोचकर जमादार से बोलीं, "जमादार, मैं कहती हूँ, मंत्र मैं भी क्यों न ले लूँ?"

जमादार ने कहा, "अच्छा, पण्डाजी आवें, तो पूछ लें।"

ईश्वर की इच्छा से पण्डाजी कुछ ही देर में आ गए। सत्तीदीन ने पूछा।

पण्डाजी ने सत्तीदीन की स्त्री को देखा और कहा, "अभी तुम रख नहीं सकेगा। अभी तो तुमको मासिक धर्म होता है।"

सत्तीदीन की स्त्री कटी निगाह देखती रहीं। पण्डाजी ने सत्तीदीन को सलाह दी कि चौथेपन में गुरुमंत्र लेना लाभदायक होता है। जब तक स्त्री को मासिक धर्म होता है तब तक वह मंत्र की रक्षा नहीं कर सकती, अशुद्ध रहती है और तरह-तरह से पैर फिसलने की सम्भावना है। सत्तीदीन मान गए।

वहाँ से भुवनेश्वर गए, फिर बर्दवान वापस आए।

पाँच

सत्तीदीन की स्त्री एक साल तक जगन्नाथजी की शक्ति की परीक्षा करती रहीं। हर सोमवार को घी का दीया देती थीं और हर महीने के अन्त तक प्रतीक्षा करती थीं। लेकिन कोई फल न हुआ।

बिल्लेसुर की क्रिया-काष्ठा बहुत बढ़ गई। तिलक, माला और गायत्री के धारण से उनकी प्रखरता दिन-पर-दिन निखरती गई।

जब एक साल तक पुत्र-विषय में बाबा जगन्नाथजी ने कृपा न की तब सत्तीदीन की स्त्री का देवता पर कोप चढ़ा और वे दिव्य शक्ति को छोड़कर मनुष्य शक्ति की पक्षपातिनी बन गईं– यथार्थवादी लेखक की तरह।

बिल्लेसुर को बड़ी ग्लानि हुई। उनके गुरुमंत्र का लोग मजाक उड़ाते थे। उनकी हालत में भी कोई सुधार नहीं हुआ। उन्होंने निश्चय किया, देश चलकर रहेंगे, जमींदार की गुलामी से गुरु की गुलामी सख्त है। यहाँ से वहाँ की आबोहवा अच्छी, अपने आदमी बोलने-बतलाने के लिए हैं, अब यहाँ नहीं रहेंगे।

गुरुआइन का यथार्थवाद भी बिल्लेसुर को खला। एक दिन वे अपनी कंठी और माला लेकर गए और गुरुआइन के सामने रखकर कहा, ''मैंने देश जाने की छुट्टी ली है। लौटूँ या न लौटूँ। कहने को क्यों रहे, यह माला है और यह कंठी। लो, अब मैं चेला नहीं रहूँगा। जैसे गुरु, वैसे तुम, यह तुम्हारा मंत्र है!''

कहकर गायत्री-मंत्र की आवृत्ति कर गए और सुनाकर चल दिए, फिर पैर भी नहीं छुए।

छह

बिल्लेसुर गाँव आए। अंटी में रुपए थे, होंठों में मुसकान। गाँव के जमींदार, महाजन, पड़ोसी—सबकी निगाह पर चढ़ गए, सबके अन्दाज लड़ने लगे—'कितना रुपया ले आया है।' लोगों के मन की मन्दाकिनी में अव्यक्त ध्वनि थी—बिल्लेसुर रुपयों से हाथ धोएँ। रात को लाठी के सहारे कच्चे मकान की छत पर चढ़कर, आँगन में उतरकर, रखा सामान और कपड़े-लत्ते उठा ले जानेवाले चोर ताक में रहने लगे कि मौका मिले तो हाथ मारें। एक दिन मंसूबा गाँठकर त्रिलोचन मिले और अपनी ज्ञानवाली आँख खोलकर बड़े अपनाव से बिल्लेसुर से बातचीत करने लगे, ''क्यों बिल्लेसुर, अब गाँव में रहने का इरादा है या फिर चले जाओगे?''

बिल्लेसुर त्रिलोचन के पिता तक का इतिहास कंठाग्र किए थे, सिर्फ हिन्दी के ब्लैंक वर्स के श्रेष्ठ कवि की तरह किसी सम्मेलन या घर की बैठक में आवृत्ति करके सुनाते न थे। मुस्कुराते हुए नरमी से बोले, ''भैया, अब तो गाँव में रहने का इरादा है—बंगाल का पानी बड़ा लागन है।''

त्रिलोचन के तीसरे नेत्र में और चमक आ गई। एक कदम बढ़कर और निकट होते हुए, सामीप्यवाले भक्त के सहानुभूतिसूचक स्वर से बोले, ''बड़ा अच्छा है, बड़ा अच्छा है! काम कौन-सा करोगे?''

''अभी तक कुछ विचार नहीं किया,'' बिल्लेसुर वैसे ही मुस्कुराते हुए बोले।

"बिना सोते के कुआँ सूख जाता है। बैठे-बैठे कितने दिन खाओगे?"

"सही-सही कहता हूँ। अभी तो ऐसे ही दिन कटते हैं।"

"ऐसा न कहना। गाँव के लोग बड़े पाजी हैं। पुलिस में रिपोर्ट कर देंगे तो बदमाशी में नाम लिख जाएगा। कहा करो, जब चुक जाएगा तब फिर कमा लाएँगे।"

बिल्लेसुर सिटपिटाए। कहा, "हाँ, भैया, आजकल होम करते हाथ जलता है। लोग समझेंगे, जब कुछ है ही नहीं तब खाता क्या है?–चोरी करता होगा।"

त्रिलोचन ने सोचा, परले दरजे का चालाक है, कहीं कुछ खोलता ही नहीं। खुलकर बोले, "हाँ, दीनानाथ इसी तरह बहुत खीस निपोड़कर बातचीत किया करते थे, अब लिखे गए बदमाशी में, रात को निगरानी हुआ करती है।"

बिल्लेसुर फिर भी पकड़ में न आए। कहा, "पुलिसवाले आँखें देखकर पहचान लेते हैं–कौन भला आदमी है, कौन बुरा। अपने खेत मैं रामदीन को बँटाई में देकर गया था। वही खेत लेकर किसानी करूँगा।"

त्रिलोचन को थोड़ी-सी पकड़ मिली। कहा, "हाँ, यह तो अच्छा विचार है। लेकिन तुम्हारे बैल तो हैं ही नहीं, किसानी कैसे करोगे?"

बिल्लेसुर पेंच में पड़े। कहा, "इसलिए तो कहा था कि अभी तक कुछ तय नहीं कर पाया।"

त्रिलोचन का पारा चढ़ना ही चाहता था, लेकिन पारा चढ़ने से खरी-खोटी सुनकर अलग हो जाने के अलावा और कोई स्वार्थ न सधेगा, सोचकर मुश्किल से उन्होंने अपने को यथार्थ कहने से रोका, और बड़े धैर्य से कहा, "हमारे बैल ले लो।"

"फिर तुम क्या करोगे?"

"हम और बड़ी गोई लेना चाहते हैं। लेकिन सौ रुपए लेंगे।"

बिल्लेसुर ने निश्चय किया, सौ रुपए ज्यादा नहीं हैं। कहा, "अच्छा, कल बतलाएँगे।"

त्रिलोचन, एक काम है, कहकर चले। मन में निश्चय हो गया कि सौ रुपए एकमुश्त देनेवाले बिल्लेसुर के पास पाँच-सात सौ रुपए जरूर होंगे।

त्रिलोचन दूसरी जगह सलाह करने गए कि किस उपाय से वे रुपए निकाले जाएँ।

बिल्लेसुर त्रिलोचन के जाने के साथ घर के भीतर गए और कुछ देर में तैयार होकर बाहर के लिए निकले।

लोगों ने पूछा, "कहाँ जाते हो, बिल्लेसुर?"

बिल्लेसुर ने कहा, "पटवारी के यहाँ।"

शाम होते-होते लोगों ने देखा, तीन बड़ी-बड़ी गाभिन बकरियाँ लिए बिल्लेसुर एक आदमी के साथ आ रहे हैं। गाँवभर में हल्ला हो गया, बिल्लेसुर तीन बकरियाँ ले आए हैं। सबने एक-एक लम्बी साँस छोड़ी।

बकरियों का समाचार पाकर त्रिलोचन फिर आए। कहा, "बकरी ले आए, अच्छा किया, अब ढोर काफी हो जाएँगे।"

बिल्लेसुर ने कहा, "हाँ, बैलोंवाला विचार अब छोड़ दिया है, कौन हमारे सानी-पानी करेगा? बकरियों को पत्ते काटकर डाल दूँगा। बैलों को बाँधकर बैल ही बना रहना पड़ता है।"

"और किसानी?"

"बँटाई में है, साझे में कर लेंगे।"

सात

बिल्लेसुर ने लम्बे-पतले बाँस के लग्गे में हँसिया बाँधा—बढ़ाकर गूलर-पीपल, पाकड़ आदि पेड़ों की टहनियाँ छाँटकर बकरियों को चराने के लिए। तैयारी करते दिन चढ़ आया। बिल्लेसुर गाँव के रास्ते बकरियों को लेकर निकले।

रामदीन मिले। कहा, "ब्राह्मण होकर बकरी पालोगे? लेकिन हैं बड़ी अच्छी बकरियाँ, खूब दूध देंगी, अब दो साल में बकरी-बकरों से घर भर जाएगा, आमदनी काफी होगी," कहकर लोभी निगाह से बकरियों को देखते रहे।

रास्ते पर जवाब देना बिल्लेसुर को वैसा आवश्यक नहीं मालूम दिया। साँस रोके चले गए। मन में कहा—'जब जरूरत पर ब्राह्मणों को हल की मूठ पकड़नी पड़ी है, जूते की दुकान खोलनी पड़ी है, तब बकरी पालना कौन बुरा काम है?'

ललई कुम्हार अपना चाक चला रहे थे, बकरियों को देखकर एक कॉमरेड के स्वर में बिल्लेसुर का उत्साह बढ़ाया। बिल्लेसुर प्रसन्न होकर आगे बढ़े। आगे मन्दिर था। भीतर महादेवजी, बाहर पीछे की तरफ महावीरजी प्रतिष्ठित थे। जबकि बिल्लेसुर गुरुमंत्र छोड़ चुके थे, फिर भी बकरियों की भेड़िए से कल्याण-कामना किए बिना नहीं रहा गया—मन्दिर में गए। उन्हें महादेवीजी से महावीरजी अधिक शक्तिवाले मालूम दिए। यह भी हो सकता है कि बाहर महावीरजी के पास जाने से वे गलियारे से जाती हुई बकरियों को भी देख सकते थे। अस्तु, महावीरजी के पैर छूकर, मन-ही-मन उन्होंने कुछ कहा और फिर अपनी बकरियों का पीछा पकड़ा। खेत की हरियाली की तरफ लपकती बकरी को हटककर सामने लक्ष्य स्थिर करके बढ़े। मन्नू का पका कुआँ आया। गलियारे में ही खड़े-खड़े लग्गा बढ़ाकर गलियारे पर आती पीपल की निचली डाल से टहनियाँ छाँटने लगे। टहनियों के गिरते ही बकरियाँ पत्तियों से जुट गईं। जरूरत-भर लच्छियाँ छाँटकर लग्गा डाल के सहारे खड़ा कर बिल्लेसुर कुएँ की जगत पर चढ़कर बैठे—बकरियों को देखते हुए। सामने परती जमीन थी। बगल से एक बरसाती नाला निकला था। चरवाहे लड़के वहीं ढोर लिए इधर-उधर खड़े थे। बिल्लेसुर को देखा। उनकी बकरियों को देखा। भगाने की सूझी। सयाने लड़कों ने सलाह की। बात तय हो गई कि खेदकर नाले में कर दिया जाए। बिल्लेसुर परेशान होंगे, खोजेंगे। मिलेंगी, मिलेंगी; न मिलेंगी, बला से। एक ने कहा—पासियों को खबर कर दी जाए तो नाले

में मारकर निकालेंगे, कुछ मांस हमें भी मिलेगा। दूसरे ने कहा–गाभिन है, किस काम का मांस! फिर भी बकरियों को भगाने का लोभ लड़कों से न रोका गया। सलाह करके कुछ बाहर तके रहे, कुछ बिल्लेसुर के पास गए। एक ने कहा, "काका, आओ, कुछ खेला जाए।"

बिल्लेसुर मुस्कुराए। कहा, "अपने बाप को बुला लाओ, तुम क्या हमारे साथ खेलोगे?" फिर सतर्क दृष्टि से बकरियों को देखते रहे।

दूसरे ने कहा, "अच्छा, काका, न खेलो। परदेश गए थे, वहाँ के कुछ हाल सुनाओ।"

बिल्लेसुर ने कहा, "बिना अपने मरे कोई सरग नहीं देखता। बड़े होकर परदेश जाओगे तब मालूम कर लोगे कि कैसा है।"

एक तीसरे ने कहा, "यहाँ हम लोग हैं, भेड़िए का डर नहीं। वह ऊँचे हार में लगता है।"

बिल्लेसुर ने कहा, "इधर भी आता है, लेकिन आदमी का भेस बदलकर," यह कहकर बिल्लेसुर उठे।

बकरियाँ एक-एक पत्ती टूँग चुकी थीं। झपाटे से बढ़कर लग्गा उठाया और हाँककर दूसरी तरफ ले चले। परती जमीन से ऊँचे बाग की तरफ चलते हुए कुछ रियाँ की लच्छियाँ छाँटीं। दीनानाथ गाँव जाते हुए मिले। लोभी निगाह से बकरियों को देखते हुए पूछा, "कितने की खरीदीं?"

बिल्लेसुर ने निगाह ताड़ते हुए कहा, "अधियाँ की मिली हैं।"

बिल्लेसुर के जगे भाग से दीना की चोटी खड़ी हो गई–ऐसा तअज्जुब हुआ। पूछा, "तीनों?"

बिल्लेसुर ने अपनी खास मुस्कुराहट के साथ जवाब दिया, "नहीं तो क्या–एक?"

दीना ने अरथाकर पूछा, "यानी बकरी तुम्हारी, दूध तुम्हारा, मर जाए, उसकी। बच्चे आधे-आधे?"

बिल्लेसुर ने क़हा, "हाँ।"

बिल्लेसुर के असम्भावित लाभ के बोझ से जैसे दीना की कमर टेढ़ी हो गई। दबा हुआ बोला, "हाँ, गुसैयाँ जिसको दे।" मन में ईर्ष्या हुई। बिल्लेसुर अकेले मजा लेंगे? दीना नहीं, अगर बकरियों को पेट में न डाला।

बिल्लेसुर ने देखा, दीना के माथे पर बल पड़े हुए थे, आँखों में इरादा जाहिर था। बिल्लेसुर को जिन्दगी के रास्ते रोज ऐसी ठोकर लगी है–कभी बचे हैं, कभी चूके हैं। अब बहुत सँभले रहते हैं, हमेशा निगाह सामने रहती है। वहाँ से बढ़ते हुए गूलर के पेड़ के तले गए। कुछ पत्ते काटे और उनका बोझ बनाकर बाँध लिया घर में बकरियों को खिलाने के इरादे। जब बकरियों का पेट भर गया तब बोझ सिर पर रखकर दूसरे रास्ते से बकरियों को लिए हुए घर लौटे।

आठ

बिल्लेसुर के अपने मकान के इतने हिस्से हुए थे कि बकरियों को लेकर वहाँ रहना असम्भव था। भाइयों को राजयक्ष्मा न होने के कारण बकरियों की गन्ध से एतराज होता। दूसरे, पुराना होकर घर कई जगह गिर गया था। रात को भेड़िए के रूप में चोर आ सकते थे और बकरियों को उठा ले जा सकते थे। ऐसे अनेक कारणों से बिल्लेसुर ने गाँव में एक खाली पड़ा हुआ पुराना मकान रहने के लिए लिया। खरीदा नहीं। यह शर्त रही कि छाएँगे, छोपेंगे, गिरने से मकान को बचाए रहेंगे। नोटिस मिलने पर छः महीने में मकान खाली कर देंगे। मालिक-मकान परदेश में रहते थे, एक तरह वहीं बस गए थे। जिनके सुपुर्द मकान था, वे सोलह आने नजर लेकर बिल्लेसुर पर दयालु हो गए थे।

यह मकान परदेशी का होने के कारण वजादार हो, यह बात नहीं। परदेशी जब इस मकान में रहते थे, बिल्लेसुर की ही तरह देशी थे। देश की दीनता के कारण ही परदेश गए थे। मकान के सामने एक अन्धा कुआँ है और एक इमली का पेड़। बारिश के पानी से धुलकर दीवारें ऊबड़-खाबड़ हो गई हैं, जैसे दीवारों से ही पनाले फूटे हों। भीतर के पनाले का मुँह भर जाने से बरसात का पानी दहलीज की देहरी के नीचे गड्ढा बनाकर बहा है। गड्ढा बढ़ता-बढ़ता ऐसा हो गया है कि बड़े जानवर, कुत्ते जैसे आसानी से उसके भीतर से निकल सकते हैं। दहलीज का फर्श कहीं भी बराबर नहीं। उसके ऊपर लेटने की बात क्या, चारपाई भी उस पर नहीं डाली जा सकती। दूसरी तरफ एक खमसार है और उसी से लगी एक कोठरी। इसी में बिल्लेसुर आकर रहे। दरवाजे का गढ़ा तोप दिया। बाकी घर की धीरे-धीरे मरम्मत करते रहे।

एक वक्त रोटी पकाते थे, दोनों वक्त खाते थे। इस तरह साल-भर से ज्यादा झेल ले गए। उनका लक्ष्य और काम बढ़ते गए। लेकिन अड़चन से पीछा नहीं छूटा। गाँव में जितने आदमी थे, अपना कोई नहीं, जैसे दुश्मनों के गढ़ में रहना हो। भाई भी अपने नहीं। बिल्लेसुर सोचते थे—क्यों एक दूसरे के लिए नहीं खड़ा होता। जवाब कभी कुछ नहीं मिला। मुमकिन, दुनिया का असली मतलब उन्होंने लगाया हो। फिर भी, जान रहते काम करना पड़ता है, दूसरे की मदद करनी पड़ती है, सहारा लेना पड़ता है, यह सच है। इधर कोई ध्यान नहीं देता, यह कमजोरी दूर नहीं हो रही। कोई सूरत भी नहीं नजर आ रही। हमारे सुकरात के जबान न थी, पर इसकी फिलॉसफी लचर न थी। सिर्फ कोई इसकी सुनता न था। इसे भी भूलभुलैया से बाहर निकलने का रास्ता नहीं दिखा, इसलिए यह भटकता रहा।

कुछ वक्त और बीता। बकरियों के साथ ही रहते थे। सारे घर में लेंड़ियाँ। दमदार पहले से थे, बकरियों के साथ रहकर और हो गए थे। अब तक खरीदी बकरियों के नाती-नातिनें पैदा हो चुकी थीं। कुछ पट्‌ठे बेच भी चुके थे। अच्छी आमदनी हो चली थी। गाँववालों की नजर में और खटकने लगे थे। एक दफा कुछ लोग बिल्लेसुर के

खिलाफ जमींदार के यहाँ फरियाद लेकर गए थे कि गाँव के कुल पेड़ बिल्लेसुर ने ठूँठे कर दिए—उनकी बकरियाँ बिकवा दी जानी चाहिए। जमींदार ने 'अच्छा' कहकर उनका उत्साह बढ़ाकर टाल दिया, क्योंकि बिल्लेसुर की बकरियों पर उनकी निगाह पहले पड़ चुकी थी और वे सरकारी पेड़ों की छँटाई की एक रकम बिल्लेसुर से तय करके लेने लगे थे। गाँववाले दिल का गुबार बिल्लेसुर को बकरिहा कहकर निकालने लगे। जवाब में बिल्लेसुर बकरी के बच्चों के वही नाम रखने लगे, जो गाँववालों के नाम थे।

नौ

नहाकर, रोटी पका-खाकर, शाम के लिए रखकर, बिल्लेसुर बकरियों को लेकर निकले। कन्धे में वही लग्गा पड़ा हुआ। जामुन पक रही थी। एक डाल में लग्गा डालकर हिलाया। लग्गे के एक तरफ हँसिया, दूसरी तरफ लगुसी बँधी थी। फरेंदे गिरे। बिनकर अँगोछे में ले लिए और खाते हुए गलियारे से चले। आगे महावीरजी वाला मन्दिर मिला। चढ़ गए और चबूतरे के ऊपर से मुँह की गुठली नीचे फेंककर महावीरजी के पैर छुए और रोज की तरह कहा—मेरी बकरियों की रखवाली किए रहना। तुलसीदासजी या सीताजी की जैसी अन्तर्दृष्टि न थी। होती, तो देखते। मूर्ति मुस्कुराई। जल्दी-जल्दी पैर छूकर और कहकर मन्दिर के चबूतरे से नीचे उतरे। बकरियों को लेकर गलियारे से होते हुए बाग की ओर चले। दुपहर हो रही थी। पानी का गहरा दौंगरा गिर चुका था। जमीन गीली हो गई थी। ताल-तलैयाँ, गड़ही-गढ़े बहुत-कुछ भर चुके थे। कपास, धान, अगमन, ज्वार-बाजरे, अरहर, सनई, सन, लोबिया, ककड़ी-खीरे, मक्की, उर्द आदि बोने के लोभी किसान तेजी से हल चला रहे थे। किसानी के तंत्र के जानकार बिल्लेसुर पहली वर्षा की मटैली सुगन्ध से मस्त होते हुए मौलिक किसानी करने की सोचते अपनी इसी धुन में बकरियों को लिए जा रहे थे। उन बँटाई उठाए खेतों में एक खेत खुद काश्त के लिए ले लिया था। बरसातवाली किसानी में मिहनत ज्यादा नहीं पड़ती। एक बाह, दो बाह करके बीज डाल दिया जाता है। वर्षा के पानी से खेती फूलती-फलती है। बैल नहीं है, अगमन जोतने-बोने के लिए कोई माँगे न देगा। बिल्लेसुर ने निश्चय किया कि छह-सात दिन में अपने काम-भर की जमीन वे फावड़े से गोड़ डालेंगे। गाँव के लोग और सब खेती करते हैं, शकरकन्द नहीं लगाते। इसमें काफी फायदा होगा। फिर अगहन में उसी खेत में मटर बो देंगे। जब शकरकन्द बैठेगी, रात को ताकना होगा, तब किसी को कुछ देकर रात को तका लेंगे। एक अच्छी रकम हाथ लग जाएगी।

निश्चय के बाद जब बिल्लेसुर इस दुनिया में आए तब देखा, वे बहुत दूर बढ़ आए हैं। आग्रह और उतावली से जाँच की निगाह बकरियों पर डाली—गंगा, यमुना, सरजू, पारवती हैं। सेखाइन, जमील, गुलबिया, सितबिया हैं। रमुआ, स्यमुआ, भगवतिया, परभुआ हैं। टुरुई है, और दिनवा? बिल्लेसुर चौकन्ने होकर देखने लगे, पीछे दूर तक

निगाह दौड़ाई। दीनानाथ न दिखे। कलेजा धक्-से हुआ। दीनानाथ सबसे तगड़े थे, वही पिछड़ गए, या कहाँ गए? बुलाने लगे, "उर्र्र्, उर्र्र्र्! दिनवा, अ ले–अ ले उर्र्र्र्! आव–आव, दिनवा! उर्र्र्, बेटा दीनानाथ, उर्र्र्र्!" टुरुई मिमियाने लगी; दीनानाथ की कोई आहट न मिली। "टुरुई, कहाँ है दिनवा?" टुरुई मिमियाती हुई बिल्लेसुर के पास आ गई। बिल्लेसुर बकरियों को लेकर उसी रास्ते लौटे। उसी नाले के पास लड़के ढोर लिए खड़े थे। बिल्लेसुर को देखकर मुस्कुराए। बिल्लेसुर का हृदय रो रहा था। मुस्कुराहट से दिमाग में गर्मी चढ़ गई। लेकिन जब्त किया। भलमनसाहत से पूछा, "बच्चा, हमारा बकरा इधर रह गया?"

"कौन बकरा?"

"पट्ठा एक, हम दिनवा कहते थे।"

"दिनवा कहते थे तो दिनवा से पूछो। हम नहीं जानते, कहाँ है।"

बिल्लेसुर ने फिर पूछताछ नहीं की। सन्देह हुआ। जी में आया, चलकर नाले के किनारे खोजें, लेकिन बकरियों को किसके भरोसे छोड़ जाएँ, फिर एक बच्चा गायब कर दिया जाए तो क्या करेंगे? जल्दी-जल्दी मकान की तरफ बढ़े। बच्चों और बकरियों को भगाते ले चले। रास्ते में दो-एक आदमी मिले, पूछा, "क्या है बिल्लेसुर, इतनी जल्दी और भगाए लिए जा रहे हो?"

बिल्लेसुर ने कहा, "भैया, एक पट्ठा किसी ने पकड़ लिया है, वहाँ नाले के पास लड़के ढोर लिए खड़े हैं, बताते नहीं।"

सुननेवालों ने कहा, "जानते हो, गाँव में ऐसे चोर हैं कि कठैली भी आँगन में रह जाए तो अटारी से उतरकर उठा ले जाएँ। बोलो तो हार-बाहर बेइज्जत करें। कहाँ कोई गाँव छोड़कर भग जाए?"

बिल्लेसुर बढ़े। दरवाजा खोला। कोठरी में बच्चों को और दहलीज में बकरियों को ताले के अन्दर बन्द करके डंडा लेकर दीना का पता लगाने चले।

पहले दीना के घर गए। पता लगा कि वह घर में नहीं है। वहाँ से सीधी खुश्की से नाले की ओर बढ़े। ऊँचे टीले पर एक लड़का बैठा इधर-उधर देख रहा था। बिल्लेसुर समझ गए। नाले के किनारे-किनारे बढ़े। लड़के ने एक खास तरह की आवाज की। बिल्लेसुर समझ गए कि पास ही कहीं है। बढ़ते गए, बढ़ते गए। दूर एक झाड़ी दिखी, निश्चय हुआ कि यहीं कहीं मरा पड़ा होगा। झाड़ी के पास पहुँचे, वहाँ कोई नहीं था। झाड़ी के भीतर गए। अच्छी तरह देखने लगे, खून से तर जमीन दिखी। तअज्जुब से देखते रहे। बकरा या आदमी न दिखा। चेहरा उतर गया। दिल रो रहा था, लेकिन आँखों में आँसू न थे। कहीं इनसाफ नहीं, सिर्फ लोग नसीहत देते हैं। चलकर कुएँ के पास आए। बहुत गरमा गए थे। जगत पर बैठे। बकरा मार डाला गया। लड़के जानते हैं, लेकिन बतलाते नहीं। आठ रुपए का था। जी रो उठा। कोई मददगार नहीं। ढलते सूरज की धूप सिर पर पड़ रही थी, लेकिन बिल्लेसुर खयाल में ऐसे डूबे थे कि गरमी पहुँचकर भी न पहुँचती थी।

अब बकरियाँ भूखी हैं। शाम हो आई है, चराने का वक्त नहीं। लग्गा नहीं, पत्तियाँ नहीं काटीं। रात को भी भूखी रहेंगी। इस तरह कैसे निबाह होगा? बिना खाए सवेरे दूध न होगा। बच्चे भूखे रहेंगे। दुबले पड़ जाएँगे। बीमारी भी जकड़ सकती है। चोकर रखा है, लेकिन उतनी बकरियों और बच्चों को क्या होगा? रात को पेड़ छाँटना पड़ेगा।

सूरज डूब गया। बिल्लेसुर की आँखों में शाम की उदासी छा गई। दिशाएँ हवा के साथ साँय-साँय करने लगीं। नाला बहा जा रहा था, जैसे मौत का पैगाम हो! लोग खेत जोतकर धीरे-धीरे लौट रहे थे, जैसे घर की दाढ़ के नीचे दबकर, पिसकर मरने के लिए! चिड़ियाँ चहक रही थीं अपने-अपने घोंसले की डाल पर बैठी हुई, रो-रोकर साफ कह रही थीं—रात को घोंसले में जंगली बिल्ले से हमें कौन बचाएगा? हवा चलती हुई इशारे से कह रही थी—सब कुछ इसी तरह बह जाता है।

बिल्लेसुर डंडा लिए धीरे-धीरे गाँव की ओर चले। ढाँढ़स अपने-आप बँध रहा था। दूसरे काम के लिए दिल में ताकत पैदा हो रही थी। भरोसा बढ़ रहा था। गाँव के किनारे आए। महावीरजी का वह मन्दिर दिखा। अँधेरा हो गया था। सामने से मन्दिर के चबूतरे पर चढ़े। चबूतरे-चबूतरे मन्दिर की उलटी प्रदक्षिणा करके, पीछे महावीरजी के पास गए। लापरवाही से सामने खड़े हो गए और आवेग में भरकर कहने लगे, "देख, मैं गरीब हूँ। तुझे सब लोग गरीबों का सहायक कहते हैं, मैं इसीलिए तेरे पास आता था, और कहता था, मेरी बकरियों को और बच्चों को देखे रहना। क्या तूने रखवाली की, बता, लिए थूथन-सा मुँह खड़ा है?" कोई उत्तर नहीं मिला। बिल्लेसुर ने आँखों से आँखें मिलाए हुए महावीरजी के मुँह पर वह डंडा दिया कि मिट्टी का मुँह गिली की तरह टूटकर बीघे-भर के फासले पर जा गिरा।

दस

बिल्लेसुर, जैसा लिख चुके हैं, दुख का मुँह देखते-देखते उसकी डरावनी सूरत को बार-बार चुनौती दे चुके थे। कभी हार नहीं खाई। आजकल शहरों में महात्मा गांधी के बकरी का दूध पीने के कारण, दूध बकरीदी की बड़ी खपत है, इसलिए गाय के दूध से उसका भाव भी तेज है। मुमकिन, देहात में भी यह प्रचलन बढ़ा हो। पर बिल्लेसुर के समय सारा संसार बकरी के दूध से घृणा करता था। जो बहुत बीमार पड़ते थे, जिनके लिए गाय का दूध भी मना था, उन्हें बकरी के दूध की व्यवस्था दी जाती थी। बिल्लेसुर के गाँव में ऐसा एक भी मरीज नहीं आया। जब दूध बेचा नहीं बिका, किसी को कृपा-पात्र बनवाए रहने के लिए व्यवहार में देने पर मुँह बनाने लगा, तब बिल्लेसुर ने खोया बनाना शुरू किया। बकरी के दूध का खोया बनाने में पहले प्रकृति बाधक हुई। बकरी के दूध में पानी का हिस्सा बहुत रहता है। बड़ी लकड़ी लगानी पड़ी। बड़ी देर तक चूल्हे के किनारे बैठा रहना पड़ा। बड़ी मिहनत। पहाड़ खोदने के बाद जब चुहिया

निकली—खोए का छोटा-सा गोला बना, तब मन भी छोटा पड़ गया। भैंस के दूध के सेर-भर में पाव-भर का आधा भी नहीं होता था। धीरज बाँधकर बेचने गए—भजना हलवाई जोतपुरवाले के यहाँ। वह गट्टे काट रहा था, जल्दी में उसने देखा नहीं, तौलकर दाम दे दिए। दूसरे दिन गए तो तौलकर रख लिया।

बिल्लेसुर ने पूछा, "दाम?"

उसने कहा, "दाम कल दे चुका हूँ। मैं समझा था, भैंस का खोया है, यह बकरी का खोया है। बकरी के खोये के आधे दाम भी बहुत हैं, मैं बकरी का खोया नहीं लेता। अब न ले आना, सारी मिठाई बरबाद हो जाती है, गाहक गाली देते हैं—न घी है, न स्वाद। जो कुछ थोड़ा-सा घी निकलता है, वह दूसरे घी में मिलाया नहीं जा सकता—कुल घी बदबू छोड़ने लगता है।"

बिल्लेसुर सिर झुकाकर चुपचाप चले आए। माल है, पर बिकता नहीं। तब तरकीब निकाली। इसमें खोया बनाने से कम मिहनत पड़ती है। कंडे की आग परचाकर हंडी में दूध रख देने लगे। अपना काम भी करते थे, दूध गर्म हो जाने पर ठंडा करके जमा देते थे, दूसरे दिन मथकर मक्खन निकाल लेते थे। मट्ठा खुद भी पीते थे, बच्चों को भी पिलाते थे। मक्खन का घी बनाकर उसमें चौथाई हिस्सा भैंस का घी खरीदकर मिला देते थे, और छटाक आध पाव सस्ते भाव में बाजार जाकर बेच आते थे। देहात में गाय, भैंस और बकरी का मिला घी भी बिकता है। जिनके यहाँ जानवरों की दोनों या तीनों किस्में हैं, वे दूध अलग-अलग नहीं जमाते। बिल्लेसुर का काम चल निकला। बकरे के मारे जाने को उन्होंने हानि-लाभ, जीवन-मरण की फिलॉसफी में शुमार कर अपने भविष्य की ओर देखा। उन्होंने निश्चय किया, बकरियों को हार में चराने न ले जाएँगे, घर में ही खिलाएँगे जब तक खेत तैयार न हो जाए और शकरकन्द की बौंड़ी न लग जाए। सवेरा होते ही बिल्लेसुर फावड़ा लेकर खेत में जुटे। रात को इतनी पत्ती काट लाए थे कि आज दिन-भर के लिए बकरियों को काफी चारा था। बकरियाँ और बच्चे उसी तरह कोठरी और दहलीज में बन्द थे। फावड़े से खेत गोड़ते देखकर गाँव के लोग मजाक करने लगे, लेकिन बिल्लेसुर बोले नहीं, काम में जुटे रहे। दुपहर होते-होते काफी जगह गोड़ डाली। देखकर छाती ठंडी हो गई। दिल को भरोसा हुआ कि छः-सात दिन में अपनी मिहनत से बकरे का घाटा पूरा कर लेंगे। दुपहर होने पर घर आए, नहाकर लप्सी बनाकर और खाकर कुछ देर आराम किया। दुपहर अच्छी तरह ढल गई, तीसरा पहर पूरा नहीं हुआ था, उठकर फिर खेत गोड़ने चले। शाम तक खेत गोड़कर बकरियों के लिए पत्ते काटकर पहर-भर रात होते घर आए। सात दिन की जगह पाँच ही दिन में बिल्लेसुर ने खेत का वह हिस्सा गोड़ डाला। खेत से एक पाटी निकाल ली। लोग पूछते थे—क्या बोने का इरादा है बिल्लेसुर? बिल्लेसुर कहते थे—भंग। देहात में कोई किसी को मन नहीं देता, यों कहीं भी नहीं देता। बिल्लेसुर पता लगाकर शकरकन्द की बौंड़ी ले आए। एक दिन लोगों ने देखा, बिल्लेसुर शकरकन्द लगा रहे हैं। पानी बरसने और शकरकन्द की बौंड़ी के फैलने के साथ बिल्लेसुर आलू की जैसी मेड़ों पर मिट्टी चढ़ाने लगे।

ग्यारह

जब से त्रिलोचन के बैल न लेकर बिल्लेसुर ने बकरियाँ खरीदीं तभी से इस बेचारे को जटने के लिए त्रिलोचन पेच भर रहे थे। बकरियों के बच्चों के बढ़ने के साथ गाँव में धनिकता के लिए बिल्लेसुर का नाम भी बढ़ा। लोग तरह-तरह की राय जाहिर करने लगे। क्वार का महीना। बिल्लेसुर की शकरकन्द की बेलें लहलही दिख रही थीं, लोग अन्दाजा लड़ा रहे थे कि इतने मन शकरकन्द निकलेगी। बिल्लेसुर छप्पर के नीचे बकरी के दूध में सानकर सत्तू-गुड़ खा रहे थे, त्रिलोचन आए। बकरी के बच्चे ढकने का एक झौआ औंधाया था, उस पर चढ़कर बैठने के लिए घूमे, लेकिन बिल्लेसुर को हाथ हिलाते देखकर वहीं जमीन पर बैठ गए।

"एक बड़ी बढ़िया खबर है, बिल्लेसुर।" बिल्लेसुर से मुस्कुराते हुए कहा।

उपदेशक की मुद्रा से हथेली उठाकर बिना कुछ बोले आश्वासन देते हुए, बिल्लेसुर ने समझाया, कुछ देर धीरज रखो।

त्रिलोचन ने पूछा, "भोजन करते बोलते नहीं क्या?"

गम्भीर भाव से आँखें मूँदकर सिर हिलाते हुए बिल्लेसुर ने जवाब दिया। त्रिलोचन अपनी बातचीत का सिलसिला मन-ही-मन जोड़ते रहे।

जल्दी-जल्दी सत्तू खाकर बिल्लेसुर उठे। पनाले के पास बैठकर हाथ धोए, कुल्ले किए, अभ्यास के अनुसार जनेऊ में बँधी ताँबे की दंतखोदनी उठाकर दाँत खरिका किए, फिर कुल्ले किए, और एक डकार छोड़कर सिर झुकाए हुए कोठरी के भीतर गए। त्रिलोचन देखते रहे। बिल्लेसुर एक खटोला निकालकर बाहर ले आए। डालकर कहा, "आओ, जरा सँभलकर बैठना, हचकना नहीं।"

त्रिलोचन उठकर खटोले पर बैठे। एक तरफ बिल्लेसुर बैठे।

त्रिलोचन ने बिल्लेसुर को देखा, फिर आश्चर्य से आँखें निकालकर कहा, "करना चाहो तो एक बड़ा अच्छा ब्याह है।"

विवाह के नाममात्र से बिल्लेसुर की नसों में बिजली दौड़ गई। लेकिन हिन्दू-धर्म के अनुसार उसे उपयोगितावाद में लाते हुए कहा, "अब देखते ही हो, सत्तू खाना पड़ा है। औरत होती तो मरती हुई भी रोटी सेंककर रखती।"

"यथार्थ है," त्रिलोचन गम्भीर होकर बोले।

बिल्लेसुर को बढ़ावा मिला, कहा, "गाँव के चार भाइयों का मोह है, पड़ा हूँ, नहीं तो मरने के लिए दुनिया-भर में मुझे ठौर है।"

"अब यह भी तुम समझाओगे तब समझेंगे?"

बिल्लेसुर का पौरुष जग गया। उन्होंने कहा, "बंगाल गया था, चाहता तो एक बैठा लेता। लेकिन बाप-दादे का नाम भी तो है! सोचा, कौन नाक कटाए? तुम्हीं लोग कहते, बिल्लेसुर ने बाप के नाम की लुटिया डुबो दी।" बिल्लेसुर अपनी भूमिका से एकाएक विषय पर नहीं आ सकते थे। आने के लिए बढ़कर फिर हट जाते थे।

त्रिलोचन ने कहा, "सारा गाँव तुम्हारी तारीफ करता है। गाँव ही नहीं, ग्वेंड़ भी कि बिल्लेसुर मर्द आदमी है।"

बिल्लेसुर ने कहा, "नाम के लिए दुनिया मरती है। इतनी मिहनत हम क्यों करते हैं? नाम ही नहीं तो कुछ नहीं। हमारे बाप मरकर भी नहीं मरे, क्यों? और अगर उसके पोता न रहा तो?"

त्रिलोचन ने कहा, "तुम्हारे जैसा समझदार लड़का जिनके है, उनके पोता कैसे न रहेगा?" कहकर त्रिलोचन गम्भीर हो गए।

बिल्लेसुर ने कहा, "माँ-बाप ही दुनिया के देवता हैं। धर्म तो रहा ही न होता अगर माँ-बाप न रहे होते।"

त्रिलोचन ने कहा, "बेशक! धर्म की रक्षा हर एक को करनी चाहिए। तभी तो धर्म के पीछे जान दे देने के लिए कहा है।"

"अब देखो, खेत में काम करने गए, घर आए, औरत नहीं। बिना औरत के भोजन विधि-समेत नहीं पकता। न जल्दी में नहाते बनता है, न रोटी बनाते, न खाते। धर्म कहाँ रहा?" बिल्लेसुर उत्तेजित होकर बोले।

"हम तो बहुत पहले समझ चुके थे, अब तुम्हीं समझो," कहकर त्रिलोचन ने तीसरी आँख पर मन को चढ़ाया।

बिल्लेसुर ने एक दफा त्रिलोचन को देखा, फिर सोचने लगे, 'देखो, दलाल बनकर आया है। सोचता है, दुनिया में हम ही चालाक हैं। अभी रुपए का सवाल पेश करेगा। पता नहीं, किसकी लड़की है, कौन है! जरूर कुछ दाग होगा। अड़चन यह है कि निबाह नहीं होता। भूख लगती है, इसलिए खाना पड़ता है; पानी बरसता है, धूप होती है, लू चलती है, इसलिए मकान में रहना पड़ता है। मकान क रखवाली के लिए ब्याह करना पड़ता है। मकान का काम स्त्री ही आकर सँभालती है। लोग तरह-तरह की चीज-वस्तुओं से घर भर देते हैं। स्त्री को जेवर-गहने बनवाते हैं। यों सब झोल है—ढोल में सब पोल ही पोल तो है!' बिल्लेसुर को गुरुआइन की याद आई, गाँव के घर-घर का सूना इतिहास आँख के सामने घूम गया। अब तक वे झूठ कहते रहे। यही कारण है कि बुलबुल काँपे में फँसता है। त्रिलोचन के ज्ञान में रहने की प्रतिक्रिया बिल्लेसुर में हुई। फिर यह सोचकर कि अपना क्या बिगड़ता है—इसका मतलब मालूम कर लेना चाहिए, करुण स्वर में बोले, "हाँ, भैया, समझदार तुमको गाँव के सभी मानते हैं।"

खुश होकर त्रिलोचन ने कहा, "ऐसी औरत गाँव में आई नहीं—सोलह साल की, आग-भभूका।"

बिल्लेसुर को देवियों की याद आ गई थी, इसलिए विचलित होकर सँभल गए। कहा, "तुम्हारी आँख कभी धोखा खा सकती है? कहाँ की है?"

"यह तो न बताएँगे, जब ब्याहने चलोगे, तभी मालूम करोगे।"

"पहले तो फलदान चढ़ेंगे, या इसकी भी जरूरत नहीं?"

"फलदान चढ़ेंगे, लेकिन कोई पूछताछ न होगी, तिवारियों के यहाँ की लड़की है। सब काम हमारी मारफत होगा।"

"किस गाँव की है?"

"इतना बता दिया तो क्या रह जाएगा? यह ब्याह से पहले मालूम हो ही जाएगा। मगर एक बात है। उसके यहाँ ब्याह का खर्च नहीं। भलेमानस हैं। लड़की नहीं बेचेंगे, पर खर्च तुम्हें देना होगा।"

"कितना?"

त्रिलोचन हिसाब लगाने लगे, खुलकर कहते हुए, "तुम्हारे यहाँ फलदान चढ़ाने आएँगे तो ठहरेंगे हमारे यहाँ। थाल में सात रुपए रखेंगे और नारियल के साथ एक थान। इसमें बीस रुपए का खर्च है। यह तुम्हें फलदान के दिन से सात रोज पहले दे देना होगा। फिर फलदान चढ़ जाने पर डेढ़ सौ रुपए विवाह के खर्च के लिए उस दिन देना पड़ेगा, सब हमारी मारफत। भले आदमी हैं, नहीं निबाह सकते। तुमसे हाथ फैलाकर लें, तो कैसे? द्वार के चार से ब्याह, भात और बड़हार, बरतौनी तक डेढ़ सौ, दाल में नमक के बराबर भी नहीं। लेकिन तुम्हें भी तो नहीं उजाड़ सकते? कुल में तुमसे बड़े।"

बिल्लेसुर ने कहा, "कुल में बड़े हैं तो ब्याह फलेगा नहीं। मन्नू वाजपेयी ने रुपए न होने से उतरकर ब्याह किया, लड़की बेवा हो गई। भैया, मुझे तो यही बड़ा डर है कि कहीं..."

त्रिलोचन का चेहरा उतर गया। बोले, "घबड़ाते हो नाहक। जितने बड़े हैं, सब बने हुए हैं। अस्ल में बड़े हैं नहीं। मन्नू वाजपेयी की लड़की ने अपने पति को मार डाला। कहते हैं, उसकी उम्र ज्यादा हो गई थी, मायके में ही बिगड़ गई थी, इसलिए मन्नू ने उसका ब्याह उतरकर कर दिया था। अपने यार के कहने पर उसने पति को जहर खिला दिया। वह कुछ दिन से बीमार था, दवा हो रही थी।"

"कहीं यह भी ऐसा ही मुझ पर करे?" बिल्लेसुर शंका की दृष्टि से देखने लगे।

"कहता तो हूँ, किसी तरह का खौफ न खाओ। बिचवासी मैं हूँ। लड़की में न दाग, न कलंक, न चाल-चलन बिगड़ा, न काली-कानी-लँगड़ी-लूली।"

"जब तुम कह रहे हो तो एतबार सोलह आने है। लेकिन पता बिना जाने दस रोज पहले आए नातेदारों से क्या कहूँगा? उनसे यह भी नहीं कहते बनता कि त्रिलोचन भैया जानते हैं। इसीलिए पता पूछता हूँ। दूसरी बात, कुंडली बिचरवा लेनी है। लड़की की कुंडली ले आओ! मैं अपने सामने बिचरवाऊँगा। लड़की मंगली निकली तो बेमौत मरना होगा। ब्याह करना है तो आँखें खोलकर करना चाहिए।"

त्रिलोचन मन से बहुत नाराज हुए। बोले, "ऐसी बातें करते हो, जैसे बाला के हो। तुम्हारे यहाँ वे नहीं आए और कभी कोई भलामानस न आएगा। हम कहते थे कि भद्रा के जैसे मारे इधर-उधर घूमते हो, तुम्हारा घर बस जाए, लेकिन तुम आ गए अपनी असलियत पर। मान लो, तुम्हीं मंगली निकले, तो? कौन बाप अपनी लड़की

तुम्हें सौंप देगा? रही बात नातेदारीवाली, सो हम तो इसे सोलहो आने बेवकूफी समझते हैं। बैठे-बैठाए पच्चीस रुपए का खर्च सिर पर। हम तो कहते हैं, चुपचाप चले चलो, विवाह कर लाओ। लड़की के बाप का नाम मालूम करना चाहते हो तो चले चलो, उनका घर भी देख आओ। लेकिन तुम्हारा जाना शोभित नहीं है, गाँव-भर तुम दोनों को हँसेंगे।''

बिल्लेसुर को कुछ विश्वास हुआ। लेकिन रुपए की सोचकर कटे। लड़की के रूप का मोह भी घेरे था, सैकड़ों कलियाँ चटक रही थीं, खुशबू उड़ रही थी, पर त्रिलोचन पर पूरा-पूरा विश्वास न हो रहा था। पूछा, ''यहाँ से कितनी दूर है?''

''तीन-चार कोस होगा।''

बिल्लेसुर ने सोचा, एक दिन में चलेंगे और लौट भी आएँगे। बकरियों को बड़ी तकलीफ न होगी। पत्ते काटकर डाल जाएँगे। बोले, ''तो चले चलो भैया, देख लेना चाहिए। जिस दिन कहो, तैयारी कर दी जाए।''

त्रिलोचन ने मतलब गाँठकर कहा, ''अच्छा, आज के चौथे दिन चलेंगे।''

बारह

बिल्लेसुर को उस रात नींद न आई। वही रूप देखते रहे। बहुत गोरी है, सोचते रामरतन की स्त्री की याद आई। सोलह साल की है, सोचा तो रामचरन सुकुल की बिटिया की सूरत सामने आ गई। बड़ी-बड़ी आँखें होंगी, जैसे पुखराजबाई की लड़की हसीना की हैं। इस घर में आएगी तो घर में उजाला छाया रहेगा। जिस कोठरी में बच्चे रखे जाते हैं, उसमें उसका सामान रहेगा। बच्चे दहलीज में रहेंगे। एक छप्पर डाल लेंगे, सब ऋतुओं के लिए आराम रहेगा।

एक दफा भी बिल्लेसुर ने नहीं सोचा कि बकरी की लेंड़ियों की बदबू से ऐसी औरत क्या एक दिन भी उस मकान में रह सकेगी?

सवेरे उठकर पड़ोस के गाँव में बजाज के यहाँ गए और कुर्ते का कपड़ा लिया, साफा खरीदा गुलाबी रंग का, धोती एक ली। दर्जी को कुर्ते की नाप दी। उसी दिन बना देने के लिए कहा। गाँव के चमार से जूते का जोड़ा खरीदा।

इधर यह सब कर रहे थे, उधर ताड़ रहे थे कि त्रिलोचन कहाँ है। तीसरे दिन त्रिलोचन घर से निकले। पहनावा और हाथ का डंडा देखकर बिल्लेसुर समझ गए कि जा रहा है, बातचीत करके कल इन्हें ले जाएगा।

चलने की दिशा देखकर अपने साधारण पहनावे से दूर-दूर रहकर, पीछा किया। त्रिलोचन बाबू पुरवा के सीधे कच्ची सड़क छोड़कर मुड़े। बिल्लेसुर दूर पुरवा के किनारे खड़े होकर देखने लगे कि त्रिलोचन दूसरे गाँव के लिए पुरवा से बाहर निकलते न दिखे, तब बिल्लेसुर को विश्वास हो गया कि यहीं है। वे भी गाँव के

भीतर गए। निकास पर एक आदमी मिला। बिल्लेसुर ने पूछा, "यहाँ श्यामपुर के त्रिलोचन आए हैं?"

आदमी ने कहा, "हाँ, वहाँ रामनारायण के यहाँ बैठा है–ठग कहीं का! दोनों एक-से। किसी का गला नाप रहे होंगे।"

बिल्लेसुर का कलेजा धक्-से हुआ। पूछा, "रामनारायण के लड़की-लड़के कुछ हैं?"

आदमी चौंककर बिल्लेसुर को देखने लगा, "तुम कहाँ रहते हो? तुम रामनारायण को नहीं जानते? उस साले के लड़की-लड़के! पूछो, ब्याह भी हुआ है?" आदमी इतना कहकर आगे बढ़ा।

बिल्लेसुर को बड़ी कायली हुई। वे उसी तरफ मन्नी की ससुराल को चले। मन्नी की सास से मिले। भली-बुरी, सुख-दुख की बातें हुईं। बिल्लेसुर ने ढाँढ़स बँधाया। कहा, खर्चा न हो तो आकर ले जाया करो। कहकर एक रुपया हाथ पर रख दिया। मन्नी अच्छी तरह हैं, कहा। उनकी लड़की की अच्छी सेवा होती है, मन्नी उसकी बड़ी देख-रेख रखते हैं। अब वह बहुत बड़ी हो गयी है।

मन्नी की सास बहुत प्रसन्न हुई। रुपया उठा लिया और पूछा, घर बसा या नहीं?

बिल्लेसुर ने जवाब दिया कि घर माँ-बाप के बसाए बसता है।

मन्नी की सास ने कहा कि वे दस-पन्द्रह दिन में आएँगी, तब ब्याह की पक्की बातचीत करेंगी।

बिल्लेसुर पैर छूकर बिदा हुए।

तेरह

त्रिलोचन दूसरे दिन आए और कहा, "बिल्लेसुर, तैयार हो जाओ।"

बिल्लेसुर ने कहा, "मैं तो पहले से तैयार हो चुका हूँ।"

त्रिलोचन खुश होकर बोले, "तो अच्छी बात है, चलो।"

बिल्लेसुर ने कहा, "भैया, मन्नी की मौसिया सास की भतीजी की ससुराल में एक लड़की है, कल आए थे, बातचीत पक्की कर गए हैं, अब तो मुझे माफी दीजिए।"

त्रिलोचन नाराज होकर बोले, "तो वह ब्याह जरूर गैतल होगा। वैसी ही लड़की होगी। हम शर्त बदकर कह सकते हैं।"

मुस्कुराकर बिल्लेसुर ने जवाब दिया, "और तुम्हारा दूध का धोया है? मन्नी की मौसिया सास की भतीजी की ससुराल की लड़की में दाग है, और तुम्हारी में, जिसके न बाप का पता, न माँ का, न गाँव का, न सम्बन्ध का, मखमल का झब्बा लगा है?"

"देखो, फिर पीछे पछताओगे," त्रिलोचन बढ़कर बोले।

"पछताने का काम ही नहीं करते। बहुत समझकर चलते हैं, त्रिलोचन भैया।" बिल्लेसुर ने कड़ाई से जवाब दिया।

"अच्छा, चलकर जरा लड़की तो देख लो–तुम्हें लड़की भी दिखा देंगे।"

"अब लड़की नहीं, लड़की की आजी तक को दिखाओ तो भी मैं नहीं जाऊँगा। जब घर में, अपने नातेदारों में लड़की है तब दूसरी जगह नहीं जाना चाहिए। यह तो धर्म छोड़ना है। गृहस्थ की लड़की का रूप नहीं देखा जाता, गुण देखा जाता है। कहते हैं, रूपवती लड़की बदचलन होती है।"

"तो यह तेरे लिए सावित्री आ रही है! देख ले, अगर गाँव के धिंगरों से पीछा छूटे।"

"यह सब हमें मालूम है। लेकिन घर का सामान लेकर भाग न जाएगी, देख लेना। जो मुसीबत पड़ेगी, झेलेगी। किसी का धर्म बिगाड़ने से नहीं बिगड़ता। गाँव में सबका हाल हमें मालूम है।"

"तू सबको दोष लगा रहा है।"

"मैं किसी को दोष नहीं लगा रहा, सच-सच कह रहा हूँ।"

"अच्छा, बता, हमें क्या दोष लगा है, नहीं तो..."

"तुम चले जाओ यहाँ से, नहीं तो मैं चौकीदार के पास जाता हूँ।"

चौकीदार के नाम से त्रिलोचन चले। करुणा-भरे क्रोध से घूम-घूमकर देखते जाते थे।

बिल्लेसुर अपना काम करने निकले।

चौदह

कातिक लगते मन्नी की सास आईं। कुछ भटकना पड़ा। पूछते-पूछते मकान मालूम कर लिया। बिल्लेसुर ने देखा, लपककर पैर छुए। मकान के भीतर ले गए। खटोला डाल दिया। उस पर एक टाट बिछाकर कहा, "अम्मा, बैठो।"

खटोले पर बैठते हुए मन्नी की सास ने कहा, "और तुम खड़े रहोगे?"

बिल्लेसुर ने कहा, "लड़कों को खड़ा ही रहना चाहिए। आपकी बेटी हैं तो क्या? जैसे बेटी, वैसे बेटा। मुझसे वे बड़ी ही हैं। आप तो फिर धर्म की माँ हैं। पैदा करनेवाली तो पाप की माँ कहलाती है। तुम बैठो, मैं अभी छन-भर में आया।"

बिल्लेसुर गाँव के बनिये के यहाँ गए। पाव-भर शकर ली। लौटकर बकरी के दूध में शकर मिलाकर लोटा भरकर खटोले के सिरहाने रखा। गिलास में पानी लेकर कहा, "लो अम्मा, कुल्ला कर डालो। हाथ-पैर धोने हों तो डोल में पानी रखा है, बैठे-बैठे गिलास से लेकर धो डालो," कहकर दूधवाला लोटा उठा लिया।

मन्नी की सास ने हाथ-पैर धोए। बिल्लेसुर लोटे से दूध डालने लगे, मन्नी की सास पीने लगीं। पीकर कहा, ''बच्चा, मैं बकरी का दूध ही पीती हूँ। इससे बड़ा फायदा है, कुल रोगों की जड़ मर जाती है।''

शाम हो रही थी। आसमान साफ था। इमली के पेड़ पर चिड़ियाँ चहक रही थीं। बिल्लेसुर ने आसमान की ओर देखा और कहा, ''अभी समय है। अम्मा, तुम बैठो। मैं अभी आता हूँ। बकरियों को देखे रहना, नहीं, भीतर से दरवाजा बन्द कर लो। आकर खोलवा लूँगा। यहाँ अम्मा, बकरियों के चोर बड़े लागन हैं।''

बिल्लेसुर बाहर निकले। मन्नी की सास ने दरवाजा बन्द कर लिया।

सीधे खेत-खेत होकर रामगुलाम काछी की बाड़ी में पहुँचे। तब तक रामगुलाम बाड़ी में थे। बिल्लेसुर ने पूछा, ''क्या है?''

रामगुलाम ने कहा, ''भाँटे हैं, करेले हैं, क्या चाहिए?''

बिल्लेसुर ने कहा, ''सेर-भर भाँटे दे दो। मुलायम-मुलायम देना।''

रामगुलाम भाँटे उतारने लगा। बिल्लेसुर खड़े बैंगन के पेड़ों की हरियाली देखते रहे। एक-एक पेड़ ऐंठा खड़ा कह रहा था, 'दुनिया में हम अपना सानी नहीं रखते।' रामगुलाम ने भाँटे उतारकर, तौलकर, मालवाला पलड़ा काफी झुका दिखाते हुए बिल्लेसुर के अँगोछे में डाल दिए। बिल्लेसुर ने पहले अँगोछे में गाँठ मारी, फिर टेंट से एक पैसा निकालकर हाथ बढ़ाए खड़े हुए रामगुलाम को दिया।

रामगुलाम ने कहा, ''एक और लाओ।''

बिल्लेसुर मुस्कुराकर बोले, ''क्या गाँववालों से भी बाजार का भाव लोगे?''

रामगुलाम ने कहा, ''कौन रोज अँगोछा बढ़ाए रहते हो? आज मन चला होगा या कोई नातेदार आया होगा।''

बिल्लेसुर ने कहा, ''अच्छी बात है, कल ले लेना। इस वक्त नहीं है।''

बिल्लेसुर की तरकारी खाने की इच्छा होती थी तो चने भिगो देते थे, फिर तेल-मसाले में तलकर रसेदार बना लेते थे।

लौटते हुए मुरली कहार से कहा, ''कल पहरभर दिन चढ़ते हमें दो सेर सिंघाड़े दे जाना।'' फिर घर आकर दरवाजा खोलवाया। दीया जलाकर बकरियों को दुहा। सवेरे की काटी पत्तियाँ डालीं और रसोई में रोटी बनाने गए। रोटी, दाल, भात, बैंगन की भाजी, आम का अचार, बकरी का गरम दूध और शकर परोसकर, पाटा डालकर, पानी रखकर सासजी से कहा, ''अम्मा, चलो, भोजन कर लो।''

मन्नी की सास शरमाई हुई उठीं, हाथ-पैर धोकर चौके में जाकर प्रेम से भोजन करने लगीं। खाते-खाते पूछा, ''भैंस तो तुम्हारे है नहीं, लेकिन घी भैंस का जान पड़ता है।''

बिल्लेसुर ने कहा, ''गृहस्थी में भैंस का घी रखना ही पड़ता है, कोई आया-गया, अपने काम में बकरी का घी ही लाता हूँ।''

मन्नी की सास ने छककर भोजन किया, हाथ-मुँह धोकर खटोले पर बैठीं। बिल्लेसुर ने इलायची मसाले से निकालकर दी, फिर स्वयं भोजन करने गए। बहुत दिनों बाद तृप्ति

से भोजन करके पड़ोस से एक चारपाई माँग लाए। डालकर, खटोले का टाट उठाकर अपनी चारपाई पर डाला और मन्नी की सास के लिए बंगाल से लाई रंगीन दरी बिछा दी, वहीं का गुरुआइन का पुरानी धोतियों को लपेटकर सीया तकिया लगा दिया। सासजी लेटीं। आँखें मूँदकर बिल्लेसुर की बकरियों की बात सोचने लगीं। जब बिल्लेसुर काछी के यहाँ गए थे, उन्होंने एक-एक बकरी को अच्छी तरह देखा था। गिनकर आश्चर्य प्रकट किया था। इतनी बकरियों और बच्चों से तीन भैंस पालने के इतना मुनाफा हो सकता है, कुछ ज्यादा ही होगा।

बिल्लेसुर धैर्य के प्रतीक थे। मन में उठने पर भी उन्होंने विवाह की बातचीत के लिए कोई इशारा भी नहीं किया। सोचा, 'आज थकी हैं, आराम कर लें, कल अपने-आप बातचीत छेड़ेंगी, नहीं तो यहाँ सिर्फ मुँह दिखाने थोड़े ही आई हैं?'

बिल्लेसुर पड़े थे। एकाएक सुना, खटोले से सिसकियाँ आ रही हैं। साँस को रोककर पड़े सुनते रहे। सिसकियाँ धीरे-धीरे गूँजने लगीं, फिर रोने की साफ आवाज उठने लगी। बिल्लेसुर के देवता कूच कर गए कि खा-पीकर यह कारन करके रोना कैसा? जी धक् से हुआ कि विवाह नहीं लगा, इसकी यह अग्रसूचना है। घबराकर पूछा, "क्यों अम्मा, रोती क्यों हो?"

मन्नी की सास ने रोते हुए कहा, "न जाने किस देश में मेरी बिटिया को ले गए! जब से गए, एक चिट्‌ठी भी न दी।"

बिल्लेसुर ने समझाया, "अम्मा, रोओ नहीं। भाभी बड़े मजे में हैं। मन्नी भैया उनकी बड़ी सेवा करते हैं। मैं जहाँ गया था, मन्नी वहाँ से दूर हैं। हाल मिलते थे। लोग कहते थे, अच्छी नौकरी लग गई है। उनका सारा मन भाभी पर लगा है। अब भाभी उतनी ही बड़ी नहीं हैं। लोग कहते थे–बिल्लेसुर, अब दो-तीन साल में तुम्हारे भतीजा होगा।"

"राम करे, सुख से रहें। हमको तो धोखा दे गए बच्चे! हमारे और कौन था? जिस तरह दिन कटते हैं, हमारी आत्मा जानती है," कहकर मन्नी की सास ने अघाकर साँस छोड़ी।

बिल्लेसुर ने कहा, "जैसे मन्नी, वैसे मैं। तुम यहाँ रहो। खाने की यहाँ कोई तकलीफ नहीं। मुझे भी बनी-बनाई दो रोटियाँ मिल जाएँगी।"

मन्नी की सास बहुत प्रसन्न हुईं। कहा, "बच्चा, फूलो-फलो, तुम्हारा तो आसरा ही है। अब के आई हूँ तो कुछ दिन रहकर जाऊँगी। तुम्हारा काम-काज यहाँ का देख लूँ। ब्याह एक लगा है, हो गया तो उसे तुम्हारी गृहस्थी समझा दूँ।"

"इससे अच्छी बात और क्या होगी!" बिल्लेसुर पौरुष में जगकर बोले।

मन्नी की सास ने कहा, "बच्चा, अब तक नहीं कहा था, सोचा था, जब काम से छुट्‌टी पा जाओगे, तब कहूँगी। ब्याह एक ठीक है। लड़की तुम्हारे लायक, सयानी है। लेकिन हमारी बिटिया की तरह गोरी नहीं। भलेमानुस है। घर का काम-काज सँभाल लेगी। बताओ, राजी हो?"

बिल्लेसुर भक्तिभाव से बोले, "आप जानें। आप राजी हैं तो मैं भी हूँ।"

मन्नी की सास प्रसन्न हुईं। कहा, "ठीक है। कर लो। उसको भी तुम्हारे साथ तकलीफ न होगी। थोड़ी-सी मदद उसकी माँ की तुम्हें करती रहनी पड़ेगी। ब्याह से पहले, बहुत नहीं, तीस रुपए दे दो! गरीब है, कर्जदार है। फिर कुछ-कुछ देते रहना। उसके भी और कोई नहीं। मैं लड़की को तुम्हारे यहाँ ले आऊँगी। यहीं विवाह कर लो। बारात उसके यहाँ ले जाओगे तो कुल खर्चा देना पड़ेगा, इसमें ज्यादा खर्चा बैठेगा। घर में अपने चार नातेदार बुलाकर ब्याह कर लोगे, भले-भले पार लग जाओगे।"

बिल्लेसुर को मालूम दिया, इस जबान में छल नहीं। कहा, "हाँ, बड़ी नेक सलाह है।"

मन्नी की सास कई रोज रहीं। बिल्लेसुर को बना-बनाया खाने को मिला। तीन-चार दिन में रंग बदल गया। उन्होंने आग्रह किया कि ब्याह तक वे यहीं रहें। मन्नी की सास ने भी स्वीकार कर लिया।

गाँव में बिल्लेसुर की चर्चा ने जोर मारा। एक दिन त्रिलोचन ने मन्नी की सास को घेरा और पूछा, "बताओ, ब्याह कहाँ रचा रही हो?"

"अपनी नातेदारी में," मन्नी की सास ने कहा।

"वह कहाँ है?" त्रिलोचन ने पूछा।

"क्यों, क्या बिल्लेसुर तुम्हीं हो?" मन्नी की सास ने आँखें नचाकर पूछा, फिर कहा, "बच्चे, मेरी निगाह साफ है, मुझे तींगुर नहीं लगता। अब तुम बताओ कि तुम बिल्लेसुर के कौन हो?"

बल्ली नहीं लगी। त्रिलोचन बहुत कटे। कहा, "अच्छी बात है, कौन हैं, यह ब्याह होने पर बताएँगे जब उनका पानी बन्द होगा।"

"नातेदार-रिश्तेदार जिसके साथ हैं, उसका पानी परमात्मा नहीं बन्द कर सकते। अच्छा, हमारे घर से बाहर निकलो और गाँव में पानी बन्द करो चलकर।"

त्रिलोचन खिसियाए हुए घर से बाहर निकल गए।

बड़े आनन्द से दिन कट रहे थे। बिल्लेसुर की शकरकन्द खूब बैठी थी। कई रोज उन्होंने मन्नी की सास को शकरकन्द भूनकर बकरी के दूध में खिलाया। मन्नी की सास मन्नी से जितना अप्रसन्न थीं, बिल्लेसुर से उतना ही प्रसन्न हुईं। उन्होंने बिल्लेसुर के उजड़े बाग का एक-एक पेड़, शकरकन्द के खेत की एक-एक लता देखी। उनके आ जाने से ताकने के लिए बिल्लेसुर रात को शकरकन्द के खेत में रहने लगे। दो-एक दिन जंगली सुअर लगे। दो-तीन दिन कुछ-कुछ चोर खोद ले गए। अभी बौंड़ी पीली नहीं पड़ी थी। नुकसान होता देखकर मन्नी की सास ने कुल शकरकन्द खोद लाने की सलाह दी। बिल्लेसुर ने वैसा ही किया। उन्होंने घर में ढेर लगाकर देखा, इतनी शकरकन्द हुई है कि सारा घर भर गया है। एक-एक शकरकन्द जैसे लोढ़ा! मन्नी की सास ने मुस्कुराते हुए कहा, "इससे तुम्हारा ब्याह भी हो जाएगा और काफी शकरकन्द भी खाने को बच रहेगी।"

शकरकन्दों को विश्वास की दृष्टि से देखते हुए बिल्लेसुर ने कहा, "अम्मा, सब तुम्हारा आसिरवाद, नहीं तो मैं किस लायक हूँ?"

सास ने साँस छोड़कर कहा, "मेरा बच्चा जीता होता तो अब तक तुम्हारे इतना हुआ होता। खेती-किसानी करता। मैं मारी-मारी न फिरती।"

बिल्लेसुर ने उन्हें धीरज दिया, कहा, "हमीं तुम्हारे लड़के हैं। तुम कैसी भी चिन्ता न करो। मेरी जब तक साँस चलती है, मैं तुम्हारी सेवा करूँगा। जी न छोटा करो।"

सास ने आँचल से आँसू पोंछे। बिल्लेसुर दूसरे गाँव की तरफ शकरकन्दों का खरीदार लगाने चले। सोचा, बकरियों के लिए लौटकर पत्ते काटूँगा।

दूसरे दिन खरीदार आया और सत्तर रुपये की बिल्लेसुर ने शकरकन्द बेची। सारे गाँव में तहलका मच गया। लोग सिहाने लगे। अगले साल सबने शकरकन्द लगाने की ठानी।

पन्द्रह

कार्तिक की चाँदनी छिटक रही थी। गुलाबी जाड़ा पड़ रहा था। सवन-जाति की चिड़िया कहीं से उड़कर जाड़े-भर इमली की फुनगी पर बसेरा लेने लगी थीं; उनका कलरव उठ रहा था। बिल्लेसुर रात को चबूतरे की बुर्जी पर बैठे देखते थे। पहले शाम को आसमान में हिरनी-हिरन जहाँ दिखते थे, अब वहाँ नहीं हैं। बिल्लेसुर कहते थे, जब जहाँ चरने को चारा होता है, ये चले जाते हैं। शाम से ओस पड़ने लगी थी, इसलिए देर तक बाहर का बैठना बन्द होता जा रहा था। लोग जल्द-जल्द खा-पीकर लेट रहते थे। बिल्लेसुर घर आए। मन्नी की सास ने रोज की तरह रोटी तैयार कर रखी थी। इधर बिल्लेसुर कुछ दिनों से मन्नी की सास की पकाई रोटी खाते हुए चिकने हो चले थे। पैर धोकर चौके के भीतर गए। मन्नी की सास ने परोसकर थाली बढ़ा दी। सास को दिखाने के लिए बिल्लेसुर रोज अगरासन निकालते थे। भोजन करके उठते वक्त हाथ में ले लेते थे और रखकर हाथ-मुँह धोकर कुल्ले करके बकरी के बच्चे को खिला देते थे। अगरासन निकालने से पहले लोटे से पानी लेकर तीन दफे थाली के बाहर से चुवाते हुए घुमाते थे। अगरासन निकालकर टुनकियाँ देते हुए लोटा बजाते थे और आँखें बन्द कर लेते थे। वह कृत्य आज भी किया।

जब भोजन करने लगे तब सासजी बड़ी दीनता से खीसें काढ़कर बोलीं, "बच्चा, अब अगहन लगनेवाला है। कहो तो अब चलूँ।" फिर खाँसकर बोलीं, "वह काम भी तो अपना ही है।"

कौर निगलकर गम्भीर होते हुए मोटे गले से बिल्लेसुर ने कहा, "हाँ, वह काम तो देखना ही है।"

"वही कह रही थी," कुछ आगे खिसककर सासजी ने कहा, "कुछ रुपये अभी दे दो, कुछ बाद को, ब्याह के दो-तीन रोज पहले दे देना।"

रुपये के नाम से बिल्लेसुर कुनमुनाये। लेकिन बिना रुपये ब्याह न होगा, यह समझते हुए एक पंख लगाकर ब्याह पक्का करने लगे। कहा, "अभी तो अम्मा, किसी पण्डित से बिचरवाया भी नहीं गया, न बने तो?"

"बच्चे की बात," पूरे विश्वास से सिर उठाकर मन्नी की सास ने कहा, "उसमें जब कोई दोख नहीं है तब ब्याह बनेगा कैसे नहीं? बच्चे, वह पूरी गऊ है। और उसका ब्याह? वह अब तक होने को रहता? रामखेलावन आए, परदेश से, उलटे पाँव लौट जाना चाहते थे, हाथ जोड़ने लगे—चाची, ब्याह करा दो, जितना रुपया कहो, देंगे। अच्छा भाई, लड़की की अम्मा को मनाकर कुण्डली लेकर बिचरवाने गए, फट से बन गया। लड़की की अम्मा को तीन सौ नगद दे रहे थे। पर सिस्टा की बात, लड़की की अम्मा ने कहा—मेरी बिटिया को परदेस ले जाएँगे, फिर कभी इधर झाँकेंगे नहीं; बीमारी-अरामी बूँदभर पानी को तरसूँगी, रुपये लेकर मैं क्या करूँगी? बना-बनाया ब्याह उखड़ गया। फिर चुकन्दरपुर के जमींदार रामनेवाज आये। उनसे भी ब्याह बन गया। जब फलदान चढ़ने का दिन आया तब लड़की की अम्मा को उनके गाँव के किसी पट्टीदार ने भड़काया कि रामनेवाज अपने बाप का है ही नहीं। बस ब्याह रुक गया। कितने ब्याह आये, सब बन गये लेकिन कोई न हो पाया।"

बिल्लेसुर को निश्चय हो गया कि लड़की के खून में कोई खराबी नहीं। उन्होंने सन्तोष की साँस छोड़ी। मन्नी की सास का भावावेश तब तक मन्द न पड़ा था, बंगालिन की तरह चटककर बोलीं, "अब तुमसे कहती हूँ, हमारे अपने हो, सैकड़ों सच्ची-झूठी बातें न गढ़ती तो वह राँड तुम्हारे लिए राजी न होती।"

बिगड़कर बिल्लेसुर बोले, "तुम तो कहती थीं, बड़ी भलेमानुस है?"

"कहने के लिए, बच्चा ए, भलेमानुस सबको कहते हैं, लेकिन कैसा भी भलामानुस हो, अपनी चित कौड़ी को पट होते देखता है? फिर वह दस बिस्वेवाली तुम्हारे यहाँ कैसे लड़की ब्याह देती? उसको समझाया कि दुरगादास के सुकूल हैं, परदेश कमा के आये हैं, कहो कि एक साथ गिन दें तो ऐसा न होगा, धीरे-धीरे देंगे। आखिर कहाँ जाती, मान गयी। तुमसे इसीलिए कहा, तीस रुपये ब्याह से पहले दो, फिर धीरे-धीरे मदद करते रहो।" सासजी टकटकी बाँधे बिल्लेसुर को देखती रहीं।

इतने कम पर राजी न होना मूर्खता है, समझकर बिल्लेसुर ने कहा, "अच्छा, कल कुण्डली और एक रुपया लेकर चलो, तीन-चार दिन में मैं पण्डित से आकर पूछूँगा कि कैसा बनता है।"

"एक दफे नहीं, बच्चा, दस दफे। लेकिन जब आना तब पन्द्रह रुपये लेते आना कम-से-कम।"

गम्भीर होकर बिल्लेसुर उठे और हाथ-मुँह धोने लगे। मन को समझाती हुई सासजी भोजन करने बैठीं। भोजन के बाद दोनों लेटे और अपनी-अपनी गुत्थी सुलझाते रहे। किसी ने किसी से बातचीत न की। फिर वे सो गए।

पौ फटने से पहले जब आकाश में तारे थे, मन्नी की सास जगीं और बिल्लेसुर को जगाने के इरादे से ऊँचे स्वर से राम-राम जपने लगीं।

बिल्लेसुर उठकर बैठे और आँखें मलकर, स्नेह सूचित करते हुए पूछा, "अम्मा, क्या सबेरे-सबेरे निकल जाने का इरादा है?"

मन्नी की सास ने आँखों में आँसू भरे। कहा, "बच्चा, अब देर करना ठीक नहीं। पिछले पहर चलूँगी तो रात होगी, काम न होगा।"

बिल्लेसुर ने अँधेरे में टटोलकर सन्दूक में रखी कुण्डली निकाली और सासजी को देते हुए कहा, "देखिएगा, कहीं खो न जाए।"

"नहीं, बच्चा, खो क्या जाएगी?" कहकर सासजी ने आग्रह से कुण्डली ली।

बिल्लेसुर ने टेंट से एक रुपया निकाला, सासजी के हाथ में रखकर पैर छुए, कहा, "यह तुम्हें कुछ दे नहीं रहा हूँ।"

"क्या मैं कुछ कहती हूँ, बच्चा?" असन्तोष को दबाकर मन्नी की सास घर के बाहर निकलीं। रास्ते पर आकर एक साँस छोड़ीं और अपने गाँव का रास्ता पकड़ा। अब तक सवेरा हो चुका था।

सोलह

बिल्लेसुर ने इधर बड़ा काम किया। शकरकन्दवाले खेत में मटर बो दिए। उधरवाले में चने बो चुके थे, जो अब तक बढ़ आये थे।

काम करते हुए रह-रहकर बिल्लेसुर को सास की याद आती रही। विवाह की बेल जैसे कलियाँ लेने लगी। काम करते-करते दुचित्ते होने लगे, साँस रुक-रुक जाने लगी, रोएँ खड़े होने लगे।

आखिर चलने का दिन आया। बिल्लेसुर दूध दुहकर, एक हण्डी में मुस्का बाँधकर, दूध लेकर चलने के लिए तैयार हुए। रात के काटे पत्ते रखे थे, बकरियों के आगे डाल दिए।

फिर पानी भरकर घर में स्नान किया। थोड़ी देर पूजा की। रोज पूजा करते रहे हों, यह बात नहीं। पूजा करते समय दरपन कई बार देखा–आँखें और भौंहें चढ़ाकर-उतारकर, गाल फुलाकर-पिचकाकर, होंठ फैलाकर-चढ़ाकर। चन्दन लगाकर एक दफा फिर मुँह देखा। आँखें निकालकर देर तक देखते रहे कि चेचक के दाग कितने साफ दिखते हैं। फिर कुछ देर तक अशुद्ध गायत्री का जप करते रहे–मन में यह निश्चय लिए हुए कि काम पूरा हो जाएगा। फिर पुजापा समेटकर भीतर के एक ताक पर रखकर बासी रोटियाँ निकालीं। भोजन करके हाथ-मुँह धोया, कपड़े पहनने लगे। मोजे के नीचे तक उतारकर धोती पहनी, फिर कुर्ता पहनकर चारपाई पर बैठे, साफा बाँधने लगे। बाँधकर एक दफे फिर उसी तरह दरपन देखा और तरह-तरह की मुद्राएँ बनाते रहे। फिर जेब में छोटा-सा

दरपन और गले में मैला अँगोछा और धुस्सा डालकर लाठी उठाई। जूते पहले के तेलवाए रखे थे, पहन लिए। दरवाजे से निकलकर मकान में ताला लगाया और दोनों नथनों में कौन चल रहा है, दबाकर देखकर, उसी जगह दायाँ पैर तीन दफे दे-दे मारा और दूधवाली हण्डी उठाकर निगाह नीची किये गम्भीरता से चले।

थोड़ी दूर पर भरा घड़ा मिला। बिल्लेसुर खुश हो गए। घड़ेवाली सगुन को सोचकर मुस्कुराई, कहा, "मेरी मिठाई कब ले आते हो?"

काम निकलने के बादवाले आशय से सिर हिलाकर आश्वासन देते हुए बिल्लेसुर आगे बढ़े।

नाला मिला। किनारे रियें और बबूल के पेड़। खुश्की पकड़े चले जा रहे थे। बनियों के ताल के किनारे से गुजरे। देखकर कुछ बगुले इस किनारे से उस किनारे उड़ गये। बिल्लेसुर बढ़ते गये। शमशेरगंज का बैरहना मिला। एक जगह कुछ खजूर और ताड़ के पेड़ दिखे। सामने खेत, हरियाली लहराती हुई। ओस पर सूरज की किरणें पड़ रही थीं। आँखों पर तरह-तरह का रंग चढ़-उतर रहा था। दिल में गुदगुदी पैदा हो रही थी। पैर तेज उठ रहे थे। मालूम भी न हुआ कि हाथ में दूध से भरी भारी हण्डी है।

आम और महुए की कतारें कच्ची सड़क के किनारे पड़ीं। जाड़े की सुहावनी सुनहली धूप छनकर आ रही थी। सारी दुनिया सोने की मालूम दी। गरीबीवाला रंग उड़ गया। छोटे-बड़े हर पेड़ पर पड़ा मौसम का असर उनमें भी आ गया। अनुकूल हवा से तने पाल की तरह अपने लक्ष्य पर चलते गए। इस व्यवसाय में उन्हें फायदा-ही-फायदा है, निश्चय बँधा रहा है। चारों ओर हरियाली। जितनी दूर निगाह जाती थी, हवा से लहराती हरी तरंगें ही दिखती थीं, उनके साथ दिल मिल जाता और उन्हीं की तरह लहराने लगता था।

आशा की सफलता-जैसे, खेत और बगीचे के भीतर से गाँव की दीवारें दिखने लगीं। बिल्लेसुर उतावली से बढ़ते गये। गलियारे-गलियारे गाँव के भीतर पहुँचे। कुएँ की जगत के किनारे नहाने के लिए बनी पक्की चौकी पर बैठे एक वृद्ध सूर्य की ओर मुँह किए काँपते हुए माला जप रहे थे। कुछ आगे बढ़ने पर बढ़इयों का मकान मिला। गाड़ी के पहिए बनने की ठक-ठक दूर तक गूँज रही थी। कुछ आगे दर्जी की दुकान मिली। वहाँ बहुत-से लोग इकट्ठे दिखे। तरह-तरह के रंगीन कपड़े सिलने को आए फैले हुए। दर्जी सिर गड़ाए तत्परता से मशीन चलाता हुआ। एक लड़का चौपाल की दूसरी तरफ बैठा भरी रजाई में टाँके लगाता हुआ। दो आदमी नए कपड़े काटते और मशीन पर चढ़ाने के लिए टाँकते हुए। लोग गौर से रंगों की बहार देखते लाठी के सहारे खड़े गप लड़ाते तम्बाकू थूकते हुए। बिल्लेसुर तद्गतेन मनसा सासजी के मकान की ओर बढ़े चले गये। एक कोलिया के भीतर सासजी का अधगिरा मकान था। दरवाजे खुले थे। आवाज देते हुए भीतर चले गए। सासजी इन्तजार कर रही थीं। देखकर मुस्कुराती हुई उठीं। नजर हण्डी पर थी। बिल्लेसुर ने गर्व से हण्डी रख दी और सासजी के पैर छुए। सासजी ने कुशल पूछी, जैसे एक मुद्दत के बाद मुलाकात हुई हो! फिर

बिछी चारपाई पर ले चलकर बैठाला और गौर से बिल्लेसुर की ब्याहवाली उतावली की आँख देखती रहीं।

कुछ देर तक बिल्लेसुर बैठे गम्भीर होते रहे, फिर आवाज में भारीपन लाकर भले गृहस्थ की तरह पूछा, "ब्याह बिचरवा तो लिया गया होगा?"

सासजी के समन्दर पर जैसे तूफान आ गया। उद्वेल होकर तारीफ करने लगीं—किसी तरह पण्डित के यहाँ गयीं, पण्डित ने बिचारा—आँखें चढ़ाकर कहा, 'साक्षात् लक्ष्मी है, घर पर पैर रखते ही घर भर देगी'—विवाह बहुत बनता है, लड़की वैश्य वर्ण है और देवगण—बिल्लेसुर से कोई बैर नहीं पड़ता। साथ ही यह भी कहा कि कुल में ऊँचे हैं, इसलिए बिल्लेसुर यहाँ अपने को छंगे के नहीं तो दुर्गादासवाले जरूर कहें, नहीं तो उनकी तौहीन होगी।

बिल्लेसुर की बाछें खिल गयीं। विनम्र भाव से कहा, "माँ-बाप का कहना सभी मानते हैं। जैसी आज्ञा होगी, कहने में मुझे एतराज न होगा।"

सासजी ने तृप्ति की साँस छोड़ी। फिर बिल्लेसुर के पास एक पण्डित बुला लाईं। पण्डित ने शीघ्रबोध के अनुसार बनते हुए ब्याह की प्रशंसा की। बिल्लेसुर श्रद्धापूर्वक मान गए। अगली लगन में ब्याह होना निश्चित हो गया और सासजी की आज्ञा के अनुसार उन्हीं के यहाँ से ब्याह होने की बात तय रही। शाम को एक लड़की ले आई गई और दीये के उजाले में बिल्लेसुर ने उसे देखा। उन्हें विश्वास हो गया कि कहीं कोई कलंक नहीं। हाथ-पैर के अलावा उन्होंने उसका मुँह नहीं देखा। उसकी अम्मा से देर तक बातचीत करते रहे। उन्हें ढाँढ़स देकर गाँव की राह ली। रुपये मन्नी की सास को दे आए।

सत्रह

बिल्लेसुर गाँव आये, जैसे कोई किला तोड़ लिया हो! गरदन उठाए घूमने लगे। पहले लोगों ने सोचा, शकरकन्दवाली मोटाई है, बाद को राज खुला। त्रिलोचन दाँत-काटी रोटीवाले मित्र से मिले, वहाँ मालूम हुआ कि वह वही लड़की है जिससे वह गाँठ जोड़ना चाहते थे। गाँव के रँडुओं और बिल्लेसुर से ज्यादा उम्रवाले क्वाँरों पर ब्याह का जैसा पाला पड़ा। त्रिलोचन ने बिल्लेसुर के खिलाफ जली-कटी सुनाते हुए गरमी पहुँचाई, कहा, "ब्राह्मण है! बाप का पता नहीं। किसी भलेमानुस को पानी पिलाने लायक न रहेगा।" लोगों को दिलजमई हुई।

गाँव के बाजदार डोम और परजा बिल्लेसुर को आ-आकर घेरने लगे, खुशामद की चार बातें सुनाते हुए कि घर की सूरत बदली, चिराग रौशन हुआ, सालभर में बाप-दादे का नाम भी जग जाएगा। पहले सूने दरवाजे से साँस लेकर निकल जाते थे, अब अड़े रहेंगे, कुछ लेकर टलेंगे। बिल्लेसुर को ऐसी गुदगुदी होती थी कि झुर्रियों में मुस्कुरा देते

थे। सोचते थे, परजे नाक के बाल बन गए। पतले हाल की परवा न कर चढ़कर ब्याह करने की ठानी, लोग-हँसाई से डरे। परजे ऐसा मौका छोड़कर कहाँ जाएँगे! सोचा, इन्हें कुछ लिया-दिया न गया तो रास्ता चलना दूभर कर देंगे, बाप-दादों से बँधी मेड़ कट जाएगी। भरोसा हुआ कि ब्याह का खर्च निबाह लेंगे।

नाई रोज तेल लगाने और बाल बनाने की पूछने लगा। कहार एक रोज अपने-आप आकर दो घड़े पानी भर गया। बेहना बत्ती बनाने के लिए रुई की चार पिंडियाँ दे गया। चमार आकर पूछ गया, ब्याह के जोड़े नरी के बनाए या मामूली। चौकीदार पासी रोज आधी रात को हाँक लगाता हुआ समझा जाने लगा कि पूरी रखवाली कर रहा है। गंगावासी एक दिन दो जोड़े जनेऊ दे गया। एक दिन भट्टजी आए और सीता स्वयंवर के कुछ कवित्त और भूषण की अमृत ध्वनि सुना गए। गर्ज यह कि इस समय कोई नहीं चूका।

बिल्लेसुर का पासा पड़ा। जमींदार ने उनकी देहली पर पैर रखा। सारा गाँव टूट पड़ा। जमींदार गए थे, ब्याह हो रहा है, कम-से-कम दो रुपये बिल्लेसुर नजर देंगे, फिर मदद के लिए पूछेंगे, कुछ इस तरह वसूल हो जाएगा–जैसे कानपुर से आटा-शकर मँगवाएँगे तो बैलगाड़ी के किराए के अलावा कुछ काट-कपट करा ही ली जा सकेगी। त्रिलोचन भी जमींदार के साथ थे, सोचा था– उनके पीछे पूरी ताकत खर्च कर देंगे, कुछ हाथ लग ही जाएगा। त्रिलोचन को देखकर बिल्लेसुर ने निगाह बदली। जब भी त्रिलोचन तथा दूसरों ने जमींदार के समन्दर पर बरसने के लिए बिल्लेसुर को बहुत समझाया– 'रिक्तपार्णिन पश्येत राजनं देवतां गुरुम्', फिर भी बिल्लेसुर अपनी जगह से हिले नहीं– जमींदार के सम्मान में, बैठे दाँतों में तिनके-सा लिए रहे। कुछ देर बाद जमींदार मन मारकर उठ गए, त्रिलोचन पीछे लगे रहे। आगे बढ़कर अच्छी तरह कान भर दिए कि हुक्म-भर की देर है।

गाँव में दूसरे दिन से बिल्लेसुर की इज्जत चौगुनी हो गई। जमींदार के घर जाने का मतलब लोगों ने लगाया, बिल्लेसुर के हाथ कारूँ का खजाना लगा है। तरह-तरह की मनगढ़न्तें फैलीं।

किसी ने कहा–'सोने की ईंटें उठा लाया है, किसी से बतलाता नहीं, छिपा जोगी है। दो साल में देखो, गाँव खरीदेगा।'

किसी ने कहा–'महाराज के यहाँ से जवाहरात चुरा लाया है, लेकिन घर में नहीं रखे, बाहर कहीं घूरे में या पेड़ तले गाड़ दिए हैं ताकि चोरों के हाथ न लगें।'

ऐसी बातचीत जितनी बढ़ी, बिल्लेसुर के सामने लोगों की आँख उतनी ही झुकती गई। दूसरे गाँव के लोग भी दरवाजे से निकलते हुए बिल्लेसुर को पूछने लगे।

एक दिन नाई को बुलाकर बिल्लेसुर ने कहा, ''मन्नी की ससुराल गोवर्द्धनपुर जाओ और कह आओ, ब्याह बरात ले जाकर करेंगे। लड़की को मन्नी की सास बुला लें। उन्हीं के घर में खम गड़ेगा। बाकी यहाँ आकर समझ जाएँ।''

नाई कह आया। फिर नातेदारों के यहाँ न्योता पहुँचाने चला—एक गाँठ हल्दी, एक सुपारी और तेल-मायन-ब्याह के दिन जबानी। जितने मान्य थे, दोनों जगहों की बिदाई की सोचकर मडलाने लगे।

बिल्लेसुर के बड़प्पन की बात के पर बढ़ चुके थे। वे अवसर नहीं चूके। दूसरे गाँव में गाड़ी माँगी। व्यवहार रखे रहने के लिए मालिक ने गाड़ी दे दी। बिल्लेसुर चक्की से गेहूँ पिसा लाए। गाँव की निठल्ली बेवाओं से दाल दरा ली। मलखान तेली को कानपुर से शक्कर ले आने के लिए कहा। बाकी कपड़ा और सामान गाँव के जुलाहे, काछी, तेली, तम्बोली, डोम और चमारों से तैयार करा लिया। घर के लिए चिन्ता थी कि बकरियों में नातेदारों की गुजर न होगी, वह भी दूर हो गई। सामने रहनेवाली चौधरी की बेवा ने एक कोठरी अपने लिए रखकर बाकी घर छोड़ देने का पूरी उत्सुकता से वचन दिया—बिल्लेसुर की खुली किस्मत से उन्होंने भी शिरकत की।

नातेदार आने लगे, कुल-के-कुल बिल्लेसुर के पिता के मान्य यानी रुपये लेनेवाले। चौधरी के मकान में डेरा डलवाया गया तो चौकन्ने हुए। बकरियों का हाल मालूम कर खिंचे, फिर अलग रहने के कारण से खुश होकर बाहर-ही-बाहर बरतौनी और काट जाने की सोचकर बाजी-सी मार बैठे।

अपने लिए ब्याह के कुछ गहने—कण्ठा, मोहनमाला, बजुल्ला, पहुँची, अँगूठी बिल्लेसुर मँगनी माँग लाए। मुरली महाजन को देने में कोई एतराज नहीं हुआ। वह भी बिल्लेसुर का माहात्म्य सुन चुका था। चढ़ाव का कुल जेवर बिल्लेसुर ने चोरों से खरीदा रुपये में नकद दो आने कीमत चुकाकर। फिर साफ कराकर पटवे से गुहा लिए; कड़े-छड़े पायजेबें रहने दीं।

तेल के दिन डोमों के विकट वाद्य से गाँव गूँज उठा। बिल्लेसुर के अदृश्य वैभव का सब पर प्रभाव पड़ा। पड़ोस के जमींदार ठाकुर तहसील से लौटते हुए दरवाजे से निकले। बिल्लेसुर को देखकर प्रणाम किया। कारूँ के खजाने की सोचकर कहा, "लोगों की आँख देखकर हम कुल भेद मालूम कर लेते हैं। ब्याह करने जा रहे हो, हमारा घोड़ा चाहो तो ले जाओ।"

बिल्लेसुर ने राज दबाकर कहा, "हम गरीब ब्राह्मण, ब्राह्मण की तरह जाएँगे। आप हमारे राजा हैं, सब कुछ दे सकते हैं।"

ठाकुर साहब यह सोचकर मुस्कुराए कि खुलना नहीं चाहता, फिर प्रणाम कर बिदा हुए।

मातृ-पूजन के दूसरे दिन बरात चली। कुआँ पूजा गया। दूध बिल्लेसुर की एक चाची ने पिलाया। पैर लटकाए देर तक कुएँ की जगत पर अड़ी बैठी रहीं। पूछने पर कहा, "हम सोने की ईंट लेंगे।"

बिल्लेसुर समझकर मुस्कुराए।

गाँववाले ने कहा, "बुरा नहीं कहा, आखिर और किस दिन के लिए जोड़कर रखी गयी है?"

बिल्लेसुर ने कहा, "चाची, यहाँ तो निहत्था हूँ। पैर निकालो, लौटकर तुम्हें ईंट ही दूँगा।"

चाची खुश हो गयीं। गाँववालों के मुँह पर हवाइयाँ उड़ने लगीं। उन्हें पूरा विश्वास हो गया कि बिल्लेसुर के पास सोने की पचासों ईंटें हैं।

बरात निकली। अगवानी, द्वारचार, ब्याह, भात, छोटा-बड़ा आहार, बरतौनी, चतुर्थी—कुल अनुष्ठान पूरे किये गये। वहाँ इन्हीं का इन्तजाम था। मान्य कुल मिलाकर पाँच। बाकी कहार, बाजदार, भैयाचार। चार दिन के बाद दुलहन लेकर बिल्लेसुर घर लौटे। फिर अपने धनी होने का राज जीते-जी न खुलने दिया।

ज्योतिर्मयी

"मानती रहें, चूँकि आप ही लोगों ने, आप ही के बनाए हुए शास्त्रों ने, जो हमारे प्रतिकूल हैं, हमें जबरन गुलाम बना रखा है, कोई चारा भी तो नहीं—कैसी बात है!" कमल की पँखुड़ियों-सी उज्ज्वल बड़ी-बड़ी आँखों से देखती हुई, एक संत्रह साल की, रूप की चन्द्रिका, भरी हुई युवती ने कहा।

"नहीं, पतिव्रता पत्नी तमाम जीवन तपस्या करने के पश्चात् परलोक में अपने पति से मिलती है।" सहज स्वर से कहकर युवक निरीक्षक की दृष्टि से युवती को देखने लगा।

युवती मुस्कुराई—तमाम चेहरे पर सुर्खी दौड़ गई। सुकुमार गुलाब के दलों-से लाल-लाल होंठ जरा बढ़े, मर्मरोज्ज्वल मुख पर प्रसन्न-कौतुकपूर्ण एक ज्योतिश्चक्र खोलकर यथास्थान आ गए।

"वाक्य की दरिद्रता!" युवती मुस्कुराती हुई बोली, "अच्छा, बतलाइए तो, यदि पहले ब्याही स्त्री इसी तरह स्वर्ग में अपने पूज्यपाद पति-देवता की प्रतीक्षा करती हो और पतिदेव क्रमशः दूसरी, तीसरी, चौथी पत्नियों को मार-मारकर प्रतीक्षार्थ स्वर्ग भेजते रहें, तो खुद मरकर किसके पास पहुँचेंगे?" युवती खिलखिला दी।

युवक का चेहरा उतर गया।

"आपने इस साल एम.ए. पास किया है, और अँगरेजी में। वहाँ पतिव्रता स्त्रियों की शायद पत्नी-व्रत पुरुषों से ज्यादा जीवनियाँ आपने याद कीं!" युवती ने वार किया।

युवक बड़े भाई की ससुराल गया था। युवती उसी की विधवा छोटी साली है।

"आपने कहाँ तक पढ़ा है?" युवक ने जानना चाहा।

"सिर्फ हिन्दी और थोड़ी-सी संस्कृत जानती हूँ।" डिब्बे को नजदीक लेकर युवती पान लगाने लगी।

"मैं इतना ही कहता हूँ, आपके विचार समाज में तिनके के लिए आग हैं।" ताज्जुब की निगाह देखते हुए युवक ने कहा।

"लेकिन मेरे भी हृदय के मोम के पुतले को गलाकर बहा देने, मुझसे जुदा कर देने के लिए समाज आग है, साथ-साथ यह भी कहिए।" उँगली चूनादानी में, बड़ी-बड़ी आँखों की तेज निगाह युवक की तरफ फेरकर युवती ने कहा, "मैं बारह साल की थी, ससुराल नहीं गई, जानती भी नहीं, पति कैसे थे और विधवा हो गई!"

कई बूँद आँसू कपोलों से बहकर युवती की जाँघ पर गिरे। आँचल से आँखें पोंछ लीं, पान लगाने लगी।

"तम्बाकू खाते हैं आप?" युवती ने पूछा।

"नहीं।" युवक के दिल में सन्नाटा था। इतनी बड़ी, इतने आश्चर्य की, इतनी खतरनाक बात आज तक किसी विधवा युवती की जबान से उसने नहीं सुनी। वह जानता था, यह सब अखबारों का आन्दोलन है। इस तरह की कल्पना भी उसने कभी नहीं की। कारण, वह कान्यकुब्जों के एक श्रेष्ठ कुल में पैदा हुआ था। युवती की बातों से घबरा गया।

"लीजिए।" युवती ने कई बीड़े दिये।

"आप बुरा मत मानिएगा, मैं आपको देख रही थी कि आप कितने दर्दमन्द हैं!" युवती ने साधारण आवाज में कहा।

युवक ने पान ले लिए, पर लिए ही बैठा रहा।

"खाइए," युवती ने कहा, "आपसे एक बात पूछूँ?"

"पूछिए।"

"अगर आपसे कोई विधवा-विवाह करने के लिए कहे?" युवती मुस्कुराई।

"मैं नहीं जानता, यह तो पिताजी के हाथ की बात है।" युवक झेंप गया।

"अगर पिताजी की जगह आप ही अपने मुख्तार आप होते?"

संकुचित होकर, फिर हिम्मत बाँधकर युवक ने कहा, "मुझे विधवा-विवाह करते हुए लाज लगती है।"

युवती मनोभावों को दबाकर छलछलाई आँखों चुप रही। एक बार उसी तरह युवक को देखा, फिर मस्तक झुका लिया।

दूसरे दिन युवक घर चलने लगा। मकान की जेठी स्त्रियों के पैर छुए। इधर-उधर आँखें युवती की तलाश करती रहीं। वह न मिली। युवक दोमंजिले से नीचे उतरा। देखा, दरवाजे के पास खड़ी वह उसी की राह देख रही है। युवक ने कहा, "आज्ञा दीजिए, अब जा रहा हूँ।"

हाथ जोड़कर युवती ने प्रणाम किया। एक पत्र युवक को देकर कहा, "जल्द दर्शन दीजिएगा।"

युवक के हृदय में एक अज्ञात प्रसन्नता की लहर उठी। उसने देखा, नील पलकों के पंखों से युवती की आँखें अप्सराओं-सी आकाश की ओर उड़ जाना चाहती हैं, जहाँ स्नेह के कल्प-वसन्त में मदन और रति नित्य मिलते हैं, जहाँ किसी भी प्रकार की निष्ठुर शृंखला नवोन्मेष को झुका नहीं सकती, जहाँ प्रेम ही आँखों में मनोहर चित्र, कंठ में मधुर संगीत, हृदय में सत्यनिष्ठ भावना और रूप में खूबसूरत आग है।

युवक ने स्नेह के मधुर कंठ से, सहानुभूति की ध्वनि में कहा, "ज्योति!"

युवती निस्संकोच कुछ कदम आगे बढ़ गई। युवक के बिलकुल नजदीक, एक तरह सटकर, खड़ी हो गई। सिर युवक की ठोढ़ी के पास, आँखें आँखों में मिली हुईं। वस्त्र

के स्पर्श से शिराओं में एक ऐसी तरंग बह चली, जिसका अनुभव आज तक उनमें से किसी को न हुआ था। अंगों से आनन्द के परमाणु निकलते रहे। आँखों में नशा छा गया।

"फिर कहूँगा।" युवक लजाकर चल दिया।

"याद रखिएगा–आपसे इतनी ही कर-बद्ध प्रार्थना..."

युवक दृष्टि से ओझल हो गया।

"पिघलकर पत्थर भी उस पत्र को पढ़ने पर बह जाता है वीरेन!" विजय ने सहानुभूति के शब्दों में वीरेन्द्र से कहा।

"दिल के तुम इतने कमजोर हो। नष्ट होते हुए एक समाजक्लिष्ट जीवन का उद्धार तुम नहीं कर सकते विजय? तुम्हारी शिक्षा क्या तुम्हें पुरानी राह का सीधा-साधा एक लद्दू बैल करने के लिए हुई है?" वीरेन्द्र ने नित्य भर्त्सना के शब्दों में कहा।

"पिताजी से कुछ बस नहीं वीरेन, उनके प्रतिकूल कोई आचरण मैं न कर सकूँगा। पर आजीवन-आजीवन मैं सोचूँगा कि दुर्बल समाज की सरिता से एक बहते हुए निष्पाप पुष्प का मैं उद्धार नहीं कर सका, खास तौर से इसलिए कि मुझे उसने तैरना नहीं सिखलाया।"

"तुम्हें एक दूसरी सामाजिक शिक्षा से तैरना मालूम हो चुका है।"

"हाँ, हो चुका है, पर केवल तैरते रहना, फिर किनारे पर लगना नहीं; सब घाट हमारे समाज द्वारा अधिकृत हैं, और केवल तैरते रहना मनुष्य के लिए असम्भव है।"

"तुम कूल पर आ सकते हो।"

"पर उस फूल को लेकर नहीं, तब समाज के किसी भी घाट पर नहीं जा सकता, और केवल कूल इतना बीहड़ है कि मेरे थके हुए पैर वहाँ जम नहीं सकते, वहाँ दृष्टियों का ताप इतना प्रखर है कि वह फूल मुरझा जाएगा, मैं भी झुलस जाऊँगा।"

"तो सारांश यह कि तुम उस पावन मूर्ति अबला का, जिसने तुम्हें बढ़कर प्यार किया–मित्र समझकर गुप्त हृदय की व्यथा प्रकट कर दी, उस देवी का समाज के पंक से उद्धार नहीं कर सकते?"

"देखो, मेरा हृदय अवश्य उसने छीन लिया है, पर शरीर पिताजी का है, वीरेन, मैं यहाँ दुर्बल हूँ।"

"कैसी वाहियात बात! कितनी बड़ी आत्मप्रवंचना है यह! विजय, हृदय शरीर से अलग भी है? जिसने तुम पर क्षण-मात्र में विजय प्राप्त कर ली, उसने तुम्हारे शरीर को भी जीत लिया है। अब उसका तिरस्कार परोक्ष अपना ही है। समाज का धर्म तो उसके लिए भी था–क्या फूटे हुए बरतन की तरह वह भी समाज में एक तरफ निकालकर न रख दी जाती? क्या उसने यह सब नहीं सोच लिया?"

"उसमें और-और तरह की भावनाएँ होंगी।"

"और-और तरह की भावनाएँ उसमें होतीं, तो वह तुम्हारे भाई के ससुरालवालों

के सगर्व मुखों पर अच्छी तरह स्याही पोतकर अब तक कहीं चली गई होती, समझे? वह समझदार है। और, तुम्हारे सामने जो इतना खुली है, इसका कारण काम नहीं, यथार्थ ही तुम्हें उसने प्यार किया है। अच्छा, उसका पता तो बताओ।''

वीरेन्द्र ने नोट-बुक निकालकर पता लिख लिया। फिर विजय से कहा, ''तुम मेरे मित्र हो, वह मेरे मित्र की प्रेयसी है!''

दोनों एक-दूसरे को देखकर हँसने लगे।

इस घटना को कई महीने बीत चुके। अब भाई की ससुराल जाने की कल्पना-मात्र से विजय का कलेजा काँप उठता, संकोच की सर्दी तमाम अंगों को जकड़ लेती, संकल्प से उसे निरस्त हो जाना पड़ता है। उसकी यह हालत देख-देखकर वीरेन्द्र मन-ही-मन पश्चात्ताप करता, पर तब से फिर किसी प्रकार की इच्छा-दबाव उस पर उसने नहीं डाला। विजय इलाहाबाद यूनिवर्सिटी में रिसर्च-स्कॉलर है। वीरेन्द्र बी.ए. पास कर लेने के पश्चात् वहीं अपना कारोबार देखने में रहता है। वह इटावे के प्रसिद्ध रईस नागरमल-भीखमदास फर्म के मालिक मंसाराम अग्रवाल का इकलौता लड़का है।

महीने के लगभग हुआ, वीरेन्द्र इटावे चला गया है, चलते समय विजय से बिदा होकर गया था।

इधर भी, तीन-चार दिन हुए, घर से पत्र द्वारा विजय को बुलावा आया है। जिला उन्नाव, मौजा बीघापुर विजय की जन्मभूमि है।

उसके पिता अच्छी साधारण स्थिति के मनुष्य हैं, माँझगाँव के मिश्र, कुलीन कान्यकुब्ज। विवाह अधिक दहेज के लोभ से उन्होंने रोक रखा था। अब तक जितने सम्बन्ध आये थे, तीन हजार से अधिक कोई नहीं दे रहा था। अब के एक सम्बन्ध आया हुआ है, उसकी तरफ विजय के पिता का विशेष झुकाव है। ये लोग मुरादाबाद के बाशिन्दे हैं। पन्द्रह दिन पहले ही विजय की जन्म-पत्रिका ले गये थे। विवाह बनता है, इसलिए दोबारा पक्का कर लेने को कन्या-पक्ष से कोई आया हुआ है। विजय के पिता और चचा मकान के भीतर आपस में सलाह करते हैं।

''दादा, लेकिन एक पै तो है, ये सनाढ्य ब्राह्मण हैं, ऐसा फिर न हो कि कहीं के भी न रहें।''

''तुम भी, मारो गोली, हमको रुपए से मतलब, हमारे पास रुपया है, तो भाई-बन्द, जात-बिरादरीवाले सब साले आवेंगे, नहीं तो कोई लोटे-भर पानी को न पूछेगा।''

''तो क्या राय है?''

''विवाह करो, और क्या?''

''सात हजार से आगे नहीं बढ़ता।''

''घर घेरे बैठा है, देखते नहीं? धीरे-धीरे दुहो, लेकिन शिकार न निकल जाए।''

"अब फँसा है, तो क्या निकलेगा।"

"डर कौन—बारात में घर के चार जन चले चलेंगे। कहेंगे, दूर है, खर्चा नहीं मिला।"

"वही खर्चा यहाँ करके खिला दिया जाए—है न?"

"ठीक है।"

"बस, यही ठीक है।"

विजय के पिता पं. गंगाधर मिश्र और चचा पं. कृष्णशंकर रक्त-चन्दन का टीका लगाए, रुद्राक्ष की माला पहने, खड़ाऊँ खटपटाते दरवाजे-चौपाल में, नेवाड़ के पलँग पर, धीर-गम्भीर मुद्रा से, सिर झुकाए हुए, आकर बैठ गए। एक मूँज की चारपाई पर कन्या-पक्ष के पं. सत्यनारायण शर्मा मिर्जई पहने, पगड़ी बाँधे बैठे हुए थे। मिश्रजी को देखकर पूछा, "तो क्या आज्ञा देते हैं मिश्रजी?"

पं. गंगाधर ने पं. कृष्णशंकर की ओर इशारा करके कहा, "बातचीत इनसे कीजिए। मकान-मालिक तो यह हैं।"

पं. सत्यनारायण ने पं. कृष्णशंकर की ओर देखा।

"बात यह है पण्डितजी कि दहेज बहुत कम मिल रहा है। आप सोचें कि अब तक सात-आठ हजार रुपया तो लड़के की पढ़ाई में ही लग चुका है। लखनऊ के वाजपेयी आये थे, हमारा-उनका सम्बन्ध भी है, छह हजार देते थे, पर हमने इनकार कर दिया। अब हमको खर्च भी पूरा न मिला, तो लड़के को पढ़ाकर हमने फायदा क्या उठाया? इस सम्बन्ध में (इधर-उधर झाँककर) हमें कुछ मिला भी नहीं, तो इतना गिरकर..."

"अच्छा, तो कहिए, क्या चाहते हैं आप?"

"पन्द्रह हजार।"

"तब तो हमारे यहाँ बरतन भी साबित न रहेंगे।"

"अच्छा, तो आप कहिए।"

"नौ हजार लीजिए।"

"अच्छा, बारह हजार में पक्का।"

पं. सत्यनारायण अपनी अधारी सँभालने लगे।

"ग्यारह हजार देते हैं आप?" पं. कृष्णशंकर ने उभरकर पूछा।

"दस हजार, सही बताइए।"

"अच्छा, पक्का, मगर पाँच हजार पेशगी।"

पं. सत्यनारायण ने कागज, स्टाम्प और हजार-हजार के पाँच नोट निकालकर कहा, "लीजिए, आप दोनों इसमें दस्तखत कीजिए। पहले लिखिए—पं. सत्यनारायण, मुरादाबाद की कन्या से श्रीयुत विजयकुमार मिश्र एम.ए. के विवाह-सम्बन्ध में, जो दस हजार में मय गवहीं और गौने के खर्च के पक्का हुआ है, कन्या के पिता से पाँच हजार पेशगी नकद वसूल पाया, फिर स्टाम्प पर वल्दियत के साथ दस्तखत कीजिए।"

पं. गंगाधर गद्गद हो गए। लिखा-पढ़ी हो गई। विवाह का दिन स्थिर हो गया। तिलक चढ़ गया। तिलक के पहले समय तक विजय को ज्योतिर्मयी की याद आती रही। पर नवीन विवाह के प्रसंग से मन बँट गया। फिर धीरे-धीरे, जैसा हुआ करता है, वह स्मृति भी चित्त के अतल-स्पर्श को चली गई। अब विजय को उसके चरित्र पर रह-रहकर शंका होने लगी है। सोचता है, बुरा फँस गया था, बच गया। सच कहा है, 'स्त्रियश्चरित्रं पुरुषस्य भाग्यं दैवो न जानाति कुतो मनुष्यः?'

अब नई कल्पनाएँ उसके मस्तिष्क में उठने लगी हैं। एक अज्ञात, अपरिचित सुख को जैसे केवल कल्पना के बल से प्रत्यक्ष कर लेना चाहता है, और इस चेष्टा में सुख भी कितना! इतना कभी उसे नहीं मिला। इस अज्ञात रहस्य में वह ज्योतिर्मयी की अम्लान छवि एक प्रकार भूल ही गया।

विजय ने विवाह के उत्सव में मिलने के लिए वीरेन्द्र को लिखा था, पर उसने उत्तर दिया कि 'मैं तो विजय का ही मित्र हूँ, किसी पराजय का नहीं; इस विवाह में मैं शरीक न हो सकूँगा।'

जैसा पहले से निश्चय था, जल्दबाजी का बहाना कर पं. गंगाधर ने जाने-जाने रिश्तेदारों को छोड़कर और किसी को न बुलाया। इसी कारण ज्योतिर्मयी के यहाँ निमंत्रण न पहुँच सका। इधर भी जहाँ कहीं न्योता गया, वहाँ से कुछ ही लोग आए। कारण, सन्देह की हवा बह चुकी थी।

बारात चली। लखनऊ में वीरेन्द्र से विजय की मुलाकात हुई। वीरेन्द्र ने पूछा, "यार, तुम तो ज्योतिर्मयी को भूल ही गए, इतने गल गए इस विवाह में!"

"बात यह है कि इस तरह की स्त्रियाँ समाज के काम की नहीं होतीं।"

"अरे, तुमने तो स्वर भी बदल दिया!"

"क्या किया जाए?"

"और जहाँ विवाह करने जा रहे हो, यही बड़ी सती-सावित्री निकलेगी, इसका क्या प्रमाण मिला है?"

"क्वारी और विधवा में फर्क है भाई!"

"यह मानता हूँ।"

"कुछ संस्कृति का भी खयाल करना चाहिए। संस्कृति से ही सन्तति अच्छी होती है।"

"अरे, तुम तो पूरे पण्डित हो गए!"

"अपने कुल का सबको खयाल रहता है—केतहु काल कराल परै, पै मराल न ताकहिं तुच्छ तलैया।"

"अच्छा!"

"जी हाँ।"

"तब तो, जी चाहता है, तुम्हारे साथ मैं भी चलूँ।"

"चलो, मैंने तो तुम्हें लिखा भी था, पर तुम दुनिया की वास्तविकता का विचार तो करते नहीं, विचारों की दीवारें उठाया-गिराया करते हो।"

"अच्छा भई, अब वास्तविकता का आनन्द भी ले लें। कहो, कितने गिनाए?"

"दस हजार।"

"दस हजार! उसके मकान में लोटा तो मजबूत न छोड़ा होगा?"

"कान्यकुब्ज कुलीन हैं।"

"वे कोई मामूली कान्यकुब्ज होंगे?"

"बहुत मामूली नहीं, 17 बिस्वे मर्यादवाले हैं।"

"हूँ।" वीरेन्द्र सोचने लगा। 'तुमसे घृणा हो गई है। जाओ, अब नहीं जाऊँगा। तुम इतने नीच हो!'

वीरेन्द्र शहर की ओर चला गया। बारात मुरादाबाद चली।

विवाह हो गया। पं. सत्यनारायण शर्मा ने वर-यात्रियों का हृदय से स्वागत-सम्मान किया। खोरे में पाँच हजार नकद दिए और कन्या को पाँच हजार का जेवर ऊपर से बनवा दिया। विजय को सोने की चेन, जेब-घड़ी, रिस्ट-वाच, साइकिल, अँगूठी और कुछ और सामान देकर खुश किया।

बड़ा-छोटा 'बड़हार' हो गया। चतुर्थी के बाद कन्या के साथ बारात बिदा हुई।

वर-कन्या के लिए पं. सत्यनारायणजी ने एक सेकंड-क्लास-कम्पार्टमेंट पहले से रिजर्व्ड करा रखा था, और लोगों के लिए इंटर-क्लास अलग।

पं. सत्यनारायण हाथ जोड़कर पं. गंगाधर और कृष्णशंकर आदि से बिदा हुए। कन्या से कहा, "बेटी, वहाँ पहुँचकर अपने समाचार जल्द देना।" गाड़ी छूट गई।

प्रणय से विजय का चित्त चपल हो उठा। अब तक जिस अदेख मुख पर असंख्यों कल्पनाएँ उसने की थीं, उसे देखने को यह कितना शुभ, सुन्दर अवसर मिला! उसने पिता को, ससुर को, समाज को भरे आनन्द के छलकते हृदय से बार-बार धन्यवाद दिया। साथ युवती बहू का घूँघट उठा चन्द्रमुख को देखने की चकोर-लालसा प्रबल हो उठी। डाकगाड़ी पूरी रफ्तार से जा रही है।

विजय उठकर बहू के पास चलकर बैठा। सर्वांग काँप उठा। घूँघट हटाने के लिए हाथ उठाया। कलाई काँपने लगी। उस कम्पन में कितना आनन्द है! रोएँ-रोएँ के भीतर से आनन्द की गंगा बह चली।

विजय ने बहू का घूँघट उठाया, त्रस्त होकर चीख उठा, "ऐं! तुम हो?"

"विवाह का यही सुख है!" ज्योतिर्मयी की आँखों से घृणा मध्याह्न की ज्वाला की तरह निकल रही थी। 'छिः! मैंने यह क्या किया! यह वही विजय–संयत, शान्त, वही विजय है? ओह, कैसा परिवर्तन! इसके साथ अब अपराधी की तरह, सिकुड़कर घर के एक कोने में मुझे सम्पूर्ण जीवन पार करना होगा। इससे मेरा वैधव्य शतगुण, सहस्र-गुण

अच्छा था। वहाँ कितनी मधुर-मधुर कल्पनाओं में पल रही थी! वीरेन्द्र, तुम्हारे-जैसा सिंह पुरुष ऐसे सियार का भी साथ करता है? तुमने इधर डेढ़ महीने से मेरे लिए कितना दुःख, कितना कष्ट, मुझे और अपने इस अधम मित्र को सुखी करने के विचार से, स्वीकार किया! 18 हजार खर्च किए! तुम्हारे मैनेजर–सत्यनारायण–मेरे कल्पित पिता–वह देवताओं का निर्मल परिवार।' ज्योतिर्मयी मन-ही-मन और कितना न जाने क्या-क्या सोच रही थी।

विजय ने पूछा, "तुम वहाँ कैसे गईं?"

"वीरेन्द्र से पूछना," ज्योतिर्मयी ने कहा।

ज्योतिर्मयी मिश्र-खानदान में मिल गई है, पर वीरेन्द्र फिर विजय से नहीं मिला।

देवी

बारह साल तक मकड़े की तरह शब्दों का जाल बुनता हुआ मैं मक्खियाँ मारता रहा। मुझे यह खयाल था कि मैं साहित्य की रक्षा के लिए चक्रव्यूह तैयार कर रहा हूँ। इससे उसका निवेश भी सुन्दर होगा और उसकी शक्ति का संचालन भी ठीक-ठीक। पर लोगों को अपने फँस जाने का डर होता था, इसलिए इसका फल उलटा हुआ। जब मैं उन्हें साहित्य के स्वर्ग ले चलने की बातें कहता था, तब वे अपने मरने की बातें सोचते थे, यह भ्रम था। इसलिए मेरी कद्र नहीं हुई। मुझे बराबर पेट के लाले रहे। पर फाकेमस्ती में भी मैं परियों के ख्वाब देखता रहा, इस तरह अपनी तरफ से मैं जितना लोगों को ऊँचा उठाने की कोशिश करता गया, लोग उतना मुझे उतारने पर तुले रहे और चूँकि मैं साहित्य को नरक से स्वर्ग बना रहा था, इसीलिए मेरी दुनिया भी मुझसे दूर होती गई, अब मौत से जैसे दूसरी दुनिया में जाकर मैं उसे लाश की तरह देखता होऊँ। 'दूबर होत नहीं कबहूँ पकवान के विप्र, मसान के कुकर' की सार्थकता मैंने दूसरे मित्रों में देखी, जिनकी निगाह दूसरों की दुनिया की लाश पर थी। वे पहले फटीचर थे, पर अब अमीर बन गए हैं, दोमंजिला मकान खड़ा कर लिया है, मोटर पर सैर करते हैं। मुझे देखते हैं, जैसे मेरा-उनका नौकर-मालिक का रिश्ता हो! नक्की स्वरों में कहते हैं, 'हाँ, अच्छा आदमी है, जरा सनकी है।' फिर बड़े गहरे पैठकर मित्र के साथ हँसते हैं। वे उतनी दूर बढ़ गए हैं, मैं जिस रास्ते पर था, उसी पर खड़ा हूँ। जिसके लिए मेरी इतनी बदनामी हुई, दुनिया से मेरा नाम उठ जाने को हुआ, जो कुछ था, चला गया, उस कविता को जीते-जी मुझे भी छोड़ देना चाहिए। जिसे लोग खुराफात समझते हैं, उसे न लिखना हो तो लोगों की समझ की सच्ची समझ होगी? रतिशास्त्र, वनिता-विनोद, काम-कल्याण में मश्क करते कौन देर लगती है? चार किताबों की रूह छानकर एक किताब लिख दूँगा। 'सीता', 'सावित्री', 'दमयन्ती' आदि की पावन कथाएँ आँख मूँदकर लिख सकता हूँ। तब बीवी के हाथ 'सीता' और 'सावित्री' आदि देकर बगल में, 'चौरासी आसन' दबानेवाले दिल से नाराज न होंगे। उनकी इस भारतीय संस्कृति को बिगाड़ने की कोशिश करके ही बिगड़ा हूँ। अब जरूर सँभलूँगा। राम, श्याम जो-जो थे पूजने-पुजानेवाले, सब बड़े आदमी थे। बगैर बड़प्पन के तारीफ कैसे? बिना राजा हुए राजर्षि होने की गुंजाइश नहीं, न ब्राह्मण हुए बगैर ब्रह्मर्षि होने की है। वैश्यर्षि या शूद्रर्षि कोई था, इतिहास नहीं, शास्त्रों में भी प्रमाण नहीं, अर्थात् नहीं हो सकता। बात यह कि बड़प्पन चाहिए। बड़ा

राज्य, ऐश्वर्य, बड़े पोथे, तोप, तलवार, गोले-बारूद, बन्दूक-किर्च, रेल-तार, जंगी जहाज, टारपेडो, माइन, सबमेरीन-गैस, पल्टन-पुलिस, अट्टालिका-उपवन आदि-आदि सब बड़े-बड़े इतने कि वहाँ तक आँख नहीं फैलती, इसलिए कि छोटे समझें कि वे कितने छोटे हैं। चन्द्र, सूर्य, वरुण, कुबेर, यम, जयन्त, इन्द्र, ब्रह्म, महेश तक बाकायदा बाहिसाब ईश्वर के यहाँ भी छोटे से बड़े तक मेल मिला हुआ है।

होटल के बरामदे में एक आरामकुर्सी पर पैर फैलाकर लेटा हुआ इस तरह के विचारों से मैं अपनी किस्मत ठोंक रहा था। चूँकि यह तैयारी के बाद का भाषण न था, इसलिए इसके भाव में बेभाव की बहुत पड़ी होंगी, आप लोग सँभाल लीजिएगा। बड़े होने के खयाल से ही मेरी नसें तन गईं और नाममात्र के अद्‌भुत प्रभाव से मैं उठकर रीढ़ सीधी कर बैठ गया। सड़क की तरफ बड़े गर्व से देखा, जैसे कुछ कसर रहने पर भी बहुत कुछ बड़ा आदमी बन गया होऊँ। मेरी नजर एक स्त्री पर पड़ी।

वह रास्ते के किनारे बैठी थी—एक फटी धोती पहने हुए। बाल कटे हुए। तअज्जुब की निगाह से आने-जानेवालों को देख रही थी। तमाम चेहरे पर स्याही फिरी हुई। भीतर से एक बड़ी तेज भावना निकल रही थी, जिसमें साफ लिखा था : 'यह क्या है?' उम्र पच्चीस साल से कम। दोनों स्तन खुले हुए। प्रकृति की मारों से लड़ती हुई, मुरझाकर, मुमकिन है, किसी को पच्चीस साल से कुछ ज्यादा जँचे, पास एक लड़का डेढ़ साल का खेलता हुआ, संसार की स्त्रियों की एक भी भावना नहीं, उसे देखते ही मेरे बड़प्पनवाले भाव उसी में समा गए और फिर वही छुटपन सवार हो गया। मैं उसी की चिन्ता करने लगा, 'यह कौन है—हिन्दू या मुसलमान? इसके एक बच्चा भी है। पर इन दोनों का भविष्य क्या होगा? बच्चे की शिक्षा, परवरिश क्या इसी तरह रास्ते पर होगी? यह क्या सोचती होगी—ईश्वर, संसार, धर्म और मनुष्यता के सम्बन्ध में?'

इसी समय होटल के नौकर को मैंने बुलाया। उसका नाम है संगमलाल। मैं उसे संग-मलाल कहकर पुकारता था। आने पर मैंने उससे उस स्त्री की बाबत पूछा। संगमलाल मुझे देखकर मुस्कुराया। बोला, "वह तो पागल है, और गूँगी भी है, बाबू। आप लोगों की थालियों से बची रोटियाँ दे दी जाती हैं," कहकर हँसता हुआ बात को अनावश्यक जानकर अपने काम पर चला गया।

मेरी बड़प्पनवाली भावना को इस स्त्री के भाव ने पूरा-पूरा परास्त कर दिया। मैं बड़ा हो भी जाऊँ, मगर इस स्त्री के लिए कोई उम्मीद नहीं। इसकी किस्मत पलट नहीं सकती। ज्योतिष का सुख-दुःख चक्र इसके जीवन में अचल हो गया है। सहते-सहते अब दुःख का अस्तित्व इसके पास न होगा। पेड़ की छाँह या किसी खाली बरामदे में दोपहर की लू में, ऐसे ही एकटक कभी-कभी आकाश को बैठी हुई देख लेती होगी। मुमकिन है, इसके बच्चे की हँसी उस समय उसे ठंडक पहुँचाती हो! आज तक कितने वर्षा-ग्रीष्म इसने झेले हैं, पता नहीं। लोग नेपोलियन की वीरता की प्रशंसा करते हैं। पर यह कितनी बड़ी शक्ति है, कोई नहीं सोचता। सब इसे पगली कहते हैं, पर इसके इस परिवर्तन के क्या वही लोग कारण नहीं? किसे क्या देकर, किससे क्या लेकर लोग बनते-बिगड़ते हैं,

यह सूक्ष्म बातें कौन समझा सकता है? यह पगली भी क्या अपने बच्चे की तरह रास्ते पर पली है? सम्भव है, पहले सिर्फ गूँगी रही हो, विवाह के बाद निकाल दी गई हो या खुद तकलीफ पाने पर निकल आई हो, और यह बच्चा रास्ते के किसी ख्वाहिशमन्द का सुबूत हो!

मैं देख रहा था, ऊपर के धुएँ के नीचे दीपक की शिखा की तरह पगली के भीतर की परी इस संसार को छोड़कर कहीं उड़ जाने की उड़ान भर रही थी। वह साँवली थी, दुनिया की आँखों को लुभानेवाला उसमें कुछ न था, दूसरे लोग उसकी रुखाई की ओर रुख न कर सकते थे, पर मेरी आँखों को उसमें वह रूप देख पड़ा, जिसे मैं कल्पना में लाकर साहित्य में लिखता हूँ, केवल वह रूप नहीं, भाव भी। इस मौन-महिमा आकार-इंगितों की बड़े-बड़े कवियों ने कल्पना न की होगी। भाव-भाषण मैंने पढ़ा था, दर्शनशास्त्रों में मानसिक सूक्ष्मता के विश्लेषण देखे थे, रंगमंच पर रवीन्द्रनाथ का किया अभिनय भी देखा था, खुद भी गद्य-पद्य में थोड़ा-बहुत लिखा था, चिड़ियों तथा जानवरों की बोली बोलकर उन्हें बुलानेवालों की भी करामात देखी थी, पर वह सब कृत्रिम था, यहाँ सब प्राकृत। यहाँ माँ-बेटे के मनोभाव कितनी सूक्ष्म व्यंजना से संचारित होते थे, क्या लिखूँ! डेढ़-दो साल के कमजोर बच्चे को माँ मूक भाषा सिखा रही थी। आप जानते हैं, वह गूँगी थी। बच्चा माँ को कुछ कहकर न पुकारता था, केवल एक नजर देखता था, जिसके भाव में वह माँ को क्या कहता, आप समझिए; उसकी माँ समझती थी, तो क्या वह पागल और गूँगी थी?

पगली का ध्यान ही मेरा ज्ञान हो गया। उसे देखकर मुझे बार-बार महाशक्ति की याद आने लगी। महाशक्ति का प्रत्यक्ष रूप संसार को इससे बढ़कर ज्ञान देनेवाला और कौन-सा होगा? राम, श्याम और संसार के बड़े-बड़े लोगों का स्वप्न सब इस प्रभात की किरणों में दूर हो गया। बड़ी-बड़ी सभ्यता, बड़े-बड़े शिक्षालय चूर्ण हो गए। मस्तिष्क को घेरकर केवल यही महाशक्ति अपनी महत्ता में स्थित हो गई। उसके बच्चे में भारत का सच्चा रूप देखा और उसमें—क्या कहूँ, क्या देखा!

देश में शुल्क लेकर शिक्षा देनेवाले बड़े-बड़े विश्वविद्यालय हैं। पर इस बच्चे का क्या होगा? इसके भी माँ है। वह देश की सहानुभूति का कितना अंश पाती है—हमारी थाली की बची रोटियाँ, जो कल तक कुत्तों को दी जाती थीं। यही, यही हमारी सच्ची दशा का चित्र है। वह माँ अपने बच्चे को लेकर राह पर बैठी हुई धर्म, विज्ञान, राजनीति, समाज, जिस विषय को भी मनुष्य होकर मनुष्यों ने आज तक अपनाया है, उसी की भिन्न रुचिवाले पथिक को शिक्षा दे रही है—पर कुछ कहकर नहीं। कितने आदमी समझते हैं? यही न समझना संसार है—बार-बार वह यही कहती है। उसकी आत्मा से यही ध्वनि निकलती है—संसार ने उसे जगह नहीं दी, उसे नहीं समझा, पर संसारियों की तरह वह भी है, उसके भी बच्चा है।

एक रोज मैंने देखा, नेता का जुलूस उसी रास्ते से जा रहा था। हजारों आदमी इकट्ठे थे। जय-जयकार से आकाश गूँज रहा था। मैं उसी बरामदे पर खड़ा स्वागत देख रहा था। पगली भी उठकर खड़ी हो गई थी। बड़े आश्चर्य से लोगों को देख रही थी। रास्ते पर इतनी बड़ी भीड़ उसने नहीं देखी। मुँह फैलाकर, भौंहें सिकोड़कर आँखों की पूरी ताकत से देख रही थी–समझना चाहती थी, वह क्या था। क्या समझी, आप समझते हैं? भीड़ में उसका बच्चा कुचल गया और रो उठा। पगली बच्चे की गर्द झाड़कर चुमकारने लगी और फिर कैसी ज्वालामयी दृष्टि से जनता को देखा। मैं यही समझता हूँ। नेता दस हजार की थैली लेकर गरीबों के उपकार के लिए चले गए–जरूरी-जरूरी कामों में खर्च करेंगे।

एक दिन पगली के पास एक रामायणी समाज में कथा हो रही थी। मैंने देखा, बहुत-से भक्त एकत्र थे। इतवार का दिन था। दो बजे से साहित्य-सम्राट् गोस्वामी तुलसीदासजी की रामायण का पाठ शुरू हुआ, पाँच बजे समाप्त। उसमें हिन्दुओं के मँजे स्वभाव को साहित्य-सम्राट् गोस्वामी तुलसीदासजी ने और माँज दिया है, आप लोग जानते हैं! पाठ सुनकर, मँजकर भक्तमंडली चली। दुबली-पतली ऐश्वर्य-श्री से रहित पगली बच्चे के साथ बैठी हुई मिली। एक ने कहा, इसी संसार में स्वर्ग और नरक देख लो। दूसरे ने कहा, कर्म के दंड हैं। तीसरा बोला, सकल पदारथ है जग माहीं, कर्महीन नर पावत नाहीं। सब लोग पगली को देखते, शास्त्रार्थ करते चले गए।

संगमलाल ने मुझसे कहा, "बाबू, यह मुसलमान है।" मैंने उससे पूछा, "तुम्हें कैसे मालूम हुआ?" उसने बतलाया, "लोग ऐसा ही कहते हैं कि पहले यह हिन्दू थी फिर मुसलमान हो गई। इसका बच्चा मुसलमान से पैदा हुआ है, पहले यह पागल नहीं थी, न गूँगी, बाद को हो गई।" मैंने सुन लिया। संगम ने किस खयाल से कहा, मैं सोच रहा था। उन दिनों कई आदमियों से बातें करते हुए मैंने पगली का जिक्र किया; साहित्य, राजनीति आदि कई विषयों के आदर्श पर बहस थी, कुछ हँसकर चले गए, कुछ गम्भीर होकर और कुछ-कुछ पैसे उसे देने के लिए देकर।

मैंने हिन्दू, मुसलमान, बड़े-बड़े पदाधिकारी, राजा, रईस–सबको उस रास्ते में जाते समय पगली को देखते हुए देखा। पर किसी ने दिल से भी उसकी तरफ देखा, ऐसा नहीं देखा। जिन्हें अपने को देखने-दिखाने की आदत पड़ गई है, उनकी दृष्टि में दूसरे की सिर्फ तसवीर आती है, भाव नहीं, यह दर्शन मुझे मालूम था। जिन्दा को मुर्दा और मुर्दा को जिन्दा समझना भ्रम भी है और ज्ञान भी, बाड़ियों में आदमी का पुतला देखकर हिरन और सियार जिन्दा आदमी समझते हैं, उसी तरह ज्ञान होने पर गिलहरियाँ बदन पर चढ़ती हैं, आदमी उन्हें पत्थर जान पड़ता है। ऊपरवाले आदमी पगली को देखते हुए किस कोटि में जाते थे, भगवान जानें।

एक दिन शहर में पलटन का प्रदर्शन हो रहा था। पगली फुटपाथ पर बैठी थी। मैं उसी बरामदे में नंगे बदन खड़ा सिपाहियों को देख रहा था। मेरी तरफ देख-देखकर कितने सिपाही मुस्कुराए। मेरे बालों के बाद मुँह की तरफ देखकर लोग मिस-फैशन

कहते हैं। थिएटर, सिनेमा में यह सम्बोधन दशाधिक बार एक ही रोज सुनने को मिला है। रास्ते पर भी छेड़खानी होती है, मैं कुछ बोलता नहीं। क्योंकि सबसे अच्छा जवाब है बालों को कटा देना। पर ऐसा करूँ, तो मुझे दूसरों की समझ की खुराक न मिले। मैं सोचता हूँ, आवाज कसनेवालों पर एक हाथ रखूँ, तो छठी का दूध याद आ जाए, यह वे नहीं देखते। मैं समझ गया, सिपाही भी मिस-फैशन से खुश होकर हँस रहे हैं। लत तो है। मेरे ग्रीक कट, पाँच फीट साढ़े ग्यारह इंच लम्बे, जरूरत से ज्यादा चौड़े और चढ़े मोढ़ों के कसरती बदन को देखकर किसी को आतंक नहीं हुआ। इसका निश्चय कर मैं पगली की तरफ देखने लगा। पगली बैठी थी। सिपाही मिलिटरी ढंग से लेफ्ट-राइट, लेफ्ट-राइट दुरुस्त, दर्प से, जितना ही पृथ्वी को दहलाते हुए चल रहे थे, पगली उतना ही उन्हें देख-देखकर हँस रही थी। गोरे गम्भीर हो जाते थे। मैंने सोचा, मेरा बदला इसने चुका लिया। पगली ने खुशी में बच्चे को भी शरीक करने की कोशिश की—माँ अच्छी चीज, अच्छी तालीम बच्चे को देती है। पगली पास बैठे बच्चे की ओर देखकर चुटकी बजाकर सिपाहियों की तरह छँगुली से हवा को कोंच-कोंचकर दिखा रही थी और हँसती हुई जैसे कह रही थी—'खुश तो हो? कैसा अच्छा दृश्य है!'

कई महीने हो चुके। आदान-प्रदान से पगली की मेरी गहरी जान-पहचान हो गई। पगली मुझे अपना शरीर-रक्षक समझने लगी। उसे लड़के बहुत तंग करते थे। मैं वहाँ होता था, तो विचित्र ढंग से मुँह बनाकर मुझसे सहानुभूति की कामना करती हुई, अपार करुणा से देखती हुई, लड़कों की तरफ इशारा करती थी। मुझे देखकर लड़के भग जाते थे। इस तरह मेरी-उसकी घनिष्ठता बढ़ गई। वह मुझे अपना परम हितकारी मानने लगी। मैं खुद भी पैसे देता था और मित्रों से भी दिला देता था, पगली यह सब समझती थी। एक दिन मुझे मालूम हुआ, उसके पैसे बदमाश रात को छीन ले जाते हैं। यह मनुष्यों का विश्वव्यापी धर्म सोचकर मैं चुप हो गया। चुरा जाने पर पगली भूल जाती थी, छिन जाने पर, कम प्रकाश में किसी को न पहचानकर रो लेती थी।

एक दिन मेरे एक मित्र ने पगली से मजाक किया। किसी ने उन्हें बतलाया था कि इसके पास बड़ा माल है, मिट्टी में गाड़-गाड़कर इसने बड़े पैसे इकट्ठे किए हैं। मेरे मित्र पगली के पास गए और मुस्कुराते हुए ब्याजवाली बात समझाकर दो रुपए उधार माँगे। उनकी बात सुनकर पगली जी खोलकर हँसी, फिर कमर से तीन पैसे निकालकर निःसंकोच देने लगी।

•

गरमी की तेज लू और बरसात की तीव्र धार पगली और उसके बच्चे के ऊपर से पार हो गई। लोग—जो समर्थ कहलाते हैं—केवल देखते रहे। पास एक खाली मकान के बरामदे में, पानी बरसने पर, वह आश्रय लेती थी। जब तक वह उठकर बिस्तरा उठाकर जाए-जाए, तब तक उसका बिस्तरा भीग जाता था, वह भी नहा जाती थी। फिर उसी गीले में पड़ी रहती। उसका स्वास्थ्य धीरे-धीरे टूटने लगा। उसे तपस्या करने की आदत

थी, काम करने की नहीं। उसके हाथ-पैर बैठे-बैठे जकड़ गए थे। पानी के लिए रास्ते के उस पार जाना पड़ता था। पानी की कल उसी तरफ थी। इस पार से उस पार तक इतना रास्ता पार करते उसे आधे घंटे से ज्यादा लग जाता था। एक फर्लांग पर कोई इक्का या ताँगा आता होता, तो पगली खड़ी हुई उसके निकल जाने की प्रतीक्षा करती रहती। उसकी मुद्राएँ देखकर कोई मनुष्य समझ जाता कि उस इक्के या ताँगे से दब जाने का उसे डर हो रहा है। साधारण आदमी तब तक चार बार रास्ता पार करता। एक इक्का निकल जाता, फिर दूसरा आता हुआ देख पड़ता। पगली अपनी जगह जमी हुई चलने के लिए दो-एक दफे झूमकर रह जाती। उसकी मुख-मुद्रा ऐसी विरक्ति सूचित करती थी, वह उतनी खुली भाषा थी कि कोई भी उसे समझ लेता कि वह कहती है, 'यह सड़क क्या मोटर-ताँगे-इक्केवालों के लिए ही है? इन्हें देखकर मैं खड़ी होऊँ, मुझे देखकर ये क्यों न खड़े हों?' बड़ी देर बाद पगली को रास्ता पार करने का मौका मिलता। तब तक उसकी प्यास कितनी बढ़ती थी, सोचिए।

एक दिन हम लोग ब्लैक कुइन खेल रहे थे। शाम को पानी बरस चुका था। पगली उसी खाली मकान के बरामदे पर थी। हम लोगों ने खाना खाकर खेल शुरू किया था। होटल के गेट की बिजली जल रही थी। फुटपाथ पर मेज और कुर्सियाँ डाल दी गई थीं। दस बज चुके थे। बच्चे को सुलाकर पगली किसी जरूरत से बाहर गई थी। उसका बच्चा सोता हुआ करवट बदलकर दो हाथ ऊँचे बरामदे से नीचे फुटपाथ पर आ गिरा, जोर से चीख उठा। मेरे साथ के खिलाड़ी आलोचना करने लगे, "जान पड़ता है, पगली कहीं गई है, है नहीं।" होटल के एक अमीरदिल बोर्डर ने संगम से कहा, "देख रे, पगली कहीं हो, तो बुला तो दे।"

इनकी बातचीत में वह भाव था, जिसके चाबुक ने मुझे उठने को विवश कर दिया। मैंने उस बच्चे को दौड़कर उठा लिया। मेरे एक मित्र ने कहा, "अरे, यह गन्दा रहता है।" मैं गोद में लेकर उसे हिलाने लगा। उतनी चोट खाया हुआ बच्चा चुप हो गया, क्योंकि इतना आराम उसे कभी नहीं मिला। उसकी माँ इस तरह बच्चे को सुख के झूले में झुलाना नहीं जानती। जानती भी हो तो उसमें शक्ति नहीं। बच्चे को आँखों के प्यार से गोद का सुख ज्यादा प्यारा है। इसे इस तरह की मारें बहुत मिली होंगी, पर इस तरह का सुख एक बार भी न मिला होगा। इसलिए वह चोट की पीड़ा भूल गया और सुख की गोद में पलकें मूँदकर बात-की-बात में सो गया। मैंने उसे फिर उसकी जगह पर सावधानी से सुला दिया।

अब धीरे-धीरे जाड़ा पड़ने लगा था। मेरे मित्र श्रीयुत नैथाणी ने कहा, "एक रोज पगली का बच्चा गिर गया था, आपने गोद में उठा लिया था। दीवान साहब तब जग रहे थे, मुझे भी देखने को जगा दिया।" मैं चुप रहा। मन में कहा, 'यह कोई बड़ी बात तो थी नहीं, बुद्ध एक बकरे के लिए जान दे रहे थे। जब हममें बड़ी-बड़ी बातें पैदा होंगी, तब हम इन बातों की छुटाई समझेंगे। आज तो तरीका उलटा है। जिसकी पूजा होनी चाहिए, वह नहीं पुजता; जो कुछ पुजता है, वही अधिक पुजने लगता है!'

जाड़ा जोरों का पड़ने लगा। एक रोज रात बारह बजे के करीब रास्ते में पिल्ले की-सी कूँ-कूँ सुन पड़ी। मैं एक कहानी समाप्त करके सोने का उपक्रम कर रहा था। होटल में और सब लोग सो चुके थे। मैं नीचे रास्ते के सामनेवाले कमरे में रहता था। होटल का दरवाजा बन्द हो चुका था। पर मैं अपना दरवाजा खोलकर बाहर गया। देखता हूँ, एक पाया हुआ मामूली काला कम्बल ओढ़े बच्चे को लिए पगली फुटपाथ पर पड़ी है। जब उसे दुनिया का, अपने अस्तित्व का ज्ञान होता है, तब हाड़ तक छिद जानेवाले जाड़े से काँपकर वह ऐसे करुण स्वर से रोती है। जमीन पर एक फटी-पुरानी ओस से भीगी कथरी बिछी, ऊपर पतला कम्बल। ईश्वर ने मुझे केवल देखने के लिए पैदा किया है। मेरे पास जो ओढ़ना है, वह मेरे लिए भी ऐसा नहीं कि खुली जगह सो सकूँ। पुराने कपड़े होटल के नौकर माँग लेते हैं—मथुरा मेरा कुर्ता, जो उसके अचकन की तरह होता है, बाँहें काटकर रात को पहनकर सोता है, संगम मेरी धोती से अपनी धोती साँटकर ओढ़ता है, महाराज ने राखी बाँधकर कम्बल माँगा था, अभी तक मैं नहीं दे सका। मैं सोचने लगा, यह कम्बल पगली को किसने दिया होगा? याद आया, सामने के धनी बंगाली घराने की महिलाएँ बड़ी दयालु हैं, कभी-कभी पगली को धोती और उसके लड़के को अँगरेजी फ्रॉक पहना देती थीं—उन्हीं ने दिया होगा। ऐसे ही विचार में मेरी आँख लग गई।

होटल के मालिक से नाराज होकर, गुट्ट बाँधकर एक रोज बारह-तेरह बोर्डर निकल गए। सब विद्यार्थी थे। मुझे जानते थे। कुछ कैनिंग कॉलेज के थे, कुछ क्रिश्चियन कॉलेज के। मुझसे उनके प्रमुख दो लॉ-क्लास के विद्यार्थियों ने आकर कहा, "जनाब, ऐसा तो हो नहीं सकता कि हम उस महीने का खर्च यहाँ देकर, वहाँ पेशगी फिर एक महीने का खर्च दें—धीरे-धीरे प्रोप्राइटर को रुपए देंगे, हमारे पास घर से खर्च तो एक महीने का आता है, अब वहाँ जाकर लिखेंगे, खर्च आएगा, तब देंगे। होटल छोड़ने के लिए कई बार हम लोगों से मैनेजर कह चुके हैं। बीच में छोड़ दिया, तो हम कहीं के न हुए। इम्तिहान सिर पर है। हमने पहले से अपना इन्तजाम कर लिया।" मुझे खयाल आया, अब पगली की रोटियाँ भी गयीं। वह अब चल भी नहीं सकती कि दूसरी जगह से माँग लाए। विद्यार्थी मन में सोचते हुए गए (अब मालूम हो रहा है) कि जैसा सड़ा खाना खिलाया है, दामों के लिए वैसे ही सड़क पर चक्कर खिलवाएँगे।

उनके जाने से होटल सूना हो गया। निश्चय हुआ कि इस महीने के बाद बन्द कर दिया जाएगा। संगम मेरे पास उस जाड़े में दी हुई एक बनियानी पहने हुए मुट्ठियाँ दोनों बगलों में दबाए संसार का एक्स (X) बना हुआ सुबह-सुबह आकर बोला, "बाबूजी, मेरी दो महीने की तनख्वाह बाकी है, आप दस रुपया काटकर मैनेजर साहब को बिल चुकाइएगा।" मैंने उसे धैर्य दिया। दस रुपए की कल्पना से खुलकर हँसता हुआ बड़े मित्र-भाव से संगम मुझे देखने लगा। मैंने देखा, हँसते वक्त उसका मुँह नवयुवतियों की आँखों को मात कर कानों तक फैल गया है।

दो-तीन दिन बाद एक मकान किराए पर लेकर मैनेजर को अपनी बेयरर चेक दस्तखत करके देने से पहले मैंने कहा, "आपको चेक दिलवाने के लिए गंगा पुस्तकालय

जाता हूँ, चेक में दस रुपए कम होंगे, संगम की दो महीने की तनख्वाह बाकी है? उसने कहा है–मेरे रुपए रोककर होटल को रुपए दीजिएगा।'' मैनेजर यानी प्रोप्राइटर साहब ने संगम को बुलाया। कहा, ''क्यों रे, तू हमें बेईमान समझता है?'' संगम सिटपिटा गया, मारे डर के उसकी जबान बन्द हो गई। मैनेजर साहब उसे घूरकर मेरी ओर देखकर बोले–''आप मुझे ही दीजिएगा, नौकरों की इस तरह आदत बिगड़ जाएगी।'' मैं सतहत्तर रुपए का चेक मैनेजर साहब को देकर किराए के दूसरे मकान में चला आया। मेरे साथ मेरे मित्र कुँवर साहब भी आए।

एक रोज पगली का हाल सुनकर उनके मामा साहब एक नफीस बारीक कम्बल पगली को देने के लिए दे गए। मैंने कुँवर साहब से कहा, ''रजाई ठीक थी, इससे कीमत में भी ज्यादा नहीं होगी और पगली का जाड़ा भी छूट जाएगा।'' कुँवर साहब अपनी रजाई देने के लिए देकर बड़े दिन की छुट्टियों में घर गए। मैं रजाई लेकर पगली को उढ़ा आया। दो-तीन दिन बाद मेरे मित्र श्रीयुत नैथाणी मिले। कहा, ''पगली अस्पताल भेज दी गई। डॉक्टर का कहना है, उसे डबल निमोनिया हो गया है। बचेगी नहीं। उसका बच्चा श्रीदयानन्द अनाथालय भेज दिया गया है। पगली बच्चे को छोड़ती न थी। पगली को ले जानेवाले इक्के की बगल से निकलती हुई मोटर के धक्के से एक स्वयंसेवक के पैर में सख्त चोट आ गई है, इसी ने सबसे पहले गन्दगी से न डरकर पगली को उठाया था।''

एक रोज सुबह उसी तरह बगल में मुट्ठी दबाए हुए संगम ने आकर कहा, ''बाबू, आपका चेक भुनाकर मैनेजर साहब भाग गए हैं।''

''नहीं, संगम,'' मैंने समझाया, ''मैनेजर साहब बड़े अच्छे आदमी हैं। घर रुपए लेने गए हैं। उन्हें कई सौ रुपए देने हैं–लकड़ी, घी, आटा, दूध और किराए के। लौटकर रुपए दे देंगे।'' संगम वैसा ही फिर हँसा।

चतुरी चमार

चतुरी चमार डाकखाना चमियानी, मौजा गढ़ाकोला, जिला उन्नाव का एक कदीमी बाशिन्दा है। मेरे ही नहीं, मेरे पिताजी के, बल्कि उनके भी पूर्वजों के मकान के पिछवाड़े, कुछ फासले पर, जहाँ से होकर कई और मकानों के नीचे और ऊपरवाले पनालों का, बरसात और दिन-रात का शुद्धाशुद्ध जल बहता रहता है, ढाल से कुछ ऊँचे एक बगल चतुरी चमार का पुश्तैनी मकान है। मेरी इच्छा होती है, चतुरी के लिए 'गौरवे बहुवचनम्' लिखूँ, क्योंकि साधारण लोगों के जीवनचरित या ऐसे ही कुछ लिखने के लिए सुप्रसिद्ध सम्पादक पं. बनारसीदास चतुर्वेदी द्वारा दिया हुआ आचार्य द्विवेदीजी का प्रोत्साहन पढ़कर मेरी श्रद्धा बहुत बढ़ गई है, पर एक अड़चन है, गाँव के रिश्ते में चतुरी मेरा भतीजा लगता है। दूसरों के लिए वह श्रद्धेय अवश्य है, क्योंकि वह अपने उपानह-साहित्य में आजकल के अधिकांश साहित्यिकों की तरह अपरिवर्तनवादी है। वैसे ही देहात में दूर-दूर तक उसके मजबूत जूतों की तारीफ है। पासी हफ्ते में तीन दिन हिरन, चौगड़े और बनैले सूअर खदेड़कर फाँसते हैं, किसान अरहर की ठूँठियों पर ढोर भगाते हुए दौड़ते हैं—कँटीली झाड़ियों को दबाकर चले जाते हैं; छोकड़े बेल, बबूल, करील और बेर के काँटों के भरे रुँधवाये बागों से सरपट भागते हैं, लोग जेंगरे पर मड़नी करते हैं, द्वारिका नाई न्योता बाँट्ता हुआ दो साल में दो हजार कोस से ज्यादा चलता है, चतुरी के जूते अपरिवर्तनवाद के चुस्त रूपक जैसे टस से मस नहीं होते। यह जरूर है कि चतुरी के जूते जिला बाँदा के जूतों से वजन में हलके बैठते हैं, सम्भव है, चित्रकूट के इर्द-गिर्द होने के कारण वहाँ के चर्मकार भाइयों पर रामजी की तपस्या का प्रभाव पड़ा हो, इसलिए उनका साहित्य ज्यादा ठोस हुआ, चतुरी वगैरह लखनऊ के नजदीक होने के कारण नवाबों के साये में आए हों। उन दिनों मैं गाँव में रहता था। घर बगल में होने के कारण, घर बैठे ही मालूम कर लिया कि चतुरी चतुर्वेदी आदिकों से सन्त-साहित्य का कहीं अधिक मर्मज्ञ है, केवल चिट्ठी लिखने का ज्ञान न होने के कारण एक क्रिया होकर भी भिन्नफल है। वे पत्र-पुस्तकों के सम्पादक हैं, यह जूतों का। एक रोज मैंने चतुरी आदि के लिए चरस मँगवाकर अपने ही दरवाजे पर बैठक लगवाई। चतुरी उम्र में मेरे चाचाजी से कुछ ही छोटा होगा, कई घरों के लड़के-बच्चे समेत 'चरस-रसिक रघुपति-पद-नेहु' लोध आदि के सहयोग से मजीरेदार डफलियाँ लेकर वह रात आठ बजे आकर डट गया। कबीरदास, सूरदास, तुलसीदास, पलटूदास आदि ज्ञात-अज्ञात अनेकानेक सन्तों के भजन

होने लगे। पहले मैं निर्गुण शब्द का केवल अर्थ लिया करता था, लोगों को 'निर्गुण पद है' कहकर संगीत की प्रशंसा करते हुए सुनकर हँसता था, अब गम्भीर हो जाया करता हूँ, जैसे उम्र की बाढ़ के साथ अक्ल बढ़ती है। मैं मचिया पर बैठकर भजन सुनने लगा। चतुरी आचार्य-कंठ से लोगों को भूले पदों की याद दिला दिया करता। मुझे मालूम हुआ, चतुरी कबीर-पदावली का विशेषज्ञ है। मुझसे उसने कहा, "काका, ये निर्गुण-पद बड़े-बड़े विद्वान नहीं समझते।" फिर शायद मुझे भी उन्हीं विद्वानों की कोटि में शुमार कर बोला, "इस पद का मतलब..." मैंने उतरे गले से बात काटकर उभरते हुए कहा, "चतुरी, आज गा लो, कल सुबह आकर मतलब समझाना। मतलब से गाने की तलब चली जाएगी।" चतुरी खखारकर गम्भीर हो गया। फिर उसी तरह डिक्टेट करता रहा। बीच-बीच में ओजस्विता लाने के लिए चरस की पुट चलती रही। गाने में मुझे बड़ा आनन्द आया। ताल पर तालियाँ देकर मैंने भी सहयोग दिया। वे लोग ऊँचे दर्जे के उन गीतों का मतलब समझते थे, उनकी नीचता पर यह एक आश्चर्य मेरे साथ रहा। बहुत-से गाने आलंकारिक थे। वे उनका भी मतलब समझते थे। एक बजे रात तक मैं बैठा रहा। मुझे मालूम न था कि 'भगत' कराने के अर्थ रातभर गँवाने के हैं। तब तक आधी चरस भी खत्म न हुई थी। नींद ने जोर मारा। मैंने चतुरी से चलने की आज्ञा माँगी। चरस की ओर देखते हुए उसने कहा, "काका, फिर कैसे काम बनेगा?" मैंने कहा, "चतुरी, तुम्हारी काकी तो भगवान के यहाँ चली गयीं, जानते ही हो–भोजन अपने हाथ पकाना पड़ता है, कोई दूसरा मदद के लिए है नहीं, जरा आराम न करेंगे, तो कल उठ न पाएँगे।" चतुरी नाराज होकर बोला, "तुम ब्याह करते ही नहीं, नहीं तो तेरह काकी आ जाएँ–हाँ, वैसी तो...।" मैंने कहा, "चतुरी, भगवान की इच्छा।" दुखी हृदय से सहानुभूति दिखलाते हुए चतुरी ने कहा, "काकी बहुत पढ़ी-लिखी थीं। मैंने कई चिट्ठियाँ उनसे लिखवाई हैं।" फिर जलती हुई चिलम में दम लगाकर धुआँ पीकर, सिर नीचे की ओर जोर से दबाकर, नाक से धुआँ निकालकर बैठे गले से बोला, "काकी रोटी भी करती थीं, बर्तन भी मलती थीं और रोज रामायण भी पढ़ती थीं, बड़ा अच्छा गाती थीं काका, तुम वैसा नहीं गाते, बुढ़ऊ बाबा (मेरे चाचा) दरवाजे बैठते थे। भीतर काकी रामायण पढ़ती थीं। गजलें और न जाने क्या-क्या–टिल्लाना गाती थीं–क्यों काका?" मैंने कहा, "हूँ, तुम लोग चतुरी, गाओ, मैं दरवाजा बन्द करके सुनता हूँ।" जगने तक भगत होती रही। फिर कब बन्द हुई, मालूम नहीं। जब आँख खुली, तब काफी दिन चढ़ आया था। मुँह धोकर दरवाजा खोला, चतुरी बैठा एकटक दरवाजे की ओर देख रहा था। कबीर-पदावली का अर्थ उससे किसी ने नहीं सुना। मैंने सुबह सुनने के लिए कहा था, वह आया हुआ है। मैंने कहा, "क्यों चतुरी, रात सोए नहीं?" चतुरी सहज-गम्भीर मुद्रा से बोला, "सोकर जगे तो बड़ी देर हुई, बुलाने की वजह से आया हुआ हूँ।" जिनमें शक्ति होती है, अवैतनिक शिक्षक वही हो सकते हैं। मैंने कहा, "मैं तैयार हूँ, पहले तुम कबीर साहब की कोई उलटवाँसी सीधी करो।"..."कौन सुनाऊँ?" चतुरी ने कहा, "एक से एक बढ़कर हैं। मैं कबीरपन्थी हूँ न काका, जहाँ गिरह लगती है, साहब आप खोल देते हैं।" मैंने कहा, "तुम पहुँचे

हुए हो, यह मुझे कल ही मालूम हो गया था।'' चतुरी आँख मूँदकर शायद साहब का ध्यान करने लगा, फिर सस्वर एक पद गुनगुनाकर गाने लगा, फिर एक-एक कड़ी गाकर अर्थ समझाने लगा। उसके अर्थ में अनर्थ पैदा करना आनन्द खोना था। जब वह भाष्य पूरा कर चुका, जिस तरह के भाष्य से हिन्दीवालों पर 'कल्याण' के निरामिष लेखों का प्रभाव पड़ सकता है, मैंने कहा, ''चतुरी, तुम पढ़े-लिखे होते, तो पाँच सौ की जगह पाते।'' खुश होकर चतुरी बोला, ''काका, कहो तो अर्जुनवा (चतुरी का सत्रह साल का लड़का) को पढ़ने के लिए भेज दिया करूँ, तुम्हारे पास पढ़ जाएगा, तुम्हारी विद्या ले लेगा, मैं भी अपनी दे दूँगा, तो कहो, भगवान की इच्छा हो जाए तो कुछ हो जाए।'' मैंने कहा, ''भेज दिया करो। दीया घर से लेकर आया करे। हमारे पास एक ही लालटेन है, बहुत नजदीक घिसेगा, तो गाँववाले चौंकेंगे। आगे देखा जाएगा। लेकिन गुरु-दक्षिणा हम रोज लेंगे। घबराओ मत। सिर्फ बाजार से हमारे लिए गोश्त ले आना होगा और महीने में दो दिन चक्की से आटा पिसवा लाना होगा। इसकी मेहनत हम देंगे। बाजार तुम जाते ही हो।'' चतुरी को इस सहयोग से बड़ी खुशी हुई। एक प्रसंग पर आने के विचार से मैंने कहा, ''चतुरी, तुम्हारे जूते की बड़ी तारीफ है।'' खुश होकर चतुरी बोला, ''हाँ, काका, दो साल चलता है।'' उसमें एक दर्द भी दबा था। दुखी होकर कहा, ''काका, जमींदार के सिपाही को एक जोड़ा हर साल देना पड़ता है। एक जोड़ा भगतवा देता है, एक जोड़ा पंचमा। जब मेरा ही जोड़ा मजे में दो साल चलता है, तब ज्यादा लेकर कोई चमड़े की बरबादी क्यों करे?'' कहकर डबडबाई आँखों देखता हुआ जुड़े हाथों सेवईं-सी बटने लगा।

मुझे सहानुभूति के साथ हँसी आ गई। मगर हँसी को होंठों से बाहर न आने दिया। सँभलकर स्नेह से कहा, ''चतुरी, इसका वाजिब-उल-अर्ज में पता लगाना होगा। अगर तुम्हारा जूता देना दर्ज होगा, तो इसी तरह पुश्त-दर-पुश्त तुम्हें जूते देते रहने पड़ेंगे।''

चतुरी सोचकर मुस्कुराया। बोला, ''अब्दुल-अर्ज में दर्ज होगा, क्यों काका?'' मैंने कहा, ''हूँ, देख लो, सिर्फ एक रुपया हक लगेगा।''

वक्त बहुत हो गया था। मुझे काम था। चतुरी को मैंने बिदा किया। वह गम्भीर होकर सिर हिलाता हुआ चला। मैं उसके मनोविकार पढ़ने लगा, 'वह एक ऐसे जाल में फँसा है, जिसे वह काटना चाहता है। भीतर से उसका पूरा जोर उभर रहा है, पर एक कमजोरी है, जिसमें बार-बार उलझकर रह जाता है।'

अर्जुन का आना जारी हो गया। उन दिनों बाहर मुझे कोई काम न था, देहात में रहना पड़ा। गोश्त आने लगा। समय-समय पर लोध, पासी, धोबी और चमारों का ब्रह्मभोज भी चलता रहा। घृतपक्व मसालेदार मांस की खुशबू से जिसकी भी लार टपकी, आप निमंत्रित होने को पूछा। इस तरह मेरा मकान साधारण जनों का अड्डा, बल्कि House of Commons हो गया। अर्जुन की पढ़ाई उत्तरोत्तर बढ़ चली। पहले-पहल जब 'दादा,

मामा, काका, दादी, नानी' उसने सीखा, तो हर्ष में उसके माँ-बाप सम्राट्-पद पाए हुए को छापकर छलके। सब लोग आपस में कहने लगे, अब अर्जुनवा 'दादा-दादी' पढ़ गया। अर्जुन अपने बाप चतुरी को दादा और माँ को दीदी कहता था। दूसरे दिन उसके बड़े भाई ने मुझसे शिकायत की। कहा, "बाबा, अर्जुनवा और तो सब लिख-पढ़ लेता है, पर भैया नहीं लिखता।" मैंने समझाया कि किताब में 'दादा-दादी से भैया की इज्जत बहुत ज्यादा है, 'भैया' तक पहुँचने में उसे दो महीने की देर होगी।

धीरे-धीरे आम पकने के दिन आए। अर्जुन अब दूसरी किताब समाप्त कर अपने खानदान में विशेष प्रतिष्ठित हो चला। कुछ नाजुक-मिजाज भी हो गया। मोटा काम न होता था। आम खिलाने के विचार से मैं अपने चिरंजीव को लिवा लाने के लिए ससुराल गया। तब उसकी उम्र नौ-दस साल की होगी। सोम या चहुर्रुम में पढ़ता था। मेरे यहाँ उसके मनोरंजन की चीज न थी। कोई स्त्री भी न थी, जिसके प्यार से वह बहला रहता। पर दो-चार दिन के बाद मैंने देखा, वह ऊबा नहीं, अर्जुन से उसकी गहरी दोस्ती हो गई है। वह अर्जुन का काका लगता था, जैसे मैं अर्जुन के बाप का। यद्यपि अर्जुन उम्र में उससे पौने दो पट था, फिर भी पद और पढ़ाई में मेरे चिरंजीव बड़े थे, फिर यह ब्राह्मण के लड़के भी थे। अर्जुन को नई और इतनी बड़ी उम्र में उतने छोटे-से काका को श्रद्धा देते हुए प्रकृति के विरुद्ध दबना पड़ता था। इसका असर अर्जुन के स्वास्थ्य पर तीन ही चार दिन में प्रत्यक्ष हो चला। तब मुझे मालूम न था, अर्जुन शिकायत करता न था। मैं देखता था, जब मैं डाकखाना या बाहर गाँव से लौटता हूँ, मेरे चिरंजीव अर्जुन के यहाँ होते हैं, या घर ही पर उसे घेरकर पढ़ाते रहते हैं। चमारों के टोले में गोस्वामीजी के इस कथन को 'मनहु मत्त गजपन निरखि सिंह किसोरहि चोप' वह कई बार सार्थक करते देख पड़े। मैं ब्राह्मण-संस्कारों की सब बातों को समझ गया। पर उसे उपदेश क्या देता? चमार दबेंगे, ब्राह्मण दबाएँगे। दवा है, दोनों की जड़ें मार दी जाएँ, पर यह सहज-साध्य नहीं। सोचकर चुप हो गया।

मैं अर्जुन को पढ़ाता था तो स्नेह देकर, उसे अपनी ही तरह का एक आदमी समझकर, उसके उच्चारण की त्रुटियों को पार करता हुआ। उसकी कमजोरियों की दरारें भविष्य में भर जाएँगी, ऐसा विचार रखता था। इसलिए कहाँ-कहाँ उसमें प्रमाद है, यह मुझे याद भी न था। पर मेरे चिरंजीव ने चार ही दिन में अर्जुन की सारी कमजोरियों का पता लगा लिया, और समय-असमय उसे घर बुलाकर मेरी गैरहाजिरी में उन्हीं कमजोरियों के रास्ते उसकी जीभ को दौड़ाते हुए अपना मनोरंजन करने लगे। मुझे बाद को मालूम हुआ।

सोमवार मियाँगंज के बाजार का दिन था। गोश्त के पैसे मैंने चतुरी को दे दिए थे। डाकखाना तब मगरायर था। वहाँ से बाजार नजदीक है। मैं डाकखाने से प्रबन्ध भेजने के लिए टिकट लेकर टहलता हुआ बाजार गया। चतुरी जूते की दुकान लिए बैठा था। मैंने कहा, "कालिका (धोबी) भैया आए हैं, चतुरी, हमारा गोश्त उनके हाथ भेज देना। तुम बाजार उठने पर जाओगे, देर होगी।" चतुरी ने कहा, "काका, एक बात है,

अर्जुनवा तुमसे कहते डरता है, मैं घर आकर कहूँगा, बुरा न मानना लड़कों की बातों का।'' 'अच्छा' कहकर मैंने बहुत-कुछ सोच लिया। बकर-कसाई के सलाम का उत्तर देकर बादाम और ठंडाई लेने के लिए बनियों की तरफ गया। बाजार में मुझे पहचाननेवाले न पहचाननेवालों को मेरी विशेषता से परिचित करा रहे थे। चारों ओर से आँखें उठी हुई थीं। तअज्जुब यह था कि अगर ऐसा आदमी है, तो मांस खाना-जैसा घृणित पाप क्यों करता है। मुझे क्षण-मात्र में यह सब समझ लेने का काफी अभ्यास हो गया था। गुरुमुख ब्राह्मण आदि मेरे घड़े का पानी छोड़ चुके थे। गाँव तथा पड़ोस के लड़के अपने-अपने पिता-पितामहों को समझा चुके थे कि 'बाबा (मैं) कहते हैं, मैं पानी-पाँड़े थोड़े ही हूँ, जो ऐरे-गैरे नत्थू-खैरे सबको पानी पिलाता फिरूँ।' इससे लोग और नाराज हो गए थे। साहित्य की तरह समाज में भी दूर-दूर तक मेरी तारीफ फैल चुकी थी–विशेष रूप से जब एक दिन विलायत की टोरी-पार्टी की तारीफ करनेवाले, एक देहाती स्वामीजी को मैंने कबाब खाकर काबुल में प्रचार करनेवाले, रामचन्द्रजी के वक्त के, एक ऋषि की कथा सुनाई, और मुझसे सुनकर वहीं गाँव के ब्राह्मणों के सामने बीड़ी पीने के लिए प्रचार करके भी वह मुझे नीचा नहीं दिखा सके–उन दिनों भाग्यवश मिले हुए अपने आवारागर्द नौकर से बीड़ी लेकर, सबके सामने दियासलाई लगाकर मैंने समझा दिया कि तुम्हारे इस जूठे धुएँ से बढ़कर मेरे पास दूसरा महत्त्व नहीं।

मैं इन आश्चर्य की आँखों के भीतर बादाम और ठंडाई लेकर जरा रीढ़ सीधी करने को हुआ कि एक बुड्ढे पण्डितजी एक देहाती भाई के साथ मेरी ओर बढ़ते नजर आए। मैंने सोचा, शायद कुछ उपदेश होगा। पण्डितजी सारी शिकायत पीकर, मधु-मुख हो अपने प्रदर्शक से बोले, ''आप ही हैं?'' उसने कहा, ''हाँ, यह हैं।'' पण्डितजी देखकर गद्‌गद हो गए। ठोढ़ी उठाकर बोले, ''ओहोहो! आप धन्य हैं।'' मैंने मन में कहा–'नहीं, मैं वन्य हूँ। मजाक करता है खूसट।' पर गौर से उसका पग और खौर देखकर कहा, ''प्रणाम करता हूँ पण्डितजी।'' पण्डितजी मारे प्रेम के संज्ञा खो बैठे। मेरा प्रणाम मामूली प्रणाम नहीं–बड़े भाग्य से मिलता है। मैं खड़ा पण्डितजी को देखता रहा। पण्डितजी ने अपने देहाती साथी से पूछा, ''आप बे-मे सब पास हैं?'' उनका साथी अत्यन्त गम्भीर होकर बोला, ''हाँ, जिला में दूसरा नहीं है।'' होंठ काटकर मैंने कहा, ''पण्डितजी, रास्ते में दो नाले और एक नदी पड़ती है। भेड़िए लागन हैं। डंडा नहीं लाया। आज्ञा हो, तो चलूँ–शाम हो रही है।'' पण्डितजी स्नेह से देखने लगे। जो शिकायत उन्होंने सुनी थी, आँखों में उस पर सन्देह था, दृष्टि कह रही थी–'यह वैसा नहीं–जरूर गोश्त न खाता होगा, बीड़ी न पी होगी, लोग पाजी हैं।' प्रणाम करके, आशीर्वाद लेकर मैंने घर का रास्ता पकड़ा।

दरवाजे पर आकर रुक गया। भीतर बातचीत चल रही थी। प्रकाश कुछ-कुछ था। सूर्य डूब रहा था। मेरे पुत्र की आवाज आई, ''बोल रे बोल।'' इस वीर-रस का अर्थ मैं समझ गया। अर्जुन बोलता हुआ हार चुका था, पर चिरंजीव को रस मिलने के कारण बुलाते हुए हार न हुई थी। चूँकि बार-बार बोलना पड़ता था, इसलिए अर्जुन बोलने से ऊबकर चुप था। डाँटकर पूछा गया, तो सिर्फ कहा, ''क्या?''

"वही—गुण, बोल।"

अर्जुन ने कहा, "गुन।"

बच्चे के अट्टहास से घर गूँज उठा। भरपेट हँसकर, स्थिर होकर फिर उसने आज्ञा की, "बोल—गणेश।"

रोनी आवाज में अर्जुन ने कहा, "गड़ेस।" खिलखिलाकर, हँसकर, चिरंजीव ने डाँटकर कहा, "गड़ेस-गड़ास करता है—साफ नहीं कह पाता क्यों रे, रोज दातौन करता है?"

अर्जुन अप्रतिभ होकर, दबी आवाज में एक छोटी-सी 'हूँ' करके, सिर झुकाकर रह गया। मैं दरवाजा धीरे-से ढकेलकर भीतर खम्भे की आड़ से देख रहा था। मेरे चिरंजीव उसे उसी तरह देख रहे थे, जैसे गोरे कालों को देखते हैं। जरा देर चुप रहकर फिर आज्ञा की, "बोल, वर्ण।"

अर्जुन की जान की आ पड़ी। मुझे हँसी भी आई, गुस्सा भी लगा। निश्चय हुआ, अब अर्जुन से विद्या का धनुष नहीं उठने का। अर्जुन वर्ण के उच्चारण में विवर्ण हो रहा था। तरह-तरह से मुँह बना रहा था। पर खुलकर कुछ कहता न था। उसके मुँह बनाने का आनन्द लेकर चिरंजीव ने फिर डाँटा, "बोलता है, या लगाऊँ झापड़? नहा लूँगा, गरमी तो है।"

मैंने सोचा, अब प्रकट होना चाहिए। मुझे देखकर अर्जुन खड़ा हो गया, आँखें मल-मलकर रोने लगा। मैंने पुत्र-रत्न से कहा, "कान पकड़कर उठो-बैठो दस दफे।" उसने नजर बदलकर कहा, "मेरा कुसूर कुछ नहीं और मैं यों ही कान पकड़कर उठूँ-बैठूँ!" मैंने कहा, "तुम इससे गुस्ताखी कर रहे थे।" उसने कहा, "तो आपने भी की होगी। इससे 'गुण' कहला दीजिए, आपने पढ़ाया तो है, इसकी किताब में लिखा है।" मैंने कहा, "तुम हँसते क्यों थे?" उसने कहा, "क्या मैं जानबूझकर हँसता था?" मैंने कहा, "अब आज से तो तुम इससे बोल न सकोगे।" लड़के ने जवाब दिया, "मुझे मामा के यहाँ छोड़ आइए, यहाँ डाल के आम खट्टे होते हैं—चोपी होती है। मुँह फदक जाता है, वहाँ पाल के आम आते हैं।"

चिरंजीव को नाई के साथ भेजकर मैंने अर्जुन और चतुरी को सान्त्वना दी।

कुछ महीने और गाँव में रहना पड़ा। अर्जुन कुछ पढ़ गया। शहरों की हवा मैंने बहुत दिनों से न खाई थी—कलकत्ता, बनारस, प्रयाग आदि का सफर करते हुए लखनऊ में डेरा डाला—स्वीकृत किताबें छपवाने के विचार से। कुछ काम लखनऊ में और मिल गया। अमीनाबाद होटल में एक कमरा लेकर निश्चिन्त चित्त से साहित्य-साधना करने लगा।

इन्हीं दिनों देश में आन्दोलन जोरों का चला—यही, जो चतुरी आदिक के कारण फिस्स हो गया है। होटल में रहकर, देहात से आनेवाले शहरी युवक मित्रों से सुना करता

था, गढ़ाकोला में भी आन्दोलन जोरों पर है—छह-सात सौ तक की जोत किसान लोग इस्तीफा कर छोड़ चुके हैं—वह जमीन अभी तक नहीं उठी—किसान रोज इकट्ठे होकर झंडा-गीत गाया करते हैं। साल-भर बाद, जब आन्दोलन में प्रतिक्रिया हुई, जमींदारों ने दावा करना और रियाया को बिना किसी रियायत के दबाना शुरू किया, तब गाँव के नेता मेरे पास मदद के लिए आए, बोले, "गाँव में चलकर लिखो। तुम रहोगे, तो मार न पड़ेगी, लोगों को हिम्मत रहेगी, अब सख्ती हो रही है।" मैंने कहा, "मैं कोई पुलिस तो हूँ नहीं, जो तुम्हारी रक्षा करूँगा, फिर मार खाकर चुपचाप रहनेवाला धैर्य मुझमें बहुत थोड़ा है, कहीं ऐसा न हो कि शक्ति का दुरुपयोग हो।" गाँव के नेता ने कहा, "तुम्हें कुछ करना तो है नहीं, बस, बैठे रहना है।" मैं गया।

मेरे गाँव की कांग्रेस ऐसी थी कि जिले के साथ उसका कोई तअल्लुक न था—किसी खाते में वहाँ के लोगों के नाम दर्ज न थे। पर काम में पुरवा-डिवीजन में उससे आगे दूसरा गाँव न था। मेरे जाने के बाद पता नहीं, कितनी दरख्वास्तें साहब ने इधर-उधर लिखीं।

कच्चे रंगों से रँगा तिरंगा झंडा महावीर स्वामी के सामने एक बड़े बाँस में गड़ा, बारिश से धुलकर धवल हो रहा था। इन दिनों मुकदमेबाजी और तहकीकात जोरों से चल रही थी। कुछ किसानों पर एक साल के हरी-भूसे को तीन साल की बाकी बनाकर, जमींदार ने ऑनरेरी दावे दायर किए थे, जो अपनी क्षुद्रता के कारण जमींदार साहब से मजिस्ट्रेट के पास आकर, किसानों की दृष्टि में और भयानक हो रहे थे। एक दिन दरख्वास्तों के फलस्वरूप शायद, दारोगाजी तहकीकात करने आए। मैं मगरायर डाक देखने जा रहा था। बाहर निकला तो लोगों ने कहा, "दारोगाजी आए हैं, अभी रहो।" आगे दारोगाजी भी मिल गए। जमींदार साहब ने मेरी तरफ दिखाकर अंग्रेजी में धीरे से कुछ कहा। तब मैं कुछ दूर था, सुना नहीं। गाँववाले समझे नहीं, दारोगाजी झंडे की तरफ जा रहे थे। जमींदार शायद उखड़वा देने के इरादे से लिए जा रहे थे। महावीरजी के अहाते में झंडा देखकर दारोगा कुछ सोचने लगे, बोले, "यह तो मन्दिर का झंडा है।" अच्छी तरह देखा, उसमें कोई रंग न देख पड़ा। जमींदार साहब को गौर से देखते हुए लौटकर डेरे की तरफ चले। जमींदार साहब ने बहुत समझाया कि 'वह बारिश से धुलकर सफेद हो गया है, लेकिन है यह कांग्रेस का झंडा।' पर दारोगाजी बुद्धिमान थे।

महावीरजी के अहाते में सफेद झंडे को उखड़वाकर वीरता प्रदर्शित करने की आज्ञा न दी। गाँव में कांग्रेस है, इसका पता न सब-डिवीजन में लगा, न जिले में, थानेदार साहब करें क्या?

उन दिनों मुझे उन्निद्र-रोग था। इसलिए सिर के बाल साफ थे। मैंने सोचा—'वेश का अभाव है, तो भाषा को प्रभावशाली करना चाहिए, नहीं तो थानेदार साहब पर अच्छी छाप न पड़ेगी। वहाँ तो महावीर स्वामी की कृपा रही, यहाँ अपनी ही सरस्वती का सहारा है।' मैं ठेठ देहाती हो रहा था; थानेदार साहब ने मुझसे पूछा, "आप कांग्रेस में हैं?" मैंने सोचा, इस समय राष्ट्रभाषा से राजभाषा का महत्त्व बढ़कर होगा। कहा, "मैं तो विश्व-सभा का सदस्य हूँ।" इस सभा का नाम भी थानेदार साहब ने न सुना था। पूछा,

"यह कौन-सी सभा है?" उनके जिज्ञासा-भाव पर गम्भीर होकर नोबुल-पुरस्कार पाए हुए कुछ लोगों के नाम गिनाकर मैंने कहा, "ये सब उसी सभा के सदस्य हैं।" थानेदार साहब क्या समझे, वह जानें। मुझसे पूछा, "इस गाँव में कांग्रेस है?" मैंने सोचा–'युधिष्ठिर की तरह सत्य की रक्षा करूँ तो असत्य भाषण का पाप न लगेगा।' कहा, "इस गाँव के लोग तो कांग्रेस का मतलब भी नहीं जानते।" इतना कहकर मैंने सोचा–'अब ज्यादा बातचीत ठीक न होगी।' उठकर खड़ा हो गया, और थानेदार साहब से कहा, "अच्छा, मैं चलता हूँ। जरा डाकखाने में काम है। चिट्ठीरसा हफ्ते में दो दिन गश्त पर आता है। मेरी जरूरी चिट्ठियाँ होती हैं और रजिस्ट्री, अखबार, मासिक पत्र-पत्रिकाएँ आती हैं, फिर उस गाँव में हम लोगों की लाइब्रेरी भी है, जाना पड़ता है।" थानेदार साहब ने पूछा, "कांग्रेस की चिट्ठियाँ आती हैं?" मैंने कहा, "नहीं, मेरी अपनी।" मैं चला आया। थानेदार साहब जमींदार साहब से शायद नाराज होकर गए।

इससे तो बचाव हुआ, पर मुकदमा चलता रहा। ऑनरेरी मैजिस्ट्रेट ने, जिनके एक रिश्तेदार जमींदार की तरफ से वकील थे, किसानों पर जमींदार को डिगरी दे दी। बाद को चतुरी वगैरह की बारी आई। दावे दायर हो गए। अब तक जो सम्मिलित धन मुकदमों में लग रहा था, सब खर्च हो गया। पहले की डिगरी में कुछ लोगों के बैल वगैरह नीलाम कर लिए गए। लोग घबरा गए। चतुरी को मदद की आशा न रही। गाँववालों ने चतुरी आदि के लिए दोबारा चन्दा न लगाया।

चतुरी सूखकर मेरे सामने आकर खड़ा हुआ। मैंने कहा, "चतुरी, मैं शक्तिभर तुम्हारी मदद करूँगा।"

"तुम कहाँ तक मदद करोगे, काका?" चतुरी जैसे कुएँ में डूबता हुआ उभरा।

"तो तुम्हारा क्या इरादा है?" उसे देखते हुए मैंने पूछा।

"मुकदमा लड़ूँगा। पर गाँववाले डर गए हैं, गवाही न देंगे।" दिल से बैठा हुआ चतुरी बोला।

उस परिस्थिति पर मुझे भी निराशा हुई। उसी स्वर से मैंने पूछा, "फिर, चतुरी?"

चतुरी बोला, "फिर छेदनी-पिरकिया आदि मालिक ही ले लें।"

मैंने गाँव में कुछ पक्के गवाह ठीक कर दिए। सत्तू बाँधकर, रेल छोड़कर, पैदल दस कोस उन्नाव चलकर, दूसरी पेशी के बाद पैदल ही लौटकर हँसता हुआ चतुरी बोला, "काका, जूता और पुरवाली बात अब्दुल-अर्ज में दर्ज नहीं है।"

राजा साहब को ठेंगा दिखाया

लोग कहते हैं, ऐसा लिखा जाए कि एक मतलब हो, उसी वक्त समझ में आ जाए, अपढ़ लोग भी समझें। बात बहुत सीधी है।

मुझे एक उदाहरण याद आया। लिखता हूँ। यह लिखा हुआ, उद्धृत नहीं, देखा हुआ है। तब तक आप लोग ठेंगा दिखाने का मुहावरा याद रखें।

बंगाल और उड़ीसा को जोड़नेवाली एक नहर है। रूपनारायण (नद) से काटकर कटक तक निकाली गई है। यह केवल आबपाशी के लिए नहीं, इससे व्यवसाय भी होता है, बड़ी-बड़ी नावें चलती हैं।

इसके किनारे पद्मदल राजधानी है। राजा साहब के छोटे-छोटे स्टीमर, बोट, लांच, बजरे, किश्ती, डोंगी आदि राजधानी के पास चौड़ी की हुई नहर के एक तरफ बँधी रहती हैं।

जेठ का महीना, सूरज डूब रहा है। जोरों से बहती हुई मलय वायु में षोडशी का स्पर्श मिलता है। यह अकेली दक्षिणी हवा बंगाल की आधी कविता है। प्रासाद-शिखरों से सुनहली किरणें लिपटी हैं, उन्हीं के प्रेम की साँस जैसे दक्षिणी हवा में बह रही है। बड़े-बड़े तालाबों में श्वेत और रक्त कमल, खुले हुए अनुभव-जैसे, लोट रहे हैं। स्वच्छ, कीमती, चौड़ी किनारेवाली, बारीक, ठोस-बुनी, बंगला-ढंग से कोंछीदार शान्तिपुरी धोती, रेशमी शर्ट और सुनहरे स्लीपर, पहले चश्मा लगाए राजा साहब नाव की सैर के लिए चले। रास्ते में तीन ड्योढ़ियाँ पड़ती हैं—हौदा-कसे हाथियों के निकलते आधी और ऊँची; रास्ते के दोनों तरफ बड़े-बड़े तालाब; साफ-सुथरे दूब जमाए पार्क; दोनों बगल बटम-पाम की कतारें; दूर के देशी बगीचों से बेला, जुही और कमलों की खुशबू आती हुई। पहली ड्योढ़ी में बैठे हुए राजा साहब के मुसाहब उनके आने पर कतार बाँधकर भक्तिपूर्वक प्रणाम करके उद्दंड प्रसन्नता से साथ हो गए। अर्दली, सिपाही, खानसामे प्रासाद से साथ आए थे। पहली, दूसरी और तीसरी ड्योढ़ी के सिपाही क्रमशः किर्च निकाल-निकालकर, राजा साहब को बायें रखकर दाहिने हाथ से सलामी देते गए। तीसरी ड्योढ़ी प्रासाद के अहाते को घेरनेवाली जलाशय चौड़ी खाई के किनारे है—खाई के ऊपर से पुल है।

राजा साहब निकलकर नहर-घाट की तरफ चले। स्टीमर, लांच, मोटर-बोट और देशी किश्तीवाले मुसलमान नौकर कप्तान और माझियों ने भी उसी प्रकार कतार बाँधकर सलाम किया। राजा साहब खुली छतवाली एक अँगरेजी कट की देशी किश्ती पर पतवार

पकड़कर बैठ गए। पीछे-पीछे मनोरंजन के लिए पले पहलवान-जैसे मुसाहब आकर एक-एक तख्ते पर डाँड़ सँभालकर बैठे। माझी खड़े रहे। सिपाही और अर्दली नहर के किनारे-किनारे बोट के साथ दौड़ लगाकर रहने के लिए लाँग समेटने लगे। किश्ती चली, किनारे-किनारे सिपाही दौड़े।

डेढ़ मील के फासले पर शक्तिपुर नाम का एक बागी गाँव है। वहाँ विश्वम्भर भट्टाचार्य नाम का एक ब्राह्मण रहता है। राजा साहब कई रोज से किश्ती पर हवाखोरी करते हैं, देखकर, सोच-विचारकर, लाँग चढ़ाकर, अपने गाँव के पास नहर के बाँध पर खड़ा विश्वम्भर राजा साहब की प्रतीक्षा कर रहा है।

सिपाही लोग दौड़कर कुछ ही दूर तक साथ रहते हैं, आठ-आठ, दस-दस पट्ठों की डाँड़मारी किश्ती तीर-सी चलती है, तीन-चार फर्लांग के बाद सिपाहियों का दम खुल जाता है, किश्ती आगे निकल जाती है, वे पीछे-पीछे लट्ठ लिए दुलकी दौड़ते आते हैं।

जब शक्तिपुर के पास किश्ती पहुँची, तब सिपाही तीन-चार फर्लांग पीछे थे। विश्वम्भर राजा साहब की ताक में खड़ा ही था; जब किश्ती आती हुई सौ गज फासले पर रह गई, तब उसने एक अद्‌भुत प्रकार की ध्वनि की, जिससे राजा साहब का ध्यान आकर्षित हो। राजा साहब को अपनी तरफ देखते हुए देखकर उसने हवा में उँगली से लिखकर राजा साहब की ओर कोंचा, फिर पेट खलाकर दोनों हाथों को मरोड़ा, फिर दाहिने हाथ से मुँह थपथपाया, फिर दोनों हाथों के ठेंगे हिलाकर राजा साहब को दिखाया।

राजा साहब देख रहे थे। डाँड़ धीमे कर देने को कहा। फिरकर देखा, सिपाही दूर थे। किश्ती धीरे-धीरे चलती गई। विश्वम्भर पीछे-पीछे दोनों हाथों से पेट दिखाता, ठेंगे हिलाता दौड़ा। राजा साहब जब सिपाहियों को फिरकर देखते थे, तब पहले विश्वम्भर ठेंगे हिलाता हुआ देख पड़ता था। बाँध पर और भी आ-जा रहे थे। कुछ भले आदमी हवाखोरी को निकले हुए मुस्कुरा रहे थे। किश्ती की चाल धीमी देखकर सिपाहियों ने जल्दी की। नजदीक आकर एक अनजाने को बेअदबी करते देखकर राजा साहब की तरफ देखा। राजा साहब ने इशारे से सिर हिलाया। सिपाही विश्वम्भर को पकड़कर प्रहार करने लगे। किश्ती लौट चली।

सिपाहियों ने आते हुए विश्वम्भर की मुद्राएँ देखी थीं, जिनका अर्थ समझने में उन्हें देर नहीं हुई। उसे मारते हुए कहने लगे, "क्यों रे...हमारे महाराज रियाया की जबान बन्द करते हैं?...पेट भी मारते हैं?...ठेंगा दिखाता है हमारे महाराज को, इतना भी नहीं समझता?"

विश्वम्भर को पीटकर, दोनों गदोरी और उँगलियाँ कुचलकर सिपाही चले गए। खबर विश्वम्भर के घर पहुँची। उसकी पत्नी, सत्रह साल की विधवा बेटी और दो (नौ और पाँच साल के) छोटे लड़के फटे कपड़े पहने, रोते हुए बाँध पर पहुँचे। गाँव के और लोग भी गए। विश्वम्भर को सँभालकर उठा लाए। खाट पर लिटा दिया। गर्म हल्दी-चूना लगाने लगे। राजा साहब के जासूस छद्‌मवेश से पता लगाते रहे।

गाँव के कुछ भलेमानस गर्म पड़े, पर कुछ कर न सके। राजा साहब का प्रताप बड़ा प्रबल है। उनके विरोध में कुछ करने की अपेक्षा विश्वम्भर के समर्थन में कुछ करना अच्छा है, यह सोचकर उसी की सेवा करने लगे।

विश्वम्भर बड़ा सीधा, सच्चा ब्राह्मण है। विशेष पढ़ा-लिखा नहीं, किसी तरह पूजा कर लेता था। शक्तिपुर से तीन कोस दूर रंगनगर में राज्य की विशालाक्षी देवी हैं। विश्वम्भर इनका पूजक है। तीन रुपया महीना और रोज पूजा के लिए तीन पाव चावल और चार केले पाता है। घर में पाँच आदमी खानेवाले हैं। बड़े दुःख के दिन होते हैं। इधर बीस महीने से उसे वेतन नहीं मिलता। केवल तीन पाव चावल का सहारा रहा। कुछ और काम वह, उसकी पत्नी और बेटी—तीनों अलग-अलग कर लेते थे, फिर भी पेट-भर को न होता था। विश्वम्भर ने तनख्वाह के लिए इधर साल-भर में दो दर्जन से ज्यादा दरख्वास्तें दी थीं, पर सुनवाई नहीं हुई। इस बार प्राणों की भाषा में उसने अपने भाव प्रकट किए थे—हवा में लिखकर; कोंचकर बताया था—तुम्हें लिख चुका हूँ; पेट मलकर कहा था—भूखों मर रहा हूँ; मुँह थपथपाकर और ठेंगे हिलाकर बतलाया था—खाने को कुछ नहीं है। उतने प्रकाश में, इतनी स्पष्ट भाषा से समझाया था, पर राजा साहब ने अपमान समझा। सिपाहियों ने दूसरे अर्थ लगाए।

जासूसों ने राजा साहब को समझाया कि शक्तिपुर के बागी विश्वम्भर से मिले हैं, उन्होंने उसे बेवकूफ जानकर महाराज का उससे अपमान कराया। विश्वम्भर सरकार की नौकरी का खयाल छोड़कर बागियों से मिला है। जासूसों ने इस प्रकार अपनी रोटियों का प्रबन्ध किया।

कुछ दिनों बाद, घाव पुरने पर स्टेट की तरफ से विश्वम्भर को आज्ञा-पत्र मिला, 'अब तुम्हारी नौकरी की सरकार को आवश्यकता नहीं रही।'

दो दाने

तूफान और बाढ़ के दिन बीत चुके हैं। हरा-भरा बंगाल बाहर से वैसा ही है, मगर भीतर से जला हुआ। पूर्वी मोर्चे पर कड़ी चढ़ाई है। कितने ही एरोड्रोम अमेरिकन वायुयानों से भर चुके हैं। पूरब की गश्त जोरों पर है। रात को ब्लैकआउट। कलकत्ते में हाथ नहीं सूझता। सनसनी का बाजार गर्म है। चावल और धान से व्यापारी मारवाड़ियों ने अपनी कोठियाँ भर ली हैं। अन्न इतना महँगा हो गया है कि मोल नहीं लिया जाता।

गाँव के बाजार-के-बाजार खाली हो गए हैं। न पैसा है, न अन्न। पहले लोग उपास करने लगे। दिन में एक वक्त, फिर दो दिन में एक वक्त, बाद में यह भी मोहाल हो गया। पेड़ों की कोंपलें उबालकर खाने लगे। कुछ दिन में ही हरा-भरा बंगाल डूँड़ा हो गया। आदमी और ढोरों के पेट में पेड़ों के पत्ते चले गए। भूख की ज्वाला बढ़ती गई। देहात में भीख न मिलने की वजह से लोग शहर के रास्ते दौड़े। कोई आधी दूर चलकर मरे, कोई पहुँचकर, मगर पेट में दाना न गया। धनिक-जन हथियारबन्द सिपाहियों से अपने गोलों की रक्षा कराने लगे।

इसी समय कमला को सूझा, अपने परिवार को लेकर कलकत्ता चली जाए। कमला साधारण गृहस्थ की विधवा है। मौरूसी खेत भी कुछ बीघे हैं और साधारण गहने भी। हाथ में कुछ ही रुपए बच रहे हैं। गाँव में चौथाई लोगों को काल के गाल चले जाते और युवकों के पैर लड़खड़ाते देखकर उसने मन-ही-मन तय किया, जिस तरह दूसरी लावारिस युवतियों ने यौवन बेचकर अपने भाइयों की परवरिश की है, वह भी करेगी; नहीं तो अन्न के अभाव से सबके साथ-साथ खुद अपने को भी काल का ग्रास होते देखेगी।

बड़ी दृढ़ता से उसने छाती औंधी। दोनों लड़कों से बड़ी, बेटी चम्पा को, जो ब्याहने लायक पन्द्रह साल की है, कलकत्ता के बाजार में बैठा लेगी। कुछ सहज ज्ञान से और कुछ पड़ोस की युवतियों की कहानियाँ सुनकर उसने इस पथ पर पैर जमाया। चम्पा को बड़े आदर से रखने लगी। और एक अच्छे दिन कलकत्ता के लिए रवाना हो गई।

उसको किराए की कोठरी तलाश करने में जो दिक्कतें उठानी पड़ीं, उनका हाल छोड़ देते हैं। वह एक ऐसी ही कथा है कि एक किराएदार ने अपनी मदद का जरिया निकाला कि अपने दो कमरे उसके रहने के लिए छोड़ दिए, किराया बीस रुपए माहवार लेकर।

दस-बारह रोज कमला को जेवर बेचते और दलाल लगाते लग गए। दलाल लोग चम्पा को देख गए और उससे बातचीत भी कर गए। इस तरह का अनुभव चम्पा को पहले कभी न हुआ था। मारे डर के कलेजा धड़क रहा था, मगर माँ की बात का सहारा था। इस अरसे में माँ ने बड़ी तालीम दी, बड़ा ढाँढ़स बँधाया, बड़ा दिल मजबूत किया।

बिहारी एक रोज शराब की दुकान पर पहुँचकर खड़ा हो गया।

झाबरमल को बकरों की सप्लाई में कई लाख रुपयों का मुनाफा हो चुका था। उनका सम्बन्ध गवर्नमेंट से नहीं, कंट्रैक्टर से था। बकरा सप्लायर झाबरमल सुहावने समय के साथ कदम बढ़ाते हुए बोटी और शोरबे का स्वाद ले चुके थे। फलतः बोतलवासिनी से भी प्रेम था। संगत के गुण से दूसरे खरीद-फरोख्त की तरह बाजार की वेश्याएँ भी थीं। वह अनुभवी बिहारी की आँख नहीं बचा सके। उनके बोतल लेकर निकलते ही बिहारी ने उँगलियों से अमरूद दिखाया। झाबरमल ने मतलब समझकर पूछा, "कहाँ?"

बिहारी ने जवाब दिया, "बाबू, गृहस्थ। बहुत हंगामा न चलेगा।"

झाबरमल : "खाना-पीना?"

बिहारी : "हाँ, मगर बहुत सँभलकर। माल नया है। कलकत्ते में न मिलेगा।"

झाबरमल की दोनों आँखों से कामुकता का दरिया उमड़ चला। पूछा, "कोई दोस्त अगर साथ हो?"

बिहारी : "बाबू, हम इतना ही कहेंगे, फ्रेश माल है, अभी देहात से आया है। कलकत्ता शहर-भर में न मिलेगा।"

झाबरमल ने जमकर पूछा, "लेकिन यह तो बताओ..."

बिहारी : "बाबू, पहले माल देख लीजिए। आँखें हिरन की, बाल घुटने तक, रंग गोरा, चौदह-पन्द्रह साल की उमर। पेट है, बाबू, पेट, नहीं तो खानदानी घर है।"

झाबरमल को जैसे एक स्वास्थ्य मिला। पूछा, "पता क्या है?"

बिहारी ने धीरे से अपनी छाती ठोंककर कहा, "बाबू, हमीं ले चलेंगे। खिदमत में हमीं रहेंगे। नहीं तो ऐसा माल आप-जैसे बाबुओं से छूटकर गुंडों के हाथ लगेगा।"

तभी झाबरमल के एक मित्र ने उसको पुकारा। झाबरमल ने अपने मित्र की ओर बढ़ते हुए कहा, "कल फिर इसी समय आओ।"

वहीं एक किनारे एक तरुण, जिसने फौज में अफसर की जगह स्वीकार की थी, चुपचाप खड़ा अधकटी बातें गौर से सुन रहा था। झाबरमल के चले जाने के बाद उसने बिहारी को बुलाया और जेब से एक रुपया देकर सिगरेट-दियासलाई खरीद लाने को कहा।

पास ही उसकी मोटर खड़ी थी। बिहारी के खरीद लाने पर उसने सिगरेट और दियासलाई ले ली और बाकी पैसे बिहारी को वापस कर दिए। फिर मोटर पर बैठते हुए बिहारी को भी बैठने के लिए कहा।

बिहारी भलेमानुषों की डाल का बन्दर—कभी इस डाल पर, कभी उस डाल पर। संकेत मिलते ही मोटर में एक बगल में बैठ गया। बैठते ही देखा, पायदान के पास एक बोतल रखी है। अफसर की इच्छा थी कि बिहारी की कुल बातें सुने, मगर उसकी तड़क-भड़क से बिहारी घबराता था कि लगी रोटी छूट न जाए। नहीं तो अपना मतलब गाँठने का श्रीगणेश कर देता। सिर्फ हिम्मत बँधती थी, बोतल को देखकर। मन-ही-मन उसने निश्चय किया कि यह फैशनेबल बाबू रुपए के बाजार में मारवाड़ियों की बराबरी न कर सकेंगे।

अफसर ने पूछा, "तुम उससे क्या बातचीत कर रहे थे?"

बिहारी ने मुस्तैदी से जवाब दिया, "रोटियों का सवाल था कि कोई रोजी लगा दें।"

तरुण अफसर अपने मन का भेद देना नहीं चाहता था। बातचीत का लुब्बोलुबाब वह मजे में समझ चुका था और अपनी तीखी साहित्यिकता के कारण मदद भी करना चाहता था, मगर बिहारी की हिम्मत ढीली रही।

अब तक मोटर अफसर के कमरे के नीचे वेलस्ली रोड पर आई। वह उतरकर अपने कमरे चला और बिहारी को भी बुलाया। बिहारी उसके पीछे हो लिया। दूसरी मंजिल के एक अच्छे कमरे में उसका वास था। कई और कमरे थे। ड्राइवर मोटर गराज में ले गया। बैठकर सिगरेट सुलगाते हुए मुस्कुराकर तरुण ने कहा, "काम पड़े तो यहाँ आना। हमारी जगह देख चुके, अच्छा, अब जा सकते हो।"

दूसरे दिन बिहारी फिर अपने ठिकाने पर गया और झाबरमल के लिए इन्तजार करने लगा। इससे पहले वह कमला से बड़ी-बड़ी बातें हाँक चुका था। कमला दिल पर पत्थर रखकर सुन चुकी थी। चम्पा सतीत्व की बड़ी-बड़ी कहानियों और बड़े-बड़े आदर्शों पर बड़ी-बड़ी आँखें फाड़कर गौर कर चुकी थी।

'शैलाधिराज तनया नमयो न तस्थौ' वाली दशा चम्पा की थी। जो कुछ भी वह कर रही थी, प्रकृति के इंगित से, जैसे उसका अपना कोई बस नहीं है। रोज सैकड़ों आदमियों के मरने और भीख माँगते फिरने की खबरें सुनती थी और कुछ देखती भी थी। परिस्थिति को दूर तक समझने की ताकत न थी, न परिस्थिति के खिलाफ कदम उठाने की हिम्मत। दबे हृदय से उभरती आशा की किरण पकड़े हुए कमला ने सम्मति दी और चम्पा ने, माँ जैसा कहेंगी, वैसा होगा, कहा।

बीस रुपए पर तय हुआ। यह सब मालूम कर बिहारी गया था।

नियत समय पर झाबरमल आए। पहले की तरह शराब की दुकान से एक अद्धा खरीदा। बिहारी को पहले ही देख लिया था कि अपनी जगह पर खड़ा दीन भाव से ताड़ रहा है। खरीदकर चलती हुई टैक्सी बुलाई और बिहारी के साथ बैठ गया। एक साथी और था जो रास्ते के निकास पर खड़ा था, उसको भी बिठा लिया।

अफसर ने अपने ड्राइवर और नौकर को पहचनवा दिया था और गाड़ी से आकर दुकान के कुछ फासले पर गाड़ी के साथ छोड़ गया था। आज्ञा दी थी कि बिहारी की आँख बचाकर गाड़ी लेकर उसका पीछा करे। अगर गली में जाए तो एक आदमी साथ हो ले। जिस मकान में जैसे जाए, उसका पूरा पता जल्द दे।

झाबरमल के चलने के साथ कुछ फासले से अफसरवाली गाड़ी भी पीछे लगी। झाबरमल की गाड़ी सीधी चलती गई और नहर के पार नारिकेल डाँगा की एक मामूली गली में घुसी। पीछेवाली मोटर भी लगी रही। टैक्सी के रुकने पर पीछेवाली मोटर कुछ पहले ही रुक गई। रात आठ का समय। बिहारी के साथ सेठजी किराया चुकाकर एक गली के भीतर घुसे। दूसरी मोटर के एक आदमी ने पीछा किया। मकान के दरवाजे पर सेठजी को खड़ा करके बिहारी भीतर गया। कुछ देर बाद सामनेवाली कोठरी में सेठजी को ले गया और उनके मित्र के साथ बैठाया। इधर का आदमी लौटा और सीधे अफसर को चलकर खबर दी।

जिस वक्त सेठजी भीतर बैठे थे, कमरा खाली था। सिर्फ धीमी बत्ती अपने मन से जल रही थी। कमला का हाल बयान के परे था। हृदय के टुकड़े-टुकड़े हो रहे थे। पुरानी मर्यादा का बाँध टूट रहा था। दुख के आँसू उमड़कर सारा घर डुबो देना चाहते थे। बच्चे सहम न जाएँ, चम्पा घबरा न जाए कि आता हुआ दाना तूफान और बाढ़ में जैसे उड़ जाए और बह जाए। वह पत्थर से दिल को बाँध रही थी। काँपते हाथों भी बेटी को एक साफ साड़ी पहनाकर सजाया। बाल शाम को सँवार दिए थे। कुमारी की माँग में सिन्दूर न था। आँख में जो ज्वाला थी, उसको समझदार ही समझता।

बिहारी रुपए के लिए अड़ा था। कमला चम्पा को सजाकर धीरे-धीरे ले आई। कमरे के पास आते ही बिहारी ने रोका और चम्पा की बाँह पकड़कर सेठजी के पास ले गया। धीमे प्रकाश में सेठजी ने जो सौन्दर्य देखा, उससे अनुभवी व्यवसायी की आँखों में अँधेरा नहीं छाया। उसने और अच्छी तरह देखा। चम्पा प्रथा कुछ न जानती थी। आज उसकी विवाह की जैसी पहली रात है, दो प्रिय हैं। हृदय में कम्प है, लेकिन पुलक नहीं, आत्मा में कर्तव्यनिष्ठा है, लेकिन स्त्रीभाववाला सम्प्रदान नहीं।

बिहारी ने कहा, "बाबू, यही है गृहस्थ। और तो सब कहा जा चुका है। अगर रहना चाहें तो...आपको तो मालूम है।" चम्पा को बाँह पकड़कर एक बगल बैठा दिया। वह कुमारी की तरह सिर उठाए बैठी रही।

सेठजी ने दस-दस के दो नोट निकालकर चम्पा को दिए। चम्पा ले नहीं रही थी, बिहारी के डाँटने से ले लिया। बिहारी ने हाथ फैलाकर कहा, "हमको दे दो..."

सेठजी ने बात काटकर पूछा, "तुम्हारा कितना होता है?"

बिहारी ने दोनों हाथ की उँगलियाँ और अँगूठे उठाकर दिखाए। सेठ की धनाढ्यता के पूरे चाँद को देखकर उसकी वाणी का सागर भी बिना उमड़े नहीं रहा—मुँह से भी आवाज निकली, "दस रुपए।"

कमला से न रहा गया। मर्यादा का बाँध टूट गया, कंठ-प्रवाह से निकला, "झूठ!"

सेठजी ने मुस्कुराकर अपनी मातृभाषा में गाली देते हुए कहा, "खब्बीस, साले! आधे-आधे का साझा है? हमको तो चवन्नी भी नहीं मिलती।"

बिहारी ने कहा, "इसका आधा, बाबू!"

सेठजी ने पाँच रुपए का एक नोट निकालकर अपनी तरफ से उसको दिया और पूछा, "और किसको-किसको ले आए हो?"

खुश होकर बिहारी ने खीस निपोड़ी और सिर हिलाया। कहा, "कोई नहीं, बाबू। आप पहले आदमी हैं।"

नासमझ चम्पा कुमारी की तरह मुस्कुराई।

बिहारी ने कहा, "ये रुपए अपनी माँ को दे दो।"

चम्पा उठकर चली। उसको तालीम मिल चुकी थी, वह माँ की ओर बिहारी की आज्ञा मानकर चलेगी। उसकी चाल में, सेठजी ने देखा, कोई बाजारू गति नहीं। चलकर उसने माँ को दोनों नोट दिए। लेकर माँ ने धीरे से मुँह चूम लिया और आँसू पीकर सिर हिलाते हुए ढाँढ़स बँधाया, "घबराना नहीं।"

सेठजी उठकर खड़े हो गए। बिहारी से पूछा, "तुम साले, भले बदन में दाद की तरह लगनेवाले हो, इससे कौन-सा रिश्ता रखते हो?"

बिहारी ने कहा, "अन्नदा है हमारी!"

सेठजी ने कहा, "यह कहो कि बहन है छोटी।"

बिहारी कुछ शरमाया, कुछ कच्चा पड़ा, सिंगारी प्रभाव के कारण, मगर रुपए के अदब से दबकर कहा, "हाँ, बहन है, बाबूजी।"

सेठजी ने कहा, "तो अब तुम जाओ। तुम्हारा काम हो गया।"

बिहारी ने जवाब दिया, "हम भाई भी हैं, इस घर के दरबान भी हैं, पान-सिगरेट, खाना-पीना, कुछ मँगाना चाहें, इसके लिए नौकर भी हैं, आपके जाने के बाद हम जाएँगे।"

"अच्छा," सेठजी ने उठते ही कहा, "हमको मिर्जापुर (कलकत्ता) में काम है। हम चलते हैं।" बंगला में समझाकर कहा, "हम पहले हैं तो दूसरे की आशा नहीं रखते। इतना समझने के लिए काफी है।"

रुपए देकर दरवाजे के पास चम्पा खड़ी थी। सेठजी ने पूछा, "तुम्हारा नाम क्या है?"

चम्पा ने बंगाली मधुर स्वर से यथोच्चारण कहा, "चम्पा!"

सेठजी ने बंगला में समझाया, "हमारी जगह दूसरा नहीं ले सकता, यह आदमी नौकर रहेगा," कहकर आगे बढ़े।

बिहारी की समझ में नहीं आया। आगे बढ़कर पूछा, "क्या बाबू, नापसन्द है?"

मधुर मगर तीखा एक तमाचा बिहारी के गाल पर पड़ा।

तिलमिलाकर उसने जब आँख खोली, तब खम्भे की बिजली के प्रकाश में तरुण अफसर को खड़ा देखा। पीछे से सेठजी की आवाज आई, "आज सवेरा हो गया, सवेरा।"

साहित्यिक अफसर ने समझा, हमारी तारीफ की है।

सेठजी का मतलब था, हम रुपए दे चुके हैं, सारी रात पार हो चुकी है। कल इसका राज लेंगे, जब यह यहाँ आया है। सेठजी जिस अफसर को पकड़े घूमते थे, वह इस अफसर के मातहत थे, इसकी दो-एक ढीली कार्रवाइयाँ उसको दिखा चुके थे। ये छाँह को पकड़ नहीं पाए, पकड़ने के इरादे से वहाँ तक आए हैं।

...उनके भी आदमी हैं। ये राज रखते और लेते हैं।

बिहारी को दूसरी चकाचौंध लगी, जब परिचित बाबूजी को सामने देखा, "आप हैं?" सम्भ्रम से कहा।

अफसर पूरे बाबू की पोशाक में थे। पूछा, "क्या हो रहा था?"

बिहारी बात टाल गया। चले गए सेठजी की तरफ उँगली उठाकर कहा, "यह हमारा साला चला गया।"

अफसर पूरी तरह नहीं समझे। बिहारी रास्ते तक दौड़ गया, देखने के लिए कि सेठजी हैं या चले गए। सेठजी उसी तरह की तंग गली में घुसे, जिसका बिहारी को पता न लगा।

उसको हिम्मत हुई। बाबू साहब से उसने कहा, "आइए, हम आपकी भी मेहमानदारी करें। पेट, पेट, पेट। इतना काफी है, बाबू साहब।"

चम्पा के कमरे का दीया जल रहा था। खातिरदारी का बदला चुकाने के लिए वह बाबू साहब को सेठजी की जगह ले गया, और बैठाया।

दूसरे कमरे में कमला के पास जाकर साँस से बातचीत करनी शुरू की इसलिए कि दूसरे कमरे में भनक न जाए। समझाया, "यहाँ किसी का विश्वास न करो, अपना काम देखो। एक बाबू आए हैं, बड़े आदमी हैं, इनसे भी रुपए मिल सकते हैं, अब दुख के दिन दूर हुए।"

सेठजी के रुपए देकर चले जाने का घर-भर पर प्रभाव था। वे ये नहीं समझे, दूसरे बाबू आए हैं।

बिहारी कमला और चम्पा को लेकर फिर दरवाजे चला। दोनों ने सोचा, वही बाबू हैं।

बिहारी चम्पा को लेकर कमरे के अन्दर गया। प्रकाश में चम्पा ने दूसरी सूरत देखी तो दिल में मुस्कुरा पड़ी। बाबू साहब उसको अभ्यर्थना समझे और चम्पा को गणिका।

बिहारी ने चम्पा की तरफ उँगली उठाकर चले गए सेठजी की तरफ इशारा करके समझाया, उनकी हैं। फिर दो दफे दस-दस की उँगलियाँ उठाईं और चम्पा की तरफ मोड़कर हटा दीं। फिर समझाया, अभी या कुछ देर बाद वह आदमी आ सकता है। और एक उँगली उठाकर चम्पा की बाँह में गड़ा दी।

बाबूजी ने पूछा, "यह कौन आदमी है?"

बिहारी ने कबूतर उड़ाया। कहा, "बाजार है, कौन जानता है कि कौन, कौन है!" भीतर से डर रहा था कि सेठ फिर न आ जाए।

तरुण साहित्यिक की रूखी करुणा चम्पा की समझ में न आई।

अफसर ने अंग्रेजी गले में रूखी साहित्यिकता का स्तर भरकर दबंग से कहा, "यह आदमी अन्नचोर है। दूसरे का गला नापता फिरता है, इसके साथ बंगाली गृहस्थ बहू-बेटियों का मिलना कितना भयानक है, यह समझदार ही समझते हैं। हम किसी पेशे के खिलाफ नहीं, मगर हमारा एक उद्देश्य है। अगर तुम हमारी हो आओ तो हम रास्ता निकाल सकते हैं।"

निष्काम इस साहित्यिक देश-प्रेम के अन्दर से वासना की घोर बदबू निकल रही थी। चम्पा इतना ही समझी। चम्पा की माँ मारे घबराहट के काँपने लगी। उसकी समझ में नहीं आया कि ये क्या कह रहे हैं। बिहारी ने सोचा, बाबू शराब के नशे में हैं। जोर की हँसी आई; दौड़कर बाहर निकल गया और कमला की बाँह पकड़कर हिलाते हुए शराब चढ़ाने की मुद्रा दिखाते और समझाते हुए कहा कि बाबू मदहोश हैं।

वज्र-गम्भीर बंगला में बाबू साहब ने कहा, "यह जो आदमी आया था, यह बदमाश है। इसने सैकड़ों की रोटियाँ मारी हैं। इसके-जैसे आदमियों के कारण देश में अकाल है, इसको पकड़ना होगा, इसका नाम बताओ।"

बिहारी ने तपाक से कहा, "बाबू श्यामलाल।"

तरुण साहित्यिक अफसर आग्रह-भरी दृष्टि से चम्पा को देखकर उठे। बाबू श्यामलाल मुश्किल से खत्म हुए ब्लैक-आउट को उसके जीवन में फिर न लगा दें, इस डर से उठकर चले और कहा, "हमारे आदमी हो, फिर समझोगे कि हमसे तुम्हारा उपकार है या ऐसे गर्दन-मरोड़ हत्यारे से। तुम्हारी समझ का पत्थर उलट जाएगा तब समझ में आएगा। हम फिर तुम लोगों से समझेंगे।"

कहकर विलायती और साहित्यिक चाल से बाबूजी बाहर निकले और अपना रास्ता लिया।

चले जाने पर कुछ दूर तक बिहारी पीछे लग गया। उन्होंने बिहारी को अपने घर बुलाया।

कमला ने चम्पा को बुलाकर पूछा, "इन दोनों में कौन अच्छा है?"

चम्पा ने कहा, "पहला।"

कवि और कविता

He murmurs near the running brooks a music sweeter than their own.

–Wordsworth

आदिकाल से लेकर आज तक कवि की कितनी ही परिभाषाएँ हो चुकी हैं और कविता-कुमारी को महाकवियों की वर्णना में भिन्न-भिन्न कितने ही स्वरूप मिल चुके हैं। कवि की परिभाषा एक दूसरे ढंग से, महाकवि बिहारीलालजी यों करते हैं–

'तंत्री-नाद, कवित्त-रस, सरस-राग, रति रंग।
अनबूड़े बूड़े, तिरे जे बूड़े सब अंग॥'

यहाँ कविवर बिहारी पार उन्हीं को पहुँचाते हैं जो कवित्व-रस का तलस्पर्श कर चुके हैं–जो कविता-मर्मज्ञ हैं–कवि हैं–तंत्री नाद का कवित्व-रस सरस-राग रति-रंग में जिनका सर्वांग निमज्जित हो चुका है। इस कवित्व-रस-सरिता में गोते लगाने के साथ ही जिन्हें चिरकाल के लिए डूब जाने और इस तरह अपने अस्तित्व के ही खो जाने का भय है, जो तटस्थ रहना चाहते हैं, कविवर बिहारीलाल उन्हें पार नहीं ले जाते, वे अर्धनिमज्जितों को डूबा हुआ ही सिद्ध करते हैं। कवि सम्राट् गोस्वामी तुलसीदास, कवि उसे कहते हैं जिसे सच्चे अर्थ और अक्षरों का बल है–'कविहिं अर्थ आखर बल साँचा।' कवि के लिए कविवर मैथिलीशरण कहते हैं–

'मग्न बने रहते हैं मोद में विनोद में
क्रीड़ा करते हैं कल कल्पना की गोद में
शारदा के मन्दिर में सुमन चढ़ाते हैं
प्रेम का ही पुण्य पाठ सबको पढ़ाते हैं।'

महाकवि शेली उस कवि की रचना को श्रेष्ठ बतलाते हैं, जिसके कवित्व में दुःख के एक-एक दल प्रस्फुट हो जाएँ। वे कहते हैं–

'Our Sweetest Songs are those that tell of saddest thoughts.'–

कवि शेली सहृदय कवियों की कृति में करुणा की क्षीण ध्वनि सुनना चाहते हैं। कवि के व्यथित उद्गारों को अपना मधुर संगीत मान इस महाकवि ने बहुत कुछ भारतीय ढंग की परिभाषा कर दी है। आदि और अद्वितीय कवि महर्षि वाल्मीकि ने

सती शिरोमणि सीता के चरित्र-चित्रण में इसी सिद्धान्त का पोषण किया है। दुःख की दीन ध्वनि में ही उन्होंने संसार को संगीत का अविनश्वर प्रभाव दिखाया है। उनकी कारुण्यामृत वर्षिणी सीता आज भी संसार को अपने करुणा आवर्त में क्षुब्ध, चंचल अतएव सजीव कर देती है। 'जिन पाया तिन रोय' इस कवि-कथन में भी करुणा का प्रभाव प्रत्यक्ष हो रहा है। प्रियतम को रोकर प्राप्त करने में ही आनन्द है। कविता इसी में है। कविवर शेली की तरह भारतीय कवि भी अपने शब्दों की हिलोर में विश्व-वेदना के तार झंकृत कर देना चाहते हैं। उनका भी यही आदर्श है...सुख की अपेक्षा दुःख में अधिक सौन्दर्य है। कविवर सनेही कृषक क्रन्दन, शैव्या का विलाप, दीनों की आह, आँसू आदि दुःख की कविता में ही अपने कवित्व का विकास अधिक कर सके हैं। वे कहते हैं–

अश्रु जो आए कपोलों पर ढलक,
मोतियों की है भरी उनमें झलक;
बुन्द ही में सिन्धु है सौन्दर्य का,
पर पलक भर में गया वह तो छलक!

एक बूँद में ही कवि का कविता-सिन्धु उमड़ रहा है। यहाँ कवि के हृदय में बिन्दु छलककर सौन्दर्य-सिन्धु के लिए इन्दु का काम कर रहा है। कविवर सुमित्रानन्दन कहते हैं–

'वेदना में ही तपकर प्राण
दमक, दिखलाते स्वर्ण हुलास।'

महाकवि रवीन्द्रनाथ की गीतांजलि, जिसकी कविता संसार के एक छोर से दूसरे छोर तक प्रसिद्ध हो चुकी है–वह भी अपने हृदय में दुःख को स्थान देती है। उद्धव के ज्ञान का उत्तर गोपियों ने आँसुओं ही से दिया था। आँसुओं की धारा में उनकी ज्ञान-गरिमा–उनके विरक्तिमूलक धर्म का अहंकार चिरकाल के लिए प्लावित हो गया था। यहाँ हमें मस्तिष्क और हृदय–ज्ञान और प्रेम, विज्ञान और कविता में श्रेष्ठ कौन है इसका पूरा पता मिल जाता है। इसी प्रसंग में द्विज बलदेव कवि कहते हैं–

मति अति आपकी अबल अबला सी लगै,
सागर-सनेह कहौ कैसे पार पावैगी?
खोलिये न जीह अरु लीजिए न नाम इत,
'बलदेव' ब्रजराज जू की सुधि आवैगी॥
सुनतहि प्रलय-पयोधि माहिं एक ऐसी,
कहर करन हारी लहर सिधावैगी॥
राधे-दृग-सलिल-प्रवाह माहिं आज ऊधो,
रावरे समेत ज्ञान गाथा बहि जावैगी॥'

दुःख की कसौटी में कविता का भाव पूर्ण विकसित हो गया है। गोस्वामीजी की अमर लेखनी ने इस विषय पर तो और भी गजब कर दिया है। श्रीरामचन्द्रजी कहते हैं–

कहहूते कछु दुख घटि होई।

काहि कहौं यह जान न कोई॥
तत्व प्रेम कर मम अरु तोरा।
जानत प्रिया एक मन मोरा॥
सो मन रहत सदा तोहिं पाहीं।
जानु प्रीतिरस इतनेहि माँहीं॥

यह आँसुओं का शृंगार है। यहाँ गोस्वामीजी श्रीरामचन्द्रजी के मुख से दुःख का वर्णन नहीं कराते, किन्तु एक विचित्र युक्ति से उसका वहीं अन्त कर देते हैं। वह युक्ति के नाम से तो नीरस है, परन्तु अर्थ बड़ा ही मधुर, इतना मधुर कि प्रिया के लिए उससे अधिक सुखद–अधिक अभीप्सित और कुछ भी न होगा। इन चौपाइयों में गोस्वामीजी दो युक्तियों से काम ले रहे हैं। पहले तो वे श्रीरामचन्द्रजी से कहलाते हैं–'प्रिये, कह देने से दुःख का भार हल्का हो जाता है परन्तु मैं किससे कहूँ?–कोई समझनेवाला भी तो हो। समझनेवाले के अस्तित्व तक को लोप करके दुःख के साथ शृंगार और प्रेम को गोस्वामीजी कितना ऊँचा उठा देते हैं, यह देखते ही बनता है। फिर सीता के हाथों वे श्रीरामचन्द्रजी का मन भी सौंप देते हैं और यह एक अनुकूल युक्ति की योजना करके! अस्तु कविवर शेली की तरह भारतीय कवियों ने भी करुणा की मलिन दीप्ति में कविता-कामिनी के विरह-विधुर सौन्दर्य को कला की पराकाष्ठा तक पहुँचा दिया है। इसके अतिरिक्त, भारत में करुणा एक अलग रस ही है।

रवीन्द्रनाथ अपनी मानससुन्दरी कविता-कामिनी का आवाहन एक दूसरे ही ढंग से करते हैं। यह ढंग जितना ही नवीन है, उतना ही सुन्दर है। हाँ, कविकुल-चूड़ामणि कालिदास के लिए यह ढंग नवीन नहीं। वे, बहुत पहले ही, अपने रंगमंच की अलोकसामान्य सुन्दरी शकुन्तला की वर्णना में–उसके चरित्र-चित्रण में इस कला पर कारीगरी करके, पूर्ण सफलता प्राप्त कर चुके हैं। यह कला निराभरण सौन्दर्य की है। रवीन्द्रनाथ अपनी कविता को इन शब्दों में आमंत्रित करते हैं–

आज किछू काज नाई सब छेड़े दिये।
छन्द-बन्ध-ग्रन्थ-गीत, ऐसो तुमी प्रिये॥
आजन्म साधनधन सुन्दरी आमार।
कविता - कल्पना - लता,–

रवीन्द्रनाथ कविता से छन्द, बन्ध, गीत सब कुछ छोड़कर आने के लिए प्रार्थना करते हैं। वे अपनी साधना की सम्पत्ति कविता-कामिनी को न छन्द के रूप में देखना चाहते हैं, न उसका किसी बन्धन में जकड़कर आना ही उन्हें पसन्द है, न वे उसके हाथ में कोई ग्रन्थ देखना चाहते हैं, न उससे संगीत सुनने की ही उन्हें अभिलाषा है। वे उसे बुलाते हैं, परन्तु किसी काम से नहीं बुलाते। रवीन्द्रनाथ के इस बिना कार्य के आवाहन में भी एक कविता है, और उनकी आजन्म साधनाधन कविता-सुन्दरी के निराभरण सौन्दर्य में तो कविता का पूर्ण विकास हो गया है।

अन्यान्य कितने ही कवियों ने अपनी रुचि के अनुकूल कवि की परिभाषाएँ और

कविता का चित्र-चित्रण किया है। हिन्दी संस्कृत के अनुसार कवि का एक खास अर्थ करती हैं, कभी-कभी कवि का धातुगत अर्थ भी काम में लाया जाता है। कविता की परिभाषा, रसात्मक वाक्यं काव्यम् कहकर समाप्त कर दी जाती है। सूत्र रूप में कवि और कविता का यह परिचय बहुत अच्छा है। परन्तु इसके विश्लेषण की बड़ी आवश्यकता है। अमुक विद्वान ने अमुक विषय पर यह कहा है, अतएव यह मान्य है ऐसी प्रथा का विद्वत्मण्डली में भी प्रचार है। यह कुछ अंशों में अच्छा है परन्तु कुछ अंशों में बुरा भी है। इस प्रकार के उदाहरणों का आधार अन्धविश्वास न होकर एक अनुकूल और सबल युक्ति होनी चाहिए।

प्रमाणस्वरूप कवि शब्द को ही लीजिए। व्याकरणाचार्य कवि का धातुगत अर्थ निकालकर उसे नाचनेवाला नट अथवा नर्तक बतलाते हैं। और पिंगलाचार्य की एक दूसरी ही राय देखने को मिलती है, वे उसी शब्द का अर्थ अपने शस्त्रास्त्र से छिन्न-भिन्न करके, अपने ही अनुकूल उसे छन्दों की लड़ियों पर चलनेवाला बतलाते हैं। इस तरह कवि की स्वतंत्र सत्ता को छुपाकर कोई उस पर व्याकरण का बोझ लाद देता है और कोई छन्दों का गुलाम बना डालता है। कवि शब्द को लेकर साहित्यिक महाशय अपनी खिचड़ी अलग पकाते हैं। वे उसी शब्द का एक तीसरा ही अर्थ करते हैं।

'कविर्मनीषी परिभूः स्वयंभूः।' यहाँ कवि के परिचय में मनीषी, परिभू और स्वयंभू ये तीन शब्द आए हैं। हम देखते हैं, परिभू और स्वयंभू के स्वरूप जिस तरह अक्षरों में एक-दूसरे से नहीं मिलते उसी तरह ये अपना एक अलग अर्थ भी रखते हैं। कवि में मनीषी, परिभू और स्वयंभू इन तीनों भावों का कुछ साम्य भले ही हो, कवि क्यों मनीषी होने लगा? कवि एक स्वतंत्र शब्द है अतएव इसका अर्थ भी स्वतंत्र है। मनीषी एक पृथक् शब्द है, उसका भी अर्थ पृथक् है। अपरंच 'मनीषी', 'परिभू' और 'स्वयंभू' ये कवि के प्रतिशब्द भी नहीं। फिर क्यों इस 'कवि' के लिंग, वचन और कारक के साथ 'मनीषी', 'परिभू' और 'स्वयंभू' की समता देखकर, कवि के साथ उसके अर्थ का भी साम्य मान लें? दूसरे व्याकरणाचार्य के अनुसार, कवि का नाचनेवाला अर्थ न 'मनीषी' में है, न 'परिभू' में, न 'स्वयंभू' में। तो फिर कैसे 'कवि' मनीषी, परिभू और स्वयंभू बन सकता है? यहाँ कवि को मनीषी बतलाने में हम भले ही न विरोध करें परन्तु यदि आपके पड़ोस में कोई व्याकरणाचार्य महाशय रहते हैं तो हम अवश्य कहेंगे। आप अगर 'कविर्मनीषी परिभूः स्वयंभूः' रटकर ही शान्त रह जाएँगे उसकी अनुकूल व्याख्या न करेंगे तो यह वेदवाक्य आपके लिए इनफ्लुएंजा से भी ज्यादा खतरनाक हो जाएगा, क्योंकि व्याकरणाचार्य महाशय आपको ऐसे ही न छोड़ देंगे वे महाभाष्य से लेकर क्षुद्र घण्टिका तक के सूत्र और साधनिका रटते हुए आपके नाकों दम कर देंगे। वे कहेंगे—कवेर्नैतन्माननीयं प्रमाणम्। धात्वार्थोऽस्ति कश्चिदन्यः। उस समय आप—साहित्यिक किस उपाय से उन्हें समझाकर शान्त करेंगे? यही दशा पिंगलाचार्य भी कर सकते हैं।

यहाँ किसी शास्त्र का विरोध करना अन्याय होगा। हमें एक ऐसी युक्ति देनी चाहिए जो स्वतंत्रता और मौलिकता भी सिद्ध करती रहे। 'कवि' का अर्थ नाचनेवाला

ठीक है। यह नर्तन ताल-ताल पर पैरों का उठना और गिरना नहीं, किन्तु भावावेश में हृदय का नर्तन है। भावावेश में हृदय के नर्तन के साथ ही, शब्द भी निकलते रहते हैं। यदि शब्दों का अस्तित्व लुप्त कर दिया जाए तो भाव का भी लोप हो जाता है, क्योंकि भाव और शब्द परस्पर सम्बद्ध हैं। हृदय का नर्तन शब्दों की गति से ही होता है, अन्यथा वह जड़ और निष्प्राण सिद्ध होगा। इस तरह व्याकरणाचार्य के अनुसार, कवि का अर्थ नाचनेवाला हम प्रमाणित कर देते हैं। पिंगलाचार्य के अनुसार शब्दों की लड़ियों पर चलनेवाला कवि है, यह भी सिद्ध हो जाता है। क्योंकि, भावात्मक शब्द हृदय के स्पन्दन या नर्तन के साथ ही, जब तक परिमित वृत्त में घूमते रहते हैं तब वह वृत्त या शब्दावत छन्द कहलाता है–फिर वह वृत्त चाहे शार्दूलविक्रीड़ित हो या इन्द्रवज्रा, शिखरिणी हो या वीर। यहाँ, पिंगलाचार्य भी 'कवि' की उदार परिभाषा में आ जाते हैं–उनसें भी कोई विरोध नहीं रह जाता। हम पिंगलाचार्य के सम्बन्ध में एक बात और कहेंगे।

आजकल कुछ नये कवि पैदा हो गए हैं। उनकी रचनाओं में पिंगल के नियम का पालन नहीं होता, अथवा यह कहना चाहिए कि वे जानबूझकर अपनी मौलिकता के अभिमान से प्राचीन नियमों का अनुसरण नहीं करते। उनकी इस स्वतंत्र गति को बाधा पहुँचाने के उद्देश्य से कितने ही कवि, कितने ही लेखक, कितने ही समालोचक और कितने ही पिंगलाचार्य गद्य और पद्य दोनों ही में उनकी समालोचना करते हुए, अपने शिष्टाचार और अपनी मनुष्यता की हद कर देते हैं। किसी-किसी पत्र ने तो उनकी माँ-बहन तक की खबर ली है उनके प्रति हिन्दी संसार के इस व्यवहार से सिद्ध है कि उनकी रचनाएँ उसे पसन्द नहीं, उनका तिरस्कार करना ही उसका उद्देश्य है। ठीक है। परन्तु किसी विषय की मीमांसा अधिसंख्यक मनुष्यों की राय पर छोड़ देना विवेचक का काम नहीं। अधिसंख्यक मनुष्यों की राय सम्भव है निराधार हो–रीति-रिवाज रूढ़ि या अब तक ऐसा होता आया है अतएव ऐसा ही होना चाहिए, यही उसका एकमात्र कारण हो। हिन्दी संसार ने उन कविताओं की आलोचना करते हुए प्रथम आक्षेप उनके छन्द पर किया है। उसे उन कवियों के छन्द पिंगलपोथी में नहीं मिले। उन कवियों में किसी का छन्द विषममात्रिक है। कोई-कोई उसे स्वच्छन्द छन्द कहते हैं, कोई-कोई छन्द सममात्रिक होने पर भी पिंगल के वर्णित छन्दों की संख्या में नहीं आते। दोष का कारण मुख्य इतना ही है। अच्छा पिंगलाचार्य और हिन्दी के विरोधी संसार से हमारा विनयपूर्वक यह प्रश्न है–क्या आप प्रमाण दे सकते हैं कि आपका परमसिद्ध घनाक्षरी छन्द 2000 वर्ष पहले भी भारत में प्रसिद्ध था। चार वेद, छह शास्त्र और अठारह पुराणों की सीमा में क्या कहीं भी आप उसका उल्लेख दिखा सकते हैं? सवैया, दोहा आदि जितने अधिकांश वर्णवृत्त और मात्रिक छन्द जो आपके साहित्य में इस समय प्रचलित हैं, इनके लिए भी हमारा यही प्रश्न है। सारा संस्कृत छन्दशास्त्र आप देख जाइए, यदि उसमें कहीं आपको अपने प्रमाण की पुष्टि में कुछ न मिले, यदि आप असफल हों तो आपको जिस तरह यह मान लेने में हानि न होगी कि संस्कृत युग के पश्चात् चन्द कवि के हो जाने पर जब हिन्दी का युग आया तब तत्कालीन भाषा-प्रवाह की सुविधा के विचार से हिन्दी

के कवियों ने इन नवीन छन्दों की सृष्टि की थी, उसी तरह अपनी ही विचारधारा के अनुसार यदि आप यह भी मान लें कि वर्तमान युग के नये कवि वर्तमान शैली की सुविधा के विचार से नवीन-नवीन छन्दों (सम और विषम) की सृष्टि कर रहे हैं तो इससे आपकी क्या हानि होती है? क्या आप सृष्टि का क्रम रोकना चाहते हैं? या छन्दों के पुराने आवर्त में ही कवियों को पेरकर उनसे कवित्व रूपी तेल निकालना चाहते हैं।

इस सम्बन्ध में हम अभी कुछ और कहना चाहते हैं। पहले हम कह आए हैं, छन्द शब्दों का आवर्त है। इसे साफ करके यों कहना चाहिए कि छन्द स्वर का तार है वह शब्दों की माला है, अर्थात्मक वाक्यों की एक परिमित लड़ी है। चौताल में कोई चाहे भैरवी गाये या गौरी, विहाग गाये या तिलककामोद, मुलतान गाये या कान्हरा, सबमें वही—धाधा धिनूता कत्तिक धिनूता किटतक् गदगिनू—बजता है। संगीत की उतनी ही स्थिति में बजानेवाला अपने वाक्य को दून भी कर देता है और दून में भी वाक्य की स्वरस्थिति उतनी ही रहती है जितनी 'ठा' में। अक्षरों से इसका तात्पर्य यों कहा जाता है—चार दीर्घ वर्णों की उच्चारणस्थिति जितनी होगी उतनी ही आठ ह्रस्व वर्णों की। इससे हमें यह सूचित होता है कि संगीत के ताल में जिस तरह शब्दों की एक परिमित लड़ी होती है, छन्द में भी उसी तरह स्वर का एक परिमित बहाव होता है। उस परिमित बहाव में यदि छन्द मात्रिक है तो हरएक लड़ी की मात्राएँ बराबर होंगी और यदि वह गणात्मक है तो हरएक पंक्ति में गणों की समान संख्या रहेगी, और यदि वह वर्णवृत्त है तो प्रत्येक तार के अक्षर बराबर होंगे। बस यही छन्दःशास्त्र का मूलमंत्र है फिर चाहे कोई लड़ियों के करोड़ों भेद बना डाले, किसी लड़ी के यगण, मगण और नगण के संयोग से मदन-दहन छन्द की सृष्टि करे और चाहे किसी में सोलह मात्राएँ रखकर उसका नाम उलूकमोहन रखे; यह कोई वैज्ञानिक बात नहीं।

ये सब छन्द नियमों में बँधे हुए हैं, अतएव इन नियमों में बँधकर जो कविता की जाएगी वह मुक्त काव्य नहीं हो सकेगी। जिस तरह मुक्त पुरुष संसार के किसी नियम के वशीभूत नहीं रहते, किन्तु उन नियमों की सीमा पार कर सदा मुक्ति के आनन्द में विहार करते रहते हैं उसी तरह मुक्त कवि भी अपनी कविता को पिंगल के बन्धन में नहीं रखना चाहते। भारती के सूक्ष्म भाण्डार के अधिकारी वे अमर कवि उसे सम्पूर्ण नियमों से मुक्त कर देते हैं। उनकी कविता परिमित नहीं—अमित है। वह पराधीन नहीं स्वाधीन है। वह एक संकीर्ण सीमा में बिहार करनेवाली नहीं अनन्त और असीम ब्रह्माण्ड उसका क्रीड़ास्थल है।

मुक्त काव्य के सम्बन्ध में विशेष ध्यान देने योग्य एक बात और है। वह यह कि किस तरह मुक्त महापुरुष, नियमों और बन्धनों से स्वतंत्र रहने पर भी, दुराचारी या अत्याचारी नहीं कहला सकते किन्तु वे पुरुष की यथार्थ सत्ता का बोध कराते हैं, उसी तरह कवि के मुक्त काव्य में नियमों और बन्धनों का अनुशासन न रहने पर भी वह काव्य का यथार्थ रूप है, किन्तु उससे उच्छृंखलता, दुराचार या किसी अन्य दोष की उद्भावना नहीं हो सकती। यह बात मुक्ति से भी प्रमाणित की जा सकती है। पहले

हम कह आए हैं कि भावावेश में कवि जब छन्दोबद्ध कविता करता है, तब वह अपने हृदय-नर्तन, स्फूर्ति, शब्द-विकास या कविता को किसी छन्द में परिमित कर लेता है। इस तरह उसकी कविता एक परिधि में चक्कर लगाया करती है। परन्तु जो कवि मुक्त काव्य करने की अभिलाषा रखते हैं वे भाव के आने पर अपने शब्दों को किसी निर्दिष्ट छन्द में न बाँधकर उन्हें अनर्गल रूप से–ज्यों-ज्यों वे निकलते आते हैं उसी रूप में–लेखबद्ध कर लेते हैं–वही मुक्तकाव्य कहलाता है। इसके तार टुकड़ों में बँटे हुए नहीं होते। भावों की भिन्नता रहने पर भी वह शुरू से अखीर तक एक बहुत सुहावना साम्य चित्रित कर देता है। यदि वह यथार्थ ही हृदय का उद्‌गार है तो उसमें दोष तो रह नहीं सकता है। इस ढंग की कविता अर्थात् मुक्त काव्य इस समय संसार की प्रतिष्ठित सभी भाषाओं में प्रचलित हो गया है। इसका अभाव हिन्दी में ही है। छन्दोबद्ध काव्य में कृत्रिमता की कलई चाहे कुछ देर से खुले, परन्तु मुक्त काव्य में तो वह तत्काल पकड़ में आ जाती है। दुःख के साथ कहना पड़ता है, हिन्दी में कविता का मुक्त स्वरूप देखने के लिए अभी हमें बहुत दिनों तक अपेक्षा करनी होगी। हम संक्षेप में पिंगल सम्बन्धी अपने विचार प्रकट कर चुके। 'कवि' के विषय में हमें अभी कुछ और निवेदन करना है। यदि कवि, मनीषी, परिभू और स्वयंभू परमात्मा के परिचय में आए हुए, एक-दूसरे से सम्बन्ध न रखनेवाले शब्द हैं तो फिर तर्क की जगह नहीं रह जाती, परन्तु यदि यह मनीषी, परिभू और स्वयंभू 'कवि' के परिचायक हैं तो परिभाषा लिखनेवाले ने जिस तरह 'कवि' को मनीषी बतलाया है, उसी तरह हम गणितज्ञ, विज्ञानवेत्ता, भूगर्भशास्त्री, वैद्य, साहित्यिक, समालोचक, राजनीतिज्ञ, किंबहुना जिस विषय के विद्वान् को मनीषी कह सकते हैं, और उसके परिचायक शब्द के रूप में 'मनीषी' शब्द का व्यवहार कदापि दोषदुष्ट नहीं कहा जा सकता है। 'कवि' के परिचायक जो तीन शब्द–मनीषी, परिभू और स्वयंभू–आए हैं–इस तरह के प्रयोगों को अंग्रेजी में Same Case (समान कारक) कहते हैं–उनमें स्वयंभू सबसे जोरदार है। हम इसी स्वयंभू शब्द पर विचार करेंगे।

इस 'स्वयंभू' शब्द का अर्थ बहुत ही व्यापक है। अंग्रेजी की कहावत 'Poet is born not made' इस स्वयंभू शब्द की मानो व्याख्या ही है। पश्चिम भी कवि को स्वयंभू मानता है। यहाँ इस 'स्वयंभू' शब्द की अवतारणा हमने एक विशेष उद्देश्य की सिद्धि के लिए की है। इस उद्देश्य का आधार दर्शन है। दर्शनशास्त्र के अनुसार 'कवि' को स्वयंभू कहना जितना अर्थसंगत है उतना ही अर्थविरुद्ध 'यादृशी भावना यस्य सिद्धिर्भवति तादृशी' यह दर्शन-वाक्य पश्चिम में प्रचलित नहीं अतएव वे यदि कवि के लिए Poet is born not made कहें तो उनकी दर्शन विषय की अज्ञता के कारण उनका यह कथन बालक-वाक्य की तरह मान लिया जा सकता है। वे पूर्व जन्मार्जित संस्कारों को भी समझना, अतएव मानना नहीं जानते। रही भारत की बात सो यहाँ 'कवि' को 'स्वयंभू' कहिए, तो दार्शनिक विद्वान् सृष्टि की प्रत्येक वस्तु को पुष्ट युक्ति के सहारे स्वयंभू प्रमाणित कर देंगे। जो मनुष्य पूर्वार्जित संस्कारों को लेकर अधिक प्रयास के बिना ही प्रतिभाशाली कवि हो जाता है, उसे बहिर्दृष्टि से देखकर कोई उसके परिचय में स्वयंभू

शब्द भले ही लगा दे, परन्तु दार्शनिक विद्वान् उन्हें पूर्वार्जित संस्कारों से ही प्रतिभाशाली कवि हुआ सिद्ध करेंगे। यह भी कहेंगे कि दृढ़ मनःशक्ति को प्राप्त कर–सच्ची लगन लगाकर–कविजनोचित संस्कारों को प्रबल करके इस जन्म में ही मनुष्य प्रतिभाशाली कवि हो सकता है। इस जन्म में जिस कवि को थोड़े प्रयास में ही अच्छी सफलता मिल जाती है, समझना चाहिए उसने पूर्वजन्म में कविताविषयक संस्कारों को प्राप्त कर लिया था। दर्शनशास्त्र कहते हैं, प्रत्येक मनुष्य के केन्द्र में ब्रह्म अवस्थित है जिसका अस्तित्व ब्रह्माण्ड की सभी वस्तुएँ और मनःशास्त्र के सभी विषयों में है। यही कारण है कि मनुष्य जिस विषय की कामना करता है–जिसके लिए सच्ची लगन लगाता है, उस विषय की कामना हृदयस्थित ब्रह्म तक पहुँचकर, प्रबल संस्कारों की सहायता से, बीज से समुद्गत वृक्ष की तरह विशालकाय होकर, उसी ब्रह्म से कार्य अतः पर-सिद्धि को लेकर उपस्थित होती है। कविता सम्बन्धी संस्कारों के लिए भी यही बात है। कोई कवि हो या न हो, यदि वह चाहे तो कभी महाकवि अवश्य हो सकता है। कारण उस ब्रह्म से उसकी वासना की पूर्ति अवश्य होगी। इसीलिए ब्रह्म को मनस्काम कल्पतरु कहते हैं। स्वयंभू ब्रह्मा के सिवा और कोई नहीं। शास्त्रकारों या विद्वानों ने जहाँ 'कवि' की परिभाषा में 'कविर्मनीषी परिभूः स्वयंभूः' लिखा है, वहाँ समझना चाहिए, कवि वे किसी मनुष्यविशेष को नहीं मानते, किन्तु मनुष्य के अन्तस्तल में अवस्थित ब्रह्म को ही इन शब्दों द्वारा निर्वाचित करते हैं। गीता में भी भगवान श्रीकृष्ण ने कहा है, जहाँ विभूति, प्रतिभा और ऐश्वर्य का विकास हो उसे मेरा ही विकास समझो। प्रत्येक वस्तु और प्रत्येक विषय के सारतत्त्व तक पहुँचकर उसकी व्याख्या करना भारत का ही काम है, और यदि उसकी जाँच-पड़ताल–ढूँढ़-तलाश में कोई कसर रह गई होती तो पतन के इस भयानक युग में भारत और भारतीयता का अस्तित्व भी लुप्त हो गया होता। अस्तु, कहना पड़ता है, कवि की परिभाषा में भारतीय मस्तिष्क ने अपनी सूक्ष्मदर्शिता का पूर्ण परिचय दिया है। सच है–'कविर्मनीषी परिभूः स्वयंभूः।' पहले किसी जगह हमने 'मनीषी' को साधारण (Common) शब्द बताया है, परिभूव्यापक। 'स्वयंभू' का यथार्थतत्त्व जब तक न कहा जाए तब तक उन्हें उसी दशा में रखना हमें उचित जान पड़ा था। यदि कवि को केवल 'स्वयंभू' कहकर परिभाषाकार शान्त रह जाते तो अर्थ में एक महाअनर्थ की सृष्टि हो सकती थी, कवि की महत्ता कंकड़-पत्थर और पेड़-पौधों से बढ़कर न समझी जाती; कारण, कंकड़-पत्थर और पेड़-पौधे भी स्वयंभू हैं। वे भी कवि की तरह अपनी ही प्रकृति से उगते और फूल-पत्ते लेते हैं, अन्तर यही है कि कवि की तरह मनीषी नहीं। उनमें चेतनता का बहुत ही थोड़ा आभास है। वे अपनी ही कृति को विकसित करते हैं, दूसरों की सुदर्शन कृति का न उन्हें बोध है, न वे उसका वर्णन कर सकते हैं। मनीषी और व्यापक परिभूः कवि की इसी विशेषता को प्रकट करते हैं। परिभूः का प्रयोग व्याप्ति अर्थ के अतिरिक्त वाक्य सौष्ठव के लिए भी किया गया है।

हम अब वर्तमान कवियों के सम्बन्ध में भी कुछ कहना चाहते हैं। यह निर्विवाद है कि कवि पर देश, काल और समाज का प्रभाव पड़ता है। कवि ही पर क्यों सम्पूर्ण

मनुष्यजाति पर यह प्रभाव पड़ता है। जिन कार्य-कारणों के घात-संघातों से मानवीय मस्तिष्क के विचार बदलते हैं, चाल-चलन, वेश-भूषा में उलट-फेर होते रहते हैं, स्मृतियाँ और व्यवस्थाएँ परिवर्तित होती रहती हैं, वही कार्य और कारण भाषा और साहित्य के रूपान्तरित होने के कार्य और कारण कहे जाते हैं। हम देखते हैं मनुष्य तो क्या, भगवान बुद्ध जो मनुष्यत्व और देवत्व की पदवी को पार कर अमर ब्रह्मपद पर आरूढ़ हो गए थे वे भी देश, काल और समाज का विचार नहीं छोड़ सके। उसका साहित्य उस समय की प्रचलित भाषा पाली में निर्मित हुआ था। बहुत पुरानी बात जाने दीजिए। मुसलमानी जमाने की बात लीजिए। तत्कालीन हिन्दू समाज पर मुसलमान वेश, मुसलमान भाषा, मुसलमान रीति-रवाज किंबहुना, मुसलमानों के प्रत्येक विषय का प्रभाव पड़ा है। उस समय के हमारे हिन्दी साहित्य में आधे से अधिक शब्द और प्रायः सभी मुहावरे मुसलमानों की दी हुई भीख है अथवा यह कहिए कि मुसलमान कवियों से मुसलमान साहित्य से स्पर्धा और प्रतिद्वन्द्विता करने के लिए हमारे विद्वानों और कवियों ने उनके शब्दों और मुहावरों को अपने साहित्य में स्थान दिया है, अथवा मुसलमान आधिपत्य के कारण, उनकी भाषा, उनके शब्द आप-ही-आप हमारे समाज में आकर हमारी सम्पत्ति बन गए हैं, 'खलल खलक ही', 'गजब गुजरात गरीबन की धार पर' ऐसी कविताओं में आपके कितने शब्द हैं? 'Either sword or koran' का वेग तो किसी तरह हिन्दू रोक भी सकते थे, परन्तु भाषा का उद्दाम वेग नहीं रोक सके। रोकते कैसे? भाषा प्राणों की वस्तु जो है। वह निर्जीव हिन्दू जाति के प्राणों के साथ स्पन्दित, प्रतिध्वनित और प्रतिमुहूर्त स्फुरित होकर उसकी अपनी वस्तु बन गई थी। एक तो उसे समय का बल मिला था, दूसरे वह स्वमदगर्विता थी। हिन्दुओं ने उसे अपनाया।

एक भूषण को छोड़ और जितने कवियों ने उसे अपनाया, उन्होंने उसका प्रवाह पतन की ओर ही बहाने की चेष्टा की। अतएव ब्रजभाषा पर हम फिर कभी निवेदन करेंगे। अभी हमारे इस कथन का इतना ही तात्पर्य है कि कोई समाज समय का प्रवाह नहीं रोक सकता है। आजकल भारत में जागृति का युग है। जाति में भी और साहित्य में भी। भारत के अपर प्रान्तों की भाषाएँ और उनके साहित्य इस समय बहुत ही उन्नत हैं। बंगाल की भाषा और उसका साहित्य संसार में प्रसिद्ध हो रहा है। भारत का सबसे बड़ा विज्ञानवेत्ता, सबसे बड़ा दार्शनिक, सबसे बड़ा पुरातत्त्वज्ञ, सबसे बड़ा कवि, सबसे बड़ा रसायनज्ञ, सबसे बड़ा साहित्यिक, सबसे बड़ा चित्रकार, सबसे बड़ा राजनीतिज्ञ, सबसे बड़ा चिकित्सक, सबसे बड़ा वक्ता, सबसे बड़ा नट आपको बंगाल में ही मिलेगा। एक बहुत बड़े विद्वान का कथन है, What Bengal thinks today, India thinks tomorrow अर्थात् बंगाल आज जिस विषय पर विचार करता है, सम्पूर्ण भारत कल उस पर विचार करेगा। यद्यपि हमारे शास्त्रों का यह कथन है–

'श्रद्धानो शुभां विद्यामाददीता वरादपि।'

तथापि हम आपको बंगाल के पैरों पड़कर शिक्षार्जन करने की सलाह नहीं देते। इस उद्धरण से हमारा उद्देश्य केवल यही है कि आप सोचें, वह कौन-सा कारण है जिसके

कार्यरूप में बंगाल आज इतना उन्नत हो रहा है। आप देखेंगे, उसकी इस उन्नति का कारण बस यही है कि उसने आपसे बहुत पहले ही वर्तमान युग को पहचाना था और आपसे बहुत पहले ही अपने को तदनुकूल तैयार कर लिया है।

रवीन्द्रनाथ यदि समय का प्रवाह न देखते तो उन्हें शायद ही इतनी प्रसिद्धि मिलती। ब्रजभाषा के युग में हमने फारसी-साहित्य को अपने ढंग पर अपने साँचे में ढाल लिया था और इस तरह अरब से लेकर अफगानिस्तान तक की भूमि को अपने हृदय में मिला लिया था। अब हमें पूर्व और पश्चिम को एक करना है और इस तरह समस्त भूमण्डल को हृदय से लगाना है। इस बार हमें और भी बृहत् कार्य करना होगा। यही समय की सूचना है।

समय की इस सूचना को देखते हुए हमें कहना पड़ता है, कवि और कविता की परिभाषा में अब कुछ परिवर्तन हो गया है। यह परिवर्तन क्या और कैसा है इस पर हम अगले अंक में विचार करेंगे।

साहित्य की समतल भूमि

जब कोई ऐकदेशिक दृष्टि से किसी गम्भीर प्रश्न पर रायजनी करता है तब हृदय को बड़ी कड़ी चोट पहुँचती है। अधिकारी विद्वानों को इतना तो अवश्य ही मालूम होगा कि ऐकदेशीयता स्वरूपतः संकीर्णता है। उससे कुछ ही लोग सन्तोष कर सकेंगे। अतः जब किसी अधिकारी विद्वान की राय आदर्शतः समष्टिगत लोगों के फायदे के लिए होगी, तभी वह पुरअसर हो सकेगी, अन्यथा जिस सीमा के अन्दर वह गूँज रही है, जिस सीमा के अन्दर वह बन्द है, उसी की हद तक के रहनेवालों के लिए वह बड़े काम की हो सकती है। उसके बाहर के रहनेवालों तक न तो उसकी आवाज ही पहुँचती है और न उसकी ओर उनका ध्यान ही जाता है।

सीमा के अन्दर घिरकर बन्द रहना जिस तरह मनुष्यों की प्रकृति है उसी तरह सीमा के संकीर्ण बन्धनों को पार कर जाना भी मनुष्यों की ही प्रकृति है, पहली ऐकदेशिक है, दूसरी व्यापक। इस बीसवीं सदी में, सभ्यता के विस्तार के साथ मनुष्यों की ज्ञान-लिप्सा भी सीमा-बन्धनों को उत्तरोत्तर पार करती जा रही है। साथ ही प्रत्येक भाषा के ऊँचे अंग के साहित्य का दूसरी भाषा से मिलान करके भाषा-संसार में समता-मैत्री की चेष्टा भी की जा रही है। विद्वानों की यह धारणा है कि इस तरह सुविस्तृत संसार सम्पूर्ण क्षुद्रताओं को लिये हुए भी विभिन्न भाषा-भाषियों के लिए बृहत् मित्र-मण्डल हो जाएगा। बड़े-बड़े लोग उसकी क्षुद्रताओं की ओर ध्यान न देंगे–वे जानते हैं कि उन क्षुद्रताओं के भीतर से गुजरकर ही लोगों को असीमता तक पहुँचना है। और चूँकि सदा ही छोटों पर बड़ों का प्रभाव रहा है, इसलिए संसार के प्रबुद्ध मित्र-मण्डल का दबाव वे अवश्य मानेंगे और संसार के वर्तमान अधिकांश संकीर्ण भावों का लोप हो जाएगा, कम-से-कम उनका आतंक न जम सकेगा। अभी उस दिन बम्बई के किसी प्रेस रिपोर्टर के पूछने पर कविवर रवीन्द्रनाथ ने हिन्दू-मुसलमानों के झगड़े का कारण दोनों का अज्ञान बतलाया था। उन्हें आशा है कि शिक्षा-विस्तार दोनों में मैत्री ला सकेगा।

इस लेख में हम यह दिखाने की चेष्टा करेंगे कि साहित्य की समतल भूमि कैसी है और रीति-रिवाजों में हिन्दुओं से सम्पूर्णतः पृथक् मुसलमान जाति भी साहित्य और ज्ञान की भूमि में हिन्दुओं के समान ही है।

ज्ञान का शिखर वेदान्त है। विश्वमैत्री इसकी शिक्षा है। पूर्णता इसके प्राण हैं और हिन्दुओं की शाखाएँ इनके अंग-प्रत्यंग। प्राचीनता का विचार रखकर हमें कहना पड़ता

है कि आर्य ऋषियों द्वारा आविष्कृत होने के पश्चात संसार को वेदान्त का प्रकाश मिला है। सम्भव है कि उनके द्वारा इसका प्रचार भी हुआ हो। देशी जादूगरों की तरह मंत्र के छिपाने की आदत अवश्य ही ज्ञानियों में नहीं रहा करती।

उर्दू साहित्य में विश्व-साहित्य की समतल भूमि प्रत्यक्ष कीजिए। नजीर लिखते हैं–

कुछ जुल्म नहीं कुछ जोर नहीं
कुछ दाद नहीं फरियाद नहीं।
कुछ कैद नहीं कुछ बन्द नहीं
कुछ जब्र नहीं आजाद नहीं।
शागिर्द नहीं, उस्ताद नहीं
वीरान नहीं आबाद नहीं।
हैं जितनी बातें दुनियाँ की
सब भूल गए कुछ याद नहीं।
हर आन हँसी हर आन खुशी
हर वक्त-अमीरी है बाबा।
जब आशिक मस्त फकीर हुए
फिर क्या दिलगीरी है बाबा।

यह आनन्ददायिनी अवस्था है। भावभूमि का पथिक, कवि नजीर, इस समय ज्ञानभूमि में है। उसकी ऐकदेशिकता नष्ट हो गई है। बाधाओं के बाँध काटकर कल्पना की राह से बहती हुई भाषा-स्रोतस्विनी आनन्द-सिन्धु से मिल रही है–ज्ञान की असीमता के साथ। इस समय नजीर मुसलमान नहीं हैं, इस समय वे मनुष्य भी नहीं हैं, इस समय वे किसी व्याख्या के द्वारा सीमा के अन्दर नहीं आ सकते। उनकी कविता खुद उनकी व्याख्या कर रही है। भारतीय साहित्य में इस भाव की बड़ी प्रबलता है। गोस्वामी तुलसीदासजी लिखते हैं–

नहिं राग न रोष न मान मदा। तिनके सम वैभव वा विपदा।

दोनों के भाव में फर्क नहीं। अन्तरंग ध्वनि बिलकुल मिल रही है। साहित्य की इस समतल भूमि पर नजीर और तुलसीदास पारस्परिक भेद-भाव नहीं रख रहे। यदि भेद होगा तो वे इस भूमि से गिर जायेंगे। विश्व साहित्य के लिए यही समतल भूमि कही जा सकती है।

ज्ञान की सर्वोच्च दृष्टि से नजीर क्या देखते हैं, देखिए–

दुनियाँ में बादशा है सो है वह भी आदमी
और मुफलिसो गदा है सो है वह भी आदमी।
जरदार बेनबा है सो है वह भी आदमी
नेमत जो खा रहा है सो है वह भी आदमी।
टुकड़े जो माँगता है सो है वह भी आदमी।

यौँ आदमी ही कहर से लड़ते हैं घूर-घूर।
और आदमी ही देख उन्हें भागते हैं दूर।
चाकर गुलाम आदमी औ' आदमी मजूर।
यौँ तक कि आदमी ही उठाते हैं जाजरूर।

यहाँ नजीर आदमी के अन्दर एक ही सत्ता देखते हैं जो स्वरूपतः एक है किन्तु अनेक प्रकार के कार्य करती है; जो एक जगह हँसती है और दूसरी जगह रोती है, एक जगह शाहंशाह है, दूसरी जगह फकीर। यह दृष्टिपात करने, भेद का सच्चा कारण प्रत्यक्ष कर लेनेवाले में कभी भेद का क्रियात्मक प्रभाव रह नहीं सकता। कबीर भेद पर आक्षेप करते हैं–

हिन्दुन की हिन्दुवाई देखी तुर्कन की तुर्काई।
कहें कबीर सुनो हो साधौ कौन रहा ह्वै जाई।

नजीर उसकी (हर चीज के इत्र की) पहचान कराते हैं–

तनहा न उसे अपने दिले-तंग में पहचान।
हर बाग में हर दश्त में हर संग में पहचान॥
बेरंग में बारंग में नैरंग में पहचान।
मंजिल में मुकामात में फरसंग में पहचान॥
नित रूम में औ हिन्द में औ जंग में पहचान।
हर राह में हर साथ में हर संग में पहचान।
हर अज्म इरादे में हर आहंग में पहचान।
हर धूम में हर सुलह में हर जंग में पहचान॥
हर आन में हर बात में हर ढंग में पहचान।
आशिक है तो दिलबर को हर रंग में पहचान॥

नजीर के हृदय की आँख खुल गई है। वे शाख-शाख और पत्ती-पत्ती में आत्मा की विभूति देखकर मुग्ध हो रहे हैं और लोगों को दिखाने के लिए वैसे ही व्याकुल। जो जंग लगा हुआ, दृष्टि का बाधक हो रहा था, वह छूट गया है। भगवान (रामचन्द्र) के विश्वरूप पर कही गई गोस्वामी तुलसीदास की इस ढंग की उक्ति और साफ है–खूब निबाहा है–

अव्यक्तमूलमनादि तरु त्वच चारि निगमागम भने।
पटकन्ध शाखा पंचविंश अनेक पर्ण सुमन घने॥
फल युगल-विधिकटु-मधुरबेलि अकेलिजिहि आश्रित रहे।
पल्लवित फूलित नवल नित संसार विटप नमामहे॥

विजय और पराजय में, हर जगह, यथार्थ अस्तित्व के रूप से नजीर अद्वैत सत्ता को प्रत्यक्ष करते हैं और तुलसीदास कटु मधुर फलों को देनेवाली (माया) लता के आश्रय, संसार-विटप को एक ही अव्यक्त सत्ता का स्वरूप कहकर नमस्कार करते हैं। यहाँ नजीर और तुलसीदास साहित्य की समान भूमि पर हैं। दोनों के भाव एक हैं, इसलिए मन भी एक-सा है। भेद इनमें नहीं रहा। अभेद की सूझ इन्हें हो गई है।

महाकवि गालिब कहते हैं–

न था कुछ तो खुदा था कुछ न होता तो खुदा होना।
डुबोया मुझको होने ने, न होता मैं तो क्या होता।

गालिब युक्ति लड़ा रहे हैं और दो ही लाइन में कुल वेदान्त छाँटकर रख देते हैं। देखिए कैसी मजबूत युक्ति है। इस समार का अस्तित्व गालिब कहते हैं कि मैं हूँ चूँकि मैं ही उसे देख रहा हूँ। मुझी में वह है। मैं अगर न होता तो यह संसार भी न होता। व्यष्टि और समष्टि का 'मैं' संसार को प्रत्यक्ष करता है, और चूँकि व्यष्टि और समष्टि का 'मैं' स्वरूपतः ब्रह्म है, यथार्थ सत्ता है, इसलिए बह्म ही न्यायतः अपने को अनेक रूपों में प्रत्यक्ष कर रहा है। यह वेदान्त का निचोड़ है। स्वामी विवेकानन्द ने भी कहा है, 'एका आमी होइ बहु देखिते आपन रूप।' यह 'मैं' जब निर्विकार है तब खुदा है और जब सविकार है तब संसार में है–स्वप्नों से लिपटा हुआ। गालिब चुटकियाँ लेते हैं। कहते हैं, एक खुदा ही था जब कुछ न था–जब 'मैं' निर्विकार था–जाहिर करने के लिए उसके ('मैं' के) पास उसी के सिवा और कुछ न था। लेकिन बुरा हो इस 'होने' का–'भव' का–संसार का–मैं की स्वप्निल प्रगति का–उसके बहुत-सी वस्तुओं के अपनाव का, जिसने मुझे डुबा दिया है–मेरा महत्त्व छीन लिया है–मुझे छोटा कर दिया है। फिर वे कहते हैं, लेकिन भई, साथ ही इतना यह भी तो समझो कि अगर मैं न होता तो क्या यह संसार, इसकी अनेक वस्तुएँ, यह चहल-पहल रहती?–सब खो जाता 'मैं' के न रहने पर। गालिब की यह भूमि सार्वजनिक है। संसार के उन्नत और परिमार्जित विचारवाले मनुष्य उनके साथ सहमत हैं। यहाँ हिन्दू-मुसलमान और ईसाई का घेरा नहीं। सब साहित्यों के लिए इसे सम्मेलन-भूमि कह सकते हैं।

इंशा फरमाते हैं–

रखते हैं कहीं पाँव तो पड़ता है कहीं और।
साकी तू जरा हाथ तो ले थाम हमारा।

इस शेर का प्रत्यक्ष रूप न देखिए आनन्द इसके परोक्ष रूप में है। भारत के ऋषि कह रहे हैं कि हर वक्त सच्चिदानन्द की धारा जीवों के अन्दर बह रही है, वे बहिर्मुख हैं–बहुत से विकारों से लिपटे हुए हैं, इसलिए उसे देखते नहीं, वह आनन्द उन्हें नहीं मिलता, लेकिन जब वे उसका आनन्द पा लेते हैं तब वे देखते हैं, समुद्र में गिरती हुई नदी की तरह आनन्द के साथ उनका चिरकालिक संयोग है। परमहंस देव के अमृतोपम उपदेशों में है, वे कहते थे कि सच्चिदानन्द-सागर से थोड़ा-सा ही जल पीकर शिव बेहोश हो गए हैं। उस आनन्द का नशा अज्ञानजन्य नहीं, वह ज्ञानजन्य है। लेकिन, चूँकि उस समय शरीर की याद नहीं रहती, इसलिए थोड़े आनन्द से पैरों का डिगना और अधिकता से शरीर का निश्चल हो जाना आश्चर्य की बात नहीं। इस सम्बन्ध की एक बात और। पिता जिस तरह पुत्र को अच्छी-अच्छी चीजें खिलाता है और उसकी सहायता के लिए, वह हँसता हुआ मस्ती में लड़खड़ाकर कहीं गिर न जाए इसलिए उसका हाथ भी कभी-कभी पकड़ लेता है, उसी तरह ईश्वर भी अपने भक्तों को ज्ञानामृत पिलाते और

उन्हें सँभाले रहते हैं। इंशा ने दो ही पंक्तियों में बड़ी खूबी से इस उच्च भाव को प्रकाशित कर दिया है। उन्हें वह आनन्द कविता द्वारा ही मिल रहा है। वे मस्त हैं। लेकिन अभी बेहोश नहीं हुए, कुछ ज्ञान अभी है, इसलिए पहले ही से साकी को अपनी हालत बतलाये देते हैं। साकी भी पास ही है। ईश्वर से नजदीक और कोई नहीं, भारत के कुल तत्त्ववेत्ताओं ने यही कहा है। इंशा भी, पिलानेवाले और सबसे नजदीक रहनेवाले साकी को हाथ थाण लेने के लिए आगाह कर रहे हैं। शेर की दूसरी पंक्ति का 'तो' शेर के पढ़नेवालों का हृदय खोल देता है और इंशा के हृदय से निकलकर आनन्द की धारा पाठकों के हृदय में आ जाती है। वाक्यन्यास और ध्वनि के विचार से 'तो' इंशा को सरलता की मूर्ति बना रहा है।

मीर कहते हैं–

था मुल्क जिनके जेर नगीं साफ मिट गए
तुम इस ख्याल में हो कि नामो-निशाँ रहे।

अपने नाम के लिए मरनेवालों को मीर खासी नसीहत दे रहे हैं। भारत का साहित्य तो इसके लिए प्रसिद्ध ही है। भारत के उच्च साहित्य के निर्माता अपनी कृति बेनाम ही अपने उत्तराधिकारियों को दे गए हैं, वे ज्ञान तो दे गए हैं, पर नाम नहीं दे गए। स्वामी विवेकानन्द जी से बिलायत की किसी अँगरेज महिला ने कहा था, तुम्हारे प्राचीन ग्रन्थों के रचयिताओं के नाम तक तुम्हें नहीं मालूम, यह कितने दुःख की बात है। स्वामीजी ने इसका उत्तर भारतीय ढंग का, हृदय तक धँस जानेवाला, शेर के भावों का, बड़ा ही समीचीन दिया था। संसार की नश्वरता पर कुछ न कहनेवाला, शायद ही कोई भारतीय कवि होगा। लेकिन नामो-निशाँ के मिटाने का मतलब मीर का कुछ और ही है। मीर इस तरह अलख, अरूप, निरंजन की ओर इशारा कर रहे हैं। नामो-निशाँ को छुड़ाकर वे अरूप का अस्तित्व सिद्ध कर रहे हैं। और भी देखिए–

व' क्या चीज है आह! जिसके लिए।
हर एक चीज से दिल उठाकर चले॥

दिखायी दिये यूँ कि बेखुद किया।
हमें आप से भी जुदा कर चले॥

परस्तिश की याँ तक कि ऐ बुत! तुझे।
नजर में सभों की खुदा कर चले॥

वेदान्त के चुने हुए भाव हैं। हरएक चीज से उठकर मीर का दिल खुदा पर लगता है। उन्हें नश्वर और अनिश्वर की सूझ हो गई है। अन्तिम शेर में तो कमाल कर दिया है। पूजा और अद्वैतवाद! हर जगह ईश्वर का अस्तित्व मौजूद है, मीर साहब इस सिद्धान्त पर कहते हैं कि मूर्ति की उन्होंने ऐसी पूजा की कि उस मूर्ति को भी उन्होंने सबकी दृष्टि में खुदा (अनाम और अरूप) कर दिया। भारतीय मूर्ति-पूजन सच्चे तत्त्व

के साथ आ गया है। मीर की तरह सैकड़ों भारतीय साधक नाम और रूप की परिधि को पार कर अपनी इष्ट-मूर्ति से मिल गए हैं। मीर इसी अवस्था को दृश्यकाव्य की तरह लोगों को प्रत्यक्ष करा रहे हैं। वे खुद तो अरूप होकर चले ही, किन्तु लोगों की दृष्टि में अपनी मूर्ति को भी उन्होंने अरूप कर दिया है—मूर्ति में इतना ऊँचा—सर्वोच्च भाव भर दिया है। मीर अब मूर्ति को मूर्ति नहीं रखते। उनकी परायणता उसे खुदा कर देती है—चलते समय उनकी नजर में भी और रहनेवाले लोगों की नजर में भी।

लेख बढ़ रहा है अतः अब हम इसे समाप्त करते हैं। साहित्य के भीतर से देखिए कि साहित्य की भूमि में हिन्दू और मुसलमान बराबर हैं। दूसरे किसी साहित्य का विचार नहीं किया गया, केवल उर्दू के साथ, संक्षेप में, भारतीय भावों की परीक्षा गई है। साहित्य के भीतर से मैत्री की स्थापना प्रशंसनीय है। यदि विचार किया जाए तो साधारण भाव भी सब साहित्य के एक ही होंगे जबकि सब साहित्य के निर्माता मनुष्य ही हैं और एक ही प्रकृति उनके अन्दर काम कर रही है।

मुसलमान और हिन्दू कवियों में विचार-साम्य

सभ्यता के आदि-काल से लेकर आज तक जितनी बड़ी-बड़ी बातें साहित्य के पृष्ठों में लिखी हुई मिलती हैं, उनके बाह्य रूपों में साम्य रहने पर भी वे एक ही सत्य का प्रकाश देती हैं। आज तक मानवीय सभ्यता जहाँ कहीं एक दूसरी सभ्यता से टक्कर लेती आयी है, वहाँ उसके बाह्य रूपों में ही वैषम्य रहा है; वेश-भूषणों, आचार-व्यवहारों तथा उच्चारण और भाषाओं का ही बहिरंग भेद रहा है। उन सभ्यताओं के विकसित रूप देखिए, तो एक ही सत्य की अटल अपार महिमा वहाँ मिलती है। थोड़ी देर के लिए, उदाहरणार्थ, हम मुसलमानों को ले सकते हैं। मुसलमानों से हिन्दुओं की लड़ाई शताब्दियों तक होती रही। आज भी यदि भारतवर्ष के स्वतंत्र होने में कहीं किसी को अड़चन मिलती है, तो वह हिन्दू-मुसलमानों का वैषम्य ही कहा जाता है। जगह-जगह, मौके-बेमौके, आज भी दोनों एक-दूसरे की जान ले लेने को तैयार हो जाते हैं। बहुत कम हिन्दू और बहुत कम मुसलमान ऐसे होंगे, जो इनमें से एक-दूसरे के उत्कर्ष का पूरा-पूरा पता रखते हों। मुसलमानों के आक्रमण के समय से लेकर आज तक दोनों जातियों में जो घृणा के भाव चले आ रहे हैं, वे दोनों जातियों की अस्थि-मज्जा में कुछ इस तरह से मिल गए हैं कि सुप्त रहते हुए भी वे जाग्रत् ही रहते हैं। हिन्दू लोग, आचारों को प्रधानता देते हुए, खुदापरस्त मुसलमानों को म्लेच्छ आदि नामों से विभूषित करते हैं। उसी तरह मुसलमान भी हिन्दुओं को मूर्तिपूजक देखकर उन्हें बुतपरस्त, काफिर आदि घृणासूचक शब्दों से याद करते हैं। सदियों से यह व्यवहार कुछ ऐसा चला आ रहा है कि दोनों के विचारों में जहाँ साम्य है वहाँ तक पहुँचकर दोनों में मैत्री-स्थापना की कोई चेष्टा ही नहीं की गई। जिन हिन्दुओं को 'आचारः प्रथमो धर्मः' सिखलाया जाता है, और यह इसलिए कि आचारों से चित्तशुद्धि होने पर ज्ञान या सत्य की प्रतिष्ठा मन में हो सकेगी, वे हिन्दू आचारों में इस बुरी तरह बँध जाते हैं कि वे आचार ही उनकी आध्यात्मिक उन्नति के अन्तिम लक्ष्य-से बने रहते हैं, यद्यपि 'अघोरान्नापरो मंत्रः' का वे प्रतिदिन पाठ किया करते हैं। इधर मुसलमानों को बुत ही से खुदा का पाठ मिला, पर वे बुत को घृणा ही करते गए; केवल काव्य में ही रह गया–

'परस्तिश की याँ तक कि ऐ बुत, तुझे–
नजर में सभों की खुदा कर चले।'

किन्तु बुतों के प्रति उनके भाव नहीं रह गए, यद्यपि बुत-रूपी अपने बीवी-बच्चों को सभी मुसलमान प्यार करते हैं।

आज, अब, विज्ञान के युग में, जिस तरह पश्चिम की रोशनी से अपने गृह का अन्धकार दूर करने के लिए राष्ट्रवादी हिन्दू प्रयत्नशील हैं, उसी तरह मुसलमान भी। परन्तु स्वार्थ एक अजीब सत्ता है। यहाँ प्राणों का भरा हुआ आनन्द बिलकुल ही नहीं, सिर्फ एक अभाव की आग भड़कती है। देश दीन है, दुखी है, परतंत्र है, स्वाधिकाररहित है, इस तरह की अभाववाली जितनी भी बातें होंगी, वे जिस तरह प्राणहीन हैं, उनकी पूर्ति के लिए लड़ाइयों, उद्योग आदि भी इसी तरह प्राणहीन। कारण, स्वार्थ ही दोनों का मूल है। यदि ब्रिटेन के वीरसिंह हैं और भारत के दीन कृषक मेष, तो विचार की दृष्टि में, दार्शनिक की भाषा में, दोनों मनुष्यता से गिरे हुए हैं, और आधुनिक विकासवाद के अनुसार सिंह और मेष में कौन-सी सृष्टि अधिक उच्च है, यह बतलाना भी जरा टेढ़ी खीर है। मतलब यह कि जिस विज्ञान के बल पर पश्चिम सिंह बन सकता है, वह जिस तरह मनुष्यता की हद से गिरा हुआ होता है, उसी तरह हिन्दुओं का ज्ञान-मूलरहित आचारवाद, जिसने सदियों से उन्हें गुलाम बना रखा है, और मुसलमानों की खुदापरस्ती भी, जो बुतों से घिरी हुई रहकर भी उनकी सत्ता से घृणा करे।

हिन्दू और मुसलमान, दोनों जातियाँ ऊँची भूमि पर एक ही बात कहती हैं। इस लेख में हम यही दिखलाने की चेष्टा करेंगे। साथ ही हमारा यह भी विश्वास है कि जब तक हिन्दू और मुसलमान इस भूमि पर चढ़कर मैत्री की आवाज नहीं लगायेंगे, तब तक वह स्वार्थजन्य मैत्री स्वार्थ में धक्का न लगने तक की ही मैत्री रहेगी—वैसी ही मंत्री, जैसी ब्रिटिश-सिंह और भारत-गऊ की हो सकती है।

'न था कुछ तो खुदा था, कुछ न होता तो खुदा होता,
डुबोया मुझको होने ने, न होता मैं तो क्या होता।'

(गालिब)

जब कुछ नहीं था, तब खुदा था। यदि कुछ न होता, तो खुदा होता। मुझे होने ने (भव ने संसार ने, 'हूँ' इस भाव ने) डुबा दिया। मैं न होता, तो क्या (अच्छा) होता!

महाकवि गालिब के ये भाव हर्फ-हर्फ वेदान्त से मिलते हैं। जब कुछ नहीं था, तब खुदा था, यही वेदान्त की तथा हिन्दू आस्तिक और नास्तिक दर्शन की बुनियाद है। जहाँ ईश्वर की सत्ता है, वहाँ संसार नहीं। इसी पर गोस्वामीजी लिखते हैं—

'जिहि जाने जग जाय हेराई।'

यहाँ दोनों के भाव एक ही हैं। 'होने' ने या 'भव' ने गालिब को डुबा दिया है अर्थात् दुनिया के ज्ञान ने उन्हें ससीम कर दिया है, संसार में डाल रक्खा है, जिसके लिए वह कहते हैं, यह न होता तो क्या ही अच्छा होता! तब केवल खुदा का ही अस्तित्व रहता, जिसके लिए कहा है—

'None else exists and thou art that.'

कबीर भी कहते हैं, जहाँ ज्ञान रहता है, वहाँ मोह नहीं रहता–

'सूर-परकास तहँ रैन कहँ पाइए
रैन-परकास नहिं सूर भाए;
होय अज्ञान तहँ ज्ञान कहँ पाइए
होय जहँ ज्ञान अज्ञान नासै।
काम बलवान तहँ प्रेम कहँ पाइए,
होय जहँ प्रेम तहँ काम नाहीं,
कहत कब्बीर यह सत्य सुविचार है
समझ तू, सोच तू, मनहिं माहीं।'

आज तक मनुष्यों के मनों ने जितनी ऊँची उड़ानें भरी हैं, वे सब यहीं आकर ठहरती हैं। अन्यथा लक्ष्य भष्ट हो गई हैं। सांसारिक जितने भी चमत्कार हैं, उन सब पर प्रभुता करनेवाली यही भूमि है, और संसार में जितने भी भेद हैं, उन सबमें साम्य स्थापित करनेवाली भी यही भूमि है। बिना यहाँ आए हुए भेद का ज्ञान कदापि दूर नहीं हो सकता। यही हिन्दुओं की अद्वैत-भूमि है। और, चूँकि यहाँ भेदभाव नहीं रह जाता, इसीलिए इसे अद्वैत कहा भी है–

नजीर कहते हैं–

'तनहा न उसे अपने दिले तंग में पहचान;
हर बाग में, हर दश्त में, हर संग में पहचान।
बेरंग में, बारंग में, नैरंग में पहचान;
मंजिल में, मुकामात में, फरसंग में पहचान।
नित रूम में, औ हिन्दू में, औ जंग में पहचान;
हर राह में, हर साथ में, हर संग में पहचान।

× × ×

हर आन में, हर बात में, हर ढंग में पहचान;
आशिक है, तो दिलबर को हर रंग में पहचान।'

यहाँ दुनिया की लावण्यमयी श्री भी है और वहाँ उस प्यारे की खोज भी। यह यहाँ विशिष्टाद्वैतवाद कहलाता है यानी दुनिया भी है और खुदा भी। या यों कहिए कि वह खुदा ही दुनिया के अनेक रूपों में विराजमान है। गोस्वामी तुलसीदासजी की एक उक्ति इसी अर्थ पर बहुत ही सुन्दर हुई है–

'अव्यक्तमेकमनादि तरु त्वच चारि निगमागम भने;
षट कन्ध शाखा पंचविंश, अनेक पर्ण, सुमन घने।
फल युगल विधि कटु मधुर बेलि अकेलि जिहि आश्रित रहे;
पल्लवित, फूलित, नवल नित संसार-बिटप नमामि है।'

यहाँ राम को ही उन्होंने वेद के मुख से संसार-विटप कहकर सम्बोधित किया है, जिसकी तारीफ में संसार की कोई वस्तु छोड़ी भी नहीं, जैसे तमाम संसार में राम ही का रूप रहा हो। एक जगह महाकवि गालिब कहते हैं–

'तेरे सर्वे कामत से एक कद्दे आदम,
कयामत के फितने को कम देखते हैं।'

यहाँ महाकवि गालिब कयामत को एक आदमी-भर लम्बी बतलाते हैं, यानी कयामत उतनी ही बड़ी है, जितना लम्बा एक आदमी। यह प्रलय की सर्वोत्तम व्याख्या है। हर एक आदमी में प्रलय की नाशकारी कुल शक्तियाँ हैं, और वह चाहे, तो उन्हें प्रत्यक्ष कर सकता है। हर मनुष्य सौर ब्रह्मांड से मिला हुआ भी उससे अलग है। संसार का अस्तित्व उसके पास सिर्फ इसलिए है कि वह अपने अस्तित्व पर विश्वास रखता है। जब मनुष्य सो जाता है, उस समय वह अपना अस्तित्व बहुत-कुछ भूल जाता है। यही कारण है कि सुप्ति-काल में संसार का ज्ञान नहीं रहता। संसार के सिर पर जो कयामत क्रीड़ा कर रही है, उसको प्रत्यक्ष करनेवाला वही है और उसका शरीर भी कयामत के कानून के अन्दर है। इसलिए कयामत को एक ही आदमी के कद के बराबर कहा, और यह केवल साहित्यिक उपमा ही नहीं, किन्तु दार्शनिक महान् सत्य हो गया है।

बिलकुल यही भाव सूरदासजी के हैं, जहाँ उन्होंने बालक कृष्ण की वर्णना की है– 'प्रभु पौढ़े पालने पलोटत' आदि-आदि। यहाँ भी श्रीकृष्ण के हिलने-डुलने से जो क्रिया होती है, वह प्रलय ही है–'विडरि चले घन प्रलय जानि कै'; कारण, किसी भी चेतन के हिलने से सौर-ब्रह्माण्ड हिलता-डोलता है, यह सूरदासजी के कहने का मतलब है। श्रीकृष्ण की चेतन-क्रिया में संसार डोल रहा है, कहीं-कहीं प्रलय हो रहा है, दिग्दन्ती बड़े धैर्य से धरा-भार को धारण कर रहे हैं। यहाँ भी एक ही की चेतन-क्रिया से संसार में कयामत आ रही है, प्रलय मचा हुआ है, और इसे समझनेवाले सूरदासजी 'सकट पगु पेलत'–धीरे-धीरे चल रहे हैं। गालिब और सूरदासजी की उक्तियाँ बिलकुल मिल जाती हैं। कोई विरोध नहीं देख पड़ता। वहाँ भी एक ही कद के बराबर कयामत की नाप होती है, और यहाँ भी एक कृष्ण की चेतन-क्रिया से आफत उठी हुई है। दोनों महाकवि इस सत्योक्ति में पूर्णतया सहमत हैं।

'कुछ जुल्म नहीं, कुछ जौर नहीं,
कुछ दाद नहीं, फरियाद नहीं;
कुछ कैद नहीं, कुछ बन्द नहीं,
कुछ जब्र नहीं, आजाद नहीं।
शागिर्द नहीं, उस्ताद नहीं,
वीरान नहीं, आबाद नहीं;
हैं जितनी बातें दुनिया की,
सब भूल गए, कुछ याद नहीं।

हर आन हँसी, हर आन खुशी,
हर वक्त अमीरी है बाबा;
जब आशिक मस्त फकीर हुए,
फिर क्या दिलगीरी है बाबा।
जिस सिम्त नजर कर देखे हैं,
उस दिलबर की फुलवारी है;
कहिं सब्जी की हरियाली है,
कहिं फूलों की गुलकारी है।
दिन-रात मगन खुश बैठे हैं,
और आप उसी की भारी है;
बस, आप ही वह दातारी है,
और आप ही वह भण्डारी है।
हर आन हँसी, हर आन खुशी,
हर वक्त अमीरी है बाबा;
जब आशिक मस्त फकीर हुए,
फिर क्या दिलगीरी है बाबा।
हम चाकर जिसके हुस्न के हैं,
वह दिलबर सबसे आला है;
उसने ही हमको जी बख्शा,
उसने ही हमको पाला है।
दिल अपना भोला-भाला है,
औ' इश्क बड़ा मतवाला है;
क्या कहिए और नजीर आगे,
अब कौन समझनेवाला है।
हर आन हँसी, हर आन खुशी,
हर वक्त अमीरी है बाबा;
जब आशिक मस्त फकीर हुए,
तब क्या दिलगीरी है बाबा।

—नजीर

कविवर नजीर यहाँ फकीरी का हाल बयान कर रहे हैं। यह वह फकीरी है, जब तमाम दुनिया में अपना इष्ट-ही-इष्ट नजर आता है। संसार की हर वस्तु में उसी का रंग चढ़ा देख पड़ता है। प्रह्लाद के चरित्र-लेखक दिखलाते हैं कि शेर आता है, तो उससे भी प्रह्लाद 'हरि आए' कहकर लिपट जाते हैं। नरसीजी भूत देखते हैं, तो 'आए मेरे लम्बकनाथ', कहकर गाने और प्रेमविह्वल होकर नाचने लगते हैं। एक सिद्ध श्वान पर बैठा हुआ भोजन कर रहा था, और कभी-कभी अपना अन्न उस कुत्ते को भी

खिला दिया करता था। दूर से कुछ लोगों ने यह तमाशा देखा। उसके पास गए। कहने लगे, "तुम कुत्ते की जूठन खाते हो, कैसे आदमी हो?" वह सिद्ध बड़ी देर तक चुप रहा। तब भी इन लोगों ने अपना व्याख्यान बन्द नहीं किया। तब चिढ़कर वह सिद्ध कहता है–

'विष्णूपरिस्थितो विष्णुः विष्णुं खादति विष्णवेः
कथं हससि रे विष्णो सर्वं विष्णुमयं जगत्।'

सूरदासजी इन्हीं भावों पर कहते हैं–

'जित देखो तित श्याममयी है;
श्याम कुंज, वन, यमुना श्यामा,
श्याम गगन-घन-घटा छई है।
श्रुति को अच्छर श्याम देखियत,
दीप-शिखा पर श्यामतई है;
मैं बौरी को लोगन ही की
श्याम पुतरिया बदल गई है।
इन्द्र-धनुष को रंग श्याम है,
मृग-मद श्याम, काम विजयी है;
नीलकण्ठ को कण्ठ श्याम है,
मनो श्यामता बेलि बई है।'

कवि के भाव-नेत्र चारों तरफ श्याम को ही प्रत्यक्ष करते हैं। तमाम संसार में वह एक ही श्याम-छवि रमी हुई है। रामायण में गोस्वामी तुलसीदासजी इस भाव की सुन्दर व्याख्या-सी कर देते हैं। जिस कारण से यह इष्ट-मूर्ति भक्त को चारों ओर दिखलायी पड़ती है, उस कारण की जड़ चित्त में है, जहाँ इष्ट की छाप पड़ जाने पर फिर और कोई रूप नहीं देख पड़ता, दूसरे रूपों की सत्ता छिप जाती है :

'चित्रकूट चित चारु, तुलसी सुभग सनेह बन;
सिय-रघुबीर-बिहारु, सींचत माली नयन-जल।'

मृत्यु की नश्वरता को दिखलाते हुए कविवर नजीर कहते हैं–

'जब चलते-चलते रस्ते में
यह गौन तेरी ढल जावेगी;
यह बधिया तेरी मिट्टी पर
फिर घास न चरने पावेगी।
यह खेप जो तूने लादी है,
सब हिस्सों में बट जावेगी;
धी, पूत, जमाई, बेटा क्या,
बनजारन पास न आवेगी
सब ठाट पड़ा रह जावेगा

जब लाद चलेगा बंजारा;
क्या जी पर बोध उठाता है।
इन गोनों भारी-भारी के;
जब मौत का डेरा आन पड़ा,
तब दोनों हैं व्यापारी के।
क्या साज जड़ाऊ जर-जेवर,
क्या गोटे थान किनारी के;
क्या घोड़े, जीन सुनहरी के,
क्या हाथी लाल अमारी के।
सब ठाट पड़ा रह जावेगा
जब लाद चलेगा बंजारा।
मगरूर न हो तलवारों पर,
मत भूल भरोसे ढालों के;
सब पट्टा तोड़ के भागेंगे
मुँह देख अजल के भालों के।
क्या डिब्बे मोती-हीरों के,
क्या ढेर खजाने मालों के;
क्या बकचे ताश मुशज्जर के,
क्या तख्ते शाल-दुशालों के।
सब ठाट पड़ा रह जावेगा,
अब लाद चलेगा बंजारा।'

नश्वर संसार का जो चित्र यहाँ विवेक को जाग्रत करने के लिए नजीर साहब ने खींचा है, उसका प्रभाव हिन्दू कवियों पर पहले ही से बहुत ज्यादा रहा। नश्वरता पर प्रायः यहाँ के सभी कवियों ने कविताएँ लिखी हैं। भगवान् शंकराचार्य आदि धर्म-प्रचारकों से लेकर आधुनिक कवियों तक में यह भाव यहाँ परिपुष्ट ही मिलता है–

'कस्त्वं कोऽहं कुत आयातः
का में जननी को में तातः।
इति परिभावय सर्वमसारं
विश्वं त्यक्त्वा स्वप्न-विचारम्।
पुनरपि जननं पुनरपि मरणं
पुनरपि जननी-जठरे-शयनम्;
इह संसारे खलु दुस्तारे
कृपया पारे पाहि मुरारे।
पुनरपि रजनी पुनरपि दिवसः

पुनरपि पक्षः पुनरपि मासः।
पुनरप्ययनं पुनरपि वर्ष
तदपि न मुंचयत्याशामर्षम्।'

—श्री शंकराचार्य

'चढ़कर मेरे जीवन रथ पर
प्रलय चल रहा अपने पथ पर
मैंने निज दुर्बल पद-बल पर
उससे हारी होड़ लगायी।'

—श्री जयशंकर 'प्रसाद'

'लक्ष अलक्षित चरण तुम्हारे चिह्न निरन्तर,
छोड़ रहे हैं जग के विक्षत वक्षःस्थल पर;
शत-शत फेनोच्छ्वसित स्फीत फूत्कार भयंकर,
घुमा रहे नित घनाकार जगती का अम्बर,
मृत्यु तुम्हारा गरल-दन्त, कंचुक कल्पान्तर,
अखिल विश्व ही विवर,
वक्र-कुण्डल दिङ्-मण्डल!
अये दुर्जेय विश्वजित्!
नवाते शत सुरवर नरनाथ,
तुम्हारे इन्द्रासन-तल माथ।
घूमते शत-शत भाग्य अनाथ
सतत रथ के चक्रों के साथ।
तुम नृशंस नृप-से जगती पर चढ़ अनियंत्रित,
उत्पीड़ित संसृति को करते हो पदमर्दित;
नग्न नगर कर भग्न भवन, प्रतिमाएँ खंडित,
हर लेते हो विभव, कला-कौशल चिरसंचित;
आधि-व्याधि बहुवृष्टि पात उत्पात अमंगल,
वह्नि, बाढ़ भूकम्प, तुम्हारे विपुल सैन्यदल;
अये निरंकुश पदाघात-से वसुधा टलमल,
हिल-हिल उठता है प्रतिफलपद-दलित धरातल!'

—श्री सुमित्रानन्दन पन्त

नश्वरता को प्रत्यक्ष करा देने पर जरा देर के लिए मन में वैराग्य का उदय होता है। फिर वह वैराग्य यदि स्थायी हो, तो मनुष्य संसार की नश्वर वस्तुओं से प्रेम करना छोड़कर एक ऐसी ज्ञान-स्थिति प्राप्त करता है, जिससे उसे यथार्थ शान्ति मिलती है।

जिस तरह हिन्दुओं में वैराग्य की यह शिक्षा मिलती है, उसी तरह मुसलमानों में भी। सूफीवाद में ज्ञान, वैराग्य और मादकता, तीनों की प्रधानता है। मुसलमानों के दर्शन में तो नहीं; हाँ, कुरान के साथ अद्वैतवाद की सूक्तियाँ जरूर मिल जाती हैं। पर कविता में और सूफियाने ढंग की कविता में यहाँ के बड़े-बड़े दर्शन-शास्त्र का तो बिलकुल जोड़ मिल जाता है। खान-पान और रहन-सहन का भेद रहने पर भी जिस विकास की ओर मुसलमान सभ्यता गई है, वह यहाँ से कोई पृथक् सत्ता नहीं। कुरान का असल तत्त्व जो 'ला इलाह इल्लिल्लाह' है, वह 'एकमेवाद्वितीयम्' का अक्षर-अक्षर अनुवाद है। हम यह नहीं कहते कि कुरान की उक्ति अनुवाद के रूप में आयी है; क्योंकि हमें मालूम है, ईश्वर को प्रत्यक्ष करनेवाले महापुरुष एक ही सत्य का प्रचार करते हैं। और, जिस तरह हिन्दुओं के महापुरुषों ने सत्य से ओतप्रोत एक ही ज्ञानमय कोष का तत्त्व हासिल किया, उसी तरह मुहम्मद ने भी तपस्या द्वारा 'अवाङ्मनसोऽगोचरम्' सत्य का साक्षात्कार किया। सिन्धु और बिन्दु की उक्ति से ब्रह्म और जीव की जो बातें भारतीय साहित्य में मिलती हैं, वही मुसलमान कवियों की कविता में, दरिया और कतरे के रूप से आयी हैं।

'तुमहिं मिलत नहिं होय भय, यथा सिन्धुगत नीर।'

—तुलसीदास

'इशतरे-कतरा है दरिया में फना हो जाना।'

—गालिब

'यक कतरए-मैं जब से साकी ने पिलाया है;
उस रोज से हर कतरा दरिया नजर आता है।'

खुदनुमाई पर की गई वह गुफ्तगू याद आती है, जो अपनी बाँदी के साथ शायद बेगम नूरजहाँ ने की थी जब उसका चीनी आईना बाँदी के हाथ से गिरकर फूट गया था, और एकाएक महर्षि वाल्मीकि की तरह बाँदी के मुँह से यह शेर का एक टुकड़ा निकल पड़ा था—

'अज कजा आईनए-चीनी शिकश्त।'
'खूब शुद सामाने खुदबीनी शिकश्त।'—

यह मेहरुन्निसा का उत्तर था। तमाम हिन्दोस्तान की सम्राज्ञी के हृदय में भी वैराग्य की यह भावना प्रबल थी, —वह शिक्षा जो गोस्वामी तुलसीदास-जैसे महापुरुष ही दे सकते हैं—

'सेवहिं लखन सीयरघुवीरहिं,
जिमि अविवेकी पुरुष शरीरहिं।'

एक तरफ श्रीरामचन्द्रजी की सेवा लक्ष्मण और सीताजी धर्मभावना से प्रेरित होकर करते हैं, जैसे अपने परम इष्ट की सेवा की जाये, दूसरी तरफ महाकवि शिक्षा से भरी हुई उसकी उपमा में कहते हैं, जैसे अविवेकी पुरुष अपने शरीर की सेवा करते हैं—उसे किसी क्षण के लिए भी नश्वर नहीं समझते। यहाँ शरीर-ज्ञान में बँधे हुए मनुष्य 'सदा ही नश्वरता' के ग्रास में पड़े रहते हैं, यह भावना भी उद्दीप्त होती है, और आलंकारिक

व्यंजना श्रीरामचन्द्र की तल्लीन सेवा का बोध भी अच्छी तरह करा देती है—एक ढेले में दो पक्षियों का शिकार हो गया है।

'तुम मेरे पास होते हो गोया
जब कोई दूसरा नहीं होता।'

—गालिब

यह बहुत ऊँचे दर्जे का प्यार है। सच्चा प्यार भी यही है। लोग इसका अर्थ यह भले ही करें कि निर्जन रहने पर ही प्रिय की याद आती है—दिल के आईने में उसकी सूरत देख पड़ती है; पर इसका मतलब वह नहीं। यह सांसारिक प्रेम नहीं, यह ईश्वर-प्रेम है। जब मन बिलकुल निस्संग हो जाता है, किसी भी दूसरे से लगावट नहीं रहती, तभी उस मन में ईश्वर का ध्यान आता है, वह भगवत्-संग प्राप्त करता है, वह मित्र—जिसके लिए कहा जाता है, 'रामप्राण के जीवन जी के'—मिलता है, साथ रहता है; इसी क्षण को इष्ट-प्राप्ति का समय कहते हैं, और इसी अवस्था में वह मिलता भी है। कविवर मैथिलीशरण कहते हैं—

'प्रभो, तुम्हें हम कब पाते हैं,
जब इस जनाकीर्ण जगती में एकाकी रह जाते हैं।'

जौक के एक शेर में परलोक, यहाँ तक कि अर्थ लगाने पर हिन्दुओं के पितृलोक, देवलोक, प्रेतलोक आदि की सिद्धि भी हो जाती है—

'अब तो घबरा के यह कहते हैं कि मर जायेंगे;
मर के भी चैन न पाया तो किधर जायेंगे।'

—जौक

मृत्यु के बाद चैन न पाने की उक्ति परोक्ष रीति से उसी प्रेतयोनि को सिद्ध कर रही है, जहाँ जीवों को शान्ति नहीं मिलती, एक प्रकार की जलन, क्षोभ, अशान्ति तथा चंचलता बनी रहती है। इसके अर्थ से प्रेतलोक की सिद्धि कोई भले ही न करे, पर इतना तो जाहिर ही है कि मृत्यु के बाद अशान्ति की चिन्ता कवि को लगी हुई है। वह इस पर भी विश्वास करता है। दूसरे, महाकवि गालिब को भी जौक का यह शेर पसन्द आता है। इसके मानी ये हैं कि इस तत्त्व पर वह भी विश्वास करते हैं बहिश्त और दोजख तो मुसलमानों के शास्त्र मानते ही हैं, जहाँ हिन्दुओं का बिलकुल साम्य है। वह बेचैनी की हालत, जो मृत्यु के बाद होती है, और उस मृत्यु के बाद जिसे आत्महत्या कहते हैं—'मर जायेंगे' के अर्थ से असमय मृत्यु या आत्महत्या का ही भाव व्यंजित है—बहुत-कुछ उसी अवस्था की वर्णना है, जो प्रेतयोनि में होती है। यहाँ हिन्दू और मुसलमान मृत्यु के बाद के एक ही विचार रखते हुए देख पड़ते हैं। यों तो प्रेत या जिन्न मुसलमानों के यहाँ भी कम नहीं—

'जिन्नों ने वहीं अपना मैखाना बना डाला।'

और, रात बारह बजे शहर-भर की मिठाई खरीद लेनेवाले लखनऊ के जिन्न अब

भी देहात में काफी मशहूर हैं, वे आजकल की व्याख्या के अनुसार मुँह ढककर आनेवाले छज्जे पर बैठनेवालियों के यार और आशिक भले ही हों, अथवा चाहे लखनऊ की प्राचीन व्याख्या के अनुसार 12 लाख साफ करने के बाद रईसों के शोहदा-खाते में नाम लिखानेवाले हों। हिन्दी में तो

'भूत-पिशाच निकट नहिं आवे;
महावीर जब नाम सुनावे।'

से लेकर

'सावर-मंत्र-जाल जिन सिरजा, प्रेत, पितर, गन्धर्व;
बन्दौ किन्नर रजनिचर, कृपा करहु अब सर्व।'

तक, पता नहीं इस परलोकवाद की कितनी चर्चा हुई है, और समाज में इस पर कितना दृढ़ विश्वास है; जबकि ज्ञान की जननी गीता स्वयं कहती है—'पतन्ति पितरोह्येषां लुप्तपिण्डोदक क्रियाः' और केशवदास का प्रेत होना तमाम साहित्यिकों के दिमाग में भरा ही हुआ है, उधर गोस्वामी तुलसीदासजी की जीवनी से 'बसै तहाँ इक प्रेत पुरानो' जबकि अभी तक नहीं निकाला गया; और उन्हें भगवान् श्रीरामचन्द्र से मिलने का पता भी बताता है प्रेत!

'जहाँ में हाली किसी का अपने सिवा भरोसा न कीजिएगा;
य'भेद है अपनी जिन्दगी का कि इसकी चर्चा न कीजिएगा।'

हाली साहब जिस तरह यहाँ हरएक को अपनी ही सत्ता पर जोर देने के लिए कहते हैं, और इसे ही वह दुनिया में कामयाब होने की कुंजी समझते हैं, उसी तरह यहाँ के हिन्दुओं की भी शिक्षा है। 'नायमात्मा बलहीनेन लभ्यः, न मेधया न च बहुना श्रुतेन' में सबसे कठिन कार्य आत्म-प्राप्ति के लिए जिस तरह मनुष्य को अभ्यन्तर-बल प्राप्त करने के उपदेश दिये गए हैं, उसी तरह अन्य सफलताओं के लिए भी। यथार्थ बल अपने ही भीतर से प्राप्त होता है, जिससे कुल सिद्धियाँ हासिल होती हैं, यही यहाँ की शिक्षा है। इस प्रकार मन को प्रसन्न करने के लिए ही कहा है—

'मन के हारे हारिए, मन के जीते जीत;
परब्रह्म को पाइए, मन ही की परतीत।'

यहाँ के साहित्य में अपनी ही आत्मा पर विश्वास रखने के केवल उपदेश ही नहीं, किन्तु जीवनियाँ भी अनेक लिखी हुई हैं। इस कोटि में स्त्री और पुरुष, दोनों को बराबर जगह मिली है। पार्वती तपस्या में दृढ़निष्ठ हैं। वह महादेव को पतिरूप से प्राप्त करना चाहती हैं। उनकी तपस्या की परीक्षा करने, उनके मनोबल को तोलने के इरादे से ऋषि उनसे कहते हैं, "तुम क्यों व्यर्थ ही शिव जैसे एक पागल के पीछे पड़ी हो? इससे तो अच्छा है कि विष्णु की कामना करो। वह सुन्दर हैं, और सब तरह से महादेव से श्रेष्ठ हैं।" यह सुनकर पार्वती का उत्तर नम्र होकर भी दृढ़ होता है। वह अपनी प्रतिज्ञा पर अटल रहती हैं। कहती हैं—

'सत्य-सत्य शिव अशिव-घर, विष्णु सकल-गुण-धाम;
जाको मन रम जाहि सँग, ताहि ताहि सन काम।'

उद्धव को अपने ज्ञान का गर्व है। श्रीकृष्ण उनका यह अहंकार तोड़ना चाहते हैं। साथ ही, एक दूसरे मन का बल भी उन्हें दिखाना चाहते हैं। इस विचार से वह उद्धव को गोपियों के पास अखिल व्यापक निरंजन ब्रह्म का उपदेश करने के लिए भेजते हैं। उद्धव गोपियों के बीच में व्यापक ब्रह्म की कथा सुनाते हैं, और गोपियाँ बार-बार उनसे श्रीकृष्ण का कुशल तथा अन्यान्य संवाद पूछती हैं, बार-बार उद्धव को उनके विषय से अलग कर देती हैं। पर वह भी अपने ज्ञान-हठ पर अड़े रहते हैं। वह भी बार-बार वैराग्य की वाणी के प्रभाव से उनका प्रेमजन्य मोह दूर कर देना चाहते हैं। पर गोपियों का प्रेम शरीर-प्रेम नहीं था। उसमें कृष्ण की चेतन सत्ता थी, जिससे उनके हृदय का मोहान्धकार दूर हो चुका था। वे प्रेम ही की वाणी में जो उत्तर देती हैं, उसका फिर प्रत्युत्तर उन्हें उद्धव से नहीं मिलता–

'ऊधो, मन न होहिं दस-बीस।
एक रह्यो सो गयो स्याम सँग,
काह करब अज, ईस?'

और 'राधे-दृग-सलील-प्रवाह में सुनौ हौ ऊधौ, रावरे समेत ज्ञान-गाथा बहि जवैगो' आदि सुनकर प्रेम के प्रभाव से उद्धव मौन ही रह जाते हैं। यह यहाँ का मानसिक बल है, अपना अटल विश्वास, जिससे अपने सम्पूर्ण कार्य सार्थक हो जाते हैं। यही अँगरेजों का concentration power (एकाग्रता शक्ति) है। 'The real I is real He' अर्थात् यथार्थ मैं और यथार्थ वह (ईश्वर) एक ही है, अतः अपने पर यथार्थ विश्वास और उस पर अकृत्रिम विश्वास एक ही है।

'जन्म कोटि शत रगर हमारी;
बरौं शम्भु, न तु रहीं कुमारी।'

यह अपनी शक्ति पर विश्वास है, और

'नट-मरकट इव सबहिं नचावत;
राम खगेस वेद अस गावत।'

यह ईश्वर पर किया गया विश्वास है। यहाँ ईश ही की शक्ति सफल-काम है।

हिन्दू और मुसलमानों के सामाजिक आचार-व्यवहार और वेश-भूषण आदि निस्सन्देह एक-दूसरे से नहीं मिलते; परन्तु यह कोई बहुत बड़ा भेद नहीं। कारण, मनुष्य की जाँच उसकी मनुष्यता और उसके उत्कर्ष से होती है, और वहाँ ये दोनों जातियाँ एक ही पथ की पथिक तथा एक ही लक्ष्य पर पहुँची हुई जान पड़ती हैं। हिन्दू सभ्यता बहुत पुरानी है और मुसलमान-सभ्यता हिन्दुओं के मुकाबले बहुत आधुनिक। यह तो हम दावे के साथ कहेंगे कि जहाँ भी सभ्यता ने अपने उत्कर्ष के प्रति संसार को आकृष्ट करना चाहा है, जहाँ कहीं उसकी सुप्त अपार शक्ति जाग्रत हुई है, वहीं, किसी-न-किसी रूप में, प्रत्यक्ष या प्रकृति की अपर शक्तियों की तरह परोक्ष रीति से, हिन्दू-सभ्यता के बीज संचालित हो गए हैं। आज संसार में जितने भी धार्मिक विचार अपना आधिपत्य जमाये हुए हैं, वे सब हिन्दुओं के किये हुए विचारों के अनुवाद-से प्रतीत होते हैं। हमारा विचार

है कि यह हिन्दुओं की ही मानसिक दुर्बलता है, जिसके कारण वे हर तरह से पराधीन हो रहे हैं। यदि वे अपने-आपको पहचानें, तो उनके भीतर के भेदभाव तो दूर हों ही, किन्तु संसार में एक अद्भुत साम्य का प्रचार भी हो, जिसकी अब तक संसार के लोग प्रतीक्षा कर रहे हैं। जहाँ प्रतिद्वन्द्विता के भाव प्रबल हैं, वहाँ मानवीय शक्ति भी नहीं, पशुशक्ति काम करती है, चाहे कितने ही बड़े-बड़े शब्दों तथा वाक्यों की आवृत्ति वहाँ की जाये। मानवीय प्राथमिक शक्ति का विकास ही कार्य की शक्ति है। धर्म के अनुकूल चलकर शक्ति को विकसित करना, यही शास्त्रीय शिक्षा है। पर आज इसके प्रमाण बहुत ही कम रह गए हैं। पाशविक वृत्तियों की प्रबलता मानवीय वृत्ति को, जिसे प्रवृत्ति कहते हैं, दबाये हुए है। युग-धर्म ही कुछ ऐसा बन रहा है कि प्रवृत्तिमूलक बातें अत्यन्त रुचिकर मालूम देती हैं यद्यपि उनसे पतन के सिवा एक इंच भी उत्थान की गुंजाइश नहीं है। यही कारण है कि समाज के विवेक की तुला टूट गई है। बड़े-से-बड़े और छोटे-से-छोटे, सब मनुष्य, सब सम्प्रदाय अन्धानुसरण को ही सनातन-धर्म या अपना सच्चा मजहब समझ रहे हैं। उधर विज्ञान के प्रकाश ने वहाँ के मनुष्यों के हृदय से यह विश्वास ही दूर कर दिया है कि ईसा को भजोगे, तो डूबते वक्त पानी में आप ही जमीन बन जाएगी। वहाँ नास्तिकता का राज्य है, यहाँ अन्धानुकरण का। संसार की अशान्ति इस तरह कब दूर हो सकती है? मोटर, रेल, तार, जहाज, मैशीनगन, ऐरोप्लेन, टारपेडो, मेन ऑफ बार और तीस मील की चाँदमारी करनेवाली तोपें, बम, तरह-तरह की विषैली बारूदें हजारहा मैशीनें, ये सब अभाव ही की आग भड़कानेवाले हैं; इनसे कुछ मनुष्यता की प्राप्ति नहीं होती। यूरोप में जो दो-चार मनीषी मनुष्यता के तत्त्व को समझकर उसका प्रचार तथा प्रसार करते हैं, उन्हें वहाँ के गवर्नमेण्ट से तिरस्कार ही मिलता रहता है। प्रभुता स्वयं अनिष्टकर है, इसलिए विभूतिपाद के आचार्यगण मनुष्यता के दायरे से सदा ही निकाले हुए रहे हैं। मनुष्यता किसी कीमत से नहीं मिलती। वह तो एक प्रकार की शिक्षा है, जिस पर अभ्यास दृढ़ हो जाने पर मनुष्य, मनुष्य कहलाता है। भारत की राष्ट्रोन्नति के लिए जो अनेक प्रकार की चर्चाएँ सुनने में आती हैं, उनसे प्रतीत होता है कि यहाँ लोगों की आँखों में यूरोप का ही चश्मा लगा हुआ होता है, और वे बेचारे झूठ बोलकर जिन्दगी-की-जिन्दगी पार कर देनेवाले भारतवर्ष के वकील-लीडर यह क्या जानें कि यहाँ की शिक्षा किस रंग की चिड़िया थी? भारतवर्ष में जो सबसे बड़ी दुर्बलता है, वह शिक्षा की है। हिन्दुओं और मुसलमानों में विरोध के भाव दूर करने के लिए चाहिए कि दोनों को दोनों के उत्कर्ष का पूर्ण रीति से ज्ञान कराया जाये। परस्पर के सामाजिक व्यवहारों में दोनों शरीक हों, दोनों एक-दूसरे की सभ्यता को पढ़ें और सीखें। फिर जिस तरह भाषा में मुसलमानों के चिह्न रह गए हैं, और उन्हें अपना कहते हुए अब किसी भी हिन्दू को संकोच नहीं होता, उसी तरह मुसलमानों को भी आगे चलकर एक ही ज्ञान से प्रसूत समझकर अपने ही शरीर का एक अंग कहते हुए हिन्दुओं को संकोच न होगा। इसके विना, दृढ़ बन्धुत्व के विना, दोनों की गुलामी के पाश कट नहीं सकते, खासकर ऐसे समय जबकि फूट डालना शासन का प्रधान सूत्र है।

हिन्दुओं की जो मानसिक स्थिति पहले थी, वह मुसलमानों के आक्रमण-काल तक नहीं थी। पंच-देवताओं की उपासना में पड़े हुए हिन्दू द्वैतवादी हो रहे थे। यों तो भारतवर्ष की धार्मिक स्थिति भगवान् बुद्ध से पहले ही बिगड़ गई थी। बुद्ध के आने के बाद कुछ सुधरी, और यही कारण है कि बुद्ध-काल में कला के विस्तार के साथ-ही-साथ भारत की शासन-शृंखला भी सुदृढ़ हो गई थी। भगवान् शंकर के आविर्भाव के पश्चात् भी भारतवर्ष की कुछ अच्छी अवस्था थी। पर देश सब तरह से मानसिक दुर्बल हो रहा था। वह शंकराचार्य द्वारा प्रचारित अद्वैतवाद की धारणा करने में समर्थ नहीं रहा। उसे एक ऐसे धर्म की जरूरत पड़ी, जो सरस हो, और गृहस्थों के सामने त्याग का महान् आदर्श न रख उन्हें कोई प्रेम तथा पूजा का मार्ग बतलाये। मनुष्यों के मन के अनुकूल धर्म का भी उद्‌भव हो जाता है। भगवान् रामानुज ने वैष्णव धर्म का प्रचार किया। इसमें ईश्वर और संसार, दोनों रहे। अद्वैत की सूक्ष्म छानबीन नहीं रही। किन्तु रस से भरा हुआ एक दूसरा ही प्रेम-धर्म लोगों के सामने आया। चूँकि साधारण मनुष्य जन्म से ही मूर्तिप्रेमी हुआ करता है, और संसार के अस्तित्व पर विश्वास रखता है, इसलिए यह विशिष्टा-द्वैतवाद उस समय के लोगों को बहुत पसन्द आया। भारतवर्ष में आज भी अधिकांश मनुष्य इसी सम्प्रदाय की शाखा-प्रशाखाओं में शामिल हैं। परन्तु मूर्ति स्वयं ससीम होती है, इसलिए उसके उपासक भी, ससीम होने के कारण, भाव तथा क्रिया की भूमि में छोटे ही होते गए। महाभारत के समय से लेकर कई बार महापुरुषों ने भारतवर्ष को गिरने से रोकने की चेष्टाएँ कीं; पर स्वाभाविक गीत में कोई रुकावट हो नहीं सकती। जिस हद तक इस देश को गिरकर पहुँचना था, उस अवश्यम्भावी परिणाम को कौन रोकता? वह गिरता ही गया। उधर दीन-इस्लाम की नयी रोशनी अद्वैतवाद से भरी हुई फैली। उसका वह नवीन वेग कोई भी देश नहीं रोक सका। भारत भी जिस मानसिक अवस्था को प्राप्त था, उसके लिए हारना स्वाभाविक ही था। वह हारा। किसी भी बृहत् तथा व्यापक वस्तु या धर्म से कोई भी ससीम वस्तु या धर्म हार जाता है। ससीम हो रहने के कारण भारत की शक्ति भी खण्डशः हो रही थी। मुसलमानों की संगठित तलवारों की चोट से भारत का स्वाधीन दम्भ चूर-चूर हो गया।

हिन्दुओं के साथ मुसलमानों का यह प्रथम सम्बन्ध हुआ जेता और विजित के भावों से। वे शासन भी करने लगे। उस समय के संगठित मुट्ठी-भर मुसलमान किस तरह आतंक की तरह तमाम भारतवर्ष में फैल गए, यह पढ़कर आश्चर्य होता है। उनकी दक्षता, उनकी कार्यपटुता के प्रभाव से राजपूत शक्ति ने भी उनका आधिपत्य स्वीकार कर लिया। जहाँ देखिए, जिस प्रान्त में देखिए, मुसलमानों का ही शासनाधिकार हो गया। पठानों के बाद मुगल आए। ऐयाशी में पड़कर पठान दुर्बल हुए, और उसी ऐयाशी ने मुगल-बादशाहत को बरबाद कर दिया। खैर, मुसलमानों के वे भाव, जो पहले से हिन्दुओं के प्रति थे, अब भी ज्यों-के-त्यों ही रह गए और यह स्वाभाविक भी है। अभी उस दिन तक यह प्रचार किया जाता था कि एक मुसलमान 50 हिन्दुओं के लिए काफी

है। और, यह सब हिन्दुओं की ही कमजोरी है। इस समय कुछ को छोड़कर प्रायः सभी हिन्दू क्षुद्रतम सीमा में बँधे हुए हैं। यही कारण है कि देश शताब्दियों के लिए पिछड़ा हुआ नजर आ रहा है। मुसलमान भी अब वे मुसलमान नहीं रहे। एक प्रकार की कट्टरता मूर्खता से मिली हुई रह गई है। इन दोनों जातियों के सुधार के लिए मनुष्यता की शिक्षा आवश्यक है, जिससे एक-दूसरे के प्रति प्रेम तथा आदर-भाव धारण करें। तब तक यूरोप का वर्तमान धर्म अवश्य ही नष्ट होगा। वहाँ विज्ञान की चर्चा से जिस नास्तिकता का उदय हुआ है, उससे सुफल के ही होने की सम्भावना है। चरम नास्तिकता और चरम आस्तिकता एक ही बात है। शून्य को चाहे कुछ नहीं कह लीजिए या सबकुछ। वह पूर्ण भी है और कुछ भी नहीं। यह आस्तिकवाद और नास्तिकवाद का रहस्य है। यही कपिल, बुद्ध और नास्तिक दर्शन कहते हैं और यही वेदान्त, गीता और पातंजल आदि आस्तिक दर्शन। यही सबसे ऊँची भूमि है। यहीं हिन्दू और मुसलमान परस्पर मिलते हैं। यूरोप के भौतिक विज्ञानवाद को और एक सीढ़ी चढ़ना है, बस। सब फैसला वही प्रकृति कर देगी, जिसने इतना सब चमत्कार पैदा किया है। फिर ये सब 'यथा पूर्वमकल्पयत्' ही रहेंगे, अन्यथा मनुष्य की जीवन-प्रगति रुकेगी। मशीन के पहिये जितना तेज चलते हैं, आदमी की चाल उतनी ही द्रुत बन्द होती है। इस पर बहुत-कुछ लिखा-पढ़ी हो चुकी है, और होती जा रही है। यही कारण है कि महात्माजी का चर्खावादि यहाँ की अपेक्षा यूरोप के किसानों को अधिक पसन्द आया है, और वे अपने जीवन को अन्तवस्त्रोत्पादन के पश्चात् शुभचिन्तन में लगाने का प्रयत्न भी कर रहे हैं। जब-तब अनेक प्रकार के वितण्डावाद भारतवर्ष में चक्कर काट रहे हैं, तब तक यदि हिन्दू और मुसलमान अपनी-अपनी यथार्थ प्राचीन शिक्षा को प्राप्त कर दबाने या दबनेवाले अपर भावों को त्यागकर आपस में मैत्री स्थापित करके एक-दूसरे के उत्कर्ष को समझने की चेष्टा करें, तो दोनों के लिए उन्नति का रुका हुआ रास्ता निस्सन्देह खुल जाएगा।

मेरे गीत और कला

बाजार के बनियों पर, बैल जोतकर गाड़ी ले जानेवाले अनाज के व्यापारियों का तो प्रभाव पड़ता है, पर गोन लादकर घोड़ी पर जानेवाले हुसेन का नहीं। जब किसी काव्य की दो ही पंक्तियों के उद्धरण पर मारे सहृदयता के आलोचक बेहोश होने लगते हैं, तब बाहोश पाठक बिना मिहनत के पूँजी का हिसाब मालूम कर लेते हैं। वे देखते हैं, यह अकेली 'कला-कला' की रट गलार हुशकानेवाली 'गला-गला' की सार्थकता भी नहीं रखती।

विज्ञजन जानते हैं, 'प्रसिद्धि' का भीतरी अर्थ यशोविस्तार नहीं, विषय पर अच्छी सिद्धि पाना है; अवश्य उपसर्ग से धात्वर्थ के लिए *बलादन्यत्र नीयते* कहा है, पर विचार करने पर 'उपसर्ग' और 'बलात्' अपने ही रूपों में अस्वाभाविक मालूम होते हैं। यदि यशोविस्तार पर निगाह रखकर निर्णय किया गया तो धोके की जितनी गुंजाइश है, उतनी 'प्रसिद्धि' के विवेचन में नहीं; कारण, बगीचे के प्रशंसा-प्राप्त फूल से, सम्भव है, उपवन का न जाना हुआ फूल और बड़ा, और सुन्दर एवं और सुगन्ध हो। इसलिए फूल के खुल जाने पर खुशबू के खोलने की जरूरत नहीं, जो कहा गया है, यह समझदारों के लिए है, नहीं तो राजा के लड़के की इत्र चाट जानेवाली बात मशहूर है।

ज्यों-ज्यों मैं 'प्रसिद्धि' की सच्ची साधना के विचार से अपने सम्बन्ध में चुप रहा, त्यों-त्यों उड़ने की शक्ति प्राप्त करते ही, आलोचक शायरी की शमा के चारों ओर समा बाँधते रहे; नतीजे की याद न रही। मेरी इच्छा न थी कि पूरी जलने से पहले अपनी शमा लेकर निकलूँ; मेरा खयाल है कि अब भी वह पूरी-पूरी नहीं जली, यानी हजार-दो हजार बत्तियों की ताकत एक साथ उसमें नहीं आई, फिर भी जितनी रोशनी आई है, मैं सोचता हूँ कि अगर दिखा दूँ तो यह जो बेले को चमेली और चमेली को गन्धराज कहना 'कसरत पर है, और साड़ी के रंग पर जो सर के बल हो रहे हैं लोग—रंग भी जो कहीं-कहीं भद्दे ढंग से, बेमेल दाग की तरह लगा हुआ है, न रहें, नामों की जानकारी के साथ रंगों की अस्लियत, मिलावट और अकेलापन मालूम हो जाए और न होती हुई सबसे बड़ी बात यह हो कि साड़ी देखनेवालों की साड़ी पहननेवाली से भी चार आँखें हो जाएँ।

मैं तारीफवाली बाहरी बातों में पहले से पीछे रहा; किताबों का गेट-अप साधारण, तस्वीर नदारद, छपाई मामूली। मेरी तस्वीर तो मेरे साथवालों के बहुत बाद निकली है।

वह भी वैसी भड़कीली नहीं; निकली भी पत्रिकाओं में, मेरी पुस्तकों में नहीं। इस वक्त भी कितने सम्पादक तस्वीर माँगकर निराश होते हैं। पर हर तरह बचता हुआ भी बदनामी में पहले रहा, जिन-जिन लोगों ने अपना काँवला भूलकर मुझे पीला बतलाया है, उनकी कार्यावली की लम्बी तालिका न पेश करूँगा, हालाँकि लेखक न होकर, अगर इस लेख का मैं पाठक होता तो सप्रमाण उस कार्यावली का पाठ ही मेरे लिए सविशेष आनन्ददायक ठहरता। यह मानी हुई बात है कि जब भ्रम एक के पास न होगा, तब दूसरे के पास अवश्य होगा, क्योंकि स्वामी दयानन्द जी सरस्वती के मतानुसार अनादि तीन हैं, जिनमें भ्रम मजे में आता है, नहीं तो तीन की गिनती बन्द हो जाए। इस तरह जब वह मेरे पास जगह न पा सका, तब दूसरों के सर चढ़कर मेरी ओर मुँह करके बोला। इसके प्रतिकूल मुझे ऐसे मित्र भी मिले, जिन्होंने मेरी तारीफ की। इस स्तुति और निन्दा के मार्ग से चलता हुआ वर्तमान काव्यालोचना का रूप वास्तव में पुच्छविषाण-हीन नहीं रह पाया। मैं जहाँ तक समझता हूँ, पहले पहल मेरे मित्र हिन्दी के मर्मज्ञ विद्वान् और आलोचक पं. नन्ददुलारे जी वाजपेयी ने वर्तमान कवियों की वृहत्त्रयी निकाली और 'भारत' में एक लम्बी आलोचना लिखी। उनकी आलोचना का दूसरी जगह उद्धरण किया गया। इसके बाद उनके इस पेड़ पर चढ़कर 'फल खात न वारा' बहुतों ने किया; कुछ ने नई बात पैदा की—श्रीमती महादेवी जी को जोड़कर वर्तमान काव्य के चारों पैर बराबर कर दिये। पं. बनारसीदास जी कब पीछे रहनेवाले थे?—उन्होंने नई सूझ पैदा की, खोज-खाजकर एक पूँछ की कसर पूरी कर दी, अब साबित कर रहे हैं कि काव्य के चतुष्पद तत्त्वों में उनकी पूँछ का ही महत्त्व सबसे ज्यादा है। यह है खड़ी बोली के काव्यालोचन का सच्चा रूप, जो कला की पहचान से अब तक तैयार हो पाया है।

मैं खड़ी बोली का वाल्मीकि नहीं, न 'वाल्मीकि की प्रिये दास यह कैसे तुझको भाया' मेरी पंक्ति है; पर 'भयो सिद्ध करि उलटा जापू' अगर किसी पर खप सकता है तो हिन्दी के इतिहास में एकमात्र मुझ पर। कबीर उलटबाँसी के कारण विशेषता रखते हैं, पर वहाँ छन्दों का साम्य है, उलटबाँसी नहीं; यहाँ छन्द और भाव, दोनों की उलटी गंगा बहती है।

यह सब उलटापलट मैंने जान-बूझकर नहीं किया, और यह उलटापलट है भी नहीं, इससे सीधा और प्राणों के पास तक पहुँचता रास्ता छन्दों के इतिहास में दूसरा नहीं।—वेद इसीलिए वेद हैं। यह उलटापलट उसके लिए कहा जा सकता था, जिसकी मातृभाषा हिन्दी न हुई होती। मेरी बैसवाड़ी, माता-पिता की दी वाग्विभूति, जिससे सभी रसों के स्रोत मेरे जीवन में फूटकर निकले हैं, साहित्यिकों में प्रसिद्ध है। मैंने भाषण भी इस भाषा में किए हैं। भाषा के उत्थान-पतन पर विचार करते हुए मैंने देखा, वेदों से ब्रजभाषा तक भाषा के पतन का एक मनोहर इतिहास तैयार होता है। बदलती हुई भाषा क्रमशः सुखानुशयी होती गई है।

तदानाशंसे विजयाय सञ्जय पूर्ण पराधीनता के पूर्व मुहूर्त की भाषा भी बोलती है। यहाँ एक दूसरे विचार पर भी ध्यान देना उचित होगा। जिस तरह वैदिक और

संस्कृत में 'कं, खं, गं' का रूप है और इसके अनुरूप जातीय जीवन, जो अपभ्रष्ट भाषाओं के आधार पर दुर्बल होता हुआ, एक प्रकार निस्तेज हो गया, उसी तरह फारसी में 'क़, ख़, ग़' का रूप है, जो वैदिक और 'संस्कृत' के पूर्ण प्रतिकूल है, जिसके अनुरूप मुसलमानों का जीवन है। पड़ोसी के कमजोर होने पर दूसरा पड़ोसी शहजोर होगा; यह प्राकृतिक नियम है। हम देखते हैं, क्रमशः पराजय होते-होते हिन्दुओं पर एक दिन मुसलमानों का पूरा आधिपत्य हो जाता है। इसे कहना चाहिए कि यह अपभ्रष्ट वैदिक या संस्कृत पर फारसी की विजय है। इसके बाद, इन दोनों पर, हिन्दोस्तान आए हुए पड़ोसी अंग्रेज विजयी होते हैं। यहाँ भी महत्त्व में हम भाषा का विचार कर सकते हैं। अंग्रेजी भाव और साहित्य में अधिक पुष्ट मालूम देगी, मैं संक्षेप में विचार रहा हूँ; जो लोग इसकी प्रतिकूलता करेंगे, यहाँ के दर्शन और साहित्य की उच्चता के प्रमाण देंगे, उन्हें मालूम होना चाहिए कि दर्शनों का संस्कृत-जीवन है, ऐसा ही साहित्य का भी, पर प्रकृति ने देश का अपभ्रष्ट जीवन तैयार कर दिया था, और तब भी, जब कालिदास की कला का देश ने चमत्कार देखा—श्रीहर्ष का समय तो पूर्ण पतन का पूर्व मुहूर्त है, इसलिए यह संस्कृत और ये काव्य जातीय जीवन के नहीं कहे जा सकते, शंकर से लेकर बाद के समस्त भाष्यकार अपभ्रष्ट-भाषा-काल के हैं; संस्कृत के द्वारा उन्होंने द्विग्विजय ही किया है, अपने मत की प्रतिष्ठामात्र की है, जाति की जीवनीशक्ति का वर्द्धन नहीं—उस समय की भाषा का उद्धार नहीं, और यह सम्भव भी न था, कारण अनेक प्रादेशिक भाषाएँ थीं; उनका लक्ष्य उन्नयन अवश्य था; पर अनेकानेक भेदोपभेद तथा प्राकृतिक विवर्तन के कारण अपभ्रष्ट भाषाएँ उलटा चलकर संस्कृत नहीं बन सकीं; फलतः हार होती गई, जीवन दुर्बलतर होता रहा। अंग्रेजी फारसी की तरह प्राणों की भाषा थी। साहित्य उत्कर्ष पर था, जिसके बल पर मैकाले ने भारतीय साहित्य पर मजाक किया, पंडितों को मालूम होगा। अस्तु, ब्रजभाषा के उच्चारण और भाव-रूप पर, मैंने देखा, उर्दू सवार है, उसी तरह जैसे हारे हुए पर जीता हुआ रहता है। जितने कवि-सम्मेलन देखें, जहाँ उर्दू और ब्रजभाषावाले एकत्र हुए थे, उर्दूवालों को ही बाजी मारते देखा। इसका कारण यह पाया कि जिस जगह ठहरकर वे बोलते हैं, वह जीतनेवालों का घर है—ब्रजभाषा के मुकाबले; ब्रजभाषावाले बड़ा जोर मारकर कहीं वहाँ तक पहुँचते हैं, देखिए, भूषण के कवित्तों में गँवार की तरह चिल्ला रहे हैं या देव के छन्दों में मारे शृंगार के दुहरे हुए जा रहे हैं। एक दफा डॉ. सुनीतिकुमार चटर्जी महाशय ने मुझसे पूछा, मेरे एक बंगाली मित्र हैं, वे उर्दू में कविता लिखते हैं, कहते हैं, हिन्दी में भाव के प्रकाशन में दिक्कत होती है, यह क्या बात है? मैंने कहा, बंगला की तरह उर्दू में दीर्घ को बहर की लपेट में ह्रस्व कर लेने की गुंजाइश है, हिन्दी में नहीं, हिन्दी में जहाँ कहीं ऐसा है, वहाँ चाहे सब ह्रस्व हों या सब दीर्घ, कोई हानि नहीं; 'गड गड गड' हो या 'गड्ड गड्ड गड्ड गड्ड' अथवा 'गाडा गाडा गाडा गाडा' मजे में करते जाइए, बस अक्षर गिने रहिए। अस्तु, दो-चार बार उर्दूवालों के बीच मुझे भी पढ़ने का मौका मिला है। जहाँ धड़ाधड़ मुक्त छन्द के गोले निकलने शुरू हुए कि भाइयों की समझ में आ गया कि

हाँ कुछ पढ़ा जा रहा है—यह 'गड्ड गड्ड गड्ड गड्ड' नहीं है। बन्दिशवालों के बन्द मुक्त छन्द की होड़ में नहीं टिक सकते। यह वह मशीनगन है, जो उर्दूवालों के पास भी नहीं, हालाँकि इकबाल तक वे लोग पहुँच चुके हैं। भावों की मुक्ति छन्द की भी मुक्ति चाहती है। यहाँ भाषा, भाव और छन्द तीनों स्वतंत्र हैं। इसका फल जीवन में क्या होता है, हिन्दी में समझदार होते तो अब तक व्यापक रूप से मालूम कर चुके होते। ले-देकर दो-चार जानकार हैं। प्रमाण मैं इतने दे चुका हूँ, इतने बार पढ़ चुका हूँ कि और आवश्यकता उनकी साहित्यिकता पर ही शंका होगी। मैंने पढ़ने और गाने, दोनों के मुक्त रूप निर्मित किए हैं। पहला वर्ण-वृत्त में है, दूसरा मात्रा-वृत्त में। इनसे हटकर मुक्त रूप में छन्द जा नहीं सकता। गाना भी जो मैंने सिखाया है, वह हिन्दी का पुराना राग नहीं कि कविजी कवि-सम्मेलन में शाम के वक्त भैरवी में कविता पढ़ने लगे। तबले के सामने बैठा दीजिए तो भैरवी भी भूल जाए। मेरा गाना भी कविता का ही गाना है। गीत तो मैंने अलग लिखे हैं।

प्रकृति की स्वाभाविक चाल से भाषा जिस तरफ भी जाए--शक्ति-सामर्थ्य और मुक्ति की तरफ या सुखानुशयता, मृदुलता और छन्द-लालित्य की तरफ, यदि उसके साथ जातीय जीवन का भी सम्बन्ध है तो यह निश्चित रूप से कहा जाएगा कि प्राणशक्ति उस भाषा में है। ब्रजभाषा के सन्तों और त्यागी रहीम-जैसे वीरों का विचार पूर्वोक्त प्रकरण में नहीं किया गया; ब्रजभाषा को उस समय जो व्यापक राष्ट्रीय महत्त्व प्राप्त हुआ था—अपर प्रादेशिक भाषाओं पर उसका प्रभाव पड़ा था, इसका भी नहीं; कारण, वह विषय भिन्न था। यहाँ, जातीय साहित्य के प्राणों की चर्चा करते हुए, यह कहना पड़ता है कि ब्रजभाषा में भाषाजन्य जातीय जीवन था, जो बुद्ध के बाद के संस्कृत-कवि और दार्शनिकों में नहीं। इसलिए, यह निर्विवाद है कि ब्रजभाषा के बाद की जो भाषा होगी, उसमें ब्रजभाषा के कुछ चिह्न जीवन की शक्ति या रूप के तौर पर अवश्य होंगे। खड़ी बोली का उत्थान ब्रजभाषा के पश्चात् होता है। इसलिए ब्रजभाषा के कुछ जीवन-चिह्न उसमें रहने जरूरी हैं। हम देखते हैं कि ब्रजभाषा में 'श स' दोनों 'स' बन गए हैं, 'ष' 'ख' हो गया है, 'ण, न' 'न' में ही आ गए हैं, बहुत जगह 'व' 'ब' बन गया है। खड़ी बोली में शुद्ध उच्चारण की ओर ध्यान रहने पर भी वर्णों को यह अशुद्धि ही जैसे अच्छी लगती है; इसकी विशेषता हम अच्छी तरह देख लेते हैं जब कोई उर्दू मिली चलती जबान लिखता है, बस 'वश' की जगह, बेबस 'विवश' की जगह, किरन 'किरण' की जगह आते हैं। चौदह-पन्द्रह वर्ष पहले 'सरस्वती' में किसी सज्जन ने एक छोटा-सा नोट लिखा था। उसमें 'श, ष, स' की जगह 'स' और 'ण, न' की जगह 'न' से काम लेने का प्रस्ताव किया था। आज भी खड़ी बोली का शुद्ध रूप बहुतों को खटकता है और अब तो शायद साहित्य-सम्मेलन भी देवकीनन्दन-युग में प्रवेश करने के लिए प्रयत्न पर है। कुछ हो, यह मालूम हो जाता है कि वर्णों में 'श, ण, व' खड़ी बोली के प्राणों को खटकते हैं। कला-विषय में इस तरह वर्णों के विचार से श्रीगणेश करता हूँ।

कला केवल वर्ण, शब्द, छन्द, अनुप्रास, रस, अलंकार या ध्वनि की सुन्दरता नहीं, किन्तु इन सभी से सम्बद्ध सौन्दर्य की पूर्ण सीमा है, पूरे अंगों की सत्रह साल की सुन्दरी की आँखों की पहचान की तरह—देह की क्षीणता-पीनता में तरंग-सी उतरती-चढ़ती हुई, भिन्न वर्णों की बनी वाणी में खुलकर क्रमशः मन्द मधुरतर होकर लीन होती हुई—जैसे, केवल बीज से पुष्प की पूरी कला विकसित नहीं होती, न अंकुर से, न डाल से, न पौधे से; जड़ से लेकर, तना, डाल, पल्लव और फूल के रंग-रेणु-गन्ध तक फूल की पूरी कला के लिए जरूरी है, वैसे ही काव्य की कला के लिए काव्य के सभी लक्षण; और जिस तरह फूलों की सुगन्ध पेड़ के दृश्य समस्त भाग को ढके हुए अपने सौन्दर्यतत्त्व के भीतर रखती है—पेड़ की काष्ठ-निष्ठुरता दिखती हुई भी छिपी रहती है, उसी तरह काव्यकला आवश्यक अशोभन वर्ण-सम्प्रदाय को अपनी मनोज्ञता के भीतर डाले रहती है। तने, डाल, पत्ते और फूल के रंगों के भेद और उनके चढ़ाव-उतार की तरह काव्य की भी प्रकाशन-धारा है; इसकी त्रुटि कला के एक अंश की त्रुटि होगी। इस प्रकार कला का मर्म स्थूलरूप से समझ में आ जाता है। एक केन्द्र से खींची हुई असंख्य रेखाओं की तरह काव्य-विषय की असंख्य कलाएँ हैं। सृष्टि स्वयं कला की असंख्यता का प्रमाण है। विवेचन के समय कला का प्रकार देखा जाता है; यहीं मालूम होता है, कला किस रूप की है, कैसी गति लिए हुए, कहाँ पहुँची हुई। यदि वह अधूरी रह गई तो मानवांग निर्णय में काना, लँगड़ा, नकटा आदि जैसे पहले के परिचय के अनुसार समझ लिए जाते हैं, वैसे ही कला भी विषय के विवेचन में आ जाएगी। पर जिसे मालूम नहीं कि भौरे के इतने पैर होते हैं उसके सामने दस पैरवाला भौरे के आकार का एक कीड़ा बनाकर रख देने पर वह उसे भौंरा ही समझेगा, और धोके में आकर या धोका देने के लिए उस चित्र के नीचे अगर 'भौंरा' लिख भी दिया चित्रकार ने, तब तो वह दर्शक निःसंशय उसे 'भौंरा' मानेगा, एक दफा, दूसरे के इनकार करने पर, उससे लड़ भी जाएगा। हिन्दी में कला के विवेचन में प्रायः यही हाल है। अधिकांश तो उत्प्रेक्षा और रूपक को ही कला समझते हैं। पिछले प्रकरण में मैं दिखा चुका हूँ कि 'श, ण, व' ब्रजभाषा के जीवन के अनुरूप नहीं, खड़ी बोली के जीवन में भी उनका स्थान विशेष महत्त्वपूर्ण नहीं। पर, अब वर्ण-विचार द्वारा काव्यकला का रूप-निर्णय करता हुआ कहता हूँ कि खड़ी बोली के कोमल कवि और किन्हीं-किन्हीं के विचारों में सर्वश्रेष्ठ कवि श्री सुमित्रानन्दन जी पन्त के वर्णसौन्दर्य के मुख्य आधार यही श, ण, व और ल हैं।

उदाहरण—

"कहाँ आज वह पूर्ण पुरातन वह सुवर्ण का काल?"
"नीले नभ के शतदल पर वह बैठी शारदहासिनि।"
"मृगेक्षिणि! सार्थक नाम!"
"काँटों से कुटिल भरी हो यह जटिल जगत की डाली,"
"वर्ण-वर्ण है उर की कम्पन,"

पहले में 'ण', दूसरे में 'श', तीसरे में 'क्ष' और 'ण', चौथे में 'ल', पाँचवें में 'व' और 'ण' अन्य वर्णों से ज्यादा बोलते हैं, जैसे इन्हीं वर्णों से उच्चारण-सौन्दर्य स्पष्ट होता हो। 'र' आदि अन्य वर्णों का भी सहारा पन्तजी ने लिया है, और इस प्रकार उन्होंने खड़ी बोली का सुन्दर रूप से ठाट बाँधा है। उनके उच्चारण में संगीत बड़ा मधुर झंकृत होता है। पर यह कला कालिदास की है। वहाँ इसका रूप कैसा बन पड़ा है, संस्कृत के पाठक समझते हैं। मैं बहुत पहले लिख चुका हूँ, जिसे जैसा बनना है, उसके संस्कार उसी रूप से चलकर और दृढ़ होते हैं। पूर्ण मौलिकता नहीं हो सकती। केवल कमी और बेशी का तारतम्य रहता है।

''गर्भाधानक्षणपरिचयान्नूननमाबद्धमालाः''

कालिदास का एक 'ण' सब वर्णों से ज्यादा बोल रहा है।

''प्रांशुलभ्ये फले मोहादुद्बाहुरिव वामन''

सारा उच्चारण संगीत 'प्रांसु' के 'शु', 'वामन' के 'व' पर है।

''मन्दं-मन्दं नुदति पवनश्चानुकूलो यथा त्वां
वामश्चायं नदति मधुरं चातकस्ते सगन्धः।''

'चा' ही बोल रहा है दोनों जगह।

''सुगन्धि-निःश्वास-विवृद्ध-तृष्णं बिम्बाधरासन्नचरं द्विरेफम्।
प्रतिक्षणं सम्भ्रमलोल-दृष्टिर्लीलारविन्देन निवारयन्ती।''

इसमें, कहे हुए 'श, ण, व, ल' चारों का उच्चारण देखिए, क्या सफाई है। वर्ण-विचार से पन्त जी का स्कूल हिन्दी का 'श-ण-व-ल' स्कूल कहा जा सकता है।

'श-ण-व-ल' के उच्चारण से शरीर की जैसी बनावट होती है, 'स-म-ब-ल' के उच्चारण से उसके बिलकुल विपरीत। पर देखना यह है कि जो जीवन 'ब्रज-भाषा' से आ रहा है वह 'श-ण-व-ल' के अनुकूल आता है या 'स-म-ब-ल' के। 'स-म-ब-ल' वाले एक कवि संस्कृत में हैं, जयदेव। मालूम हो कि जयदेव बंगाली थे; इसलिए 'व' के उच्चारण की व्यक्तिगत रूप से उन्हें कसम थी, यों दूसरे प्रान्त में यथास्थान आया 'व' 'ब' न बनकर 'व' ही रहे तो इससे जयदेव का वर्ण-विज्ञान न बदलेगा।

''उन्मद-मदन-मनोरथ-पथिक-वधू-जन-जनित-विलापे,
अलिकुल-संकुल-कुसुम-समूह-निराकुल-बकुल-कलापे।''

'स-म-ल' ही बोल रहे हैं। 'श-ण-व-ल' का पता नहीं।

जयदेव आज इतने ऊँचे उठ गए हैं कि लोग तारीफ करने को विवश हैं। पर आज की तरह यदि 'श-ण-व-ल' का अभाव सौन्दर्य की कमी का कारण माना जाता तो संगीत-विशारद जयदेव, कोमल-कान्त-पदावली, वाग्बन्ध के जन्मदाता जयदेव, सौन्दर्यबोध में किसी श्रेष्ठ कवि से घटकर न रहनेवाले जयदेव क्या सोचते, यह सोचा जा सकता है। श, ण और व के प्रयोग जयदेव में भी हैं, पर ये वर्ण इनकी रचना में दबे हुए हैं।

''धीर-समीरे यमुना-तीरे वसति वने वनमाली''—

कैसी सुन्दरता है; पर कालिदासवाले वर्ण नहीं। इसी तरह–

"वदसि यदि किञ्चिदपि दन्तरुचि-कौमुदी
हरति दरतिमिरमतिघोरम्–अयिप्रिये"

यहाँ भी वर्ण-संगीत कालिदास का नहीं, पर झपताल में जो भाव-सौन्दर्य व्यक्त है, वह जयदेव में ही प्राप्त होता है, अन्यत्र नहीं। अब मैं अपने काव्य के वर्णाधार लिखता हूँ। मैं हिन्दी के जीवन के सम्बन्ध में वर्णों के भीतर से विचार कर चुका हूँ कि किन वर्णों का सामीप्य है। मुक्त छन्द की रचना में मैंने भाव के साथ रूप-सौन्दर्य पर ध्यान रक्खा है, बल्कि कहना चाहिए, ऐसा स्वभावतः हुआ, नहीं तो मुक्त छन्द न लिखा जा सकता, वहाँ कृत्रिमता नहीं चल सकती। मैं यथोचित नम्रता के साथ सूचित करता हूँ कि पाठक और हिन्दी के विज्ञ आलोचक, मैं जो कुछ लिख रहा हूँ, इसके अलावा अपनी तरफ से कुछ न सोचें। मेरा विचार केवल कला का विवेचन है। मैं पन्तजी का उल्लेख न करता। पर करने पर विवेचन और साफ समझ में आवेगा, इसलिए करता हूँ। जो लोग उन्हें और अच्छी तरह समझ सके हों, इसे पढ़कर उन्हें समझाने का मौका रहेगा। फिर मैं दून की नहीं हाँक रहा, कारण पर, प्रमाण पर चल रहा हूँ। वे भी सप्रमाण लिखेंगे। मैं आज तक कला-विषय में क्यों चुप था, यह लिख चुका हूँ। अस्तु, लोग उद्धृत कर चुके हैं–

"दिवसावसान का समय, मेघमय आसमान से उतर रही है
वह सन्ध्या सुन्दरी परी-सी धीरे धीरे धीरे।"–

देखिए, अगर 'श-ण-व-ल' कहीं हो। फिर खड़ी बोली का उच्चारण भी मिलाइए, अनुकूल है या प्रतिकूल। अभी यह केवल वर्ण-विचार है। कला बहुत आगे है। एक और उदाहरण जो उद्धृत किया गया है दूसरे आलोचकों से–

"वह आता
दो टूक कलेजे के करता पछताता पथ पर आता।
पेट-पीठ दोनों मिलकर हैं एक,
चल रहा लकुटिया टेक,
मुट्ठी-भर दाने को–भूख मिटाने को
मुँह फटी-पुरानी झोली का फैलाता–
दो टूक कलेजे के करता पछताता पथ पर आता!"

इसमें भी कालिदास के वर्ण खोजिए। खड़ी बोली का जीवन भी मिलाइए। मुहावरा, अनुप्रास और चित्र देखिए, पर यह भी कला नहीं, पर देखिए। मुझे आवेश नहीं। यह मेरा सीधा ढंग है। इस तरह शायद विषय ज्यादा साफ कर पाऊँगा। जयदेव के बाद अपना उद्धरण देने का यह मतलब नहीं कि मैं जयदेव से प्रभावित हुआ। केवल भिन्नवर्ण-सौन्दर्य दिखलाने के लिए जयदेव को लिया, जिससे 'श-ण-व-ल' का प्रभाव मिटे और भाव, भाषा, चित्रण, सौन्दर्य आदि से समन्वित कला का विचार रह जाए।

संस्कृत में कालिदास अकेले, 'श-ण-व-ल' स्कूल में हैं। शब्दों से रूप-चित्रण कालिदास का जितना अच्छा होता है, उतना चुस्त बैठता हुआ दूसरे का नहीं, इसीलिए *उपमा कालिदासस्य* कहा है। कोमलता और सौन्दर्य-विषय की प्राथमिक कला कालिदास की तरह की–जो कुछ संस्कृत-साहित्य मैंने देखा है और थोड़ा-थोड़ा करीब-करीब सभी अच्छे कवियों को देखा है–उनमें नहीं। पर जहाँ भावजन्य सौन्दर्य है, जो और मधुर–हृदय के और पास तक पहुँचा हुआ है, वहाँ कालिदास उठ नहीं पाते। प्रसाद और सौन्दर्य में मेघदूत का एक श्रेष्ठ माना गया श्लोक प्रमाण में रखता हूँ–

"तन्वी श्यामा शिखरिदशना पक्वबिम्बाधरोष्ठी
मध्ये क्षामा चकितहरिणीप्रेक्षणा निम्ननाभिः।
श्रोणीभारादलसगमना स्तोकनम्रा स्तनाभ्यां
या तत्र स्याद् युवतिविषये सृष्टिराद्येव धातुः ॥"

विरही यक्ष मेघ से अपनी पत्नी की तारीफ में कहता है–"वह नाजनी है; जवान भी, उसके पतले नोकदार दाँत हैं (जरा बड़े; यह भाग्य और पति के दीर्घायु होने का सूचक है–कहा गया है), पके बिम्बाफल की ललाई उसके होंठों में है, कमर पतली है, डरी हिरनी की निगाह से देखती है, नाभि गहरी है, नितम्बों के भार से धीरे-धीरे चलती है, स्तनों से जरा झुकी रहती है, वहाँ वह युवति-विषय में विधाता की आदि-सृष्टि-सी हो रही है।" यह कालिदास का एक अच्छा माना गया चित्र है। भाव खोजिए, पता नहीं, रूप रूप है। 'विधाता की आदि-सृष्टि' में भी रूप ही सामने आता है। एक दूसरा रूप पेश करता हूँ। 'चौरपंचाशिका' का है–

"अद्यापि तां कनकचम्पकदामगौरीं
फुल्लारविन्दनयनां तनुरोमराजीम्।
सुप्तोत्थितां मदनविह्वलितालसांगी
विद्यां प्रमादगलितामिव चिन्तयामि ॥"

पहले वर्ण-संगीत देखिए, कालिदास की 'श्यामा शिखरिदशना' की दशा नहीं। क्या स्वस्थ रूप है संस्कृत का! तीन-तीन बार दोनों को पढ़िए, उच्चारण में कौन साफ उतरता है, आप मालूम हो जाएगा। कवयित्री राजकुमारी नवयौवना विद्या का प्रेमी, उसी के महल में पकड़ा गया कवि सुन्दर, फाँसी से पहले, प्रथानुसार वर लेता है कि विद्या के महल से उतरता हुआ, प्रति सोपान पर एक-एक श्लोक पढ़ेगा। यह पहला श्लोक है–"इस समय भी मैं स्वर्ण-चम्पक-माला-सी गोरी, खिले-कमल-नेत्रवाली कोमल रोओं की, सोकर उठी हुई, मदन से विह्वल हुए अलस अंगोंवाली प्रमाद (शंका, भय, संशय, मद, नशा आदि) से गलित जैसे (रहित, झरती हुई, डूबी भी प्रमाद का अर्थ मद या नशा लेने पर), विद्या की याद करता हूँ।" कालिदास ने यक्ष की पत्नी में निम्ननाभि और श्रोणी-भार आदि अश्लील बर्णन तो किए ही हैं, पर उस समय को देखकर यह सब छोड़ देने पर भी, उनकी धाता की आदि-सृष्टि-जैसी यक्ष-प्रिया भी प्रमादगलिता विद्या की बराबरी नहीं कर सकती। कारण, धाता की 'आदि-सृष्टि' में अंगयष्टि ही

सामने आती है, यक्ष-प्रिया का कोई भाव-रूप नहीं; यहाँ प्रमाद-गलिता विद्या भाव-रूप में बदल गई है। 'प्रमाद-गलिता' में जितना अर्थ-चमत्कार है, जितनी तरह के अर्थ होते हैं, उतनी तरह 'सृष्टिराद्येव धातुः' में नहीं लाई जा सकतीं। लाने की कोशिश जबरदस्ती कहलाएगी। सहृदय विज्ञजन देखें। यह श्रेष्ठता केवल भाव के कारण है। यहाँ भी उत्कृष्ट कला नहीं। एक साधारण बात है। यों तो 'कला' का अर्थ है अंश, एक टुकड़ा; चाँद सोलह कलाओं से मिलकर पूरा पूनो का चाँद बनता है; कलाओं या टुकड़ों से मिला हुआ है, इसलिए 'सकल' है। पर मैं कला को पूर्ण अर्थ में लेता हूँ; किस तरह, यह लिख चुका हूँ।

यहाँ कुछ बिगड़े काव्य के उदाहरण देता हूँ–

(1) ''लाली मेरे लाल की, जित देखौं तित लाल।
लाली देखन मैं गई, मैं भी हो गई लाल।''

–कबीर

अर्थ साफ है। इसकी, इधर पाँच-छह महीने के अन्दर, कई जगह तारीफ हुई है। छायावाद के एक आलोचक मित्र ने इसे पेश कर कहा है कि ऐसी श्रेष्ठ उक्ति छायावाद में नहीं। पहले यह कह देना ठीक होगा कि उक्ति की उच्चता का विचार ही ठीक होता है, कोई ईश्वर पर लिखे या प्रिया पर। कबीर की प्रिया लाल की लाली से चारों तरफ लाल है, देखती है; लाली देखने जाती है तो वह भी लाल हो जाती है–पक जाती है, गोट की तरह। पर, जाती कैसे है?–'लाली देखन मैं गई' यह पूर्वोक्ति का विरोध है; जबकि 'जित देखौं तित लाल' है, तब चलने की गुंजाइश कहाँ?–वह तो वहाँ भी ठहरी हुई लाली देख सकती थी। दूसरा दोष यह कि लाल की लाली देखने क्यों गई, जबकि लाल को वह जानती है–लाल प्रिय है या लाली? कोई मेरा प्रियजन मेरे यहाँ आवेगा तो मुझसे मिलेगा या मेरे लोटे से?

(2) ''अंगद तुही बालि कर बालक।
उपज्यो बंस-अनल कुलघालक॥
गर्भ न खस्यो व्यर्थ तुम जाये।
निज मुख तापस दूत कहाये॥
अब कहु कुशल बालि कहँ अहई।
बिहँसि बचन तब अंगद कहई॥
दिन दस गए बालि पहँ जाई।
बूझेउ कुसल सखा उर लाई॥''

–तुलसीदास

अर्थ स्पष्ट है। रावण को बालि का राम द्वारा निहत होना मालूम हो चुका है। दूसरी, तीसरी, चौथी पंक्ति स्पष्ट कर देती है। 'रहा बालि बानर मैं जाना' इस उद्धरण के पहले ही रावण कह चुका है। 'अंगद तुही बालि कर बालक?' इसकी ध्वनि में दूसरी, तीसरी और चौथी पंक्ति का भाव निहित है। जब रावण कहता है, ''अंगद, तू ही बालि

का बालक है?" तब एक साथ ध्वनि के अर्थ खुल पड़ते हैं, "जिसने तेरे बाप को मारा, उसी का दूत बनकर तू आया?—तूने अपने कुल की मर्यादा नष्ट कर दी," आदि-आदि। अंगद जो पहले लंका में रह चुका है, मन्दोदरी का मातृ-स्नेह प्राप्त कर चुका है। ('अंगद कहा जाहुँ मैं पारा, जिय संशय कछु फिरती बारा' में आया संशय प्रकट करते यह सब आता है) यह मतलब भी 'तुही बालि कर बालक' की ध्वनि में छिपा है। ध्वन्यात्मक काव्य में ध्वनि का मर्म यदि कवि स्वयं जाहिर करे तो यह कमजोरी कही जाती है; विशेषतः कवित्व चौपट होता है। *दिङ्नागानां पथि परिहरन् स्थूलहस्तावलेपान्*—यहाँ कालिदास सीधे तो मेघ से कहते हैं कि रास्ते में दिग्गजों की मोटी सूँड़ के अवलेप छोड़ते जाना; पर दूसरे मतलब में वे दिङ्नाग नाम के कवि-पंडित की खबर लेते हैं—कहते हैं—'रास्ते में, दिङ्नागों के हाथ के खींचे भद्दे चित्र, लीपा-पोती छोड़ते जाना'—यह अर्थ छिपा हुआ है, इसी से सौन्दर्य बढ़ गया है। पाँचवीं पंक्ति में रावण कहता है *अब कहु कुसल बालि कहँ अहई,* यह पहली पंक्ति का विरोध है; अब जैसे रावण को बालि का हत होना भूल गया! यह अंगद को चिढ़ाने का उद्देश्य नहीं, न कवित्वपूर्ण प्रसंगान्तर है, यह अंगद के जवाब के लिए बाँधा ठाट है, जिसके अनुसार अंगद कहता है, दस रोज बाद दोस्त के पास चलकर उसे गले लगाकर खैरियत पूछना। अस्तु, इस तरह, पहली ध्वनिपूर्ण अच्छी चौपाई का भेद खोलकर गोसाईंजी ने यहाँ का सारा भाव-सौन्दर्य नष्ट कर दिया है। पढ़कर भी देख लीजिए, पहली ही लाइन साफ बोलती है। फिर जिस तरह अत्याचार किया गया है, उसी तरह पढ़नेवाले के शरीर, मन और जीवन पर अकवित्व का बुरा प्रभाव पड़ता है।

(3) "बजा दीर्घ साँसों की भेरी;
सजा सटे कुच कलशाकार,
पलक पाँवड़े बिछा, खड़े कर
रोओं में पुलकित प्रतिहार,
बाल-युवतियाँ तान कान तक
चल-चितवन के बन्दनवार,
मदन, तुम्हारा स्वागत करतीं
खोल सतत-उत्सुक-दृग-द्वार।"

—सुमित्रानन्दन पन्त

और तो जो कुछ बना-बिगड़ा, उसका जिक्र नहीं, यह बताइए कि पलक-पावड़े बिछाने के बाद सतत-उत्सुक दृग-द्वार कैसे खोले जाएँगे?

(4) "अंग-भंगि में व्योम-मरोर,
भौंहों में तारों के झौंर
नचा नाचती हो भरपूर
तुम किरणों की बना हिंडोर।"

—सुमित्रानन्दन पन्त

यह वीचि या लहर से कहते हैं पन्तजी। पहले तो, कोई औरत भौंहों में तारों के झौंर नचावे तो क्या खूबसूरती निकलती है, मुलाहजा करें; फिर यह बतावें कि हिंडोर में भरपूर कैसे नाचा जाता है—यह भी कि लहर किरनों की हिंडोर बनाती भी है।

(5) ''झर-झर बिछते मृदु सुमन-शयन
जिन पर छन कम्पित पत्रों से
लिखती कुछ ज्योत्स्ना जहाँ-तहाँ।''

—सुमित्रानन्दन पन्त

हालाँकि सादगी में ठीक है; पर जरा अक्ल की निगाह से भी देंखे, जब झर-झर कर फूलों की सेजें बिछ गईं, तब काँपते पत्रों से (पातों से) चाँदनी उन पर जहाँ-तहाँ कुछ लिखने लगी; भला सेज या बिस्तरे पर भी कुछ लिखा जाता है? लिखती भी 'पत्रों से' है। यह जरूर है कि पत्ते ब्राड निब-जैसे होते हैं, पर बहुत से पत्रों से अगर अकेली ज्योत्स्ना एक साथ लिखेगी तो वह लिखेगी कैसे? हाथ कितने हैं?

सादगी के भीतर ही पन्तजी की शब्द-लालित्यवाली कला खुलती है। जहाँ बज्र की गरज के साथ काव्य में बिजली कौंधती है, वहाँ पन्तजी नहीं, कला के व्यापक वृहत रूप में भी नहीं। उनकी खूबसूरती यहाँ है—

''कनक-छाया में जब कि सकाल
खोलती कलिका उर के द्वार,
सुरभि-पीड़ित मधुपों के बाल
पिघल बन जाते हैं गुञ्जार;
न जाने ढुलक ओस में कौन
मुझे इंगित करता तब मौन!''

पहली बात यह कि इसमें 'शपाशप' नहीं। यह शब्दों के साथ चित्र और भाव के समन्वय से हुई उत्कृष्ट रचना है। 'पीड़ित' पकड़ने के अर्थ में आएगा, जैसे 'पाणि पीडन'। इस तरह की एक मेरी खींची तस्वीर—

''आवृत - सरसी - उर - सरसिज उठे;
केसर के केश कली के छुटे,
स्वर्ण शस्त्र - अञ्चल पृथ्वी का लहराया—
सखि, वसन्त आया!''

वसन्त की प्रकृति खींची गई है—''सरसी के हृदय के ढके हुए कमल उठ आए; कली के केशर के केश छुट गए; पृथ्वी का स्वर्णशस्यांचल लहराने लगा; सखि, वसन्त आ गया!'' सरसी, कली और पृथ्वी Personified (स्त्री-रूप में निर्वाचित) हैं; पहले तीनों का अलग-अलग सौन्दर्य देखिए। सरसी के हृदय के ढके हुए कमल उठ आए (अश्लीलता-वर्जित इंगित है—स्पष्ट है—सरसी नवयौवना हो गई), कली के केशर के केश छुट गए (स्पष्ट है कि कली खुल गई,—यह यौवन का स्पष्टीकरण है, पुनः कली के रेणु-मिश्रित बाल देख पड़ते हैं, उसका मुँह मधु की ओर है, संसार की ओर वह पीठ

किए हुए है, यह उसकी पवित्रता की छवि है), पृथ्वी का सोने-सा चमकता शस्यांचल लहराने लगा। इन तीनों मूर्तियों के सौन्दर्योपकरण अलग-अलग हैं। अब, सरसी, कली और पृथ्वी को निकालकर इन्हीं उपकरणों से बनी एक वसन्त-प्रकृति-स्त्री को देखिए, पूरा रूप बन जाएगा–एक जगह कमल-कुच हैं, दूसरी जगह केशर-केश और शस्य-अंचल लहराता हुआ।–पुनः दर्शनीय यह है कि कुचों का जिस तरह केशों से नीचे उत्पत्ति स्थान है, यहाँ भी वैसा ही प्रदर्शित यह है–कमल सरसी में हैं। कली के केशर-केश ऊपर, स्थल पर; और नीची से नीची होती हुई क्षेत्र-भूमि में शस्यांचल लहरा रहा है।–यह कला है। पर यह भी उच्च कोटि की नहीं। ऊपर उद्धृत किया हुआ पन्तजी का पद्य भाव-सौन्दर्य में 'मेघदूत' और 'चौर-पंचाशिका' के आलोचित श्लोकों के न्याय से मेरे इस पद्य से बढ़ा हुआ है। कारण, ओस के ढुलककर इंगित करने में बहुत-सी बातें हैं, समाप्ति भी पद्य की यथास्थान हुई है–अज्ञात अदृश्य में। पन्तजी की भाषा सरल होकर कदाचित् अधिक सुन्दर, प्राणों के अधिक पास है। कारीगरी और छन्द में दूसरी के मुकाबले नहीं; यह छन्द हिन्दी के लिए बिलकुल नया है; जोरदार भी ज्यादा है। अस्तु, उत्कृष्ट कला और दूर है।

हिन्दी में 'जुही की कली' मेरी पहली रचना है। हिन्दी के विभिन्न पाठकों तथा आलोचकों को यह पसन्द आई है। पर 'वीणा' में छोड़कर अन्यत्र दूसरे आलोचकों द्वारा इसका पूर्ण सौन्दर्य-प्रदर्शन नहीं किया गया। यह ऐसी रचना नहीं कि सूक्तिरूप इसका एक अंश उद्धृत किया जा सके। मेरी छोटी रचनाएँ (Lyrics) और गीत (Songs) प्रायः ऐसे ही हैं। इनकी कला इनके सम्पूर्ण रूप में है, खंड में नहीं। सूक्तियाँ–उपदेश मैंने बहुत कम लिखे हैं, प्रायः नहीं; केवल चित्रण किया है। उपदेश को मैं कवि की कमजोरी मानता हूँ। जैसा प्रेमचन्दजी ने लिखा है–असफल लेखक आलोचक बन बैठा। साधक जिस तरह विभूति में आकर इष्ट से अलग हो जाता है, कवि उसी तरह उपदेश करता हुआ कविता की दृष्टि से पतित हो जाता है। फिर भी नीतियाँ, सूक्तियाँ, उपदेश कविता में प्रचलित हैं, कवि लिखते हैं।

'जुही की कली' का उद्धरण देकर मैं यह दिखलाने की चेष्टा करूँगा कि ठीक-ठीक चित्रण होने पर उपदेश किस तरह उसके भीतर छिपे रहते हैं और कला का विकसित रूप स्वयं किस तरह उपदेश बन जाता है। पुनः ऐसी रचनाओं का खंडोद्धरण आलोचक का अधूरा सौन्दर्यदर्शन और कवि पर की गई कृपारूपिणी अकृपा है।

जुही की कली

''विजन-वन-वल्लरी पर
सोती थी सुहागभरी–स्नेह-स्वप्न-मग्न–
अमल-कोमल-तनु तरुणी–जुही की कली,
दृग बन्द किये, शिथिल,–पत्रांक में,

वासन्ती निशा थी;
विरह-विधुर-प्रिया-संग छोड़
किसी दूरदेश में था पवन
जिसे कहते हैं मलयानिल।
आयी याद बिछुड़न से मिलन की वह मधुर बात,
आयी याद चाँदनी की धुली हुई आधी रात,
आयी याद कान्ता की कम्पित कमनीय गात,
फिर क्या? पवन
उपवन-सर-सरित् गहन-गिरि-कानन
कुञ्ज-लता-पुञ्जों को पार कर
पहुँचा जहाँ उसने की केलि
कली-खिली साथ।
सोती थी,
जाने कहो कैसे प्रिय-आगमन वह?
नायक ने चूमे कपोल,
डोल उठी वल्लरी की लड़ी
जैसे हिंडोल।
इस पर भी जागी नहीं,
चूक-क्षमा माँगी नहीं,
निद्रालस बङ्किम विशाल नेत्र मूँदे रही–
किम्वा मतवाली थी यौवन की मदिरा पिये,
कौन कहे?
निर्दय उस नायक ने
निपट निठराई की
कि झोंकों की झड़ियों से
सुन्दर सुकुमार देह सारी झकझोर डाली,
मसल दिये गोरे कपोल गाल;
चौंक पड़ी युवती–
चकित चितवन निज चारों ओर फेर,
हेर प्यारे को सेज पास,
नम्रमुखी हँसी–खिली,
खेल रंग प्यारे संग।"

साहित्य और जनता

प्रत्येक साहित्य में ऐसे मनुष्य हुआ करते हैं, जो स्थूल उपयोगितावाद से साहित्य के उत्कर्ष का अन्दाजा लगाते हैं। वे कहते हैं, जिस साहित्य में जनता के हित की जितनी शक्ति है, कसौटी में वह उतना ही खरा, उतना ही उपयोगी और उतना ही मूल्यवान है।

प्रचलित प्रथा की तरह वे लोग केवल प्रचलन को ही देखते हैं, प्रचलन के मूल कारण को नहीं। वहाँ तक उनकी पहुँच होती भी नहीं। यदि हो, तो किसी भी सत्य के प्रचलन के वे पक्षपाती हो जाएँ, केवल रूढ़ि के ही न रहें।

एक दिन लिखा गया था कि चावल से माँड़ में ज्यादा ताकत होती है, इसलिए माँड़ फेंकना नहीं चाहिए। पर जो लोग चावलों के पकने की सफाई और सौन्दर्य को देखने के आदी थे, उन्होंने स्वास्थ्य के इस उपयोगितावाद को ग्रहण नहीं किया कि माँड़-समेत चावल खाना या माँड़ न फेंकना अधिक लाभप्रद है। युक्तप्रान्त में, जहाँ के रहनेवाले पहले ही से माँड़ फेंकने के आदी नहीं, विवाह के समय इस उपयोगितावाद को सौन्दर्यवाद के सामने रद्द कर देते हैं, अर्थात् रुपये सेर वाले बासमती चावलों को वर यात्रियों की वर रुचि के ही अनुकूल, अधिक-से-अधिक जल में पकाकर अलग-ही-अलग, फूलों की तरह, चुन लेते हैं। यहाँ हमें मालूम होता है, समाज में सौन्दर्यवाद का कम महत्त्व नहीं।

कभी-कभी उपयोगितावाद और सौन्दर्यवाद एक-दूसरे से मिले रहते हैं, जैसे मनुष्य का जीवन अधिक स्वच्छ, सुन्दर, सुखमय होकर अधिक स्वस्थ भी हो। इसी तरह किसी वाद-विशेष को साहित्य में अलग महत्त्व न देकर साहित्य के ही एक द्रुम से भिन्न-भिन्न शाखा की तरह सन्निविष्ट समझें, तो विचार में मिट्टी, जल, आग, हवा और आसमान की तरह जुड़ी हुई सारी सृष्टियों को भिन्नता के भीतर से एक ही सूत्र में गुँथी हुई देख सकते हैं। यही उद्यम साहित्य का सर्वोत्तम विकास रहा है।

हमें अच्छी तरह मालूम है, हमारे निन्नानबे फीसदी साहित्यिकों को और सौ फीसदी जनता को भगवान् श्रीरामचन्द्र पर, उनके जन्म-कर्मादि पर पूरा-पूरा विश्वास है। अतः आज यदि राम के विरोध में कोई प्रासंगिक बात भी कही जाए, तो जनता उसे सुनने को तैयार नहीं; साहित्यिकों में केवल सुनने का धैर्य है, मत बदलने की शक्ति नहीं। यह अवश्य ही युगों की संचित साहित्यशक्ति का ही दौर्बल्य है। इससे जनता को कुछ हासिल हुआ, तत्त्व के भीतर से यह साबित नहीं होता। किसी महान् भक्त से ही पूछिए,

अग्नि से यज्ञ-हवि कैसे पैदा होती है, जानकीजी ऋषियों के खून से भरे घड़े से, जमीन से, कैसे निकलती हैं, महावीरजी लंका से एक ही रात में उत्तराखण्ड जाकर, संजीवन-मूरिवाला पहाड़ लेकर, रात ही-भर में लंका कैसे लौट आते हैं, तो आपको युक्तिपूर्ण, सन्तोषप्रद उत्तर कदापि प्राप्त न होगा। भारत में प्रचलित, भारतीय नाम से प्रसिद्ध आर्य-सभ्यता की उज्ज्वल श्री से मण्डित जो कुछ प्राप्त होगा, उसका अधिकांश इसी प्रकार शिरश्चरणहीन, अदृष्ट, काल्पनिक जन्तु-विशेष ज्ञात होगा, जहाँ मानवीय दृष्टि की गति नहीं। पर पता नहीं, प्राचीन कितनी सदियों से इस जातीय उपयोगितावाद का आर्यों में महत्त्व है! इससे जाति की जितनी भी भलाई हुई हो, आज हमें कहने में कुछ भी संकोच नहीं कि उतनी ही बुराइयाँ हुई हैं। आज उन्हीं बुराइयों का दूरीकरण देश का, साहित्य का सच्चा उद्धार है। अतः हम देखते हैं, उपयोगितावाद में भी भिन्न -भिन्न दृष्टिकोण सम्भव हैं। पहले सत्य को जिस रहस्यमय ढंग से व्यक्त करने की प्रथा थी, आज उसी रहस्य को सत्य शब्दों के भीतर से खोलने की रीति प्रचलित हो रही है।

पर यह आधुनिक साहित्यिक प्रगति कभी जनता के हृदय से सहयोग नहीं प्राप्त कर सकती। कोई भी बड़ा नया प्रचलन अपने प्रथम चरण-क्षेप से ही जनता के हृदय से सहानुभूति प्राप्त कर सका हो, ऐसा देखने में नहीं आया। यहाँ तक कि जो पौराणिक कथाएँ जनता के प्राणों में प्रवेश कर गई हैं, उनके लिए वह एक रोज बिलकुल तैयार न थी। हजारों प्रचारक साधु जनता को सुना-सुनाकर अन्धविश्वास पर प्रतिष्ठित कर रहे थे। अन्धविश्वास भी कीमती है, जहाँ संसार में किसी भी रूप का विश्वास ऊँचे विचार से सत्य नहीं।

अस्तु, हम देखते हैं हर साहित्य का पहले सूत्र-रूप में आगम होता है, प्रचार तत्पश्चात्। जो साहित्यिक जनता से तरक्की में सदियों का फासला रखते हैं वे कभी जनता के साथ नहीं बैठते, जनता स्वयं मन्द-मन्द चलती हुई वर्षों बाद उनके साथ होती है। साहित्य की प्रगति के ऐसे ही प्रमाण इतिहास देते हैं। जिस शूद्रक को एक दिन सामाजिक नियमों के लंघन के कारण अवतार-श्रेष्ठ भगवान् श्रीराम के हाथों प्राण देने पड़े थे, जिस एकलव्य को गुरु की मिथ्या तृप्ति के लिए अँगूठा काट देना पड़ा था, क्या आर्य-सभ्यता का पक्षपाती कोई भी मनुष्य कह सकता है, कि भारत में आज वैसा ही वर्ण-धर्म प्रचलित है, अथवा उसी के प्रचलन की जरूरत है? वही शूद्रक शक्ति आज सहस्र-सहस्र रामचन्द्रों को पराजित कर देने में समर्थ है—अछूत ही आज भारत के प्रथम गण्य मनुष्य, चिन्त्य समस्या हैं। आप देखें, वही एक उपयोगितावाद आज कैसा विपरीत रूप धारण किए हुए है। जनता आज भी इस उपयोगितावाद का साथ नहीं दे रही, उसी प्राचीन के साथ है। इसीलिए कहा कि जनता साहित्य के साथ नहीं रहती, साहित्य के साथ लायी जाती है, और जिसे साहित्यिक उपयोगितावाद का आज एक रूप प्राप्त है, कल दूसरा प्राप्त होगा।

अँगरेजी-साहित्य में क्राइस्ट-विचारवाली जो खास धारा प्रचलित थी, युग-प्रवर्तन को उसके समय सबसे बड़ा धक्का लगा, इसलिए उस काल के वड्र्सवर्थ, शेली, कीट्स आदि

कविगण अपने समय में ही जनता द्वारा समादृत नहीं हुए। अँगरेज, मुसलमान, पारसी और जैन, हिन्दू तथा अन्यान्य जनों को अपने-अपने समूह में रहकर दूसरे के प्रति द्वेष पैदा करते हुए देखकर प्राचीन काल से बहती आती हुई विश्व-धारा में जिन रवीन्द्रनाथ ने आत्म-मज्जन किया, उनका भी समादर उनकी भाषावाली जनता ने पहले नहीं किया, और उनके विश्वजनीन भावों का समर्थन पूर्णतः आज भी नहीं कर रही है। जिस उमर ख़ैयाम से प्रसिद्ध कवि संसार में आज दूसरा नहीं, वह अपनी उच्छृंखल वृत्तियों के कारण अपने ही भाइयों की स्मृति में लगातार, सदियों तक, स्वप्नवत्, विलीन था। इस तरह, हम देखते हैं, जनता बहुत बाद को नेता साहित्यिक से सहयोग करती है। हिन्दी में ऐसे साहित्यिक और साहित्य का एकान्त अभाव नहीं, जो कुछ हद तक जनता को जड़ता से मुक्त कर सामने लाने की कोशिश कर रहे हैं, पर विचारों की कमजोरी और स्वाभाविक पतन के कारण प्रचारकगण अपने साथ बरगलाकर रखना चाहते हैं, जिससे सत्य का प्रकाश उन तक नहीं पहुँच पाता, प्रचार-प्राप्त नहीं हो पाता। आज हमारे साहित्य के सिर कौन-सा उत्तरदायित्व सबसे गुरु है, लोग नहीं सुन पाते। निम्न श्रेणी के प्रचारक साहित्यिक जनता की ही प्रिय बातें उन्हें सुनाते रहते हैं। इस प्रकार सत्य के बदले वे अपना ही प्रचार करते हैं।

हमारे साहित्य की हीनता का मुख्य कारण यही है कि हम अपनी हीनता को प्रश्रय देकर उत्कर्ष समझ बैठे हैं, अपने अज्ञान को ज्ञानाडम्बर कर रक्खा है। आज जिस युग-साहित्य की दृष्टि में मनुष्य-मात्र के समान अधिकार हैं, वह पुरुष हो या स्त्री, उसका जनता में प्रचार रोकना, उसकी सूक्ष्मतम व्याख्या न समझकर उसके अस्तित्व को ही न स्वीकार करना हिन्दी की इस हीन दशा का एक अत्यन्त पुष्ट स्थूल प्रमाण है। पर, हमें विश्वास है, साहित्य की महाप्राणता, जो जनता को ज्ञान के भीतर से बहा ले गई है, एक दिन अपनी शक्ति का परिचय देगी।

बाहरी स्वाधीनता और स्त्रियाँ

अब वह समय नहीं रहा कि हम स्त्रियों के सामने वह रूप रक्खें, जिसके लिए गोस्वामी तुलसीदासजी ने *चित्र-लिखे कपि देखि डेराती* लिखा है। सारल्य तथा कोमलता के भीतर की वह सृष्टि निस्सन्देह अनुपम थी। उस त्रेता-कुल की कल्पना की ही तरह कोमल विलास के मंजु अंक पर पली हुई स्त्रियों को प्राप्त कर कर्तव्य के कठोर पुरुषों को संसार के यथार्थ सुख का अनुभव होता था, और उस समय के चित्रण में अत्यन्त कठोर और अत्यन्त कोमल का ही सम्मिश्रण समाज तथा काव्यों में किया गया है। परन्तु अब आवश्यकता है, हरएक मनुष्य के पुतले में, चाहे वह पुरुष हो या स्त्री, कोमल और कठोर, दोनों भावों का विकास हो। अब दोनों के लिए एक ही धर्म होना चाहिए। पुरुष के अभाव में स्त्री हाथ समेटकर निश्चेष्ट बैठी न रहे। उपार्जन से लेकर सन्तान-पालन, गृह-कार्य आदि वह सँभाल सके, ऐसा रूप, ऐसी शिक्षा उसे मिलनी चाहिए। पहले दोनों के भाव और कार्य अलग-अलग थे, अब दोनों के भाव और कार्यों का एक ही में साम्य होना आवश्यक है। इस तरह गार्हस्थ्य धर्म में स्वतंत्रता बढ़ेगी। परावलम्बन न रह जाएगा। स्त्रियाँ भी मेधा की अधिकारिणी होंगी। हृदय और मस्तिष्क, दोनों में एकीकरण होगा। एक ही में हम उभय धर्मों को देख सकेंगे। इस समय जो हम यह देखते रहते हैं कि किसी कारण पुरुष से एक दीर्घकाल के लिए विच्छेद हो जाने पर स्त्री बिलकुल निस्सहाय हो जाती है, अपने घर का काम नहीं सँभाल पाती, अनेक प्रकार की असुविधाएँ आ जाती हैं, बदमाशों की उन पर दृष्टि पड़ती है, मन-ही-मन वे डरी रहती हैं, घर उसे जेल से भी बढ़कर हो जाता है, यह सब न होगा। पुरुष के अभाव में स्त्री स्वयं उसका स्थान अधिकृत करेगी।

इसके लिए प्रथम आवश्यक साधन है शिक्षा। हमारे देश में स्त्रियों की शिक्षा के अभाव से जैसी दुर्दशा हो रही है, उसकी वर्णना असम्भव है। उनका लांछन देखकर पाषाण भी गल जाते हैं। प्रतिदिन भारतवर्ष का आकाश स्त्रियों के क्रन्दन से गूँजता रहता है। युवती विधवाओं के आँसुओं का प्रवाह प्रतिदिन बढ़ता जाता है। प्राचीन शीर्णता ने नवीन भारत की शक्ति को मृत्यु की ही तरह घेर रक्खा है। घर की छोटी-सी सीमा में बँधी हुई स्त्रियाँ आज अपने अधिकार, अपना गौरव, देश तथा समाज के प्रति अपना कर्तव्य, सब कुछ भूली हुई हैं। उनके साथ जो पाशविक अत्याचार किए जाते हैं, उनका कोई प्रतिकार नहीं होता। वे चुपचाप आँसुओं को पीकर रह जाती हैं। उनका

जीवन एक अभिशप्त का जीवन बन रहा है। उन्हें जो यह शिक्षा दी जाती है कि तुम्हें अपने पुरुष के सिवा किसी दूसरे पुरुष का मुख नहीं देखना चाहिए, यह उनके अन्धकार जीवन में टार-पेंटिंग है। सिर झुकाये हुए ही उन्हें तमाम जीवन पार कर देना पड़ता है। इस उक्ति का यथार्थ तत्त्व उन तक नहीं पहुँचता। यह अवश्य आत्मा का सर्वोतम विकास है। फल यह होता है कि उन पर हमला करने के लिए गुण्डों को काफी सुयोग मिलता है। उनका स्वास्थ्य उनके अवरोध के कारण क्रमशः क्षीण ही होता रहता है। शिक्षा से यह सब दूर होगा। देवियाँ अपना दिव्य रूप पहचानेंगी। उन्हें अपने कर्तव्य का ज्ञान होगा। वे नदियों की तरह समाज के करारों से बहती हुई सहस्रों जीवन प्रतिदिन पवित्र कर जाएँगी। उनका जो स्थान संसार की स्त्रियों में है, उसे प्राप्त करेंगी। राष्ट्र की स्वतंत्रता की उपासना में उनके जो अधिकार हैं, उन्हें ग्रहण कर अपने कर्तव्य का पालन करेंगी। बच्चों की पीड़ा के समय उन्हें तड़पना न होगा। वे उनकी दवा कर उन्हें रोग-मुक्त कर सकेंगी। समाज की नृशंसता, जो प्रतिदिन बढ़ती जाती है, उन पर अपना अधिकार न जमा सकेंगी। पति के विदेश जाने पर मकान में उनकी जो दुर्दशा होती है, उससे वे बची रहेंगी। जरूरत पड़ने पर वे स्वयं उपार्जन करके अपना निर्वाह कर सकेंगी। प्रतिदिन एक ही प्रकार का भोजन खाते-खाते जो जी ऊब जाता है, ऐसा न होगा। वे अनेक प्रकार के भोजन पकाने की विधियाँ सीख लेंगी और संसार में रह, संसार के यथार्थ सुखों का अनुभव करेंगी। कहा है, संसार में जितने प्रकार की प्राप्तियाँ हैं, शिक्षा सबसे बढ़कर है। शिक्षा में शब्द-विद्या का स्थान और उच्च है। यही विद्या ज्ञान की धात्री कहलाती है। जितने प्रकार के दैन्य हैं, जितनी कमजोरियाँ हैं, उन सबका शिक्षा के द्वारा ही नाश हो सकता है। अशिक्षित, अपढ़ होने के कारण ही हमारी स्त्रियों को संसार में नरक-यातनाएँ भोगनी पड़ती हैं—उनके दुःखों का अन्त नहीं होता।

कन्याप्येवं पालनीया शिक्षणीयातियत्नतः, मनु महाराज के इस कथन का अब पालन नहीं किया जाता। यह सच है कि इसका बहुत कुछ कारण देश का दैन्य ही है; पर पुरुषों की अश्रद्धा भी कहीं कम नहीं। जो सम्पन्न हैं, जिन्हें दोनों वक्त मजे में भोजन मिल जाता है, वे भी बालिकाओं की शिक्षा की ओर ध्यान नहीं देते, बल्कि उच्च स्वर से यही घोषणा करते हैं कि लड़कियों को शिक्षा देना पाप है, वे बिगड़ जाती हैं। पीछे पिता-माता को समाज में रहने लायक भी नहीं रखतीं। इनके दिमाग में 'सारंगा-सदावृक्ष' की कहानी पढ़ लेने तक ही विद्या परिमित है। ये लोग रूढ़ियों के ऐसे गुलाम हैं कि जीते-जी उन्हें छोड़ नहीं सकते, और इससे समाज का पहिया जरा भी आगे नहीं बढ़ने पाता। देहात में शिक्षा की बहुत कमी है, वहाँ लड़कों को ही मदरसा भेजना दुश्वार है। गाँवों से कोस-कोस की दूरी पर मदरसे हैं। हरएक तहसील में मुश्किल से दो मिडिल स्कूल हैं। आठ-आठ, दस-दस कोस के लड़के मिडिल स्कूल के बोर्डिंग-हाउस में ठहरकर पढ़ नहीं सकते। अधिकांश लोगों की आर्थिक स्थिति वैसी नहीं है। जो लोग सम्पन्न हैं, उनमें अकारण प्यार की मात्रा इतनी बढ़ी हुई है कि वे बच्चे को अपने से अलग नहीं कर सकते, वह मूर्ख भले ही रह जाय। जहाँ लड़कों का यह हाल है, वहाँ लड़कियों की बात

ही क्या? हरएक गाँव से प्रतिदिन जितनी भीख निकलती है, यदि उतना अन्न रोज एकत्र कर लिया जाय, तो गाँव में ही एक छोटी-सी पाठशाला खोल दी जा सकती है। एक शिक्षक की गुजर उससे हो जाएगी। अविद्या का जो यह प्रबल मोह फैला हुआ है, यह न रह जाएगा। बालिकाओं के लिखने-पढ़ने का गाँव ही में प्रबन्ध हो सकता है। इस तरह उनके प्रति सच्चा न्याय गाँववाले कर सकते हैं। शहरों में तो लड़कियों को पढ़ाने के अनेक साधन हैं।

अब घर के कोने में समाज तथा धर्म की साधना नहीं हो सकती। जमाने ने रुख बदल दिया है। हमारे देश की लड़कियों पर बड़े-बड़े उत्तरदायित्व आ पड़े हैं। उन्हें वायु की तरह मुक्त रखने में ही हमारा कल्याण है। तभी वे जाति, धर्म तथा समाज के लिए कुछ कर सकेंगी। उन्हें दबाव में रखकर इस देश के लोग अपने जिस कल्याण की चिन्तना में पड़े हैं, वह कल्याण कदापि नहीं, प्रत्युत निरी मूर्खता ही है। आज तक जितने अत्याचार, बलात्कार आदि हुए हैं, वे सब पर्दानशीन स्त्रियों पर ही हुए हैं। पर्दे के भीतर जितनी तीव्रता से दृष्टि प्रवेश करना चाहती है, खुले मुख पर उतनी तीव्रता से आक्रमण नहीं करती। पाशविक प्रवृत्तियाँ अन्धकार में ही प्रबल वेग धारण करती हैं। प्रकाश को देखकर वे दब जाती हैं, उनका साहस नहीं होता। इसलिए स्त्रियों को हर बात में प्रकाश के सम्मुखीन करना चाहिए। ज्ञान के बिना जीवन व्यर्थ है। निर्वाह होना कठिन है। स्वावलम्बन नहीं आता। स्वावलम्बन कोई पाप नहीं, प्रत्युत पुण्य है। हमारे देश के लोग इस समय आधे हाथों से काम करते हैं। उनके आधे हाथ निष्क्रिय हैं। जब स्त्रियों के भी हाथ काम में लग जाएँगे, कार्य की सफलता हमें तभी प्राप्त होगी। अभी जो काम स्त्रियाँ करती हैं, वह काम नहीं, वह संस्कारों का प्रवर्तन है। उससे मेधा और नष्ट होती है। मनुष्य-जाति मशीन के रूप में बदल जाती है। हमारी स्त्रियों की यही दुर्दशा है। उनका कार्य ज्ञान-संयुक्त नहीं होता। कारण, एक ही कार्य की प्रदक्षिणा उन्हें प्रतिदिन करनी पड़ती है। उससे उनकी बुद्धि का संयोग नहीं हो पाता। बुद्धि को कभी एक ही कार्य पसन्द भी नहीं। वह नित्य नया आविष्कार करना चाहती है। विद्या के न रहने से हमारे देश की स्त्रियाँ मेधा-बुद्धि तथा कला-कौशल को भी खो चुकी हैं। विद्या-बुद्धि से रहित मनुष्य मनुष्यता से गिरकर इतर श्रेणी में चला जाता है। उस पर दूसरे लोग ही प्रभुत्व करते हैं। धार्मिक संस्कारों के चक्र की प्रदक्षिणा करते रहने के कारण ही हम पराधीन हैं, हम पर दूसरी-दूसरी जातियों के बुद्धिमान् लोग प्रभुत्व कर चुके हैं, और कर रहे हैं। हम लोग स्वयं जिस तरह गुलाम हैं, उसी तरह अपनी स्त्रियों को भी गुलाम बना रक्खा है, बल्कि उन्हें दासों की दासियाँ कर रक्खा है। इस महादैन्य से उन्हें शीघ्र मुक्ति देनी चाहिए। तभी हमारी दासता की बेड़ियाँ कट सकती हैं। जो जीवन बाहरी स्वतंत्रता नहीं प्राप्त कर सकता, वह मुक्ति-जैसी सार्वभौमिक स्वतंत्रता कब प्राप्त कर सकता है? उसकी धर्म की साधना भी ढोंग है। धर्म तो वह है जिससे अर्थ, काम तथा मोक्ष, तीनों मिल सकें। सच्चा धर्म इस समय स्त्रियों के सब प्रकार के बन्धन ढीले कर देना, उन्हें शिक्षा की ज्योति से निर्मल कर देना ही है, जिससे देश की तमाम कामनाओं की सिद्धि

होगी और स्वतंत्र-सुखी जीवन बाह्य स्वतंत्रता से तृप्त होकर आत्मिक मुक्ति के सन्धान में लगेगा। रूढ़ियाँ कभी धर्म नहीं होतीं, वे एक-एक समय की बनी हुई सामाजिक शृंखलाएँ हैं। वे पहले की शृंखलाएँ जिनसे समाज में सुथरापन था, मर्यादा थी—अब जंजीरें हो गई हैं। अब उनकी बिलकुल आवश्यकता नहीं। अब उन्हें तोड़कर फेंक देना चाहिए। जिन लोगों ने ऐसा किया है, वही लोग देश में पूजनीय हो रहे हैं। वे ही कहते हैं, और शास्त्रों के उद्धरण देते हुए कहते हैं कि अब हर तरह से स्त्रियों को शिक्षित देवियों के रूप में परिणत करो, जिससे वे स्वयं अपने कल्याण की कल्पना कर सकें; नहीं तो, हे देशवासियो, प्रतिदिन तुम्हारे ऊपर स्त्री-हत्या का पाप चढ़ रहा है। इससे तुम्हारा निस्तार न होगा।

जब तक स्त्रियों में नवीन जीवन की स्फूर्ति भर नहीं जाएगी, तब तक गुलामी का नाश नहीं हो सकता। यहाँ एक समय था, जब ज्ञान का इतना प्रकाश फैला हुआ था कि बच्चों को पालने पर झुलाती हुई माता गाती थी—*त्वमसि निरंजनः*। क्या कोई इस समय कल्पना भी कर सकता है कि वह कितना उज्ज्वल युग था? मुक्ति का यथार्थ सूत्र स्त्रियों के ही हाथ में है। स्त्रियों का आदर-सम्मान जब तक नहीं होता, तब तक देवता भी सन्तुष्ट नहीं होते। भगवान् मनु ने स्वयं कहा है : स्त्रियाँ यदि अपढ़ रह गईं, यदि उन्हीं की जबान न मँजी, तो बच्चा पढ़कर भी कुछ कर नहीं सकता। मौलिकता का मूल बच्चे की माता है। भाषा का सुधार, संशोधन स्त्रियाँ ही करती हैं। जब तक वर्तमान खड़ी बोली स्त्रियों के मुख से मँजकर नहीं निकलती, तब तक उसमें कोमलता का आना स्वप्न है। वही बच्चा भविष्य के हिन्दी-साहित्य का महाकवि है, जिसे अपनी माता के मुख से साफ-शुद्ध, मार्जित, सरल, श्रुति-मधुर तथा मनोहर खड़ी बोली के सुनने का सौभाग्य प्राप्त होगा। हमारे देश की ललित कलाओं का विकास भी हमारी स्त्रियों के विकास की ओर अनिमेष दृष्टि से हो रहा है। जब तक हमारी गृह-देवियाँ लक्ष्मी तथा सरस्वती के रूपों में हमारे गृह का अन्धकार दूर नहीं करतीं तब तक सुख तथा शान्ति की कल्पना पुरुषों के मस्तिष्क की एक बहुत बड़ी भूल है, यह हर एक भारतवासी को समझ लेना चाहिए। लक्ष्मी तथा सरस्वतियों को कैद करना भी अपने ही अन्धकार के दीपक को गुल कर देना है। राष्ट्र की स्वतंत्र भावना कैसे पैदा हो? घर की देवियाँ आँसू बहायें और आप बहादुर हो जायँ? ऐसा आज तक कभी नहीं हुआ, और न कभी हो सकता है। कोई भी सोच सकता है, स्त्रियों को उत्साह देने से पुरुषों में कितनी बड़ी शक्ति का जागरण हो सकता है। फिर आज उत्साह देना तो दूर रहा, राष्ट्र के कल्याण के लिए नारियों को भी पुरुषों के साथ रहने की आवश्यकता आ पड़ी है। श्रीकृष्ण के नाम पर निछावर होनेवाली हिन्दू-जाति बिलकुल भूल गई है कि श्रीकृष्ण का जन्म कहाँ और कैसे हुआ था। इस घटना में जो सत्य छिपा हुआ है, उनके बन्दीगृह में जन्म लेने का जो अर्थ है, जहाँ से स्वतंत्रता पैदा होती है, उसका उपयोग कितने मनुष्य आज कर रहे हैं? श्रीकृष्ण का नाम लेना तो बहुत सहज है; पर उनके आदर्श पर काम करना उतना ही कठिन। पर कठिनता का सामना किये बिना कभी महान फल की प्राप्ति हो भी नहीं

सकती। हमारे शास्त्रों के प्रति पृष्ठ में उदारता तथा स्वतंत्रता का शंखनाद सुन पड़ता है। पर उसके दुरुपयोग की भी हद नहीं। रूढ़ियों में पड़कर ज्ञान का जो दुरुपयोग किया जा रहा है, उसके मानी ही दासता के हो गए हैं। यह उसी का फल-भोग चल रहा है। ज्ञान का निरादर अपने ही मस्तिष्क का अपमान है, और स्त्रियों की मान-हानि साक्षात् लक्ष्मी और सरस्वती की मान-हानि है। हिन्दुओं ने दोनों का अनादर किया। वैसा ही फल भी मिला। अब, जबकि तमाम संसार स्त्रियों की मर्यादा तथा विकास को सामने कर, हर तरह की समृद्धि का अधिकारी हो रहा है, हमें अपने शास्त्रों से शिक्षा लेनी चाहिए, स्त्रियों की योग्यता के बढ़ाने के लिए प्रयत्नशील होना चाहिए, संसार में अपने विकास की ज्योति फैलानी चाहिए। स्पर्द्धा ही जीवन है। उसमें पीछे रहना जीवन की प्रगति को खोना है। जीवन में विजय प्राप्त करना हर जाति और हर धर्म की शिक्षा है। वहाँ स्त्रियाँ ही प्रधान सहायक के रूप में संसार के रंगमंच की अभिनेत्री के रूप में आती हैं। स्त्रियों का शव लेकर विजयी होना असम्भव है। वे ही स्त्रियाँ, जो बाह्य विभूति की मूर्तियाँ हैं, लक्ष्मी तथा सरस्वती की कृतियाँ हैं, अपने पुरुषों में शक्ति-संचार कर सकती हैं। स्त्रियों के रूप में जो विजय घर में मौजूद है, वही बाहर भी मिलती है। घर का अभागा कभी बाहर प्रसिद्धि नहीं पाता। अतएव हमें स्त्रियों की बाह्य स्वतंत्रता, शिक्षा-दीक्षा आदि पर विशेष ध्यान देने की जरूरत है। अन्यथा अब के पुरुषों की तरह उनके बच्चे भी, गुलामी की अँधेरी रात में उड़नेवाले, गीदड़ होंगे; स्वाधीनता के प्रकाश में दहाड़नेवाले शेर नहीं हो सकते और हमारी मातृभाषा का मुख उज्ज्वल नहीं हो सकता।

हिन्दी के गर्व और गौरव श्री प्रेमचन्दजी

हिन्दी के युगान्तर-साहित्य के सर्वश्रेष्ठ रत्न अन्तर्प्रान्तीय ख्याति के हिन्दी के प्रथम साहित्यिक, प्रतिकूल परिस्थितियों से निर्भीक वीर की तरह लड़नेवाले, उपन्यास-संसार के एकछत्र-सम्राट्, रचना-प्रतियोगिता में विश्व के अधिक-से-अधिक लिखनेवाले मनीषियों के समकक्ष आदरणीय श्रीमान प्रेमचन्दजी आज महाव्याधि से ग्रस्त होकर शय्याशायी हो रहे हैं। कितने दुख की बात है हिन्दी के जिन पत्रों में हम राजनीतिक नेताओं के मामूली बुखार का तापमान प्रतिदिन पढ़ते रहते हैं, उनमें श्री प्रेमचन्दजी की–हिन्दी का महान उपकार करनेवाले प्रेमचन्दजी की अवस्था की साप्ताहिक खबर भी हमें पढ़ने को नहीं मिलती। दुख नहीं, यह लज्जा की बात है, हिन्दीभाषियों के लिए मर जाने की बात है। उन्होंने अपने साहित्यिकों की ऐसी दशा नहीं होने दी कि वे हँसते हुए जीते और आशीर्वाद देते हुए मरते। इसी अभिशाप के कारण हिन्दी महारानी होकर अपनी प्रान्तीय सखियों की भी दासी है। हिन्दी तभी महारानी है जब साहित्यिक के हृदय-आसन पर पूजी जाती है, पर ऐसा नहीं होता। उसके सेवक, वे प्रतिभाशाली युवक, प्रौढ़ और वृद्ध ठोकरें खाते हुए बढ़ते और पश्चात्ताप करते हुए मरते हैं। क्या लिखूँ लज्जा की बात स्पष्ट न करना ही अच्छा है।

मैं जब राजेन्द्रप्रसाद और पंडित जवाहरलाल नेहरू-जैसे राष्ट्र के समादृत नेताओं को देखता हूँ और साथ-साथ मुझे श्री प्रेमचन्दजी की याद आती है, तब मेरा हृदय आनन्द और भक्ति से पूर्ण हो जाता है। मैं देखता हूँ, राजनीति के सामने साहित्य का सिर नहीं झुका, बल्कि और ऊँचा है, केवल देखनेवाले नहीं हैं। हिन्दी-भाषी मुझे अच्छी तरह जानते हैं। वे यह भी जानते होंगे, मेरे कानों में डंके की आवाज कम जाती है। जिस साधना से आदमी आदमी है, जिसके कारण नेता सम्मान पाते हैं, मैं उसी की जाँच करता हूँ। वहाँ प्रेमचन्दजी, दरिद्र प्रेमचन्द्र ब्जी, अपने अध्यवसाय से शिक्षा प्राप्त करनेवाले प्रेमचन्दजी, साहित्य की साधना में यहाँ-वहाँ भटकते फिरनेवाले प्रेमचन्दजी, फिर भी एकनिष्ठ होकर दिन-पर-दिन, महीने-पर-महीने, वर्ष-पर-वर्ष साधना करते रहनेवाले प्रेमचन्दजी, बड़े, बड़े, बहुत बड़े हैं। इतना बड़ा कोई नेता भी इस तरह संकट• में पड़ा, जिसके नाबालिग बच्चे उड़ी निगाह से पिता के पास बैठे हुए शून्य में सोचते रहें और महाव्याधि में भी पिता को विश्राम न मिला–उनके अन्न की चिन्ता रही? इतने बड़े पिता को अन्न की चिन्ता–धन्य रे देश!

इस बार प्रायः साढ़े तीन महीने मैं बनारस रहा। प्रेमचन्दजी के सरस्वती प्रेस में मेरी 'गीतिका' छप रही थी। प्रकाशक था भारती भंडार। एक दिन पंडित वाचस्पति पाठक, जिनका मैं अतिथि था, बोले, 'प्रेमचन्दजी से मिल लीजिए।'

उस समय प्रायः आधा जून, दुपहर की लू चलती थी। प्रेमचन्दजी के नाम से मैंने चलना स्वीकार कर लिया। प्रेस पहुँचकर दो मंजिल पर चलकर देखा, प्रेमचन्दजी बैठे हैं। मैं उनके परिवार-भर से परिचित था। श्रीमती शिवरानी भी आईं। मैंने प्रणाम किया। फिर एक गिलास पानी माँगा। बहुत दिनों बाद प्रेमचन्दजी को देखा था। मालूम होता था, वह और दुबले हो गए हैं। उनसे कहा, उन्होंने कहा जैसा कहा करते हैं—'नहीं, यह तो मेरी काठी है।' कुछ देर तक साहित्यिक बातचीत हुई, फिर मैं विदा हुआ। उस दुर्बल देह में शक्ति और ओज पूर्ण मात्रा में थे।

कुछ दिन बीत गए। प्रेमचन्दजी के 'गोदान' की काफी चर्चा हो रही थी। एक दिन सुना, प्रसादजी प्रेमचन्दजी से मिलने गए थे, वह सख्त बीमार हैं। फिर सुना, प्रेमचन्दजी एक्स-रे कराने के लिए लखनऊ गए हैं। फिर मालूम हुआ, वह लखनऊ से वापस आ गए हैं। एक दिन पंडित नन्ददुलारे वाजपेयी के साथ उन्हें देखने गया। वह उसी कमरे में बैठे हुए थे, पर इस बार फर्श पर न थे, बिछे पलँग पर बैठे हुए थे। श्रीमती शिवरानी उनके लिए दवा तैयार कर रही थीं। उनकी लड़की अपने लड़कों को लेकर आ गई थी, एक ओर खड़ी थी। मुझे देखकर नमस्ते की। मैं प्रेमचन्दजी की बीमारी की चिन्ता में था, कुछ कहा नहीं, सिर्फ हाथ उठाकर नमस्कार किया। वह हँस रही थी। मेरी दृष्टि की सियाही उसके मुँह पर पड़ी—उसके मुख पर मुझे झाईं-सी दीखी। अगर नीचे उसके अत्यन्त सुन्दर बड़े लड़के को खेलते हुए मैंने न देखा होता, उसका परिचय मालूम कर उसे डरवा न चुका होता, तो पहचान न पाता कि यह लड़की है। फिर भी मैंने प्रेमचन्दजी से पूछा। लड़की ने लड़की की खुली आवाज में कहा, 'क्या आपने मुझे पहचाना नहीं? मैंने तो आपको पहचान लिया।'

मैंने कहा, 'मुझमें तो कोई परिवर्तन हुआ नहीं, पर तुम पहले लड़की थीं, अब माँ हो गई हो।'

लड़की झेंप गई। प्रेमचन्दजी खुलकर हँसे। देवी शिवरानी दवा तैयार करती हुई मुस्कराईं। 'हंस' निकल चुका था। उससे जमानत तलब की जा चुकी था। जमानत देकर पत्र निकालना असम्भव है, विशेषतः साहित्य के लिए, फिर भारतीय साहित्य परिषद् 'हंस' को लेने की बातचीत कर रहा है। प्रेमचन्दजी कहते रहे, ऐसी हालत में हमारे लिए नया पत्र निकालना ठीक होगा। प्रेमचन्दजी दुर्बल थे, जलोदर का पूरा प्रकोप था, फिर भी एक वीर की तरह बैठे हुए वार्त्तालाप करते रहे। बड़ी जिन्दादिली, सुननेवालों पर उसका असर पड़ता हुआ, जैसे सुननेवालों को ही वह स्वास्थ्य पहुँचा रहे हों। मैं उस विजयिनी ध्वनि को सुन रहा था, जिसका सिर नीचा नहीं हुआ, जो हिन्दी की महाशक्ति है, और रह-रहकर दुर्बल अस्थिशेष प्रेमचन्दजी को देख रहा था। दूसरे प्रसंग पर पूछा, 'आप लखनऊ गए थे, वहाँ क्या कहा डॉक्टरों ने?'

'कुछ नहीं, सन्तोषजनक उत्तर नहीं मिला। कहा कुछ नहीं है, ठहरने के लिए कहा, पर कुछ डिसेन्ट्री की शिकायत मालूम दी, परदेश, देखभालवाला कोई नहीं, लड़के को ले गया था। कौन तीमारदारी करे, लौट आया।'

वाजपेयीजी से लेख आदि के लिए प्रेमचन्दजी ने कहा। कुछ देर बातचीत करके फिर हम लोगों ने उनसे विदा ली।

कुछ दिन और बीते। 'गीतिका' छप चुकी थी। अन्तिम दो-एक फार्म थे। मैं प्रेस गया हुआ था। प्रेमचन्दजी के बड़े लड़के मिले। प्रेस की आवश्यक बातें कहकर मैंने उनसे प्रेमचन्दजी से मिलने की इच्छा प्रकट की। उन्होंने कहा, 'अब तो वे यहाँ नहीं रहते।' मुझे उनका मुकाम बतलाया। मेरे रास्ते में ही मकान पड़ता था। मैं चला। बादल घिरे थे। चलते-चलते पानी गिरने लगा। छाता नहीं था। भीगते हुए आनन्द आने लगा। मकान के पास आकर अनिश्चय में पड़ गया कि कौन-सा मकान होगा। फाटक बतलाया था, यहाँ फाटक न दीखा, एक दरवाजा सिर्फ दीख पड़ा। डरते हुए खोला, भीतर लम्बा मैदान देखा। किनारे से रास्ता गया था। मैदान के उस तरफ मकान था। कोई था नहीं, जिससे पूछता। हिम्मत बाँधकर बढ़ा। किनारे चमेली के झाड़, कहीं-कहीं अपराजिता लिपटी हुई। दोनों खिले। चमेली के रात के खिले कोमल फूल बूँदों के थपेड़ों से व्याकुल थे। देखता हुआ एक फूल छुआ। फूल वृक्ष पर रखे-से थे। उठा लिया। लिये हुए उनकी दशा पर विचार करता हुआ मकान के सामने आया। दूर से दो-एक अपरिचित देवियाँ दीख पड़ीं। एक जोड़ी छोटे जूते पड़े थे। सोचा, ये उसी लड़की के लड़के के जूते होंगे। एक बगल में चिक पड़ी हुई दीख पड़ी। उधर चला, तब तक, शिवरानीजी दीख पड़ीं। उनसे पूछा। क्षीण स्वर से उन्होंने कहा, 'सोये हैं, जाइए।'

मैं गया। देखा, प्रेमचन्दजी अत्यन्त दुर्बल हो गए हैं। पेट फूला हुआ है। प्रेमचन्दजी ने आँखें खोलीं, मुझे देखा बड़ी करुण दृष्टि से। मैंने प्रणाम किया। पूछा, 'आप कैसे हैं?'

दोनों बाँहों की ओर दृष्टि फेरकर उन्होंने, 'देखिए।' करुण स्वर। अत्यन्त दुर्बल बाँहें। मुझे शंका हो चली। सिंह को गोली भरपूर लग गई है। अब वह आवाज नहीं रही। मैं चुपचाप कुर्सी पर बैठ गया। 'कैसे सँभलेगा?' प्रेमचन्दजी बोले। उन्हें अपने बच्चों की चिन्ता हो रही थी। मैं भरसक अपने को सँभाल रहा था। मेरे हाथ का फूल वहीं छूटकर गिर गया। प्रेमचन्दजी अत्यन्त मन्द स्वर से बोले, ' 'हंस' को फिर से निकालने का विचार है, नहीं तो कैसे चलेगा?'

मेरी आँखें छलछला आईं। सँभलकर कहा, 'आप चिन्ता न कीजिए। आपकी किताबें हैं और ईश्वर।'

प्रेमचन्दजी ने 'हंस' के लिए लेख, कविता इत्यादि देने के लिए कहा। कुछ देर तक उन्हें प्रबोध देता हुआ, उनके आराम का समय जानकर मैं विदा हुआ। प्रेमचन्दजी के बड़े लड़के की अभी पढ़ाई पूर्ण नहीं हुई। अभी दो-तीन साल एम.ए. करने में लगेंगे। शायद बी.ए. फाइनल है। उसकी दृष्टि में अभी संसार काव्य है, जहाँ जीविका का प्रश्न नहीं। बिलकुल नया जीवन, जब तरुण सदा धोखा खाता है, छला जाता है।

छोटा लड़का तो निरा बच्चा है। मैंने सोचा—अगर जैनेन्द्रजी आ जाएँगे तो अच्छा होगा, 'हंस' को सहायता देंगे। मन-ही-मन शिवरानीजी की सेवा याद करता हुआ 'प्रसाद' जी के यहाँ आया। मैं प्रेमचन्दजी को देखने जब-जब गया, शिवरानीजी को उनके लिए कुछ-न-कुछ करते देखा, सदा संयत, सदा दत्तचित्त।

डॉक्टर मुखर्जी काशी के प्रसिद्ध होमियोपैथ प्रेमचन्दजी के चिकित्सक हैं। रोग जलोदर है। पानी की जगह दूध दिया जाता है। डॉक्टर को अभी उनके अच्छा हो जाने का विश्वास है। केवल बढ़ती हुई कमजोरी से घबराते हैं। कुछ भय उम्र से भी है। प्रेमचन्दजी 60 के होंगे। दुर्बल पहले से थे। इतनी उम्र में प्राकृतिक शक्ति के घट जाने के कारण, दुस्साध्य रोगों के लिए चिन्ता वाली बात रहती है। मरीज अपनी ही प्रकृति से जल्द अच्छा नहीं हो पाता।

कुछ दिन और बीते। नन्ददुलारे वाजपेयी के हाथ एक गीत मैंने 'हंस' कार्यालय भेज दिया। बड़ी कविता लिख रहा था, वह तैयार न हुई थी, फिर भेजने के लिए कहला भेजा। नन्ददुलारेजी अपना लेख लेकर जानेवाले थे, प्रेमचन्दजी को देखने के उद्देश्य से। इसके कुछ दिन बाद वाचस्पतिजी पाठक और पद्मनारायण आचार्य के साथ, काशी छोड़ने के पहले प्रेमचन्दजी के दर्शनों के लिए चला। पद्मनारायणजी 'गीता धर्म' के सम्पादक हैं, अभी तक प्रेमचन्दजी से व्यक्तिगत रूप से परिचित नहीं हो सके। 'मैथिलीमान' के लिए उनकी कुछ आज्ञा है। हम लोग इक्के से चले। रास्ते-भर गुप्तजी के अभिनन्दन की बातें होती रहीं। मुझे बार-बार प्रेमचन्दजी की याद आती रही। गुप्तजी को आदर की दृष्टि से देखता हूँ, इसके अनेक प्रमाण दे चुका हूँ। सोच रहा था, प्रेमचन्दजी को न तो मंगलाप्रसाद पारितोषिक मिला न कोई अभिनन्दन। वह हिन्दी साहित्य-सम्मेलन के सभापति भी नहीं चुने गए। मन ने कहा—'तुम्हारे लिए भी यही फैसला है, जिसने जैसा दिया वैसा पाया।' मैंने कहा—'मैं इसी तरह गुजारूँगा। अगर कुछ काम कर सका तो नाम-यश मुझे नहीं चाहिए।'

अब तक प्रेमचन्द जी का मकान आ गया। हम लोग इक्के से उतरकर भीतर चले। मकान के सामने जब पहुँचे तब दो नवागन्तुक बैठे हुए दीख पड़े। पर ऐसे बैठे थे, जैसे घर के आदमी हों। मैंने सोचा, ये भय्याचार होंगे या रिश्तेदार। साथियों के साथ भीतर गया। सन्नाटा था। बड़ी धीमी आवाज में एक आगन्तुक ने कहा, 'बैठिए।' मैं चप्पल उतारकर चारपाई पर बैठ गया। इधर-उधर देखा, पहचान का कोई न दीख पड़ा। तब उन्हीं महाशय से कहा, 'हम लोग प्रेमचन्दजी को देखने के लिए आए हैं।'

नवागन्तुक ने मेरा नाम पूछा। मैंने अपना नाम बतलाया। इस समय देवी शिवरानीजी बाहर आईं। प्रेमचन्दजी वहीं चारपाई पर थे। रस्सी बाँधकर पर्दा कर रखा गया था। वे पर्दा हटाने लगीं। मैं जब प्रेमचन्दजी के सामनेवाली चारपाई की ओर बढ़ा, तब आगन्तुक महोदय ने कहा, 'ज्यादा बातचीत मना है।'

मैं अपने लक्ष्य पर चलकर बैठ गया। देखते ही मेरे होश उड़ गए। प्रेमचन्दजी ने हाथ जोड़कर कहा, 'अब तो अन्तिम विदा है।'

हे ईश्वर! केवल दस वर्ष।

गांधीजी से बातचीत

(इंटरव्यू द्वारा प्राप्त)

गुलामी को शिकस्त देने की आवाज देश में सबसे बुलन्द गांधीजी की है। गांधीजी को, उनके जीवन-काल में, बुद्ध और क्राइस्ट की समता उनके भक्तों ने दी है। गत दोनों आन्दोलन जिन्होंने देखे हैं—दरकिनार रहते हुए भी—उनकी ताकत, उनके जादू का प्रभाव उन लोगों पर पड़ा है। गांधीजी का जीवन केवल बाहरी स्वतंत्रता की लड़ाई का जीवन है। उनका जागरण उनका अकेले का नहीं, साथ बहुतों का है। लेकिन एक स्वतंत्र साहित्यिक, एक पहुँचा दार्शनिक, वस्तु-विषय के बाल की खाल निकाले बगैर नहीं रह सकता। यह उसकी खुसूसियत है। वैसा ही जीवन, जैसा गांधीजी का, महत्त्व की दृष्टि से बढ़कर नहीं तो घटकर भी नहीं—जहाँ हर वस्तु और विषय अपनी खूबसूरती और बारीकी में हद को पहुँचते हैं, जिससे आगे और नहीं या जिससे ज्यादा और बन नहीं पड़ता।

हिन्दी में मुखालिफत होने के साथ-साथ मैंने वस्तु-रूप से आदमी और विषय-रूप से उसके मन की जाँच-पड़ताल कम नहीं की। मैं दूसरे को सन्तोष न दे सकूँगा तो दूसरा जरूर किसी मानी में गुलाम होगा, शरीर से या मन से। साहित्य की स्वतंत्रता कभी भी बाहरी उपकरण को बहुत ज्यादा साथ नहीं ले सकती। बाहरी वस्तु सापेक्षवाद की तरह रहे, लेकिन किसी की अपेक्षा में वही रहता है जो सत्तावाला है या सत्ता स्वयं अपेक्षा में रहती है जब बहिर्मुख होती है—जब उसे देह की कैद में रहना होता है। हमारे यहाँ ज्ञान सापेक्ष नहीं, निरपेक्ष है और 'ऋते ज्ञानान्न मुक्तिः' यह सदा सत्य है।

इस मन से जाँच करने पर महात्माजी की कुल क्रियाएँ एक सापेक्षता लिये हुए हैं। वे जैसे स्वतंत्रता के लिए लागू होती हैं, वैसे ही महात्मा गांधी के व्यक्तित्व निर्माण के लिए। उदाहरण में हिन्दी को लें। हिन्दी राष्ट्रभाषा है, यह आवाज गांधीजी की बुलन्द की हुई है। इस समय तक इस राष्ट्रभाषा के प्रश्न का कितना प्रशस्त उत्तर आया और कितनी अड़चनें, संवाद-पत्र के पाठक यह भी जानते हैं। हमारा विषय यह नहीं। संवाद-पत्र के पाठक यह भी जानते हैं कि हिन्दी को राष्ट्रभाषा बतानेवाले गांधी—तिलक के मुकाबले सिर उठाते हुए देश के सामने आनेवाले गांधी, हिन्दी के प्रश्न पर स्वयं बदल गए हैं। उनके इस एक आवाज उठाने के साथ तमाम हिन्दीभाषी उनके साथ हो गए—नेता को यही चाहिए। तिलक हिन्दी नहीं जानते थे, लोगों को मालूम होगा। गांधीजी

हिन्दी-साहित्य-सम्मेलन के सभापति एक इसी आवाज के बल पर हुए थे—इन्दौर में, पहले। नेता को कुछ काम भी करना पड़ता है, सहानुभूति पाने के लिए या लोकप्रियता के लिए। मद्रास में महात्माजी ने हिन्दी का प्रचार शुरू किया। उस समय अगर उर्दू या हिन्दुस्तानी का ध्यान महात्माजी को होता तो इस जोर से मद्रास में हिन्दी का प्रचार न कराते—जहाँ, बगल में ही, हैदराबाद में उर्दू की प्रतिष्ठित सत्ता है। यह एक तरह हिन्दी-उर्दू का टग-ऑफ-वार, रस्साकशी हुआ। उर्दू के और भविष्य की हिन्दुस्तानी के पक्षपाती, या कुछ नहीं केवल अपने नेतृत्व के पक्षपाती, गांधी द्वारा हुआ। जो यह कहते हैं पंजाब में फारसी-अरबी-बहुल हिन्दुस्तानी बोलिए, युक्तप्रान्त में खिचड़ी शैली, बिहार में कुछ अधिक संस्कृत, बंगाल वगैरह में प्रतिशत संस्कृत शब्द, मैं पूछता हूँ, उनकी निगाह के सामने नेतृत्व करने के सिवा जबान की सूरत सँवारने का भी कोई ध्यान है? ऐसी बहुत-सी बातें हैं। तब हिन्दी-साहित्य पढ़नेवाले मद्रासी 'बी. अम्मा' की धारणा भी नहीं कर सकते थे। खैर, हमारा मतलब महान् गांधीजी की भाषा-सम्बन्धी राजनीति से है, जिन्होंने हिन्दी के द्वारा हिन्दीभाषी पन्द्रह करोड़ जनता की भावनाजन्य स्वतंत्रता बात-की-बात में मार दी। लोग लट्ठ की तरह बजने लगे—हिन्दी राष्ट्रभाषा है; सम्पादक हों, लेखक। वस्तु और विषय की यही पराधीनता है। गांधीजी की यही स्वाधीनता।

मैंने भी वस्तु और विषय की स्वतंत्रता की तरफ ध्यान रखा है, एक साहित्यिक की तरह, एक कवि की तरह, एक दार्शनिक की तरह। मेरा उद्देश्य था और है, स्वतंत्रता बहुमुखी है और साहित्य का मतलब है—वह सबको साथ लिये रहे। इसी दृष्टि से दूसरे जाग्रत राष्ट्रों और उन्नतिशील साहित्यों के नमूने देखते हुए, अपने गत और वर्तमान राजनीति और साहित्य को समझते हुए, देश के विभिन्न धर्मों, सम्प्रदायों, प्रान्तीय भाषाओं, लोगों के आचार-विचारों के भीतरी रूप जानते हुए, बाहरी संसार से उनके सहयोग का रूप देखते हुए जो साहित्य का निर्माण करते हैं, वे साथ-साथ जाति और राष्ट्र का भी निर्माण करते हैं। मैंने जो निरपेक्ष ज्ञान की बात कही है, निरपेक्ष ज्ञान के साथ वस्तुओं और विषयों की यही सापेक्षता सिद्ध होती है—उस निरपेक्षता में सामयिक वस्तु और विषय जहाँ तक पहुँचते हैं, वहाँ हिन्दू और मुसलमान का सवाल नहीं, वहाँ भाषा ही बाह्य रूप छोड़ देती है, अर्थात् 'क' को चाहे 'क' लिखिए या 'के' कुछ नहीं आता जाता। यही निरपेक्षता है। 'के' के पीछे लट्ठ लेकर पड़नेवाले पहली ही गति से साबित कर देते हैं कि वे पराधीन हैं, वे लड़ेंगे, समझौता नहीं करेंगे। मैं हिन्दी साहित्यिक की हैसियत से विनय के साथ कहता हूँ, देश के वर्तमान हिन्दू और वर्तमान मुसलमान, वर्तमान सिख और वर्तमान पारसी, सापेक्षता में ही, पुरानी रूढ़ियों के पाबन्द रहने के कारण या अँगरेजी पढ़कर यूरोप के नक्काल होने के कारण, निरपेक्षता से दूर हैं—वे अपने मन की चाहते हैं। स्वाधीनता और पराधीनता का यह बहुत सीधा रहस्य है। हिन्दी में इधर जो काम हुआ है, उसमें सिर्फ आदमी बड़ा है। इस आदमी के द्वारा एक नई भाषा-लिपि की रचना भी हो सकती है, समझौते के लिए, और सुलझा आदमी मंजूर भी कर सकता है जबकि भाषा और लिपि आज तक बदलती गई है। नये-नये शब्द

का आविष्कार रुक नहीं सकता, एक देश कुल विश्व के साथ राजनीतिक, व्यावसायिक और साहित्यिक दृष्टियों से जुड़ा हुआ है। ऐसे उदार विस्तृत साहित्य के निर्माण में जो लगेंगे, ये कभी भी दलबन्दी में आकर एक खास वस्तु-विषय को सत्य नहीं कहेंगे। गांधीजी लेकिन ऐसा नहीं कर सकते, क्योंकि उन्हें नेतृत्व करना है, उनके पास नेता सर्व नहीं एक मनुष्य है; लिहाजा उन्हें दूसरों की राय चाहिए अनुकूल। यहीं निरपेक्ष सत्य टूटता है।

गांधीजी 1935-36 में हिन्दी-साहित्य-सम्मेलन के फिर सभापति होते हैं। अब तक गांधीजी के दोनों आन्दोलन हो चुकते हैं और वे देश और विश्व के सामने अपनी पूरी महत्ता से प्रकट हो जाते हैं। इन्दौर में, इस बार, रुपए के मामले में गांधीजी से जो भाव-ताव हुआ था और जो परिणाम, उसका उल्लेख अनावश्यक है। यहाँ उन्होंने हिन्दी के साथ हिन्दुस्तानी एक लफ्ज और जोड़ा था, यह ध्यान देने की बात है। जब भी महात्मा गांधी खिलाफत आन्दोलन में मुसलमानों को साथ दे चुके थे और हिन्दी की सीधी खिचड़ी शैली के ही पक्षपाती थे—यह काम आचार्य महावीरप्रसाद द्विवेदी उनसे बहुत पहले कर चुके थे—फिर भी इन्दौरवाली हिन्दुस्तानी में साधारण मजाक नहीं रहा। मैं समझता हूँ, नेता हिन्दुओं का नेता तो बन ही चुका था, मुसलमानों का भी बनना था। भूषण का आन्दोलन भी कुछ अर्थ रखता है। यहीं, इन्दौर में, महात्माजी ने एक आवाज मारी, 'कौन है हिन्दी में रवीन्द्रनाथ ठाकुर, जगदीशचन्द्र बसु, प्रफुल्लचन्द्र राय?'

इस आवाज पर हिन्दी के पत्रों ने आवाजकशी की। इत्तिफाक, लखनऊ-कांग्रेस शुरू हुई। महात्माजी आए। हिन्दी-साहित्य-सम्मेलन के संग्रहालय का उद्‌घाटन था, महात्माजी दरवाजा खोलने के लिए बुलाए गए। उस वक्त उन्होंने फिर वैसी ही एक आवाज लगाई। हर आवाज का अच्छा मतलब भी हासिल होता है, हम निकाल लेते हैं। लेकिन व्यवहार में भी अगर आवाजकशी हुई तो सँभले-से सँभला आदमी भी नहीं सँभल सकता। चूँकि महात्माजी लखनऊ में टिके हुए थे, इसलिए पता लगाना लाजिमी हो गया कि उन्होंने यह आवाज लगाई या आवाजकशी की।

तबीयत में आया, महात्माजी से बातचीत की जाए कि 'हिन्दी में कौन है रवीन्द्रनाथ' कहकर महात्माजी क्यों रह-रहकर चौंक उठते हैं; लेकिन मेरे लिए उस वक्त महात्माजी रहस्यवाद के विषय हो गए, कहीं खोजे ही नहीं मिले। उनके कुछ भक्तों ने कहा, पता बताना मना है, लोग महात्माजी को परेशान करते हैं। कांग्रेस-ऑफिस में पूछने पर मालूम हुआ—उधर कहीं गोमती पार रहते हैं। इतना विशद पता प्राप्त कर गोमती के पुल के किनारे आकर खड़ा बाट जोह रहा था कि बापू की बकरी ताँगे पर बैठाए एक आदमी लिये जा रहा था और कुछ लखनौए लड़के ठहाका मार रहे थे। उनकी बातचीत से मुझे मालूम हुआ कि यह बापू की बकरी जा रही है। मैं समझ गया, इसी रास्ते में आगे कहीं ठहरे हैं। घर लौटा और कपड़े बदले फिर बापू के दर्शन के लिए एक्का करके चला। युनिवर्सिटी के आगे जाते हुए रास्ते के दाईं ओर एक बँगले में महात्माजी ठहरे थे। दिन आठ का समय। जब गया, तब एक कमरे में गांधीजी, जवाहरलालजी और राजेन्द्र

प्रसादजी आदि से बातें कर रहे थे, मालूम हुआ। दरवाजे पर एक स्वयंसेवक पहरा दे रहा था। मैं बापू से मिलना चाहता हूँ, सुनकर पहले उसी ने फैसला दिया, मुलाकात नहीं होगी। यद्यपि सिपाही से मजाक करना नियम नहीं, फिर भी मजाक का बदला चुकाने में कोई दोष भी नहीं—सोचकर मैंने पूछा, 'क्या आप महात्माजी के सिकत्तर हैं या पर्सनल असिस्टेंट?' स्वयंसेवक झेंपा और अपनी झेंप मिटाने के लिए एक मर्तबा भीतर चला गया। मैंने एक चिट्ठी दी थी, वह उसने पहले ही वापस कर दी थी। दोबारा आने पर मैंने वह चिट्ठी फिर दिखाई और कहा, 'इतना तो आप पढ़े ही होंगे कि यह चिट्ठी जिनके नाम है, उनके पास पहुँचा दें।' चिट्ठी में मिलने की इच्छा जाहिर करते हुए वक्त पूछा गया था। स्वयंसेवक चिट्ठी भीतर रखकर क्षण-भर में लौटा और कहा, 'शाम को आइए।' महात्माजी के सेक्रेटरी महादेवजी देसाई की आज्ञा है।

मेरे घर में कई कांग्रेस-दर्शक टिके थे। मैं महात्माजी के दर्शनों के लिए, उनसे बातचीत करने के लिए शाम को जा रहा हूँ, सुनकर उनमें दो साथ होने को हुए—पं. वाचस्पति पाठक और कुँवर चन्द्रप्रकाश सिंह। शाम को इन लोगों के साथ मैं चला। जब पहुँचा तब स्त्रियों और पुरुषों का एक बड़ा दल इकट्ठा था; कुछ भीतर टहल रहे थे, कुछ रास्ते के दोनों बगल की कम ऊँची दीवारों पर बैठे थे। मालूम हुआ, यह शाम की प्रार्थना में शरीक होने के लिए आए हैं। किसी से परिचय न था। बिना परिचय के प्रवेश में सब जगह अड़चन पड़ती है। इसी समय सीतला सहाय, हिन्दी के सुप्रसिद्ध निबन्ध-लेखक, बँगले से बाहर निकले। इन्होंने मुझसे आने का कारण पूछा। मैंने बतलाया। इन्होंने कहा, महात्माजी आजकल किसी से मिलते नहीं। मैंने कहा कि सुबह मैंने बहुतों से बातचीत करते देखा है। इन्होंने कहा, वे बड़े-बड़े नेता हैं, उनसे सलाह लेने के लिए आते हैं। मैंने कहा, ये जितने बड़े नेता हैं, मैं उनसे बड़ा साहित्यिक हूँ और हिन्दी-साहित्य-सम्मेलन के सभापति को मुझसे मिलने में किसी तरह का संकोच न होना चाहिए। बाबू सीतला सहाय बहुत खुश हुए। बोले अभी जरा देर बाद महात्माजी बाहर प्रार्थना के लिए निकलेंगे, उस वक्त आप आइएगा, मैं भी हूँ, देसाईजी से आपको मिला दूँगा। अगर आज मुलाकात नहीं होगी तो समय निर्धारित हो जाएगा। मैं बाहर आई.टी. कॉलेज की तरफ पं. वाचस्पति पाठक और कुँवर चन्द्रप्रकाश सिंह के साथ टहलता हुआ निकल गया। रास्ते में सम्मिलित प्रार्थनार्थी कई जोड़े तपाक से बढ़ते हुए दिखे, मुझे खद्दर के वेश में देखकर उद्वेग से पूछा, क्या प्रार्थना समाप्त हो गई? मैंने कहा, नहीं, वह और तेज कदम बढ़े।

धीमे तिताले टहलता हुआ दोनों साहित्यिक मित्रों के साथ मैं आया कि प्रार्थनार्थियों की पलटन व ध्यानावस्थित तद्‌गतेन मनसा बैठी हुई दीख पड़ी। कुछ दरियाँ और टाट बिछे थे। एक जगह एक तम्बूरा लिये एक गायक बैठे थे। एक बगल टाट के एक कोने में मैं बैठना ही चाहता था कि एक महाशय ने जल्दबाजी करते हुए मुझे एक धक्का-सा देकर वह जगह छीन ली। वह कोई कांग्रेसी थे, मेरी इच्छा हुई कि कलाई पकड़कर घसीटूँ, लेकिन महात्माजी आ गए थे, मैंने शान्तिभंग करना उचित नहीं समझा। हम

लोगों की तरफ से पं. वाचस्पति पाठक एक अच्छी जगह डटकर बैठे थे। मैं जमीन पर बैठा। तम्बूरेवाले गायनाचार्य ने मीरा का एक गीत शुरू किया। उनकी आवाज में जैसी मुर्दनी, गीत के भाव में वैसी ही दीनता; मैं महात्माजी, गायनाचार्य, गीत और भाव की ओर खयाल दौड़ा रहा था। अधिक-से अधिक पाँच मिनट वक्त लगा होगा, प्रार्थना समाप्त हो गई। महात्माजी उठे और भीतर चले गए। वाचस्पति मेरे पास आए और पूरी ओजस्विता से बोले, आप देसाईजी से बातें कीजिए, वो बैठे हैं। एक तो दुर्भाग्य से उस समय तक मैंने देसाईजी को देखा नहीं था, दूसरे मुँहअँधेरे में मुझे मालूम दे रहा था, यह आर.एस. पंडित हैं, तब भी शंका होती थी कि यह उनसे ज्यादा तगड़े हैं। इसी समय बाबू सीतला सहाय आए। मैंने गर्जमन्द की आवाज में उनसे कहा, मैं देसाईजी को पहचानता नहीं, आप मिला दीजिए। सीतला सहायजी मुझे देसाईजी के पास ले चले और कुछ शब्दों में उनसे मेरी तारीफ की–जैसा कि कहते हैं, ये बड़े होनहार हैं। इसी समय श्रीमती कस्तूरी बाई उधर से गुजरीं। मैं खड़ा था। उनका सिर मेरी कमर के कुछ ही ऊपर था, लेकिन भक्तिभाव से हाथ जोड़कर मैंने उन्हें प्रणाम किया। देसाईजी से बातें होने लगीं। देसाईजी को यह मालूम होने पर कि मैं सुबह आया था, एक चिट्ठी दी थी और स्वयंसेवक के कथानानुसार देसाईजी ने शाम को मुझे आने की आज्ञा दी है, देसाईजी को बड़ा आश्चर्य हुआ। उन्होंने कहा, न मुझे आपकी कोई चिट्ठी मिली है और न मैंने आपको आने को कहा है। इसके बाद उन्होंने पूछा, आप महात्माजी से क्यों मिलना चाहते हैं? मैंने कहा कि मैं राजनीतिक महात्माजी से नहीं मिलना चाहता, मैं तो हिन्दी-साहित्य के सभापति गांधीजी से मिलना चाहता हूँ। इससे बातचीत का विषय स्पष्ट हो गया। देसाईजी एक शिष्ट सभ्य शिक्षित मनुष्य की तरह मुझे बँगले के भीतर प्रतीक्षा करने के लिए कहकर महात्माजी के कमरे की तरफ गए।

मैं बँगले के बीचवाले कमरे में एक कोच पर बैठा प्रतीक्षा कर रहा था। तब मेरे बाल बड़े-बड़े थे, कवि की वेश-भूषा। नौजवान और नवयुवतियाँ मुझे सहर्ष देख-देख जाने लगीं। वायुमंडल, मनोमंडल, वदनमंडल और भावमंडल मुझे बड़ा अच्छा लगा। महात्माजी की लोगों पर, युवक-युवतियों पर जो छाप थी, उसकी ह्लादिनी शक्ति ज्ञात हो गई।

महादेवजी देसाई आए और कहा, महात्माजी आपसे मिलेंगे, बीस मिनट आपको वक्त दिया है, जाइए।

मैं भीतर चला, मेरे साथ पं. वाचस्पति पाठक और कुँवर चन्द्रप्रकाश। उत्तर तरफ के कमरे में महात्माजी थे, पास बाबू शिवप्रसादजी गुप्त, उनके सेक्रेटरी हास्यरस के प्रसिद्ध लेखक अन्नपूर्णानन्दजी, मंगलाप्रसाद-पारितोषिकप्रदाता स्व. बाबू मंगलाप्रसादजी के लड़के बैठे थे। उस समय तक व्यक्तिगत रूप से केवल बाबू शिवप्रसादजी को जानता था। महात्माजी सूक्ष्म मन के तार से इन लोगों से मिले, आगन्तुक के लिए कुछ अपने में खिंचे, तैयार होते हुए-से दिखे। कमरे के भीतर जाने के साथ मेरी निगाह महात्माजी की आँखों पर पड़ी। देखा, पुतलियों में बड़ी चालाकी है। हर्डल रेस, कुश्ती और फुटबॉल

से मेरे दोनों पैरों मे गहरी चोटें आ चुकी हैं, इसलिए एकाएक घुटने तोड़कर भूमिष्ठ प्रणाम नहीं कर सकता, फिर उन दिनों से अब तब बाएँ पैर में वात या सायटिका है। मैंने खड़े-ही-खड़े महात्माजी को हाथ जोड़कर प्रणाम किया। प्रणाम सम्बन्ध में मेरे साथियों ने मेरा अनुसरण किया। प्रणाम कर मैं महात्माजी के सामने बैठ गया। मेरे साथी भी बैठे। महात्माजी ने, मेरे बैठ जाने पर, उसी तरह हाथ जोड़कर मुझे प्रतिनमस्कार किया। आँखों में दिव्यता, जो बड़े आदमी में ही दिखती है—बड़े धार्मिक आदमी में, लेकिन दृष्टि आधी बाहर—दुनिया को दी हुई जैसे, आधी भीतर—अपनी समझ की नाप के लिए। मेरा पहनावा विशुद्ध बंगाली, पंजाबी कुर्ता, धोती कोंछीदार, ऊपर से चद्दर खद्दर की।

महात्माजी ने पूछा, "आप किस प्रान्त के रहनेवाले हैं?"

इस प्रश्न का गूढ़ सम्बन्ध बहुत दूर तक आदमी को ले जाता है। यहाँ नेता, राजनीति और प्रान्तीयता की मनोवैज्ञानिक बातें रहने देता हूँ, केवल इतना ही बहुत है, हिन्दी का कवि हिन्दी-विरोधी बंगाली की वेश-भूषा में क्यों?

मैंने जवाब दिया, "जी, मैं यहीं उन्नाव जिले का रहनेवाला हूँ।"

महात्माजी पर ताज्जुब की रेखाएँ देखकर मैंने कहा, "मैं बंगाल में पैदा हुआ हूँ और बहुत दिन रह चुका हूँ।"

महात्माजी की शंका को पूरा समाधान मिला। वह स्थितप्रज्ञ हुए, लेकिन चुप रहे; क्योंकि बातचीत मुझे करनी थी, प्रश्न मेरी तरफ से उठना था।

मैंने कहा, "आप जानते हैं, हिन्दीवाले अधिकांश में रूढ़िग्रस्त हैं। वे जड़ रूप ही समझते हैं, सत्त्व नहीं। जो कथाएँ पुराणों में आई हैं, उनके स्थूल रूप में सूक्ष्मतम तत्त्व भी हैं। वास्तव में वेदों का सत्य पुराणों में कथाओं द्वारा विवृत हुआ है। यहाँ के लोग कथा को ही ऐतिहासिक सत्य की तरह मानते हैं। हिन्दी में इन तत्त्वों के परिष्करण की भी चेष्टा की गई है। साथ-साथ, नये-नये रूप, नये-नये छन्द और नए-नए भाव भी दिये गए हैं। साधारण जन तो इनसे दूर हैं ही, सम्पादक और साहित्यिक भी, अधिक संख्या में, इनसे अज्ञ हैं। वे समझने की कोशिश भी नहीं करते, उलटे मुखालिफत करते हैं। हम लोगों के भाव इसीलिए प्रचलित नहीं हो पाए। देश की स्वतंत्रता के लिए पहले समझ की स्वतंत्रता जरूरी है। मैं आपसे निवेदन करने आया हूँ कि आप हिन्दी की इन चीजों का कुछ हिस्सा सुनें।"

महात्माजी, "मैं गुजराती बोलता हूँ, लेकिन गुजराती का साहित्य भी बहुत कुछ मेरी समझ में नहीं आता।"

"मैंने गीता पर लिखी आपकी टीका देखी है। आप गहरे जाते हैं और दूर की पकड़ आपको मालूम है। आपने उसमें समझाने को कोशिश की है।"

महात्माजी, "मैं तो बहुत उथला आदमी हूँ।"

मैं, "हम लोग उथले में रहे हुए को गहरे में रहा हुआ साबित करने की ताकत रखते हैं।"

महात्माजी चुप रहे।

मैंने कहा, "आपके सभापति के अभिभाषण में हिन्दी के साहित्य और साहित्यिकों के सम्बन्ध में, जहाँ तक मुझे स्मरण है, आपने एकाधिक बार पं. बनारसीदास चतुर्वेदी का नाम सिर्फ लिया है। इसका हिन्दी के साहित्यिकों पर कैसा प्रभाव पड़ेगा, क्या आपने सोचा था?"

महात्माजी, "मैं तो हिन्दी कुछ भी नहीं जानता।"

मैं, "तो आपको क्या अधिकार है कि आप कहें कि हिन्दी में रवीन्द्रनाथ ठाकुर कौन हैं?"

महात्माजी, "मेरे कहने का मतलब कुछ और था।"

मैं, "यानी आप रवीन्द्रनाथ का जैसा साहित्यिक हिन्दी में नहीं देखना चाहते, प्रिंस द्वारकानाथ ठाकुर का नाती या नोबल पुरस्कार प्राप्त मनुष्य देखना चाहते हैं?"

कुल सभा सन्न हो गई। लोग ताज्जुब से मेरी तरफ देखने लगे। कुँवर चन्द्रप्रकाश से पहले मैं कह चुका था कि महात्माजी की बातें लिख लें, लेकिन वह इस समय तक तन्मय होकर केवल सुन रहे थे। मैंने उनकी तरफ देखा तो वह समझकर लिखने लगे। साथ ही महादेव देसाई के हाथ में जैसे बिजली की बैटरी लगा दी गई, वह भी झपाटे से लिखने लगे। बाबू शिवप्रसाद गुप्त का दल जैसे दलदल में फँस गया हो। शिवप्रसादजी हैरान होकर मुझे देख लेते थे। उनके सेक्रेटरी बाबू अन्नपूर्णानन्द मुझे देख-देखकर जैसे बहुत परेशान हो रहे हों।

मैंने स्वस्थ-चित्त हो महात्माजी से कहा, "बंगला मेरी वैसी ही मातृभाषा है, जैसी हिन्दी। रवीन्द्रनाथ का पूरा साहित्य मैंने पढ़ा है। मैं आपसे आधा घंटा समय चाहता हूँ। कुछ चीजें चुनी हुई रवीन्द्रनाथ की सुनाऊँगा, उनकी कला का विवेचन करूँगा, साथ कुछ हिन्दी की चीजें सुनाऊँगा।"

महात्माजी, "मेरे पास समय नहीं है।"

मैं हैरान होकर हिन्दी साहित्य-सम्मेलन के सभापति को देखता रहा, जो राजनीतिक रूप से देश के नेताओं को रास्ता बतलाता है, बेमतलब पहरों तकली चलाता है, प्रार्थना में मुर्दे गाने सुनता है, हिन्दी-साहित्य-सम्मेलन का सभापति है, लेकिन हिन्दी के कवि को आधा घंटा वक्त नहीं देता—अपरिणामदर्शी की तरह जो जी में आता है, खुली सभा में कह जाता है, सामने बगलें झाँकता है!

मैंने अपना उल्लिखित मनोभाव दबा लिया। नम्र होकर कहा, "महात्माजी, मेरी चीजों की आम जनता में कद्र नहीं हुई। इसकी वजह है। आप अगर कुछ सुन लेते तो मुमकिन, अच्छा होता।"

महात्माजी, "आप अपनी किताबें मेरे पास भेज दीजिएगा।"

जैसे किसी ने चाँटा मारा। अब किसी की आलोचना से, किसी की तारीफ से आगे आने की अपेक्षा मुझे नहीं रही। मैं खुद तमाम मुश्किलों को झेलता हुआ, अड़चनों को पार करता हुआ, सामने आ चुका हूँ।

मैंने मजाक में कहा, "आप अपने यहाँ के हिन्दी के जानकारों के नाम बतलाइए जो मेरी किताबों पर राय देंगे। आपको हिन्दी अच्छी नहीं आती, आप कह ही चुके हैं।"

कहकर मैं हँसा। महात्माजी भी खूब खुलकर हँसे।

मैंने कहा, "एक हैं पं. बनारसीदास चतुर्वेदी, विशाल भारत के सम्पादक, पत्र के साथ जिनका नाम शायद आपने दो बार लिया है। यह कुछ दिन रहे हैं आपके पास और कुछ दिन रवीन्द्रनाथ के यहाँ। विशाल भारत के सम्पादक के लिए यही इनकी सबसे बड़ी योग्यता ठहरी!"

महात्मा गांधी, "हाँ।"

मैं, "अगर मैं भूलता नहीं तो कवि श्री मैथिलीशरण गुप्त के साकेत की भाषा को आपने मुश्किल कहा है।"

महात्माजी, "हाँ।"

मैं, "फिर मेरे तुलसीदास की भाषा का क्या हाल होगा?"

महात्माजी कुछ दुचित्ते से हुए, तुलसीदास के नाम पर मुमकिन है भ्रम हुआ हो, मैं तुलसीदास की भाषा का जिक्र कर रहा हूँ।

अब तक बीस मिनट पूरे हो चुके थे। महात्माजी मौन हो गए। मैंने कहा, "महात्माजी, अगर वक्त हो गया हो तो मैं प्रणाम कर विदा होऊँ।"

महात्माजी ने कहा, "हाँ, मैं तो पहले ही कह चुका हूँ।"

उठकर मैंने हाथ जोड़कर प्रणाम किया और शिवप्रसादजी से फिर दर्शन करने के लिए कहकर बाहर निकला।

घर आने पर महात्माजी की रायवाली बात पर मुझे एक लोकोक्ति याद आई। सोचा, इस लोकोक्ति से महात्माजी को पत्र लिखूँ। लोकोक्ति यह है—

किसी महाजन के पास एक घोड़ा था। वह उसकी बड़ी देखभाल रखते थे। एक दिन उनके किसी पड़ोसी को कहीं जाना था। वे महाजन के यहाँ गए और कहा, सवारी के लिए मुझे आप अपना घोड़ा दे दीजिए। महाजन ने कहा, घोड़ा नहीं है। पड़ोसी को विश्वास न हुआ, वे वहीं खड़े रहे। कुछ देर बाद घोड़ा हिनहिनाया। पड़ोसी ने कहा, आप कहते थे, घोड़ा नहीं है, घोड़ा तो है। महाजन ने कहा, तुम हमारी आवाज नहीं समझे घोड़े की आवाज समझे!

पत्र में मैं इतना और लिखता—महात्माजी, मैं आप ही की आवाज पहचान गया। किताब भेजकर आपके घोड़े की आवाज नहीं पहचानना चाहता।

कवि सियारामशरणजी को अपने पत्र का मजमून सुनाया तो उन्होंने कहा महात्माजी का स्वास्थ्य आजकल अच्छा नहीं है, आप ऐसा न लिखें।

कला और देवियाँ

समुद्र-मन्थन की बात प्रायः सभी को मालूम है। वह केवल एक रूपक है। उसका रहस्य कुछ और है। वहाँ समुद्र से मतलब अनादि ब्रह्म से है। यथार्थ समुद्र न तो मथा जा सकता है और न मथने से फेन के सिवा उससे रत्नों के निकलने की आशा है। मथने के सामान जो हैं—मेरु, कछुआ, शेष, ये भी मथने के काम नहीं आ सकते और मथनेवाले दैत्य और देवता जैसे इस समय दुर्लभ हैं वैसे ही उस समय भी दुर्लभ रहे होंगे। अगर ये आदमी की शक्ल के थे तो जैसे आदमी की शक्लवालों के लिए इस समय समुद्र मथना असम्भव है, वैसे ही उस समय भी रहा होगा। सच पूछिए तो बात यह भाव की है, भाव में समझने के लिए; वहीं इसको सत्य प्राप्त होता है। ब्रह्म-समुद्र को मथनेवाले देवता और दैत्य भली-बुरी प्रकृति के रूपक हैं। जो चौदह रत्न निकलते हैं, हम देखते हैं, लक्ष्मी उनमें सर्वश्रेष्ठ हैं। इस प्रकार नारी की श्रेष्ठता सनातन प्रमाणित होती है। लक्ष्मी में दिव्य भाव तथा ऐश्वर्य के सभी गुण हैं। इसीलिए वे लक्ष्मी हैं। हम अपनी प्रत्येक गृहदेवी को गृहलक्ष्मी कहकर इन्हीं चिह्नों से संयुक्त करते हैं। यह बाहरी समादर मर्यादा-दान नहीं, किन्तु प्रकृति के औचित्य की रक्षा है। .हमने नारी को इसी महिमा में प्रत्यक्ष किया है।

उक्त चौदह रत्नों में एक रत्न और है—उर्वशी। वह कला, गति और गीति की प्रतिमा है। इस उत्कर्ष में भी हम नारी को प्रत्यक्ष करते हैं।

लक्ष्मी और उर्वशी के गुण प्रत्येक स्त्री में मिले हुए हैं उसी प्रकार जिस प्रकार ब्रह्म-समुद्र में वे एक साथ मिले हुए थे। उर्वशी के नाम से किसी-किसी को हिचक हो सकती है। पर यह न समझने के कारण होगी। जिस प्रकार प्रत्येक रागिनी का चित्र खींचा गया है उसी प्रकार उर्वशी गीति और गति प्रतिमा है। प्रत्येक स्त्री में एक प्रिया-भाव है जिससे वह पति का मनोरंजन करती है। इस भाव का भोक्ता संसार में केवल उसका पति है। यह उर्वशी का भाव है। प्रिया-भाव में गीति और गति के साथ रचना भी आती है, वह ललित वाक्य-रचना हो या छन्द-रचना। यह शब्दों के साथ भी मिली हुई है और ताल के साथ भी। शब्दों के साथ वह काव्य है और ताल के साथ नृत्य। उर्वशी के इसी भाव का आरोप देवी सरस्वती पर किया गया है, इसलिए कि भाव में शुद्धता रहे। पर जैसा पहले कहा गया है, प्रिया-भाव की प्रधानता के लिए यहाँ उर्वशी ही आती है। इस प्रकार के सौन्दर्यबोध में इस अप्सरा-भाव का प्राधान्य है। लक्ष्मी से

नारी-भाव की महिमा व्यंजित होती है। जिस सुलक्षणता से वह गृह की कर्त्री है, ऐश्वर्य को स्थितिशील करती है, दूसरों को भोजन-पान और स्नेह देकर तृप्त करती है, गृह के समस्त वातावरण को शान्ति से ढके हुए चारुता देती हुई पति तथा दूसरों की दृष्टि में महिमा की मूर्ति बनकर आती है, वह उसका लक्ष्मी भाव है। रक्षा, सेवा आदि इसके अन्तर्गत हैं। इसी का विकास मातृत्व में होता है। विश्व का पालन करनेवाले विष्णु की शक्ति लक्ष्मी इसी मातृत्व में पूर्णत्व प्राप्त करती है।

पहले भारत ने जिस तरह उन्नति की थी, अब वह बदल गई है। पहले की बातों में मनुष्यता की एक अनुभूति मिलती है। वहाँ शान्ति है और आनन्दपूर्वक निर्वाह। स्त्री और पुरुष दोनों अपनी-अपनी विशेषता से गढ़ते हुए, समाज में मर्यादित रहकर, अनेक प्रकार के उत्कर्ष के चिह्न अपनी सन्तानों के समक्ष छोड़ते हुए, आनन्द के भीतर से मुक्ति को प्राप्त करते हैं। गृह के भीतर स्त्री है, बाहर पुरुष, दोनों अपने स्वत्व और धर्म की रक्षा में तत्पर। अब वह बात नहीं रही, जहाँ तक पश्चिम के विकास की रूपरेखा है। एक बड़े विद्वान का कहना है कि अब गृह का स्थान होटल और क्लबों ने ले लिया है और स्त्री-पुरुष के सप्रेम समझौते की जगह प्रतिद्वन्द्विता ने। स्त्री और पुरुष की प्रकृति के अनुसार दोनों के कामों में अधिकार-भेदवाली बात नहीं रह गई। फल यह हुआ कि जो देश आधुनिक भावों से समुन्नत कहलाते हैं वे स्त्री-पुरुष युद्ध में न घर में शान्ति पाते हैं न बाहर। प्रणय प्रतिपल कलह है, कला बाजार की वस्तु बनी हुई है, जहाँ चमक-दमक अधिक, टिकाऊपन कम, नृत्य और गीत रंगशालाओं के लिए हैं, जहाँ इतर-आवेश अधिक और दिव्यता थोड़ी। इस विशृंखलता का सारा कारण है, पश्चिम का भौतिक उत्कर्ष। यह स्वाभाविक बात है कि केवल संसार की ओर ध्यान देने पर उस पर ईश्वरी प्रहार होगा, जिससे उसकी नश्वरता प्रतिक्षण सिद्ध होती रहेगी। भारत ने संसार की ओर ध्यान दिया था ईश्वर से संयुक्त होकर। इससे उसकी सांसारिक चारुता में भी नैसर्गिक छाप है।

यदि हमें प्रत्येक बात में योरप का अनुकरण करना पड़े तो इससे बढ़कर हमारी दुर्बलता, हमारी अमौलिकता का दूसरा प्रमाण न होगा। इसमें सन्देह नहीं कि वहाँ हमारे सीखने योग्य बहुत-सी बातें हैं और हमें भारतीय होने के कारण, वहाँ के गुण श्रद्धापूर्वक ग्रहण करने में संकोच न होना चाहिए। पर यदि हम उन गुणों को, उन वस्तु-विषयों को, अपने अनुरूप न बना सके, उन्हें अपने साँचे में न ढाल सके तो यह हमारे लिए अपनी विशेषता से अलग होना होगा। इससे बढ़कर हमारी दूसरी हार न होगी। युद्ध की हार उतनी बड़ी नहीं जितनी बड़ी बुद्धि और संस्कृति की हार है।

रात का समय सब भूमियों पर आता है। भारत की भूमि पर शताब्दियों से रात है। इस समय स्त्री-समाज पर जो पाशविक अत्याचार यहाँ हुए हैं उन्हें पढ़कर रोमांच होता है, साथ-साथ यह दृढ़ता भी आती है कि इतने दिनों तक दलित होता हुआ भी भारत अपने विशेषत्व से रहित नहीं हुआ—उसमें कोई अद्‌भुत निष्पाप जीवनी-शक्ति अवश्य थी, हमें इसी जीवनी-शक्ति का उद्‌बोधन करना है। इस शक्ति ने भारत की

स्त्रियों को किस साँचे में ढाला है, इसके सहस्रों प्रमाण हैं और यह रूप अन्य देशों में बहुत कम प्राप्त होगा।

जिस क्षिप्रता और स्फूर्ति के लिए विदेशी महिलाएँ प्रसिद्ध हैं, सांसारिक कार्यों तथा क्रय-विक्रय में प्रवीण, यह यहाँ की महिलाओं की पहली विशेषता थी। समय के अनेकानेक प्रहारों ने उन्हें निश्चेष्ट कर दिया है, स्त्री और पुरुष दोनों देह और मन की सहज गति से रहित हो गए हैं, पर वास्तव में वे ऐसे न थे। आध्यात्मिकता के मानी ही हैं लघु से लघुतर होना—जड़त्व से वर्जित होना। कला और कौशल के लिए यह पहली बात है कि गति अत्यन्त लघु, ललित और उचित शक्ति से भरी हो।

कला अपने नाम से नारी-स्वभाव की सूचना देती है, उसकी कोमलता और विकास में महिलाओं की प्रकृति है। पुनः उसकी अधिकांश उपयोगिता गृह के भीतर है। इसलिए वह महिलाओं की ही है, इसमें सन्देह नहीं। गृह के बाहर विशाल संसार में चलने-फिरने की शक्ति गृह के भीतर है। यदि भीतर से मनुष्य अशक्त रहा तो बाहर सफल नहीं हो सकता। भीतर के सम्पूर्ण अधिकार स्त्रियों के हैं। घर का भीतरी हिस्सा देखने में छोटा होने पर भी महत्त्व में बाहरी हिस्से से कम नहीं, बल्कि गृह-धर्म के विचार से बढ़कर है। इसी चारुता, आवश्यक छोटी-मोटी वस्तुओं का निर्माण जिनकी कमी हम बाजार से पूरी कर दूसरे देशों को धनवान करते हैं; रँगाई, सिलाई-बुनाई आदि सुई के भिन्न -भिन्न कार्य, गीत-वाद्य-नृत्य, शब्द-रचना, अलंकार-निर्माण, चित्रकारी, पाकशास्त्र, इतना ही नहीं, बल्कि भिन्न-भिन्न अंगों का गृह-विज्ञान, चिकित्सा आदि स्त्रियों में विकसित रूप प्राप्त करें, इनके द्वारा वे संसार के ज्ञान से समृद्ध हों, गृह के साथ देश और विश्व से संयुक्त हों, इसकी अत्यन्त आवश्यकता है। कला के विकास के साथ देवियों की आत्मा का विकास हो और भारत की प्राचीन दिव्य शक्ति का प्रबोधन, भारतीयों के लिए उन्नयन का इससे बढ़कर दूसरा उपाय नहीं। देवियों की कला में उनकी दिव्य विभूति की पड़ी हुई छाप विश्व को अपनी श्रेष्ठता का परिचय दे।

राजनीति और समाज

राजनीति के साथ समाज का घनिष्ठ सम्बन्ध है। यदि समाज की तैयारी को राजनीतिक तैयारी कहें, तो अत्युक्ति नहीं होती। हमने बहुत बार सूचित किया है, भारत की एक भी–दो, चार, छह सदी पीछे हटनेवाली परम्परा–जो भिन्न-भिन्न रूपों में हमारे सामने जाति तथा धर्म के नाम से खड़ी है, काम की नहीं; इस समय जितना ही उसका परिहार होगा, समाज राजनीतिक प्रगति में आगे बढ़ेगा। सबसे बड़ी इस देश में जो हिन्दू-मुस्लिम-समस्या है, वह भी, हमारे इस रूप के बदलने पर, बदल जाएगी। जहाँ कट्टरता द्वारा कट्टरता का विरोध किया गया है, वहाँ कट्टरता बढ़ी ही है। प्रसार ही कट्टरता को प्रशमित कर सकता है।

हमारे मत से, भारत में ब्राह्मण, क्षत्रिय आदि जातियाँ, प्राचीन राजधानियों के भग्नावशेष की तरह, भारत में बहुत पहले नष्ट हो चुकी हैं; तभी, जब यह देश पराधीन हुआ, बल्कि पराधीन होने के लिए क्षीण हो चला था। पहाड़ को नदियों से काट-काटकर जो प्रकृति बालू की रजों में परिणत कर साम्य-स्थापना करती है, उसी ने सदियों के प्रहार से भारत के जातीय स्तूपों को चूर्ण कर बराबर मनुष्यता की भूमि में परिणत कर दिया है। पहलेवाले बड़प्पन का विचार अब केवल ढोंग है। यदि हम अपनी जाति में सबको बराबर समझें, और उसी प्रकार–

> "ददाति प्रतिगृह्णाति गुह्यमाख्याति पृच्छतिः;
> भुक्ते भोजयते चैव षड्विधं प्रीतिलक्षणम्।"

को कार्य में परिणत करें, तो हमारा समाज प्रगतिशील हो जाए। तब हम मुसलमान भाइयों को भी अपना सकते हैं, क्योंकि गतिशील समाज ही दूसरे को अपने साथ ले सकता है। हम निश्चल, निश्चेष्ट वर्तमान सामाजिक रूप में दूसरे को साथ ले ही नहीं सकते। तब भारत का यथार्थ नवीन रूप आँखों के आगे आएगा। तभी हम राजनीति की भूमि पर ठीक-ठीक पैर रक्खेंगे। यह दस हाथ चलकर, यथेष्ट क्षति स्वीकार कर बीस हाथ लौट आना तब न होगा।

रही बात धर्म की। सो धर्म इस तरह किसी का दूर नहीं होता–विशेषतः हिन्दुओं का धर्म तो दूर हो ही नहीं सकता, जिसमें व्यक्ति के नाम से कुछ है ही नहीं, एक ही प्रकार के आचरण धर्म की प्राथमिक आख्या प्राप्त कर जिसमें नहीं देख पड़ते जो यह भी है और वह भी। पुनः जहाँ प्रकृति ने, अदृश्य विश्व-धर्म ने सबको बराबर कर दिया

हो, सृष्टि में भी जहाँ कुल मनुष्य एक कश्यप के पुत्र हैं, वहाँ मनुष्यों के व्यवहार में इतना फर्क क्यों? फिर हिन्दू-मात्र, जिनमें अछूत भी मिले हुए हैं, किसी-न-किसी रूप से भगवत्सत्ता को स्वीकार करते ही हैं। अतः व्यावहारिक भेद तो केवल अज्ञान ही कहा जाएगा।

खानपान, विवाहादि सम्बन्ध के लिए भी घबरानेवाली कोई बात नहीं। विवाह तो वास्तव में शरीर से पहले मन से सम्बन्ध रखता है, पुरुष और प्रकृति का मेल दो मनों के भीतर से होना चाहिए। आजकल ब्राह्मणेतर समाजों में ऐसे मनुष्यों की कमी नहीं, जो विद्या और बुद्धि में ब्राह्मणों के बराबर हैं। फिर ब्राह्मणों की कन्याओं का उनके साथ और उनकी कुमारियों का ब्राह्मणों के साथ मानसिक मेल तथा विवाह असंगत या अस्वाभाविक कदापि नहीं। और ब्राह्मण तथा क्षत्रियों में ऐसी स्थितिवालों की भी कमी नहीं, जिनसे चमार, धोबी, नाई और लोध आदि बुद्धि तथा कर्म-कौशल में बढ़े हुए हैं। फिर विवाह की व्यापकता में बाधा कौन-सी हो सकती है?

इसके साथ है शिक्षा-व्यवस्था। आज जो बात हम कह रहे हैं, उससे पढ़े-लिखे भी अधिकांश लोग सहमत न होंगे। कारण, ऐसा उन्होंने कभी सुना नहीं, करने के आदी नहीं। नवीन भारत को आज के-से पढ़े-लिखों से कुछ फायदा नहीं; उन्होंने केवल अपने फायदे के लिए स्वल्पाधिक पढ़-लिख लिया है। आधुनिक शिक्षा में उपर्युक्त सामाजिक सुधारों की ओर ध्यान देकर अच्छी-से-अच्छी पुस्तकों का प्रकाशन-प्रचलन, देहात की शिक्षा में देश के त्यागी नेताओं का शिक्षण-निरीक्षण-प्रबन्ध और आजकल के देहात के मदरसों के पाठ्यक्रम का उचित परिवर्तन होना चाहिए। इस तरह सौहार्द तथा सहानुभूति का प्रसार होगा, बालकों के मस्तिष्क दुरुस्त होंगे, दलितों को आश्वासन प्राप्त होगा, उच्च-वर्णवाले सामयिक प्रसंग को समझेंगे।

इस प्रकार समाज की सब तरफ से तरक्की कर लेने पर हमारे सामने मुसलमान भाइयों से मिलनेवाला सवाल हल होने को पेश होगा। तब हम इस प्रश्न का भी विशद उत्तर दे सकेंगे, इसी प्रकार अपनी सीमा को भारतवासियों-भर में विस्तृत कर।

हम देखेंगे, इसके साथ-साथ राजनीति के क्षेत्र में भी तब हम बहुत आगे बढ़ गए हैं। राजनीति की उखाड़-पछाड़ के लिए वास्तव में हमारी यही तैयारी तैयारी है। यदि हम अपने इसी रूप में पत्थर बने रहे, तो हम स्वयं अपनी दुर्बलता के परिचायक बने रहेंगे। पर यदि बदलते हुए हीरे बन सकें, तो उसकी चमक आप अपनी शक्ति से लोगों को लुभाकर अपनी तरफ खींचेगी। यदि हम मनुष्य हैं, तो तब भी हमारा एक धर्म रहेगा। पुनः जहाँ विशद विचार हमारे विवर्तन के कारण हों, वहाँ धर्मच्युत होने का कौन-सा प्रश्न? धर्म तो यों भी भारत में अनेक रूप धारण कर चुका है, करता जा रहा है।

यहाँ से राजनीतिक प्रगति का श्रीगणेश होता है। इससे पहले समूह रूप से, हम राजनीति के नामोच्चार के भी अधिकारी नहीं। पुनः-पुनः राजनीतिक प्रगति के रुकने का यही कारण है कि समष्टि की शक्ति पीछे खींच रही है। नेता समष्टि को साथ लेकर दौड़ाने से पहले यदि सोच लें कि उसमें साथ दौड़ाने की कितनी शक्ति है, तो ठोकर खाकर बैठने की नौबत न आए।

'परिमल' की कवि-लिखित भूमिका

हिन्दी की वाटिका में खड़ी बोली की कविता की क्यारियाँ जो कुछ समय पहले दूरदर्शी बागवानों के परिश्रम से लग चुकी थीं, आज धीरे-धीरे कलियाँ लेने लगी हैं। कहीं-कहीं, किसी-किसी पेड़ के दो-चार सुमन पंखुड़ियाँ भी खोलने लगे हैं। उनकी अमन्द सौरभ लोगों को खूब पसन्द आई है। परन्तु यह हिन्दी के उद्यान में अभी प्रभात-काल ही की स्वर्णच्छटा फैली है। उसमें सोने के तारों का बुना कल्पना का जाल ही अभी है, जिसमें किशोर कवियों ने अनन्त-विस्तृत नील प्रकृति को प्रतिमा में बाँधने की चेष्टाएँ की हैं, उसे प्रभात के विविध वर्णों से चमकती हुई अनेक रूपों में सुन्दर देखकर। वे हिन्दी के इस काल के शुष्क साहित्य-हृदयों में उन मनोहर प्रतिमाओं को प्रतिष्ठित करने का विचार कर रहे हैं। इसीलिए, अभी जागरण के मनोहर चित्र, आह्लाद-परिचय आदि जीवन के प्राथमिक चिह्न ही देख पड़ते हैं, विहंगों का मधुर-कल-कूजन, स्वास्थ्यप्रद, स्पर्श-सुखकर शीतल वायु, दूर तक फैली हुई प्रकृति के हृदय की हरियाली, अनन्तवाहिनी नदियों का प्रणय-चंचल वक्षस्थल, लहरों पर कामनाओं की उज्ज्वल किरणें, चारों ओर बाल-प्रकृति की सुकुमार चपल दृष्टि। इसके सिवा अभी कर्म की अविराम धारा बहती हुई नहीं देख पड़ती। इस युग के कुछ प्रतिभाशाली अल्पवयस्क साहित्यिक प्राचीन 'गुरुडम' के एकच्छत्र साम्राज्य में बगावत के लिए शासन-दण्ड ही पा रहे हैं, अभी उन्हें साहित्य के राजपथों पर साधिकार स्वतंत्र रूप से चलने का सौभाग्य नहीं मिला; परन्तु ऐसा जान पड़ता है कि इस नवीन जीवन के भीतर से शीघ्र ही एक ऐसा आवर्त बँधकर उठनेवाला है, जिसके साथ साहित्य के अगणित जल-कण उस एक ही चक्र की प्रदक्षिणा करते हुए उसके साथ एक ही प्रवाह में बह जाएँगे, और लक्ष्यभ्रष्ट या निदाघ से शुष्क न हो एक ही जीवन के उदार महासागर में विलीन होंगे। यह नवीन साहित्य के क्रिया-काल में सम्भव होगा। अभी तो प्रत्येक नवयुवक लेखक और कवि अपनी ही प्रतिभा के प्रदर्शन में लगा हुआ है। अभी उसमें अधिकांश साहित्यिक अपने को समझ भी नहीं सके। जो कवि नहीं, वह भी अपने को कविता के क्षेत्र पर अप्रतिद्वंद्वी समझता है। सब लोग अपनी ही कुशलता और अपनी ही रुचि-विशेषता को लेकर साहित्य के बाजार में खड़े हुए देख पड़ते हैं। कहीं-कहीं तो बड़ा ही विचित्र नजारा है। प्रशंसा और आलोचना में भी आदान-प्रदान जारी है। दलबन्दियों के भाव जिसमें न हों, ऐसे साहित्यिक कदाचित् ही नजर आते हैं। और प्रतिभाशाली साहित्यिकों को निष्प्रभ तथा हेय सिद्ध करके ससम्मान

आसन ग्रहण करनेवाले महालेखक और महाकविगण साहित्य में अपनी प्राचीन गुलामी-प्रथा की ही पुष्टि करते जा रहे हैं।

ऐसी परिस्थिति में 'परिमल' निकल रहा है। इसमें मेरी प्राथमिक अधिकांश चुनी हुई रचनाएँ हैं। इसके मैंने तीन खण्ड किए हैं। प्रथम खण्ड में सममात्रिक सान्त्यानुप्रास कविताएँ हैं, जिनके लिए हिन्दी के लक्षण-ग्रन्थों के द्वारपालों को 'प्रवेश-निषेध' या 'भीतर जाने की सख्त मुमानियत है' कहने की जरूरत शायद न होगी। दूसरे खण्ड में विषममात्रिक सान्त्यानुप्रास कविताएँ हैं। इस ढंग के साथ मेरे 'समवायः सखा मतः' 'एकक्रियं भवेन्मित्रम्' सुकुमार कवि-मित्र पन्तजी के ढंग का साम्य है; यह भी उसी तरह ह्रस्व-दीर्घ-मात्रिक संगीत पर चलता है। पन्तजी के छन्दों में स्वर की बराबर लड़ियाँ या सममात्राएँ अधिक मिलती हैं, इसमें बहुत कम–प्रायः नहीं। ह्रस्व-दीर्घ-मात्रिक संगीत का मुक्त रूप ऐसा ही होगा, जहाँ स्वर के उत्थान तथा पतन पर ही ध्यान रहता है, और भावना प्रसारित होती चली जाती है। तीसरे खण्ड में स्वच्छन्द छन्द हैं, जिसके सम्बन्ध में मुझे विशेष रूप से कहने की जरूरत है। कारण, इसे ही हिन्दी में सर्वाधिक कलंक का भाग मिला है।

हिन्दी के हृदय में खड़ी बोली की कविता का हार प्रभात की उज्ज्वल किरणों से खूब ही चमक उठा है, इसमें कोई सन्देह नहीं, और यह भी निर्भ्रान्त है कि राष्ट्र-प्राप्ति की कल्पना के काम्यवन में सविचार विचरण करनेवाले हमारे राष्ट्रपतियों के उर्वर मस्तिष्क में कानूनी कोणों के अतिरिक्त भाषा के सम्बन्ध की अब तक कोई भावना, महात्माजी, महामना मालवीयजी तथा लोकमान्य जैसे दो-चार प्रख्यात-कीर्ति महापुरुषों को छोड़कर, उत्पन्न नहीं हुई; जो कुछ थोड़ा-सा प्रचार तथा आन्दोलन राष्ट्र-भाषा के विस्तार के लिए किया जा रहा है, उसका श्रेय हिन्दी के शुभचिन्तक साहित्यिकों को, हिन्दी के पत्र-पत्रिकाओं को ही प्राप्त है। बंगाल अभी तक अपनी ही भाषा के उत्कर्ष की ओर तमाम भारतवर्ष को खींच लेने के लिए उत्कण्ठित-सा देख पड़ता है। इसका प्रमाण महामना मालवीयजी के सभापतित्व में, कलकत्ता-विद्यासागर कॉलेज होस्टल में दिए हुए अंग्रेजी के विद्वान् प्रोफेसर जे.एल. बनर्जी महाशय के भाषण से मिल चुका है। भरतपुर के हिन्दी-साहित्य-सम्मेलन में महाकवि रवीन्द्रनाथ ने भी अपने भाषण में राष्ट्र-भाषा के प्रचार पर विशेष कुछ नहीं कहा, जैसे महात्मा गांधीजी द्वारा प्रचारित चर्खा-विषय की आवश्यकता की तरह यह राष्ट्र-भाषावाद भी कोई अनावश्यक विषय हो। उन्होंने केवल यही कहा कि अपनी भाषा में वह चमत्कार दिखलाने की कोशिश कीजिए, जिससे लोग स्वयं उसकी ओर आकृष्ट हों।

यहाँ तमाम विरोधी उक्तियों के खण्डन-मण्डन की जगह नहीं। मैं केवल यही कहूँगा कि प्रत्येक समाज के लिए कुछ हृदय-धर्म है, और कुछ मस्तिष्क-धर्म। अभी हिन्दी को राष्ट्र-भाषा बनाने में मस्तिष्क-धर्म से ही काम लिया जाता है, जिस तरह साम्पत्तिक विचार से चर्खा और खद्दर के लिए। हिन्दी के प्राचीन साहित्य के साथ तुलना करने पर प्रान्तीय कोई भाषा नहीं टिकती, और उसका नवीन साहित्य भी क्रमशः पुष्ट होता जा रहा है, जिसे देखकर यह आशा दृढ़ हो जाती है कि शीघ्र ही हिन्दी के गर्भ से बड़े-बड़े

मनस्वी साहित्यिकों का उद्भव होगा। इस समय भी साहित्य में हिन्दी अद्भुत प्रगति दिखला रही है। उधर जो लोग, खासकर बंगाल के लोग, अपनी ही भाषा की सार्वभौमिकता के प्रचार की कल्पना में लीन हैं, जिन्होंने पुस्तकें लिखकर बोलचाल की हिन्दी के तमाम विभाग करते हुए उसे आगरे के इर्द-गिर्द बोली जानेवाली कुछ ही लोगों की भाषा ठहराया है, और इस तरह अन्यान्य भाषाओं के साथ अपनी बंगला का मुकाबिला करते हुए उसे ही अधिसंख्यक मनुष्यों की भाषा सिद्ध किया है, जिन्होंने अमेरिका में रहने का रोब दिखलाते हुए बंगला को ही राष्ट्र-भाषा का आसन दे डाला है, जो लोग छिपे तौर से बंगला के प्रचार के उपाय सोच रहे हैं, जिन लोगों को पश्चिमोत्तर भारतवर्ष के तमाम शहरों में बंगालियों की अच्छी स्थिति के कारण उन्हीं की भाषा के प्रसार की बात सूझती है, वे राष्ट्र-भाषा के अपर प्रश्नों की तरफ बिलकुल ही ध्यान नहीं देते, एक तृतीयांश मुसलमानों का विचार उनके मस्तिष्क में नहीं आता, वे नहीं जानते कि आर्य उच्चारण और बंगला के मंगोलियन उच्चारण में क्या भेद है–बंगला के उच्चारण-असादृश्य से पंजाब, सिन्ध, राजपूताना, उत्तरप्रदेश, मध्यप्रदेश, बिहार, गुजरात और महाराष्ट्र की संस्कृति को कितना धक्का पहुँचता है, वे नहीं जानते। उस तलवार के जमाने में सिर कटाकर भी साहित्य में अपनी संस्कृति की रक्षा करनेवाले वे गत शताब्दियों के महापुरुष अपनी भाषा और लिपि के भीतर से असीम बल अपनी सन्तानों को दे गए हैं, वे नहीं जानते कि आजकल के जमींदारों, भैयों, मारवाड़ियों (मेड़ों) और गुजरातियों के निरक्षर शरीर के भीतर कितना बड़ा स्वाभिमान इस दैन्य काल में भी जाग्रत है, वे 'बहुजन-हिताय, बहुजन-सुखाय' का बिलकुल खयाल नहीं करते। इधर भारतेन्दु बाबू हरिश्चन्द्रजी से लेकर आचार्य पण्डित महावीरप्रसाद द्विवेदी तक जिन लोगों को खड़ी बोली की प्राण-प्रतिष्ठा का श्रेय मिला है, भाषा के मार्जन में जिन लोगों ने अपने शरीर के तमाम रक्त-बिन्दु सुखा दिए हैं, हिन्दी में खिचड़ी-शैली के समावेश तथा प्रचार से शहरों के प्रचलित उर्दू-शब्दों तथा मुहाविरों को साहित्य में जगह देते हुए मुसलमान-शासन-काल के चिह्न भी रख दिए हैं, और इस तरह अपने मुसलमान भाइयों को भी राष्ट्र की सेवा के लिए आमंत्रित किया है, साहित्य के साथ-साथ राष्ट्र-साहित्य की भी कविता का उन्हीं लोगों ने प्रथम शृंगार किया है। वे जानते थे, कलकत्ता, बम्बई, मद्रास और रंगून आदि अपर-भाषा-भाषी प्रान्तों में हिन्दी ही राज्य-कार्य तथा व्यवसाय आदि में लाई जा सकती है, शासक अँगरेजों के मस्तिष्क में भी यही खयाल जड़ पकड़े हुए है, और वे भारत के लिए हिन्दी को ही सार्वभौमिक भाषा मानते और कार्य-संचालनार्थ उसी की शुद्धाशुद्ध शिक्षा ग्रहण करते हैं। मैं यहाँ अवश्य बंगला का विरोध नहीं कर रहा, उसके आधुनिक अमर साहित्य का मुझ पर काफी प्रभाव है, मैं यहाँ केवल औचित्य की रक्षा कर रहा हूँ। जिस भाषा के आकार का उच्चारण बिलकुल अनार्य है, जिसमें ह्रस्व-दीर्घ का निर्वाह होता ही नहीं, जिसमें युक्ताक्षरों का एक भिन्न उच्चारण होता है, जिसके 'स'कारों और 'न'कारों के भेद सूझते ही नहीं, वह भाषा चाहे जितनी मधुर हो, साहित्यिकों पर उसका जितना भी प्रभाव हो, वह कभी भारत की सर्वमान्य राष्ट्र-भाषा

नहीं हो सकती। और, जब तक लोग इस वाद-विवाद में पड़े हैं, नेतागण अँगरेजी के प्रवाह में आत्मविस्मृत हुए बह रहे हैं, तब तक खड़ी बोली अपने साहित्य के उत्कर्ष में श्रेष्ठ आसन ग्रहण कर लेगी, इसमें मुझे बिलकुल ही सन्देह नहीं। मैं यह भी जानता हूँ कि जो राष्ट्र-भाषा होगी, उसे अपने साहित्यिक पौरुष से ही वह पद प्राप्त करना होगा, और उसके सेवक इस विचार से बिलकुल निश्चेष्ट और परमुखापेक्षी भी नहीं रह गए। कारण, आलोक और प्रतिभा सबके लिए समान रूप से मुक्त है।

मनुष्यों की मुक्ति की तरह कविता की भी मुक्ति होती है। मनुष्यों की मुक्ति कर्मों के बन्धन से छुटकारा पाना है, और कविता की मुक्ति छन्दों के शासन से अलग हो जाना। जिस तरह मुक्त मनुष्य कभी किसी तरह भी दूसरे के प्रतिकूल आचरण नहीं करता, उसके तमाम कार्य औरों को प्रसन्न करने के लिए होते हैं–फिर भी स्वतंत्र, इसी तरह कविता का भी हाल है। मुक्त काव्य कभी साहित्य के लिए अनर्थकारी नहीं होता, प्रत्युत उससे साहित्य में एक प्रकार की स्वाधीन चेतना फैलती है, जो साहित्य के कल्याण की ही मूल होती है। जैसे बाग की बँधी और वन की खुली हुई प्रकृति–दोनों ही सुन्दर हैं, पर दोनों के आनन्द तथा दृश्य दूसरे-दूसरे हैं। जैसे आलाप और ताल की रागिनी। इसमें कौन अधिक आनन्दप्रद है, यह बतलाना कठिन है, पर इसमें सन्देह नहीं कि आलाप वन्य प्रकृति तथा मुक्त काव्य स्वभाव के अधिक अनुकूल है। मेरे मुक्त काव्य के समर्थन में पण्डित जयदेव विद्यालंकारजी ने देहरादून-कवि-सम्मेलन में जो प्रहसन खेला था, उसमें गायत्री-मंत्र का उदाहरण विरोधी जगन्नाथप्रसादजी चतुर्वेदी के सामने पेश किया था। लाखों ब्राह्मण गायत्री-मंत्र का जप करते हैं। उसके जप के साथ-साथ भाषा की मुक्ति का प्रवाह प्रतिदिन उनके जिह्वाग्र से होकर बहता है, पर वे उसका अर्थ, उसकी सार्थकता, सब कुछ भूल गए हैं। चूँकि उस छन्द का एक नाम 'गायत्री' रख दिया गया है, इसलिए प्रायः अज्ञजन उसमें स्त्री-मूर्ति ही की कल्पना कर बैठे हैं। 'तत्सवितुर्वरेण्यम्' में खुलासा ब्रह्म की स्तुति है कि वह सूर्य का भी वरेण्य है। 'तत्' न स्त्री है, न पुरुष। जिस तरह ब्रह्म मुक्त-स्वभाव है, वैसे ही यह छन्द भी। पर आज इस तरफ कोई दृक्पात भी नहीं करना चाहता। इतनी बड़ी दासता--रूढ़ियों की पाबन्दी इस मंत्र के जपनेवालों पर भी सवार है। वेदों में काव्य की मुक्ति के ऐसे हजारों उदाहरण हैं, बल्कि 95 फीसदी मंत्र इसी प्रकार मुक्त-हृदय के परिचायक हो रहे हैं। इन मंत्रों को ईश्वरकृत समझकर अनुयायीगण विचार करने के लिए भी तैयार नहीं, न पराधीन काल की अपनी बेड़ियाँ किसी तरह छोड़ेंगे, जैसे उन बेड़ियों के साथ उनके जीवन और मृत्यु का सम्बन्ध हो गया हो। 'ईश्वरः सर्वभूतानां हृद्देशोऽर्जुन तिष्ठति'। यहाँ उस मुक्त-स्वभाव ईश्वर को सर्वभूतों के हृदय में ही ठहरा दिया गया है, और हृदय तक मन को उठा सकनेवाले जो कुछ भी करते हैं, मुक्त-स्वभाव से करते हैं, इसलिए वह कृति जैसे ईश्वर की कृति ही हो जाती है। बात यह है वेदों की अपौरुषेयता की। वे मनुष्यकृत ही हैं, पर वे मनुष्य उल्लिखित प्रकार के थे। आजकल की तरह के रूढ़ियों के गुलाम या अँगरेजी पुस्तकों के नक्काल नहीं। ईश्वर के सम्बन्ध की ये बातें जो

समझते हैं, उनमें एक अद्‌भुत शक्ति का प्रकाश होता है। वे स्वयं भी अपनी महत्ता को समझते और खुलकर कहते भी हैं। उनकी वाणी में महाकर्षण रहता है। संसार उस वाणी से मंत्र-मुग्ध हो जाता है। उस पर उस स्वर्गीय शक्ति की धाक जम जाती है। वह उस प्रभाव को मान लेता है। वैदिक काल के मुक्त-स्वभाव कवियों का एक और उदाहरण लीजिए–

सपर्यगाच्छक्रमकायव्रण
मस्नाविरछं शुद्धमपापविद्धम्;
कविर्मनीषी परिभूः स्वयम्भू-
र्याथातथ्यतोऽर्थान् व्यदधाच्छाश्वतीभ्यः समाभ्यः।

(यजु. अ. 40, मं. 8)

जरा चौथी पंक्ति को देखिए, कहाँ तक फैलती चली गई है। फिर भी किसी ने आज तक आपत्ति नहीं की। शायद इसके लिए सोच लिया है कि साक्षात् परमात्मा आकर लिख गए हैं। अजी, परमात्मा स्वयं अगर यह रबड़-छन्द और केंचुआ-छन्द लिख सकते हैं, तो मैंने कौन-सा कसूर कर डाला? आखिर आपके परमात्मा का ही तो अनुसरण किया है। आप लोग कृपा करके मुझे क्यों नहीं क्षमा कर देते? एक बात ध्यान देने की और है। संस्कृत-काल के गणात्मक छन्दों की भी परवा वैदिक काल में नहीं की गई। इस छन्द की जो तीन पहली लड़ियाँ बराबर मालूम पड़ती हैं, उनमें भी स्वच्छन्दता पाई जाती है। देखिए, पहला वर्ण ह्रस्व है और दूसरा दीर्घ। अब गणों का साम्य नहीं रहा।

तीन-तीन और पाँच-पाँच सतरों की कविता इसी समय नहीं, पहले भी हुआ करती थी–

ऋग्वेद–

आ शुभ्रा यातमश्विना स्वश्वा
गिरो दस्रा जुजुषाणा युवाकोः
हण्याति च प्रतिभृता वीतं नः।

वैदिक साहित्य-काव्य में इस प्रकार की स्वच्छन्द सृष्टि को देखकर हम तत्कालीन मनुष्य-स्वभाव की मुक्ति का अन्दाजा लगा लेते हैं। परवर्ती काल में ज्यों-ज्यों चित्रप्रियता बढ़ती गई, साहित्य में स्वच्छन्दता की जगह नियंत्रण तथा अनुशासन प्रबल होता गया, यह जाति त्यों-त्यों कमजोर होती गई है। सहस्रों प्रकार के साहित्यिक बन्धनों से जाति स्वयं भी बँध गई, जैसे मकड़ी आप ही अपने जाल में बँध गई हो, जैसे फिर निकलने का एक ही उपाय रह गया हो कि उस जाल की उलटी परिक्रमा कर वह उससे बाहर

निकले। उस ऊर्णनाभ ने जितनी जटिलता दूसरे जीवों को फाँसने के लिए उस जाल में की थी, वह उतने ही दृढ रूप से बँधा हुआ है, अब उसे अपनी मुक्ति के लिए उन तमाम बन्धनों को पार करना होगा। यही हाल वर्तमान समय में हमारे काव्य-साहित्य का है। इस समय के और पराधीन काल के काव्यनुशासनों को देखकर हम जाति की मानसिक स्थिति को भी देख ले सकते हैं! अनुशासन के समुदाय चारों तरफ से उसे जकड़े हुए हैं। साहित्य के साथ-साथ राज्य, समाज, धर्म, व्यवसाय, सभी कुछ पराधीन हो गए हैं। चित्र स्वयं ससीम हैं, इसलिए उन्हें प्यार करनेवाली वृत्ति भी एक सीमा के अन्दर चक्कर लगाया करती है, और इस तरह उस वृति को धारण करनेवाला मनुष्य भी चाहे पहले का स्वतंत्र हो, पर पीछे से सीमा में बँधकर पराधीन हो जाता है। नियम और अनुशासन भी सीमा के ही परिचायक होते हैं, और क्रमशः मनुष्य-जाति को क्षुद्र से क्षुद्रतर तथा गुलाम से गुलाम कर देनेवाले।

साहित्य की मुक्ति उसके काव्य में देख पड़ती है। इस तरह जाति के मुक्ति-प्रयास का पता चलता है। धीरे-धीरे चित्रप्रियता छूटने लगती है। मन एक खुली हुई प्रशस्त भूमि में विहार करना चाहता है। चित्रों की सृष्टि तो होती है, पर वहाँ उन तमाम चित्रों को अनादि और अनन्त सौन्दर्य में मिलाने की चेष्टा रहती है। बर्फ में जैसे तमाम वर्णों की छटा, सौन्दर्य आदि दिखाकर उसे फिर किसी ने वाष्प में विलीन कर दिया हो या असीम सागर से मिला दिया हो। साहित्य में इस समय यही प्रयत्न जोर पकड़ता जा रहा है, और यही मुक्ति-प्रयास के चिह्न भी हैं। अब लीलाम्बरी ज्योतिमूर्ति की सृष्टि कर चतुर साहित्यिक फिर उसे अनन्त नील-मण्डल में लीन कर देते हैं। पल्लवों के हिलने में किसी अज्ञात चिरन्तन अनादि सर्वज्ञ को हाथ के इशारे अपने पास बुलाने का इंगित प्रत्यक्ष करते हैं। इस तरह चित्रों की सृष्टि असीम सौन्दर्य में पर्यवसित की जाती है, और यही जाति के मस्तिष्क में विराट् दृश्यों के समावेश के साथ-ही-साथ स्वतंत्रता की प्यास को भी प्रखरतर करते जा रहे हैं।

यही बात छन्दों के सम्बन्ध में भी है। छन्द भी जिस तरह कानून के अन्दर सीमा के सुख में आत्मविस्मृत हो सुन्दर नृत्य करते, उच्चारण की शृंखला रखते हुए श्रवण-माधुर्य के साथ-ही-साथ श्रोताओं को सीमा के आनन्द में भुला रखते हैं, उसी तरह मुक्त छन्द भी अपनी विषम गति में एक ही साम्य का अपार सौन्दर्य देता है, जैसे एक ही अनन्त महासमुद्र के हदय की सब छोटी-बड़ी तरंगें हों, दूर प्रसारित दृष्टि में एकाकार, एक ही गति में उठती और गिरती हुई।

'कविता-कौमुदी' में पण्डित रामनरेशजी त्रिपाठी ने जैसा लिखा है, भिन्नतुकान्त (Blank verse) का श्रीगणेश पहले-पहल हिन्दी में प्रसिद्ध कवि बाबू जयशंकर 'प्रसाद' जी ने किया है। उनका यह छन्द इक्कीस मात्राओं का है। पण्डित रूपनरायणजी पाण्डेय ने इस छन्द का उपयोग (शायद अपने अनुवाद में) बहुत काफी किया है। पाण्डेयजी से इस छन्द के सम्बन्ध में पूछने पर, उन्होंने जो उत्तर दिया, उससे इस विषय का फैसला न हुआ कि छन्द के प्रथम लिखनेवाले 'प्रसाद' जी हैं या वह। उदाहरण पाण्डेयजी द्वारा

अनुवादित रवीन्द्रनाथ की 'राजारानी' से दे रहा हूँ–

'कहना होगा सत्य तुम्हारा! किन्तु मैं
करता हूँ विश्वास तुम्हारी बात का
जब तक, तब तक तुम चिन्ता कुछ मत करो।
तुम पर से विश्वास उठेगा जिस घड़ी,
सत्यासत्य विचार करूँगा मैं तभी।'

यह भिन्नतुकान्त छन्द मात्रिक है। एक भिन्नतुकान्त हिन्दी में दूसरे प्रकार का बाबू मैथलीशरणजी गुप्त द्वारा आया है–वह वर्णात्मक है–उसका भी उपयोग अनुवाद ही के रूप में गुप्तजी ने किया है। उदाहरण उनके 'वीरांगना-काव्य' के अनुवाद से देता हूँ–

'सुनो अब दुःख-कथा-मन्दिर में मन के
रख वह श्याम मूर्ति त्यागिनी-तपस्विनी
पूजे इष्टदेव को ज्यों निर्जन गहन में-
पूजती थी नाथ को मैं; अब विधि-दोष से
चेदीश्वर राजा शिशुपाल जो कहाता है,
लोक-रव सुनती हूँ, हाय! वर-वेश से
आ रहा है शीघ्र यहाँ वरने अभागी को!'

एक तीसरे प्रकार का अतुकान्त काव्य (Blank verse) हिन्दी में और है। इसके रचयिता हैं हिन्दी के प्रसिद्ध महाकवि अयोध्यासिंहजी उपाध्याय। बहुतों ने इनके लिखे हुए 'प्रिय-प्रवास' के अतुकान्त छन्दों को ही हिन्दी की प्रथम अतुकान्त सृष्टि माना है। उपाध्यायजी ने इसकी भूमिका में गण-वृत्तों को हिन्दी में अतुकान्त काव्य के योग्य माना है, और यह इसलिए कि संस्कृत की कविता अतुकान्त है, और वह गण-वृत्तों में है। यथा–

'अधिक और हुई नभ-लालिमा,
दश दिशा अनुरञ्जित हो गईं;
सकल पादप-पुन्ज-हरीतिमा
अरुणिमा-विनिमज्जित-सी हुई।'

एक प्रकार का अतुकान्त 19 मात्राओं का और लिखा गया है। जहाँ तक पता चलता है, अभी सुकवि बाबू सियारामशरण गुप्त इसके प्रथम आविष्कारक ठहरते हैं। हिन्दी के कोमल कवि पन्तजी ने भी इतनी ही मात्राओं के अनुकान्त छन्द में 'ग्रन्थि' नाम की अपनी मनोहर कविता कई संख्याओं में 'सरस्वती' में छपवाई है। सियारामशरणजी ने 'प्रभा' में इस प्रकार की अतुकान्त कविता पहले-पहल लिखी थी, यह मुझे उन्हीं के कथनानुसार मालूम हुआ है। अब तक मैं समझता था, इस 19 मात्राओं के अतुकान्त काव्य के पन्तजी ही प्रथम आविष्कारक हैं। यह इस प्रकार है–

विरह अहह! कराहते इस शब्द को
निठुर विधि ने आँसुओं से है लिखा।

–सुमित्रानन्दन पन्त

एक प्रकार की अतुकान्त कविता का रूप पण्डित गिरिधरजी शर्मा 'नवरत्न' ने हिन्दी में खड़ा किया है। इसकी गति कवित्त-छन्द की-सी है। हर एक छन्द आठ-आठ वर्णों का होता है। अंत्यानुप्रास नहीं रहता। मैंने रवीन्द्रनाथ की एक कविता के अनुवाद में इनके अतुकान्त काव्य का रूप देखा था। 'मेरे पंख मुरदार', इस तरह हर पंक्ति में आठ-आठ अक्षर रहते हैं। अमित्र कविता इस प्रकार हिन्दी के गण, मात्रा और वर्ण, तीनों वृत्तों में हुई है। यहाँ किसकी कविता सफल है और किसकी निष्फल, इसका विचार नहीं किया गया। इसका फैसला भविष्य के लोग करेंगे। मुझे केवल यही कहना है कि हिन्दी में अतुकान्त कविता के कवियों में किसी ने भी दूसरे का अनुसरण नहीं किया। जहाँ कहीं मात्राओं में मेल हो गया है, वहाँ मुमकिन है, एक को अपने दूसरे कवि की रचना परखने का मौका न मिला हो, और दोनों की मौलिकता एक-दूसरे से लड़ गई हो। ऐसा न होता, तो वे कोई दूसरा छन्द जरूर चुनते, जबकि अन्त्यानुप्रास उड़ा देने से ही अतुकान्त काव्य बन जाता है। इस प्रकार की अतुकान्त कविता में प्रथम श्रेय आल्हखण्ड के लिखनेवाले को हिन्दी में प्राप्त है।

इस तरह की कविता अतुकान्त काव्य का गौरव-पद भले ही अधिकृत करती हो, वह मुक्त-काव्य या स्वच्छन्द कदापि नहीं। जहाँ मुक्ति रहती है, वहाँ बन्धन नहीं रहते– न मनुष्यों में, न कविता में। मुक्ति का अर्थ ही है बन्धनों से छुटकारा पाना। यदि किसी प्रकार का शृंखलाबद्ध नियम कविता में मिलता गया, तो वह कविता उस शृंखला से जकड़ी हुई ही होती है, अतएव उसे हम मुक्ति के लक्षणों में नहीं ला सकते, न उस काव्य को मुक्त-काव्य कह सकते हैं। ऊपर जितने प्रकार के अतुकान्त काव्य के उदाहरण दिए गए हैं, सब एक-एक सीमा में बँधे हुए हैं, एक-एक प्रधान नियम सबमें पाया जाता है। गण-वृत्तों में गणों की शृंखला, मात्रिक वृत्तों में मात्राओं का साम्य, वर्ण-वृत्तों में अक्षरों की समानता मिलती है। कहीं भी इस नियम का उल्लंघन नहीं किया गया। इस प्रकार के दृढ़ नियमों से बँधी हुई कविता कदापि मुक्त छन्द नहीं हो सकती। मुक्त छन्द तो वह है, जो छन्द की भूमि में रहकर भी मुक्त है। इस पुस्तक के तीसरे खण्ड में जितनी कविताएँ हैं, सब इसी प्रकार की हैं। उनमें नियम कोई नहीं। केवल प्रवाह कवित्त-छन्द का-सा जान पड़ता है। कहीं-कहीं अक्षर आप-ही-आप आ जाते हैं। मुक्त छन्द का समर्थक उसका प्रवाह ही है। वही उसे छन्द सिद्ध करता है, और उसका नियम-साहित्य उसकी मुक्ति।

'विजन-वन-वल्लरी पर
सोती थी सुहाग-भरी
स्नेह-स्वप्न-मग्न अमल-कोमल-तनु तरुणी
जुही की कली
दृग बन्द किये–शिथिल–पत्रांक में।'

यहाँ 'सोती थी सुहाग-भरी' आठ अक्षरों का एक छन्द आप-ही-आप बन गया है। तमाम लड़ियों की गति कवित्त-छन्द की तरह है।

हिन्दी में मुक्त-काव्य कवित्त-छन्द की बुनियाद पर सफल हो सकता है। कारण, यह छन्द चिरकाल से इस जाति के कण्ठ का हार हो रहा है। दूसरे, इस छन्द में एक विशेष गुण यह भी है कि इसे लोग चौताल आदि बड़ी तालों में तथा ठुमरी की तीन तालों में भी सफलतापूर्वक गा सकते हैं, और नाटक आदि के समय इसे काफी प्रवाह के साथ पढ़ भी सकते हैं। आज भी हम रामलीलाओं में, लक्ष्मण-परशुराम-संवाद के समय, वार्तालाप में इस छन्द का चमत्कार प्रत्यक्ष कर लेते हैं। यदि हिन्दी का कोई जातीय छन्द चुना जाय, तो वह यही होगा। आजकल के मार्जित कानों को कवित्त-छन्द का नाटक में प्रयोग जरा खटकता है, और वह इसीलिए कि बार-बार अन्त्यानुप्रास का आना वार्तालाप की स्वाभाविकता को बिगाड़ देता है। बाबू मैथिलीशरणजी को इस विचार से विशेष सफलता मिली है। कारण, कवित्त छन्द की गति पर उनके अमित्र छन्द में अन्त्यानुप्रास मिटा दिया गया है। नाटकों में सबसे अधिक रोचकता इसी कवित्त-छन्द की बुनियाद पर लिखे गए स्वच्छन्द छन्द द्वारा आ सकती है। इस अपने छन्द को मैं अनेक साहित्यिक गोष्ठियों में पढ़ चुका हूँ, और हिन्दी के प्रसिद्ध अधिकांश सज्जन सुन चुके हैं। एक बार कलकत्ता पब्लिक स्टेज पर भी इस छन्द में नाटक लिखकर खेल चुका हूँ। लोगों से मुझे अब तक उत्साह ही मिलता रहा है, पर दूसरों की पठन-अक्षमता के आक्षेप भी अक्सर सुनता रहा हूँ। मेरा विचार है कि अभ्यास के कारण उन्हें पढ़ने में असुविधा होती है। छन्द की गति का कोई दोष नहीं। आजकल हिन्दी के दो-चार और लेखकों तथा कवियों ने इस छन्द में रचना-प्रयास किया है, और उन्हें सफलता भी मिली है। इससे मेरा विश्वास इस पर और भी दृढ़ हो गया है। इस छन्द में art of reading का आनन्द मिलता है, और इसीलिए इसकी उपयोगिता रंगमंच पर सिद्ध होती है। कहीं-कहीं मिल्टन और शेक्सपियर ने सर्वत्र अपने अतुकान्त काव्य का उपयोग नाटकों में ही किया है। बंगला में माइकेल मधुसूदन दत्त द्वारा अतुकान्त कविता की सृष्टि हो जाने पर नाट्याचार्य गिरीशचन्द्र ने अपने स्वच्छन्द छन्द का नाटकों में ही प्रयोग किया है। स्वच्छन्द छन्द नाटक-पात्रों की भाषा के लिए ही है, यों उसमें चाहे जो कुछ लिखा जाय। अब इसके समर्थन में अधिक कुछ नहीं लिखना। कारण, समर्थन की अपेक्षा अधिकाधिक रचना इसके प्रचार तथा प्रसार का योग्य उपाय है।

मेरी तमाम रचनाओं में दो-चार जगह दूसरों के भाव, मुमकिन है आ गए हों; पर अधिकांश कल्पना–95 फीसदी–मेरी अपनी है। आवश्यक होने पर इस सम्बन्ध में अन्यत्र लिखूँगा। कविता की पुस्तक में कैफियत से भरी हुई बृहत् भूमिका मेरे विचार से हास्यास्पद है। मैं अपने स्नेहशील मित्रों को कृतज्ञ हृदय से धन्यवाद देता हूँ, जो मुझे हर तरह से आज तक प्रोत्साहन देते रहे हैं।

–'निराला'